ナポレオン　フーシェ　タレーラン

情念戦争1789-1815

鹿島　茂

講談社学術文庫

目次

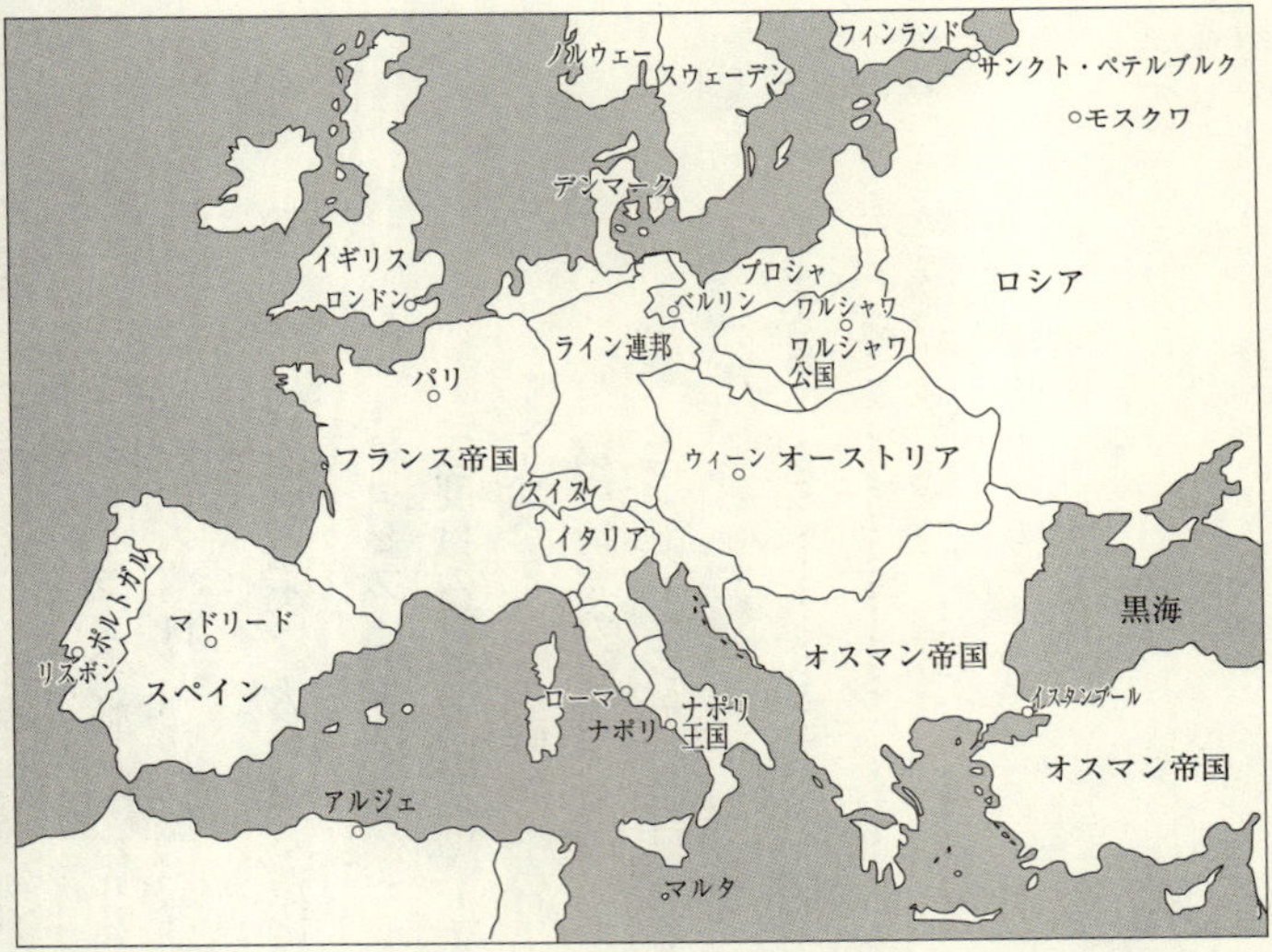

1812年のヨーロッパ（*Les Chronologies de Maurice Griffe Napoléon Bonaparte 1769-1821* EditionT.S.Hを参照）

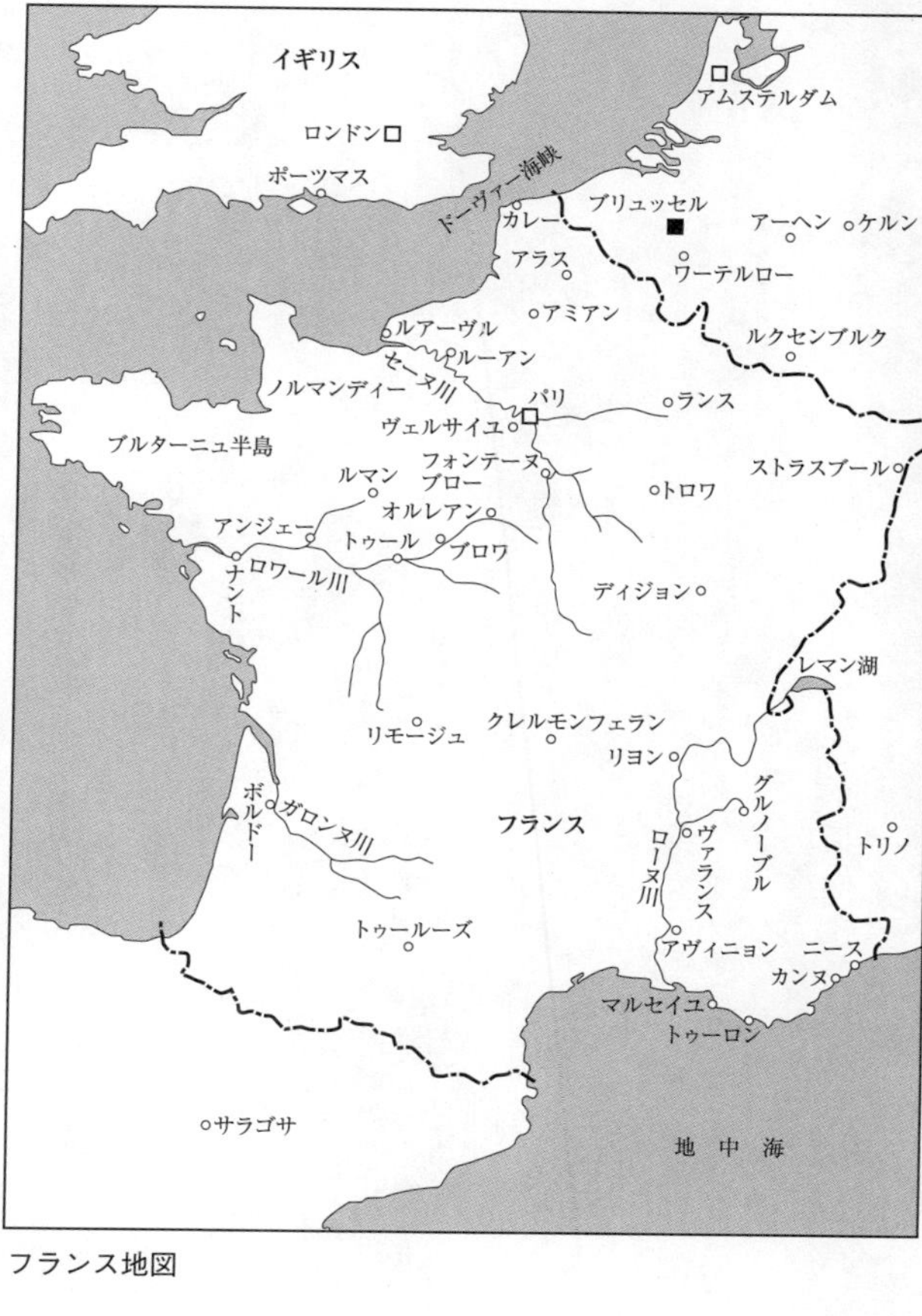
イギリス
アムステルダム
ロンドン
ポーツマス
ドーヴァー海峡
カレー
ブリュッセル
アーヘン
ケルン
アラス
ワーテルロー
アミアン
ルアーヴル
ルーアン
ルクセンブルク
セーヌ川
ノルマンディー
パリ
ランス
ヴェルサイユ
ブルターニュ半島
フォンテーヌブロー
ストラスブール
ルマン
トロワ
オルレアン
アンジェー
トゥール
ブロワ
ナント
ロワール川
ディジョン
レマン湖
リモージュ
クレルモンフェラン
リヨン
グルノーブル
ボルドー
ガロンヌ川
フランス
ヴァランス
ローヌ川
トリノ
トゥールーズ
アヴィニョン
ニース
カンヌ
マルセイユ
トゥーロン
サラゴサ
地中海

フランス地図

ナポレオン　フーシェ　タレーラン

情念戦争１７８９－１８１５

序　すべては「情念」に始まる

二十世紀を支配したのは、マルクスとフロイトという十九世紀生まれの巨人の思想であった。すなわち、どうすれば物欲（金銭欲）と性欲という二大情念《パッション》に捕らえられている人間を解放できるかという問題が二十世紀の大きな課題だったわけである。

マルクスは共産主義によって私有財産を廃棄《はいき》することで、物欲から人間は自由になれると考えたが、しかし、この方法はソ連とその衛星国における壮大な実験で無効であることが証明されてしまった。他人を押しのけて、より多くを所有しようとする物欲がなければ、社会の進歩もまたありえないという事実があらためて認識される結果となった。

いっぽう、フロイトは人間のすべての行動は性欲に起因すると考え、性の抑圧こそが精神の病《やまい》の根源だと見なした。このフロイトの思想は、多くの思想家に受け継《つ》がれ、二十世紀の性の解放をもたらした。とりわけ、女性の性欲の解放は、家庭を、さらには社会を変えつつある。

この意味では、フロイトはマルクスに勝ったわけだが、しかし、フロイト的な汎《はん》性欲論のみで二十一世紀の設計図を描くことができるのかといえば、さにあらず。高度資本主義で物欲が満たされ、性の解放で性欲が充足されたとしても、それはたんに低位の情念の満足にすぎない。人間には、これらの基礎的情念のほかに、これとはまったく別の摩訶不思議《まかふしぎ》な情念があり、それが充足されない限り、真の解放はありえないのである。

たとえば、ここに一人の野心的な人間がいたとしよう。その人間は金銭欲を満たすために猛烈に働いて出世し、蓄財に励んで、金で買えるものならなんでも所有できるようになったとする。家、別荘、車、家具、衣服、食事など、ようするにモノとして他人に見せびらかすことのできるあらゆる贅沢《ぜいたく》は彼なり彼女の手の中にある。さらに、その彼なり彼女は、ヴェブレン（一八五七―一九二九。アメリカの制度学派経済学者。主著『有閑階級の理論』）のいう衒示《げんじ》的余暇、つまり、仕事ではなくレジャーに費《つい》やすことのできる無為な時間をも所有するに至った。旅行、スポーツ、冒険等、彼ないしは彼女の望むことで不可能なものはない。

さらに、この人物は性欲の面でも、素晴らしい妻（夫）なり、恋人なり、愛人なりのパートナーに恵まれて、充実したセックス・ライフを満喫《まんきつ》している。つまり、フロイトのいうリビドーの面で彼ないしは彼女は完全に充足しているのである。

二十世紀的な段階でいえば、こうした人物をこそ「幸福な人間」と見なすことができる。現代のジャーナリズムがこれまで理想として想定してきたのも、この種の人物である。

だが、はたして、物質的なすべての情念を満たしたとして、二十一世紀において、その人間は幸福だといえるのだろうか？

＊

マルクスにユートピアの概念を与えた十九世紀フランスの思想家シャルル・フーリエは、こういっている。

産業はその進歩によって幸福の基礎を創《つく》りだしはするが、幸福を創ることはない。（フーリエ『産業的協同社会的新世界』田中正人訳）

では、産業の進歩によって物質的な情念がすべて満たされた後の、真の幸福とはなんなのか？

ひとつだけ確実にいえるのは、それが物質文明への呪詛《じゅそ》から生まれるエコロジー的宗教では絶対にないことである。

なぜなら、禁欲的宗教による人間の解放が可能なら、過去において生まれては消えていった宗教はいったいなんだったのかということになる。禁欲的宗教によって人間が救われるのであれば、とっくに人類全体が救われていなければならない。人類四千年の歴史はこれ、宗教の挫折《ざせつ》の歴史であったと総括《そうかつ》することさえできる。仏教しかり、儒教《じゅきょう》しかり、キリスト教しかり、新宗教、新新宗教しかりである。ひとことでいえば、人間の煩悩《ぼんのう》というものは、宗教などで救えるほどヤワなものではないのである。

それでは、産業でもダメ、宗教でもダメとなったらあとはいったいどんな道が残されているというのか？

それは人間の煩悩の原因である情念《パッション》そのものの力関係、すなわち情念引力の中にある、というのが先のフーリエの考え方である。フーリエは、情念をさまざまな段階に分け、それらの情念が相互に及ぼしあう力、つまり情念引力が正しく組み合わされたとき、初めて人類は幸福に到達できると考えた。

この新秩序においては人の情念の増すほどに多くの活力と財力が得られるだろうということを知って、私はこんなふうに推論した。すなわち、神が情念引力にこれほど多くの力を与え、その敵である理性にはごくわずかしか与えていないというのも、あらゆる点で引力を満たすこの累進《るいしん》セクトの秩序にわれわれを導くためなのだ、と。（同前掲書）

フーリエの用語は、一般常識からするとかなり突飛《とっぴ》なものが多く、そう簡単には理解できないが、ここでフーリエのいっている情念引力による累進セクトなるものの最も具体的なイメージを思い浮かべるとすれば、それは、資本主義社会における市場《マーケット》ではあるまいか。そこでは、最小の投資で最大の利益をあげようとする人間たちの経済的情念が引力と斥力《せきりょく》を生み、「活力と磁力《じりょく》」をつくりだすからである。

＊

しかし、フーリエのいう情念引力が働く磁場は、なにも経済に限ったものではない。人間が抱《いだ》く情念のすべてにおいて、情念引力は生まれるからである。

ただ、フーリエによれば、同じ情念といっても、それはいくつかの段階に分けられる。第一段階は、視覚、聴覚、触覚、味覚、嗅覚《きゆうかく》の、いわゆる五感の物質的情念。これらの低位情念はかならずや、奢侈《しやし》をめざす。いうまでもなく、食欲、性欲、物欲などの基本的欲望は、ここに含まれる。そして、これらの物質的な五つの情念の奢侈は、社会においてはすべて金銭を媒介《ばいかい》にして行われる。なぜなら、視覚、聴覚、触覚、味覚、嗅覚がいかに健康で敏感であっても、それを満足させる外部的な要因たる「金銭」がない限り、贅沢願望は満たされないからである。


　いくら完全な耳をもっていても無駄《むだ》である。金がなければ、オペラも音楽会も諸君に耳を閉ざすだろう。（フーリエ『四運動の理論』巖谷國士訳）

五感が鋭く働いて、それらがいずれも完璧《かんぺき》な異性を強く欲していても、カラッケツの男や女では、その贅沢願望を満足させてくれる相手を見いだすことはできない。したがって、これらの基本的五感の情念は、奢侈を可能にする金銭欲となってあらわれるだろう。

「奢侈こそは情念引力の第一目標なのだ」

高度資本主義は、この第一目標までは達成できるし、げんに、先進国の社会では、この目標は到達されつつある。

しかし、キリストもいったように、人はパンのみに生きるにあらず、セックスのみに生きるにあらずである。

そこで、次には、第二段階の基本情念を満たす必要が出てくる。

第二段階の基本情念は四つあり、それはいずれも精神的・感情的な情念であり、集団においてのみ働く。

六番目　家族あるいは血縁集団における親子情念
七番目　カップルにおける恋愛情念
八番目　同性集団における友情情念
九番目　同志集団における名誉情念、あるいは協調情念

恋愛情念がここに入っているのは、性欲が精神的なレベルまで高められた場合には、それが恋愛、あるいは夫婦愛という感情に転ずることがあるからである。フーリエは、この第二段階の基本情念を「累進セクト」という不思議な言葉で呼んでいるが、これらは、吉本隆明風にいえば、対幻想と共同幻想の領域に相当するわけで、けっして理解できないものではないし、フーリエの独自性があらわれているわけでもない。

＊

フーリエがユニークなのは、これらの基本情念のほかに、第三段階の基本情念としての三

つの情念、およびその総合としてのもう一つの情念が存在しているとした点にある。フーリエは、それを社会的集団における洗練的（ないしは機制的）情念の系列と名付ける。

十番目　陰謀（密謀、分裂）情念
十一番目　移り気（蝶々《ちょうちょう》、変化）情念
十二番目　熱狂（複合、かみあわせ）情念
十三番目　調和的（統一的）情念

フーリエによれば、われわれ文明人は、一番目から九番目までの情念をすべて充足し、外目にはこれ以上はない幸福を手に入れたとしても、最後の四つの情念の萌芽《ほうが》をいささかでも有しているときには、それが満たされない限りけっして幸福にはなりえないという。

たとえば、陰謀情念にとりつかれた人間は、どんなにうまく運営されている組織であろうとも、徒党を組んで分裂をはかり、陰謀を企《くわだ》てなければ気が済まない。

同じく、移り気情念の持ち主は、ある組織なり党派で成功を遂《と》げ出世したとしても、同じ組織や党派に長くいたというだけで飽《あ》きがきて、蝶々が新しい花に飛び移るように、新しい組織や党派に移りたくなる。

熱狂情念は、陰謀情念のように熟慮や理性による判断ではなく、ただただ激情の発露《はつろ》によって、勝算を度外視して、なにか途方《とほう》もない企てにおのれを投じたくなる。

最後にこれら三つの情念の総合としての調和的情念の持ち主は、陰謀情念と移り気情念と熱狂情念を個々に満たしただけでは足りず、それが調和的（統一的）に充足されたときにしか幸せになれない。

こうした高位の情念は、社会的集団の文明化が進めば進むほど顕著《けんちょ》になるものであり、現在までのところでは、これらの情念の持ち主は、集団においては、非難の対象にこそなれ、称賛の対象にはけっしてならない。むしろ組織や集団の厄介者《やっかいもの》である。ところが、フーリエの夢見る理想社会においては、こうした高位情念を多くもって、それを完全に充足させる術《すべ》を心得ている人間こそが優《すぐ》れた人間なのであり、そうした人間こそが組織や集団に活力と財力を与えるのだ。逆に、それらを抑圧すれば、それはその人間に不幸をもたらすばかりか組織や集団にとっても大きな損害になる。ただ、現実においては、こうした情念の持ち主はおのれの情念ゆえに居心地《いごこち》の悪い思いをしている場合がほとんどなのである。

第十、第十一、第十二、第十三の四情念は、われわれの文明的慣習によって完全に抑《おさ》えつけられているにせよ、その胚種《はいしゅ》はわれわれの魂《たましい》のなかに存在する。その胚種が各個人のなかで多かれ少なかれ活動するにしたがって、それはわれわれを疲弊《ひへい》させ、圧迫する。結果として文明人の多くは、欲望の対象をすべて手中にした場合でさえ、倦怠《けんたい》のうちに一生を送ることになる。その証拠がカエサルである。世界の王座についたこの男は、それだけ高い地位にあってもなお、空虚と倦怠しか見出せないことに驚いた。カエサルのこの苦悩の因をなすものは、抑圧された四情念の影響にほかならなかった。（同前掲書）

ゆえに、二十一世紀になって、第一段階と第二段階の九つの基本情念がすべて満たされたとしても、最後の段階の四つの情念が充足されない限り、人類の真の幸福はありえないことになる。

＊

しかしながら、過去の歴史を子細《しさい》に調べてみるならば、フーリエのいう高位の洗練的四情念が十全に花開き、それを満たす手段が見いだせた時代が存在していたことがわかる。一七八九年のフランス大革命から一八一五年のワーテルローの会戦にかけての時代である。

この時代においては、陰謀情念の持ち主は思いきり陰謀を、移り気情念に憑《つ》かれた人物は好きなだけ移り気を、そして熱狂好きな人間は心ゆくまで熱狂を、それぞれ行い、しかも、それによって歴史に活気を与え、歴史を動かすことができた。陰謀情念と移り気情念と熱狂情念が不発に終わることなく、完遂《かんすい》できたのである。この意味では、外面的な不幸にもかかわらず、フーリエ的な情念指数からいえば、高位情念と高位情念がぶつかり合って戦うこの「情念戦争」の時代は、まさに幸福な時代といえたのである。

では、この情念戦争における、それぞれの代表者はだれかといえば、それはあらためて指摘するまでもない。

陰謀情念は警察大臣ジョゼフ・フーシェ。

移り気情念は外務大臣シャルル＝モーリス・ド・タレーラン・ペリゴール。

熱狂情念はナポレオン・ボナパルトである。

このうち、ナポレオン・ボナパルトはもしかすると第十三情念たる調和的（統一的）情念ももっていたのかもしれない。だが、彼はその情念を完全に満たす間もなく、セント・ヘレナに流刑《るけい》となり、熱狂情念の思い出だけが残されることとなった。

また、タレーランは陰謀情念の素質ももってはいたが、徹底性においてはフーシェに遠く及ばない。むしろ彼は、移り気情念においてこそ本領を発揮し、歴史に名を残した人物である。

これに対し、フーシェは一見、移り気情念や熱狂情念に見えるものですら、すべて陰謀情念から導き出されたものである。彼こそは陰謀情念の権化《ごんげ》だったのである。

ところで、これまでの歴史観、とりわけジャコバン派的な清貧の道徳観念を是《ぜ》とする進歩的史観、マルクス主義史観においては、陰謀情念のフーシェ、移り気情念のタレーラン、熱狂情念のナポレオンは、歴史を歪《ゆが》めた否定的人物として扱われてきた。少なくともフーシェとタレーランはそうである。

だが、ひとたびこうした歴史観を捨て、フーリエ的な歴史観に立つなら、フーシェの陰謀情念、タレーランの移り気情念、ナポレオンの熱狂情念こそは、地球を不幸から救う積極的な情念、救世的な情念ということになる。マイナスが一気にプラスに変わるのである。

幸福については幾多《いくた》の議論がなされ、むしろ屁理屈《へりくつ》ばかり並べられてきたわけだが、そもそも幸福というものは、多くの情念をもつこと、またそれを満たす多くの手段をもつことに存するのだ。われわれは情念をろくにもたず、その四分の一を満たすに足る手段さえろくにもたない。さればこそ、われわれの地球は、現在のところ、宇宙でもっとも不幸な天体の一つなのである。（同前掲書）

なるほど、そういわれてみれば、政治や経済はおろか、会社や学校においてすら、これらの高位情念を思う存分満たすことのできないわれわれが不幸であるのに対し、フーシェにしろ、タレーランにしろ、ナポレオンにしろ、おのれの情念に忠実に従った彼らは、皆、いかにも人生をエンジョイしている。情念に生きて、我が人生に悔《く》いなし、である。

しからば、低位情念を満たしながら、なお不幸を抱えたままでいるわれわれは、ここで、この情念戦争の時代のヒーローたちをもう一度見直してみるべきではあるまいか？

フーシェの小賢《こざか》しくもみみっちい陰謀の中に、あるいはタレーランの無節操きわまりのない変節の中に、またナポレオンの後先顧《あとさきかえり》みない熱狂の中に、二十一世紀を生き抜く知恵を見いだすことができるのではないだろうか？

ならば、これまでの歴史書や伝記で否定のためにだけ引き合いに出されていた彼らの「欠点」に、いま一度、再検討の光を当ててみるのも、けっして無駄なことではあるまい。

「われわれは情念を発展させ満足させうるような社会秩序を知らなかったために、これまで情念の激しさに対して滑稽《こっけい》な批判ばかりを並べていたのだ」

情念に幸《さち》あれ、情念に乾杯、である。

第一章　欲望と悪徳の王国

タレーランの悲惨な少年期

一七五四年、のちに断頭台の露《つゆ》と消えるルイ十六世が生まれたのと同じ年、フランス王家と同じくらい由緒《ゆいしょ》正しい大貴族タレーラン・ペリゴール伯爵家に次男シャルル＝モーリスが生まれた。われらが主人公の一人、タレーランである。

一七五一年にわずか十七歳で結婚したタレーランの父シャルル＝ダニエル・ド・タレーラン・ペリゴールと母マリ＝ヴィクトワール・エレオノールにはシャルル＝モーリスよりも先に生まれた長男がいたが、この子供は夭折《ようせつ》したため、シャルル＝モーリスが家督《かとく》を継ぐ長男に繰り上がるはずだった。だが、そうはならなかった。

なぜか？　事故か先天性のものかは明らかではないが、シャルル＝モーリスには右脚《あし》に欠陥があり、歩行に困難をともなったからだ。タレーランの決定的伝記を書いたジャン・オリユーは書いている。

彼の両親はすでに心を決めていたのだ。この幼い障害児はその後も長子ではあったものの世継ぎとはしないということであった。（オリユー『タレラン伝』宮澤泰訳）

とはいえ、シャルル＝モーリスに対する両親の無関心が子供の脚の欠陥によるものだったとしたら、彼らの態度は責められるにしても、その理由を理解できなくはない。しかし、実際には両親の無関心はシャルル＝モーリスが誕生したそのときから始まっていたのである。

シャルル＝モーリスは誕生の当日洗礼を受け、後に大司教となる叔父が代父となった。サン・シュルピス教会を出るとすぐに乳母《うば》に預けられたが、彼女はその子を自分の住んでいたサン・ジャック街につれていった。そしてその子は自分の家族のもとにながくとどまることはなく、四年後になっても両親が彼の消息を問うこともなかった。（同前掲書）

オリユーの記述を読んで、現代の読者は「生まれるとすぐに乳母に預けるとは、なんとひどいことをする両親だろう」と驚くにちがいない。しかし、当時の習慣からすると、母親が赤ん坊を母乳で育てず、乳母の乳を借りるというのは上流階級においてはしごく当然のことで、これ自体はなんら非難にあたいすることではない。

したがって、タレーランに対する両親の愛情の欠如は、乳母を自宅に住み込みにさせて授乳させる形式を取らなかったこと、および、乳母に預けていた四年間に一度も息子に会いに行かなかった点に求められる。もし航海から戻ったタレーランの叔父が甥《おい》を探しに里親のところに出かけなかったなら、タレーランはそのまま放置されていた可能性さえある。

彼［叔父］はその子が雪におおわれた野原の中で、同じようなぼろをまとった乳兄弟《ちきょうだい》と二人で雲雀《ひばり》を追っているのを見つけた。憤激したその海軍軍人は幼いモーリスをひっかかえ、身体《からだ》も洗わずにそのまま連れ帰って、その子の母御《ははご》が表敬訪問を受けていたサロンの真ん中に突き出した。（同前掲書）

タレーランはその『回想録』の中で、その頃には親が子供に無関心なのはごく一般的なことで、両親の処置が咎《とが》められるべきではないと弁護を装《よそお》っているが、もちろん、そこにはタレーラン一流の韜晦《とうかい》があり、非難のニュアンスが漂《ただよ》っていることは否定できない。とりわけ、自分の脚に障害が残ったのは、乳母がタンスから落として骨が折れたのをそのままにしておいたからだと説明している箇所には、タレーランには珍《めずら》しく怨念《おんねん》がこもっている。

＊

いずれにしろ、タレーランが両親の愛情とはまったく無縁の子供時代を送ったことは確かで、その証拠に、四歳で彼が里親のところから戻ると、両親は、そのまま息子をボルドーに住む曾祖母《そうそぼ》ド・シャレー夫人のもとに送ってしまった。タレーランの父は、息子が生まれたとき、わずかに二十歳、母はジャン・オリユーの記述が確かならば六歳下の十四歳である。

これでは子供に愛情を持てというほうが無理なのかもしれない。若すぎる両親にとって、子供は邪魔な存在でしかない。

したがって、タレーランにとっては、両親のもとで邪険《じゃけん》にされるよりも曾祖母に育てられたほうが幸運だったのかもしれない。事実、コルベールの孫で、ルイ十四世の宮廷で暮らしたこともあるこの貴婦人によって惜《お》しみなく愛情を注《そそ》がれた二年間は、タレーランの生涯でもっとも幸福な時期となった。

彼女は家族の中で私に愛情を示してくれた最初の女性であり、私に人を愛する幸せを味わわせてくれた最初の人でもあった。（中略）私がシャレーですごした時間は私に強い印象を及ぼした。子供時代に目と心を打った最初のものがしばしばその人の性格を決定し、われわれが後の人生でたどる方向性を与えることになるのである。（タレーラン『回想録』拙訳）

では、その方向性とはなにか？　どんな状況においても、大貴族としての誇りと典雅と洗練を忘れず、みずからの存在そのものによって相手を圧倒することである。

だが、情念論というわれわれの立場から見て重要なことは、タレーランがそうした矜持《きょうじ》と同時に、黄金時代の貴族たちの「幸せの感じ方」も学んでしまったことだろう。すなわち、快楽はすべて、これを拒《こば》んではならないという生き方である。とりわけ、「人を愛する幸せ」にタレーランは無原則に従うことになるが、しかし、いきなり話をそちらの方面にもっていくのは時期尚早《しょうそう》である。しばらくはタレーランの少年時代の軌跡《きせき》を追ってみることにしよう。

脚が不自由であるという欠陥はタレーランの人生行路の選択肢《せんたくし》を極端に狭《せば》める結果になった。当時、貴族の間では、家督を継がぬ次男以下は僧侶か軍人になるという不文律があったが、タレーランの脚では軍人は無理だから、残された道は僧侶しかなかったからである。

両親はこの既定方針に従って、タレーランが八歳になったときパリに呼び戻し、パリ教会が経営するコレージュ・ダルクールに寄宿生として入学させた。乗合馬車がアンフェール通りに着いたとき、待っていたのは老いた召使一人だった。タレーランはそのまま両親にも会わずコレージュに連れて行かれたのである。

私は八歳だった。両親の視線はまだ私の方には向けられていなかったのである。(同前掲書)

このコレージュにタレーランは十五歳になるまで七年間在籍したが、その間、両親と会えたのは、週に一回、教師とともに食事に招かれるときだけで、食事が済むと、両親は、毎度、判で押したように「良い子にして、神父さまに喜んでいただきなさい」と声をかけるのだった。コレージュでの成績は、この傑出《けっしゅつ》した人物にしては珍しく凡庸《ぼんよう》なものだったが、子供がだれからも期待されていないと感じたとき、それは当然の反応だっただろう。タレーランはこのコレージュ時代を振り返って、こう語っている。

私は、一人ぼっちで、味方がいないと感じ、つねに、自分しか頼るものがないと思った。だが、いまでは、そのことを嘆かない。なぜなら、こうして私自身に立ち戻ったおかげで、早めに思考力を身につけることができたからである。思考力を早くから鍛《きた》え、より深く考える習慣を得ることができたのは子供時代の苦しみのおかげである。（同前掲書）

漠然《ばくぜん》と自分の運命を予感していたとはいえ、コレージュに馬車の出迎えが来て、ランスの大司教公爵の協同司教でロッシュ・エモンの枢機卿《すうきけい》である叔父のもとに連れて行かれ、僧服を着せられたとき、十五歳のタレーランは愕然《がくぜん》とした。自分が僧職に向いているとはいささかも感じていなかったからである。

その思いは、豪華絢爛《けんらん》たる枢機卿館を見せられても変わることはなかった。両親は、タレーランが枢機卿の贅沢な生活に親しめば、僧職を天職と感じるようになるだろうと踏んでいたのだが、それは甘かった。タレーランは僧職という運命を甘受《かんじゅ》しながら、大変な決意を固めていたのである。

ランスの枢機卿であり、協同司教でもある叔父を取り囲む贅沢や尊敬、快楽などを見せられてもそれらは私をいささかも感動させなかった。うわべだけからなる生活は私にとって耐えがたかった。すべての動きがまだ真実である十五歳のときには、用心深さというもの、つまり、自分の生活、考え、感情、印象の半分しか示さない技術が、あらゆる長所のうちで最高の長所であると理解するには大変な困難をともなうものだ。（中略）私はまだ、まったく別の職業に就きたいという気持ちをもちながら、一つの職業に入っていかざるをえないことがどんなものか知らなかったのである。（同前掲書）

だがタレーランは、やがてこの困難を克服し、二重の役割を同時並行でこなすという離《はな》れ業《わざ》を容易に成し遂げていくようになるだろう。ひとことでいえば、タレーランは、僧侶という偽善の仮面の下で情念を熱くたぎらせるジュリアン・ソレルを現実で演じることになるのである。

とはいえ、ここまでの少年時代を眺《なが》めただけで、移り気情念の権化たる後年のタレーランを予想することはほとんど不可能に近い。

ただ一つ、こうはいえるのではないか。すなわち、情念の質は問わずとも、その量に関しては、親から見放されたこの孤独な少年時代によって決定されていたと。絶望的なまでの愛情の欠如が、タレーランの心に底知れぬほど深い穴を穿《うが》ち、それを満たすべき情念の形成を準備したのだと。この意味では、怪物タレーランを作ったのは、両親だったといえるのである。

フーシェの凡庸な少年時代

悲惨きわまりないタレーランの少年時代に比べると、フーシェのそれはいやになるぐらい凡庸である。ナントで海運業を営《いとな》む平凡なブルジョワの次男（ただし長男が早死にしたため、実際には長男）として生まれ、まずまずの愛情にはぐくまれて、平凡な少年時代をすごした。たったこの数行で、フーシェの少年時代は終わりである。後の希代《きたい》の怪物フーシェの片鱗《へんりん》を示すようなエピソードはどこを叩《たた》いてもこれっぽっちも出てきはしない。まったく、伝記作者泣かせの人物というほかない。ツヴァイクも出自《しゅつじ》に関してはわずか一ページで片付けてしまっている。

しかし、長塚隆二氏が『政治のカメレオン　ジョゼフ・フーシェ』（読売新聞社）で書いているように、いざ正確な出生地と生年月日を確定しようとすると、そのとたんに困難に出会うのは、いかにも食えないフーシェというべきか。

洗礼証明書によれば一七五九年五月二十一日にナントの近郊ル・ペルランに生まれたとあるが、研究書によって十三の異説が唱《とな》えられていて「年代も一七四八年から一七六九年にわたり、二十一年間のひらきがある」（長塚隆二　前掲書）という。

それでも、そんなフーシェの子供時代について指摘すべきことがあるとするなら、船長だった父が息子を船に乗せると、とたんに船酔いしてしまったので、船乗りの跡継ぎにすることを早々にあきらめざるを得なかったことだろう。おかげで、フーシェは九歳になると、ナントのノートル・ダム修道院の寄宿舎に入れられ、そこからオラトリオ会の神学校に通うこととなる。といっても、当時、中等教育はすべて聖職者が牛耳《ぎゅうじ》っていたから、ブルジョワ以上の子弟は多かれ少なかれ宗教教育を受けていたのであり、フーシェの両親も息子をとくに聖職に就けようと思っていたわけではない。

しかし、虚弱体質で、肉体労働に向かないフーシェ少年にとって、オラトリオ会の神学校はなかなか居心地のよいところだったようだ。というのも、オラトリオ会のコレージュは、イエズス会系の学校とちがって自由な雰囲気《ふんいき》があり、実務的な科目に力を入れていたから、引っ込み思案な理科系少年だったフーシェでも伸び伸びと勉強ができたのである。フーシェはとくに数学と物理に才能を示したので、父と神父は相談して、フーシェを教職の道に進ませることにした。宰相《さいしょう》ショアズールによってイエズス会が禁止されて以来、公教育はオラトリオ会の独占するところとなり、コレージュ教員の養成が組織立って行われていたのである。

その結果、フーシェはナントのコレージュを終えると、二十一歳でパリにあるオラトリオ会神学校に進学し、頭を丸めて僧服に身をくるむことになったが、べつに僧職を志《こころざ》したわけでもないので、教員資格だけを得ると、僧職への叙任《じょにん》式を受けず、宣誓も拒んだ。根が実務的で散文的な人間なので、僧職には向かないと自分で判断したようである。したがって、れっきとした高位聖職者だったタレーランとは異《こと》なり、フーシェは、神学校出の僧院の教師ではあったが、僧侶ではないのである。この叙任拒否に関して、シュテファン・ツヴァイクはこう語っている。

この時期にかぎらず、彼はどんな境遇のときでも逃げ道を用意して、君子豹変《くんしひょうへん》の余地を残しておくのだ。教会の一員となったのも一時の方便で、のちに革命や総裁政府や執政《しっせい》政府、ナポレオン帝国や王政復古後の王国に参加したときと同様、決して何もかもささげつくしたわけではない。ジョゼフ・フーシェたるものは、人間どころか、神に対してすら、終生忠誠を守る義務を感じないのだ。(ツヴァイク『ジョゼフ・フーシェ』吉田正己・小野寺和夫訳)

ツヴァイクのこの説明はフーシェという人物をあまりに「逃げ道の用意」という観点から説明したがっているため、いささか牽強付会《けんきょうふかい》の感を免《まぬか》れない。なぜならフーシェがこの時点からすでに、先を見越して決定的な結びつきを避けるというポリシーを実践するほどの千里眼の持ち主だったとは思えないからだ。フーシェの天才というのはバルザックが看破《かんぱ》したように、「純粋に官庁風で、本質的に行政的」なものであり、十年も二十年も先を読むような千里眼ではけっしてないのである。第一、もし、このときにフーシェにいささかなりとも野心というものがあったのなら、当然、僧職での出世こそ狙《ねら》わなければならないはずのものである。時代は一七八二年、革命にはまだ間があり、僧職が憎悪《ぞうお》の対象になるのは当分、先のことである。

したがって、フーシェが僧職を拒んで、一介《いっかい》の物理・数学教師で身を立てる決意をした理由はほかに求められなければならない。

おそらく、フーシェは当時ブームだった物理学の発明・発見熱にとりつかれていたのだろう。実際、科学年表をひもとくと、この時代はプリーストリやラヴォワジエが燃焼の法則や元素を巡って、熱い発明・発見合戦を繰り返していた時代で、フーシェの野心も純粋に科学的な領域に限られていたのではないだろうか？

事実、フーシェはパリ近郊のジュイイーに物理・数学の教師として赴任《ふにん》したとき、同僚の教師で後に国民公会議員として国王処刑に賛成投票することになるビヨー・ヴァレンヌと一緒に熱気球を飛ばす実験をしている。フーシェの情念はあくまで理科系のそれだったのである。

そのせいか、教育態度は熱心で、ニオール、ソミュール、ヴァンドーム、ジュイイー、アラス、ナントと変わった任地のどこでも、フーシェ先生は生徒からも同僚からも人気があった。フーシェの友人や部下はほとんどがこの時代に作られている。

ゆえに、ここまでのところから判断する限り、熱心な理科系教師フーシェが、陰謀情念の権化フーシェに変身する下地はどこにもないと断言していい。バルザックがいうように、フーシェの独特の才能は後に「嵐《あらし》と嵐の間でかたちづくられていった」のである。

陰謀情念や移り気情念などの高位情念は、フーリエのいうように、人間が単独でいる間は発現《はつげん》せず、人と人の間に情念引力が生まれたときにはじめて表面にあらわれてくるものなのである。

では、もう一つの熱狂情念はどうなのだろう？　次はナポレオンの幼年時代について調べてみなければならない。

「売国奴の息子」

一七六八年、コルシカ島。

この年の五月十五日、十三世紀以来ジェノヴァ共和国の領土であったコルシカ島は、ヴェルサイユ条約でフランスに売却され、フランス領となることが決まった。

コルシカ島の状況は、支配者が途中交替したという点で二十世紀のベトナムによく似ていた。愛国者パスカル・パオリ率《ひき》いるコルシカ独立軍の反乱に手を焼いたジェノヴァ共和国が、まず同盟関係にあったフランスに軍事介入を願い出る。フランスは七年戦争の最中だったこともあり、最初は小規模な部隊を送り込むにとどめたが、反乱が拡大し、ジェノヴァ軍だけでは戦線を維持できないと見るや、本格的な介入を開始する。そのあげくに、コルシカのフランス領併合となったわけである。フランス王国へのコルシカ併合は一七六八年八月十五日にルイ十五世によって裁可確認された。

頭越しに行われたこの併合に、コルシカの愛国者たちは当然のように激怒した。パオリの指揮のもと、パルチザンたちは断固フランス軍を撃退することを誓った。二十二歳の青年貴族カルロ＝マリア・ブオナパルテ（フランス風の発音ならシャルル＝マリ・ボナパルト）すなわち、われらがナポレオン・ボナパルトの父も、この愛国者の一団の中にいた。このブオナパルテは四年前、十八歳のときに、わずか十四歳の幼な妻レティツィア・ラモーリと結婚し、すでに長男ジョゼッペ（ジョゼフ）をもうけていたが、フランス軍との戦端《せんたん》が開かれるや、首都アジャクシオ近くでパルチザン軍を率いて果敢に闘いを挑《いど》んだ。その間、レティツィアは夫のそばを離れず、パルチザンたちを励まして戦線に踏みとどまったが、衆寡敵《しゅうかてき》せず、夫とともに敗走を余儀なくされる。飢《う》えと負傷と疲労に悩まされたパルチザン軍は命からがら山中の洞窟に逃げ込んだが、そのとき、レティツィアは二番目の子供を身ごもっているのに気づいた。

レティツィアは疲労困憊《ひろうこんぱい》している。シャルルは、ひどく心配して、彼女を元気づかせようとする。彼女は動かない。顔は青ざめ、眼は閉じている。それで、もうすこしで英雄は、生まれるまえに命をおとすところだった！（アラン・ドゥコー『ナポレオンの母』小宮正弘訳）

いうまでもなく、レティツィアのお腹の中にいたこの「英雄」とは、後のナポレオン・ボナパルトにほかならない。レティツィアが洞窟の中で流産でもしていたら、フランスとヨーロッパの歴史は大きく変わっていたかもしれないのである。だが、十九歳の母親はよくこの試練にたえた。

それはそうと、生物学者三木成夫《みきしげお》の説に従うならば、妊婦がこうした危機的状況にあるとき、その不安や焦燥《しょうそう》などの激しい感情の起伏は、胎児《たいじ》の無意識にかなりの確率で影響を与えるといわれる。ナポレオンの場合も例外ではあるまい。少なくとも、レティツィアの子宮が、平凡な人間を造るようには作用しなかったことだけはまちがいない。イエスを身ごもったままナザレからベツレヘムに逃れたマリアの場合のように、ときとして、こうした戦乱の中の「子宮」から、人類の歴史を変えるような超人があらわれてくることがあるのだ。われらがナポレオンも、銃弾や砲弾が飛び交《か》う中でなければ充実感を味わえないような熱狂情念の刷《す》り込みを潜在意識に受けて、この世に生まれ落ちたのかもしれない。

＊

しかし、併合確定からちょうど一年後の一七六九年八月十五日、カトリックの重要な祝日である聖母被昇天祭の日、アジャクシオでナポレオン・ボナパルト（ナポリオーネ・ブオナパルテ）が呱々《ここ》の声をあげたときには、一家の立場は、パルチザンの英雄とは、ひどくかけはなれたものになっていた。

カルロ＝マリア・ブオナパルテは、すでにフランス軍に投降して、コルシカ総督マルブフ伯爵に恭順の意を表し、晴れてフランス名のシャルル＝マリ・ボナパルトとなってアジャクシオ王立裁判所の陪席《ばいせき》判事に任命されていたのである。たとえてみれば、ホー・チ・ミンの片腕だったベトコンの将軍が、アメリカの後押しを受けた南ベトナム政府軍に鞍替《くらが》えし、高官の地位を得たようなものだから、この突然の転向がパオリなどの愛国者からは激しく非難されたのは当然のことである。

それればかりではない。父親のフランスへの寝返りは、後に、息子たるナポレオンの心にも癒《いや》すことのできない傷となって残ることとなる。堅忍不抜《けんにんふばつ》の愛国者の息子なら、胸を張ってコルシカ人であることを誇ることもできよう。だが、自分は、売国奴《ばいこくど》の息子として生まれてしまった。

しかも、事態をいっそう複雑にしているもう一つの事情があった。それはコルシカ一と謳《うた》われた母レティツィアの美貌《びぼう》に惚《ほ》れ込んだ総督のマルブフが、父のシャルルにさまざまな恩恵を施《ほどこ》し、父もそれを利用しているという噂《うわさ》が広まっていたことである。げんに、シャルルは、一七七〇年にルイ十五世がコルシカ在住二百年以上を文書で証明できる家族にフランス貴族の称号を与えるとした決定を受け、一七五七年にトスカナ大公から授《さず》けられた「授爵状」を提出して爵位を得、「ド・ボナパルト」と名乗ることができるようになっていた。この決定には、マルブフの奔走《ほんそう》があったとささやかれた。さらには、ナポレオンの弟のルイはマルブフの子供であるとする噂もたえなかった。それどころか、ナポレオンもシャルルの子ではないという説を唱えるものもあらわれた。ほかならぬナポレオンも、自分の軍事的天才の因《よ》ってきたるところを知りたいという気持ちから、この説をひそかに検討してみたことがあったようだ。

いずれにしろ、ナポレオン自身に、現実の父を否定し、自分はだれか高貴な生まれの人間の隠し子だと思いたがる、フロイトのいう「家族ロマンス」の兆候があったことは否定できない。少なくとも、「売国奴」でコキュ（寝取られ男）だった父を、成長して愛国者となったナポレオンが嫌っていたことは確実である。

しかし、父シャルルにしてみれば、自分が節《せつ》を屈して対仏協力派となり、フランス人として生きていこうと決意したのは、次々に生まれてくる子供たちのことを考えたからだと言い訳をしたくなったことだろう。事実、シャルルは貴族とはいえ、収入といえば陪席判事の俸給のみだったから、子沢山《こだくさん》の一家の生活は一般民衆とほとんど変わらなかった。パン、肉、ワイン、チーズなどの食料が自宅で賄《まかな》えたからいいようなものの、衣服や家具に関しては贅沢とは程遠い家庭環境にあった。ようするに、ナポレオンの生家はコルシカの名家だとはいえ、アンシャン・レジーム末期の貧乏貴族の典型だったのである。

しかし、この時代には、貧乏貴族であるがゆえに享受《きょうじゅ》できる特権というものが存在していた。子弟をフランス各地にあった陸軍幼年学校で官費で学ばせるという特権である。シャルルはこれに飛びついた。長男のジョゼフは性格がおとなしいので僧職に就けることにしていたが、次男のナポレオンはきかん気の暴《あば》れん坊だったので、ゆくゆくは軍職に就けたいと願っていたからだ。というよりも、コルシカ選出の三部会貴族代表に選ばれたとはいえ、最底辺の貴族であることに変わりはないボナパルト家にとって、選択肢はこれしかなかったのである。

かくして、ナポレオンの運命は決定された。もしここで、当時の貴族の家庭の多くがそうしたように、長男のジョゼフは軍隊、次男のナポレオンは僧職というような振り分けが行われていたら、軍人ナポレオンは誕生しなかったことだろう。また、もし、シャルルが対仏協力派として、息子たちをフランスの学校に入れようとしなかったら、フランス人ナポレオンも生まれず、彼はたんなるコルシカの愛国者にとどまっていたかもしれない。いずれにしても、シャルルの貧乏貴族としての選択がナポレオンとフランスの運命を決定づけたことだけは確かである。

＊

ただ、ナポレオンを幼年学校に入れようとしているシャルルにとって、問題は、入学志願者は十分な初等教育を受けていなければならないという一条があることだった。ナポレオンはアジャクシオでレッコ神父が営む学校でＡＢＣを学んでいたとはいえ、話せる言葉はコルシカ語とイタリア語である。フランス語を話せるようにするには本土のコレージュで勉強させなければならない。そう考えたシャルルは、陸軍幼年学校への入学許可が下りるよりも前に、一七七八年の暮れにジョゼフとナポレオンを連れてコルシカを離れ、ディジョン近くにあるオータンのコレージュに兄弟を入学させた。このオータンのコレージュが選ばれたのは、シャルルが庇護《ひご》を仰《あお》いでいるマルブフ総督の甥がこの司教区で司教をつとめていたからである。

オータンのコレージュに入学したとき、ナポレオンはまだ九歳だった。兄のジョゼフが一緒とはいえ、最愛の母のもとを離れ、異国で、しかも言葉もわからぬ中で共同生活をすることの心細さはいかばかりだったか。交際上手なジョゼフはすぐにコレージュの生活に溶け込んだが、自尊心の強いナポレオンはことあるごとに級友と衝突し、なかなか友達ができなかった。それでも学習の進歩は早かったようで、三ヵ月のうちに、会話も読み書きも上達した。

ところがオータンでの生活にも慣れかかった一七七九年の三月、陸軍大臣からナポレオンにブリエンヌ幼年学校への入校を認める通知が届き、ナポレオンは、オータンの神学校に残ることになったジョゼフと別れて、ブリエンヌに向かう。

シャンパーニュ地方の南端にあるブリエンヌは、中世に建てられた修道院があるだけの小さな町だったが、一七七六年に王立陸軍幼年学校が設けられて貴族の子弟を受け入れていた。ただ、陸軍幼年学校とはいっても、その実態は修道院付属の寄宿学校が模様替えしただけで、教員もほとんどが聖職者だったから、ここでナポレオンの軍事的天才がはぐくまれたわけではない。ただ、授業内容が当時のコレージュとは異なり、古典中心の教育ではなく、数学を中心とする実務教育に力が注がれていたので、理科系人間のナポレオンはこの分野で優秀賞をいくつも獲得して自尊心を満たすことができた。

とはいえ、いまだに自分の名前を「ナポリオーネ・デ・ブオナパルテ」とコルシカ訛《なま》りでしか発音できないナポレオンにとって、級友との付き合いは苦痛以外のなにものでもなかったにちがいない。ジョルジュ・ルノートルはブリエンヌ幼年学校でのナポレオンを次のように描写している。

少年は同級生たちのように陽気ではなく、人付き合いもよくないし愛想もよくない。彼のコルシカ方言と打ち解けない様子とを容赦《ようしゃ》なくあざけるフランス本国人のあいだで孤立した彼には、打ちあけ話のできる相手や友人はただ一人もない。この十歳の、哀れにも非社交的な少年は、黙々としていかめしい生活を送る。しかもその生活は彼の過敏な感受性によって更《さら》にいっそう峻厳《しゅんげん》なものとなるのである。（ルノートル『ナポレオン秘話』大塚幸男訳）

こんな性格の生徒だから、教師たちも扱いに苦慮した。あるとき、一人の教師が彼に罰を与えようとして、食堂の入口で跪《ひざまず》いて食事をとるように命じた。するとナポレオンは突然激しい吐き気と神経の発作に襲われ、こう叫《さけ》びながら卒倒《そっとう》してしまった。

「うちでは跪くのは神の前だけだと教わりました。ママ、そうだったよね！」

驚いた教師は体罰を中止してナポレオンをベッドに運ばせなければならなかった。ナポレオンの自尊心の強さを示すエピソードである。

もっとも、ナポレオンがいつもいつも教師たちに虐《しいた》げられ、級友にいじめられていたわけではない。

ある厳冬の日、ナポレオンは学校の中庭が深い雪で覆《おお》われているのを見ると、級友たちに

雪合戦で指揮を執るナポレオン（Horace Vernet, Eric Ledru *“NAPOLÉON Le conquérant Prophétique”*）

呼びかけて、学校で習った築城法をもとに雪の砦《とりで》と塹壕《ざんごう》を造りはじめた。二手に分かれて、砦の攻防戦をしようというのである。ナポレオンが指揮して造らせた雪の砦は、稜堡《りょうほう》も角面堡も完璧だった。見物にやってきた町の人たちもこの砦の出来《でき》栄《ば》えにはいたく感心した。それればかりではない。築城技師から将軍になって「全軍」を指揮したナポレオンは、軍事的天才を発揮して、指揮した組を二週の間、勝利させつづけた。つまはじきされていた孤独な少年は、このとき、突然、英雄になったのである。

ナポレオンの伝記のほとんどで語られるこのエピソードは思いのほか重要である。というのも、男というのは、大人になったあとでも、幼い日に脳裏に刻《きざ》まれた「栄光の瞬間」のイメージを永遠に保ちつづけ、つねに、そのイメージに向かって飛躍を試みるものだからである。女の子たちがバージン・ロードを踏む花嫁姿の自分を夢想するように、男の子というものは、武勲《ぶくん》の栄光に包まれた幼き日のみずからのイメージを心の奥底に抱えているのである。子供たちの戦争ごっこにおいて、大将になったか一兵卒《いっぺいそつ》になったかで、その後の自己イメージが規定されることすらある。たかが、子供の戦争ごっこ、ではない。子供の戦争ごっこだからこそ、重要なのである。勝敗も採算も度外視して、ただただ、戦いそのもののうちにある熱《ヒート》に身を焦《こ》がす熱狂情念は、たいていの場合、こうした子供時代の戦争ごっこに端《たん》を発していることが多いのだ。

＊

だが、と、ここでわれわれは、同時に、ある素朴な疑問を感じる。すなわち、雪合戦の指揮官として栄光のイメージを心に刻んだナポレオンにとって、その栄光の支えとなるべきはコルシカだったのか、それともフランスだったのかということである。対仏協力派の父を「売国奴」と恥じ、なぜ父は主義に殉《じゅん》じなかったのかとひそかに非難しているナポレオン少年にとって、みずからがフランス国王の「醜《しこ》の御楯《みたて》」となろうとしていることは、はなはだしい自己矛盾《むじゅん》であった。例のベトナムのたとえをまたもちだせば、ナポレオンは南ベトナム政府軍の高官の息子としてアメリカの陸軍士官学校に送られながら、心の中ではひそかにホー・チ・ミンに憧《あこが》れ、解放戦線に加わりたいと思っている青年のような存在だったのである。

しかし、そんな悩みを抱えたナポレオンにも、歳月はたちまちのうちに流れ、いよいよ、進路を決めねばならないときがやってくる。コルシカに戻って、愛国者として独立運動に身を捧げるつもりなら、なんといっても海軍だ。しかし、フランス人として栄光の絶頂を極《きわ》めたいなら、やはり陸軍でなければならない。

一七八四年の十月、パリの陸軍士官学校からの合格通知を受け取ったナポレオンは、幼年学校から合格した他の四名とともに郵便馬車に乗ってブリエンヌを離れ、パリに向かって出発した。

陸軍士官学校での訓練は幼年学校とは比べものにならないくらい厳しかった。ナポレオンは用兵学や砲術学に強い興味を示し、理解も早かったが、軍事教練や操銃術などは大の苦手《にがて》だった。あるとき、シャンポーという上級生が操銃術を教えながらナポレオンのほうをふと見ると、ナポレオンはなにやら考えごとをしている。怒ったシャンポーは、銃の先で未来の皇帝の指先を叩《たた》いた。その瞬間、ナポレオンは顔を真っ赤にして、もっていた銃をシャンポーの頭めがけて投げ付けた。シャンポーはとっさに銃を手で受け止めたからよかったものの、もし、銃が顔を直撃していたら、大ケガになるところだった。この光景を見ていた教官は、ナポレオンの向こうっ気の強さに恐れをなし、即座にナポレオンの指導係を一級上のデ・マジに交代させた。以後、二人は無二の親友になる。

一年後の一七八五年九月、士官学校で士官候補生試験が行われた。この試験には普通、二年間か三年間在籍した者が臨むことになっているが、ナポレオンはわずか十一ヵ月しか学んでいない段階で受験した。受験者は二百二名で、合格者は百三十六名。うち、成績優秀の上位五十八名は士官候補生を経ずしていきなり任官を認められた。ナポレオンはこの五十八名のうちに入っていた。ただし、席次は四十二番。一年生で合格し、十六歳の士官となったのは見事だが、成績は伝説を生むほどのものではない。ナポレオンは、学科による好き嫌いが激しかったので、まんべんなく好成績を取ることができなかったのである。

この士官学校在籍中に、モンペリエに病気治療に来ていた父のシャルルが亡《な》くなった。死因は胃癌《いがん》だった。ナポレオンは父が故郷を遠く離れた「異国」で没したこと、それに母が三十五歳の未亡人として後に残されたことに心を痛めながらも、それほどショックを受けたようには思えない。

ナポレオンにとって、現実の父よりも、幻想の中で栄光に輝く「家族ロマンス」の中の父のほうが大切だったのかもしれない。だが、それはルイ十五世でも、ルイ十六世でもない。コルシカ人のフランス軍士官ナポレオン・ボナパルトにとって、幻想の父はだれだったのか？　この先当分、ナポレオンの魂の遍歴は続くだろう。みずからがフランスの父「ナポレオン」になるほかはないという決意が固まるまでは。

タレーランの快楽生活

大貴族の長男であるにもかかわらず、家督相続から外されて聖職者の道を歩まされることになったタレーランにとって、唯一の慰《なぐさ》めは、高位聖職者となったときに支給される高給とそれによって保証される快適な生活である。しかし、それにはまず、サン・シュルピスの神学校で偽善に満ちた教育を受けなければならない。これがタレーランにはなによりも大きな苦痛だった。

この五年間［一七六九―一七七四］は彼の生涯のもっとも悲しい日々であった。彼は他人によって勝手に約束されながらも、自身は少しも向いていないこの教会の世界に対して自己を閉ざしたのであって、このような拘束を許した社会を恨みに思った。（オリユー前掲書）

とはいえ、タレーランの反抗は、それらしい反抗としてはあらわれてこない。すなわち、貴族の一員であるタレーランの反抗は放蕩無頼とは無縁であり、あくまで優雅で繊細なかたちを取る。

一つは、読書である。

フルーリ枢機卿によって整備されたサン・シュルピス神学校の図書館は蔵書の数も質も充実していた。私はそこで偉大な歴史家の著作を読み、政治家やモラリストの特異な人生を知り、何人かの詩人に親しんで毎日を過ごした。旅行記をむさぼり読み、新大陸、大嵐の危険、大災害に熱中した。大きな変化やときに天地を揺るがすような大変動が描きだされている国々の描写は私に激しい興味を引き起こした。（中略）良き図書館とは魂のあらゆる傾きに救いを差し伸べるものである。（タレーラン　前掲書）

すべての思想と行動に偏見をもたず、つねにおいしい蜜があればそのほうに飛んでゆくタレーランの蝶々情念はかくしてサン・シュルピス神学校の図書館で醸成《じょうせい》されていったのである。こうした精神の傾向は、神学校を卒業し、ソルボンヌで神学の博士号を得て、サン・レミで司祭の職を得たのちも遺憾《いかん》なく発揮された。たとえば、彼は、当時のカトリック教会の最大の敵であった哲学者ヴォルテールが許されてパリに凱旋《がいせん》してくると、さっそく、このフェルネーの長老に会いに出かけ、その高説に耳を傾けた。

なんという光景であろう！　ごく最近神学士の称号を得たばかりで、ちょうどリシュリューの亡霊と崇高な問答を終えてきたこの聖職者が、『カンディード』の生みの親の足下に跪《ひざまず》き、ブロンドで香水をつけた髪の毛の上に、やせ細った手を置いてもらい、その比類のない老人の皮肉めいた声に聴き入っているとは。（中略）ヴィレットにあるその館から退出する際に、今度こそ彼の僧衣は完全に蒸発してしまったのだ。今や彼が僧衣をまとっていると信じているのは、彼の父親と母親と叔父以外にはなかったのだ……。身内というものはつねに盲目なものである。（オリユー　前掲書）

もっとも、およそ主義主張というものからは遠いタレーランのことであるから、ヴォルテールのうちに見いだしていたものは、あくまで「理にかなった幸福で、富と自由と礼節でかたちづくられたもの」（オリユー）であり、硬直した思想ではなかった。タレーランは、同じ蝶々でも、さまざまな花のもっとも甘美な部分だけを吸い取り、あとはいさぎよく捨てることのできる「選択的」な蝶々なのである。

だから、ヴォルテールとは必ずしも思想的に一致しないシャンフォールのようなモラリストとも親しく付き合って、「世の中で好かれる人になるためには、知っていることでも教えてもらうようにしなければならない」とか、「自分の身を売る才覚はあっても、自分を与える才覚のない娘がいる」というような人間研究の警句を心にとめ、行動の指針とした。タレーランの如才《じょさい》のなさ、社交のうまさは、こうした「選択的影響」に起因しているのである。

＊

もう一つの反抗は、いかにもタレーランらしく、この世の最高の快楽、すなわち恋愛というかたちを取ってあらわれる。一七七一年、十七歳のタレーランはサン・シュルピス教会のミサに金髪を波打たせた清純な乙女《おとめ》が参列しているのに目をとめた。それは、マリヴォー（十八世紀フランスの劇作家、小説家）の『マリアンヌの生涯』から抜け出てきたような可《か》憐《れん》な娘だった。タレーランの中にあったギャラントリーの本能が目覚め、あっさりと宗教的抑圧を投げ捨てた。

ある日、彼女が教会から出ようとすると、激しい雨がふきつけた。その雨が私を大胆な気持ちにさせた。もし、遠くにお住まいでなければ、そこまでお送りしましょうと申し出たのである。彼女は私の傘《かさ》の半分に入ることを受け入れた。私は彼女が住むフェルー街まで送っていった。彼女は私が部屋まで上がってゆくことさえ許してくれた。さらに、きわめて純粋な乙女だったので、なんの気兼ねもなく、私がそこに立ち寄ることを認めた。こうして、私は、三日か四日おきに、いやもっと足しげく彼女のもとに通うようになったのである。（タレーラン　前掲書）

さすがはタレーラン、さすがは「愛の国」フランスである。神に仕《つか》えるためにもっとも禁欲的でなければならないはずの神学生からしてこのありさまなのだから。

娘は、本名をドロテ・ドランヴィルといい、もともとはユダヤ教徒だったが、親から無理やり女優にされ、ドロテ・リュジーという芸名でコメディー・フランセーズの舞台に立っていた。同じように、親から聖職を押し付けられていたタレーランは娘に深く同情し、すぐに親しい関係となった。

二人の仲はまたたくまにサン・シュルピス界隈《かいわい》で有名になったが、神学校の校長も修道院長もだれも面と向かって文句をいわなかった。タレーランの出自《しゅつじ》と大司教の叔父の権勢におびえたのである。それに、ドロテを愛人にして以来、あれほど無愛想だったタレーランが突如、如才なく振る舞うようになったことも彼らに叱責《しっせき》の機会を失わせる原因となった。もし、彼が『マノン・レスコー』（アベ・プレヴォ）のシュヴァリエ・デ・グリュのように振る舞って、娘と駆《か》け落ちするようなことがあったら、「タレーラン」という人物は存在せず、フランスの運命も変わっていたかもしれない。しかし、タレーランは、ドロテと半《なか》ば同棲《どうせい》生活を送っているにもかかわらず、神学校から放逐《ほうちく》されることもなく、叱責さえ受けなかった。このことがタレーランに一つの確信を与えた。フランスのカトリック教会、とりわけ、高位聖職者においては、後《うし》ろ盾《だて》さえあれば、女犯《にょぼん》は原則的に問題なしだと見抜いたのである。

この原則を確認するや、タレーランは、一七七五年に修道の誓いを立てて正式に聖職に奉じたにもかかわらず、愛《アムール》の道をまっしぐらに突き進みはじめる。若いころのタレーランは、脚こそ不自由だったが、なかなかの美男子だったうえ、立ち居《い》振る舞いとその言葉遣《づか》いに生得のエレガンスがあふれ、上品さの見本のような青年だったから、どれほど美しい貴婦人たちも、彼の魅力の前にはひとたまりもなかった。

私が何人かの貴婦人とかかわりをもったのは、ルイ十六世の聖別式に出席したときのことだった。その貴婦人たちはそれぞれ違う種類の長所できわだっていた。彼女たちとの友情は私の生涯にたえず魅力を及ぼしつづけた。私が話に出そうとしているのは、リュイヌ公爵夫人、フィッツ・ジャム公爵夫人、それにラヴァル子爵夫人である。（同前掲書）

いずれも、最上流貴族の美しい夫人で、社交界の花形だった。そして、タレーランが「かかわりをもった」とか「知り合った」という言葉を使う場合、それは万葉集の時代の用語法と同じで、「肉体的にかかわりを持った」というきわめて具体的な意味なのである。若きタレーランのモテ方は尋常一様《じんじょういちよう》ではなかったのである。

あたかも、時代は「生の歓《よろこ》び」を謳歌《おうか》するロココの時代の真っ只中《ただなか》の一七七〇年代である。男も女も、みずからが男であり、女であることを証明しようと日夜競い合い、あらゆる種類の快楽が徹底的に追求されていた。タレーランの周《まわ》りに集まっていた男友達も、ショワズール＝グフィエ、ルイ・ド・ナルボンヌ、ローザン公、ミラボーなど、いずれも『危険な関係』（ラクロ）のモデルと目されたような無道徳の大貴族だったから、そこで交わされる会話が、放埒《ほうらつ》に流れるのは自然なことだった。そして、こうしたリベルタンたちの中心にいたのが、ルイ十五世の愛妾《あいしょう》デュ・バリー夫人である。

朝方には彼らは彼女の身づくろいの手伝いをしたり、前の日や夜中の――パリの夜中だ！　出来事を持ち寄ってきては彼女を驚かせるのだった。すべてが笑いの種となった。

（オリユー　前掲書）

タレーランは後年、歴史家で七月王政下で首相もつとめたギゾーに向かって、「人生の快

タレーラン【左】とドラクロワ

楽というものがどんなものか、それは大革命の前の時代に生きた人でないと理解できないだろう」と語ったといわれるが、たしかに、若き日のタレーランが接したロココ末期の爛熟《らんじゅく》した貴族文化こそは、人類の歴史のうえで、「究極の快楽」を追求したエピキュリアニズムの頂点に位置するものだろう。

タレーランは、外面だけとはいえ一応聖職者だったから、法律上では妻帯せず、あくまで独身というかたちをとってはいたが、当然ながら、いたるところに愛人がいて、隠し子が多数存在していた。

そのうち有名なのは、才色兼備のフラオー伯爵夫人との間にもうけたフラオー伯爵である。このタレーランの息子もまた父親の血を引いてなかなかの発展家だったので、ナポレオンの副官に収まると、ジョゼフィーヌの連れ子でナポレオンの弟ルイに嫁《とつ》いだオルタンス・ド・ボーアルネの愛人となり、一子をもうけたが、これが、ナポレオン三世の胤《たね》違いの弟で、後に異父兄のクーデターを助けることになるモルニー公爵である。つまり第二帝政は、ナポレオンの甥と、タレーランの孫との共同作業によって生まれたことになるのである。

もう一人、タレーランの隠し子として名高いのが、かのドラクロワである。今日もなお『民衆を率いる自由の女神』の作者としてフランス共和国公認の画家の地位にあるウージェーヌ・ドラクロワは、一七九八年四月二十六日に、総裁政府の外務大臣であったシャルル・ドラクロワとその妻である旧姓ヴィクトール・ウーバンの間に生まれたということになっているが、じつはシャルル・ドラクロワはそのちょうど九ヵ月前に大きな腫瘍《しゅよう》の摘出手術を受けており、とうていウージェーヌの父親になる能力はなかった。そして、そのころ、ヴィクトール・ドラクロワと親密な関係にあったのが、シャルル・ドラクロワの跡を襲って外務大臣に就任することになるタレーランなのである。

たしかに、そういわれてみれば、タレーランとドラクロワの顔付きはきわめてよく似ている。とりわけ、同じ晩年の二人の肖像を並べると、少し上向き加減の鼻といい、軽い軽蔑を含んだ唇《くちびる》といい、微笑の仕方といい、そっくりである。ついでに述べておけば、ドラクロワは二人の兄弟とも、妹ともまったく似ていない。

このように、タレーランは、革命以前も以後も、その移り気情念に忠実に従い、いたるところで「愛」をはぐくみ、その結実を残していったが、その間にも、聖職者としての彼の地位は着実に上昇していって、快楽を支えるに十分と思われる資力を彼に与えていた。

＊

タレーランがカトリック教会のヒエラルキーの中で最初に得た地位は、ソルボンヌを出た直後に与えられた副助祭であるが、一七七五年にはルイ十六世からサン・レミ修道院を賜《たまわ》って神父となり、一万八千リーヴル（フラン）の報酬を得た。さらに、一七七九年九月にはランスの大司教である叔父のおかげで、ランス地区の助祭に任じられ、同年十二月には二十五歳で、司祭に昇任した。サン・レミ修道院の収入と合わせると、これだけで三万フラン近い収入である。現在の物価に換算して一フラン千円で計算すると、なんと三千万円の年収ということになる。ランスの司祭といっても、タレーランは金だけもらって、パリに住んで社交生活に明け暮れていたのだから、まことにもっていいご身分というほかない。しかし、女ばかりか、美食やお洒落《しやれ》にもめっぽう弱かったタレーランのことであるから、これしきの収入で快楽生活が賄《まかな》えるわけがない。借金はどんどん膨れていった。

かくして、タレーランの司教職獲得作戦が始まった。タレーランは権力そのものには案外無頓着《むとんちやく》だったが、地位や身分にはけっこう執着した。ただし、それはその地位や身分が大きな報酬をもたらす場合に限られていた。そして、確実な報酬が見込まれるときには、あらゆる手段を使って猟官《りようかん》運動も辞さなかった。「快楽は、いっさいこれを拒んではならない」をモットーとするエピキュリアンであるタレーランにとって、それを保証してくれる金銭はなにをさておき、敬意を払わなければならないものだったのである。

一七八五年には、大司教を叔父にもつタレーラン司祭の司教就任は確実なものと思われた。聖職者集会は、タレーラン・ド・ペリゴール司祭の「並外《なみはず》れた功績」を承認し、二万四千リーヴルの賞与と四千リーヴルの特別賞二件を与えた。ところが、タレーランは、見事に司教になりそこねたのである。

彼の昇進を遅らせてきたのは誰なのだ？　司祭たちと国王だ。教会全体が社交好きの宮廷神父と達観した高位聖職者たちだけでできていたり、僧衣がすべて流行の風にひるがえったりしているわけではないのだ。いや滅相《めっそう》もないことだ。教会の圧倒的多数はなお徳性と伝統に忠実なのだ。（中略）一七八五年に、彼の名前は空席になっている司教区用に国王が選択するために提案された聖職者達のリストから削除された。この措置はオータンの司教であったド・マルブフ猊下《げいか》の差し金によったもので、同猊下は同神父がパリで実行している「生活術」を十分に承知していたのである。（オリユー　前掲書）

このオータンの司教マルブフ猊下というのは、前にも触れたナポレオンの庇護者コルシカ総督の甥で、厳格をもってなる人物だったのである。

司教になりそこねたタレーランは心底焦《あせ》った。

司教になれるものと決めてかかり、その収入を当てにして、大量の手形を振り出していたので、借金取りに追い回されるはめに陥《おちい》っていたからである。乾坤一擲《けんこんいってき》を狙《ねら》って当時は最大の歓楽街だったパレ・ロワイヤルに出かけて博奕《ばくち》を打っても、奇跡は起こらなかった。そこで彼は、最後の手段に訴えた。これまでほとんど行き来のなかった父親に泣きついたのである。

そのころすでに重病にかかっていた父親は息子を臨終の床に呼び寄せ、借金や賭博《とばく》まみれの生活や、ミラボーやオルレアン公などとの危険な付き合いをやめるという条件で、国王に掛け合うことを約束した。ルイ十六世は、父親のタレーラン伯爵を高く買っていたので、その願いを聞き届けた。

かくして、タレーランはリヨン大司教に転じたマルブフ猊下の跡を襲ってオータンの司教に就任した。叙任式が行われたのは、大革命勃発まであと六ヵ月しかない一七八九年一月のことである。

母親はこのときになって初めて息子が聖職者に向いていないということに気づき、国王の人事に反対したが、時すでに遅かった。

彼が歴史上もっとも破廉恥《はれんち》な司教になる可能性がきわめて大きいということに彼女が気づくまでには、彼が三十四歳にもなり、歳の数と同じほどの愛妾を持ち、相場師で賭博好きとしての確固たる評判を得、国王や教会から見てもっとも推賞しがたい交友関係を誇示することが必要だったのである。(同前掲書)

司教に就任したタレーランは二万二千リーヴルを得て、国王から同時に与えられたポワチエ近郊修道院の収入を合わせると、総計五万リーヴルを上回る金額を手にすることになったが、これだけでは奢侈《しゃし》や賭博や投機でこしらえた膨大な借金の返済にはまだ足りなかった。そこに、借金をすべて帳消しにしてしまうようなとてつもない事件がもちあがった。いわずと知れた七月十四日のバスチーユ牢獄《ろうごく》襲撃である。

革命は官能を解放する

一七八九年七月十四日。一般に、この日を境にフランス人の価値観は百八十度ひっくりかえってしまったといわれるが、それは誤解である。たしかに、いくばくかの価値観の混乱はあった。ブルジョワジーが権力を握るには、王侯貴族の快楽主義をおとしめ、アングロサクソン的な勤労と節約を顕揚《けんよう》する必要があったからだ。しかし、二世紀の時を隔てた後に、あらためてフランス人の精神構造の変化というものを眺めてみると、アンシャン・レジームにおいて王侯貴族の間で謳歌された快楽主義は、否定されたというよりもむしろ、二百年の時間をかけてゆっくりと民衆の中に浸透していったと見たほうがいい。つまり、十八世紀的な快楽主義は、革命を機に消滅したのではなく、より民衆的なサイズへと平準化し、民主化していったのである。

愛とセックス、お洒落と美食、おしゃべりと無為の時間、かぐわしい香りと雅《みやび》やかな音楽、フランス人のだれもが認めるこれらの「人生の快楽」は、もとはといえば、打倒したはずのアンシャン・レジームの価値体系そのものであり、いわば、革命は、王侯貴族の快楽主義を一般化するためにのみ奉仕したことになる。タレーランが「大革命の前の時代に生きた人でないと理解できない」と語ったという「人生の快楽」とは、オルレアン公フィリップが主催した連日連夜の酒池肉林の狂宴であった。

＊

ルイ十五世治下の最後の頃、前に述べたように、まだ二十歳だったタレーランはショワズール＝グフィエ、ナルボンヌ、ローザン公などの放蕩者の友人と一緒に、王の「公《おおやけ》の愛妾」デュ・バリー夫人のもとに通っていた。国王ルイ十五世をして、「あの女は、余が六十歳であることを忘れさせてくれる秘訣《ひけつ》を心得ておる、フランスで唯一の女だ」（ギー・ブルトン『フランスの歴史をつくった女たち』田代葆訳）と言わしめた「いい女」である。あるとき、各人がきわどい小話を披露したさい、ひとりタレーランだけが黙って話を聞いていた。すると、それを見たデュ・バリー夫人がたずねた。

「あら、あなたどうしたんですの、神父さん？　なにも言わないでいるなんて？」

「マダム、私はいま、悲しい考察をしていたところなんです」

「まあ、どんなこと？」

「マダム、パリというのは、修道院を見つけるよりも、女たちに出会うほうが簡単な町なんだなということです」（サント・ブーヴ『ムッシュー・ド・タレーラン』拙訳）

サント・ブーヴの伝えるこの逸話《いつわ》をとりあげて、オリユーはタレーランの「答えを用意していることを質問させるという才能」に感嘆している。事実、この受け答えのエスプリに感心したデュ・バリー夫人はルイ十五世に向かってタレーランを誉めそやし、彼に何らかの報酬を与えるように助言した。デュ・バリー夫人がみずから進んでタレーランの才気に報《むく》いたことはいうまでもない。

このように、デュ・バリー夫人のサロンを通じて、爛熟しきったアンシャン・レジームの「官能の歓び」を皮膚の穴から吸いこんだタレーランにとって、女性の与えてくれる快楽は、人生を生きていくうえで絶対に欠かすことのできないものとなった。彼は、今後、亡命先のイギリスやアメリカにいるときでさえも、この「官能の歓び」をみずから断つことはないだろう。

デュ・バリー夫人（ヴィジェ＝ルブラン画）

「官能の歓び」ばかりではない。タレーランは五感を快く刺激してくれる事物には散財を惜しまなかった。その最たるものは書物である。

彼は図書室に大金を投じた。彼はつねに豪華かつ高価な書籍にとり囲まれていた。彼はそういう書物自体が好きでもあったし、投資としても好ましかったのである。

（中略）彼の書棚にはなんでも揃《そろ》っていた。およそ文学でも、歴史でも、美麗なものはすべて揃っていた。冒瀆《ぼうとく》的な書物や官能的な書物と並んで、フェヌロンの署名入りで見事に装丁された宗教書の幾つかがおいてあった。一冊々々が、その内容が道徳的なものであれ、また猥褻《わいせつ》なものであれ、どの書籍もその紙質や刷り上がり具合や装丁の点で、隣合う書物に見劣りのしないものであった。これらの書物を読むにせよ、撫《な》でるにせよ、ド・ペリゴール神父殿の書物は彼の生きる喜びの一部をなしていたのである。（オリユー　前掲書）

さすがタレーランというほかない。なぜなら、「官能の歓び」におのれを解放する人はけっして少なくないが、良い装丁と良い紙質、刷り上がりの書物を「撫でる」快楽にも身を任せる人間はそうは多くないからだ。タレーランにとって、女と書物という、普通の人間にとっては絶対的に二律背反《にりつはいはん》するはずの要素が、つねに同時併存で、心と精神を支えていたのである。

もはやデュ・バリー夫人のようなアンシャン・レジームの恐ろしいほどの「いい女」に出会うことが不可能な時代ならば、せめて、タレーランの時代の書物を撫でることによって、彼の感じていた「生きる歓び」を味わいたいものである。

フーシェ、いよいよ立つ

一七八八年、アラスのオラトリオ会コレージュで物理学の教師をしていたフーシェは退屈していた。といっても、後年の警察長官時代のように、企てるべき、あるいは弾圧すべき陰謀の種がなかったからではない。まだ陰謀情念の権化フーシェは誕生してはおらず、ただ無害な理科系人間がいるだけだった。

フーシェは、一七八二年からフランス各地のオラトリオ会のコレージュを物理学の教員として渡り歩いてきたが、前任地のジュイイーとちがって、この町のコレージュには、満足な物理・化学の実験設備がなかった。それが教育熱心な先生であるフーシェにとって大きな不満になっていたのだ。

そこでフーシェはアルトワ地方の政府に陳情書を送り、設備の改善を訴えたが、この訴えは却下《きゃっか》されてしまった。落胆した彼は、教育に身が入らなくなり、学外の団体の活動に目を向けるようになる。

そのころ、パリで盛んになった啓蒙《けいもう》主義のサロンをまねて、アラスでも「ロザティの会」というインテリたちの親睦団体が生まれていた。Rosati というと、そのうちの Ros の三文字が Rose（薔薇《ばら》）を連想させ、なにやら世紀末の「薔薇十字会」のようなものを想像するが、じつはアルトワ（Artois）地方の綴《つづ》りのアナグラムにすぎず、いたって健全な意見交流の場だった。この「ロザティの会」には、フーシェのような教員のほか、弁護士、高級将校などのインテリが所属し、活発な意見の交換が行われていた。

フーシェはそこで一人の若手弁護士と知り合いになる。きっかけはフーシェが送った陳情書がその弁護士の目にとまったことだった。

小柄で青白い顔のこの弁護士は、数年前、避雷針《ひらいしん》事件で雄弁を発揮し、一躍、地方の有名人になっていた。避雷針事件というのは、ある引退弁護士がフランクリンの発明した避雷針を自宅にたてようとしたところ、町の住民が苦情を訴え、それを受けた町役人が避雷針の取り壊しを命じたという事件だった。この若手弁護士は科学の進歩のために熱弁をふるい、ついに訴訟《そしよう》を勝利に導いたのである。科学にも関心のある弁護士は、物理の実験装置を要求したオラトリオ会の教師に興味を示したのである。

やがて、二人は相手をジョゼフ、マックスと洗礼名で呼び合うほど親しくなった。どちらも、けっして人付き合いのいいほうではなかったが、このときは、科学の進歩という共通の関心が二人を結びつけたのである。

革命の初期、というよりもその前夜には、ときとして、こうしたとんでもない出会いが生じることが多い。なぜかその理由はわからないが、こういった時期には、後にきっぱりと袂《たもと》を分かつことになる水と油のような二人が偶然出会い、胸襟《きようきん》を開いて語り合うようである。

しかし、それにしても、その出会いは、思わぬ歴史上の人物同士が出会う山田風太郎の小説のように、突飛《とつぴ》すぎる。なぜなら、フーシェがマックスとかマキシミリアンと気やすく呼んでいた若手弁護士の姓はなんとロベスピエール、つまり、ギロチンを挟んでフーシェがテルミドール（熱月）の日々に対峙《たいじ》することになる、あのマキシミリアン・ロベスピエールその人だったからである。

＊

しかも、出会いはそれだけにとどまらなかった。あわやフランス革命の進行に重大な影響を与えかねない姻戚《いんせき》関係が生まれるところだったからである。

ロベスピエールはアラスの町で、まずまずの器量の妹シャルロットと二人暮らしを続けていた。弁護士とはいえ、さしたる財産もない三百代言屋《さんびゃくだいげんや》にすぎない彼にとって、持参金が結婚の絶対条件であった当時の社会においては、シャルロットに良縁を見つけてやれる可能性はきわめて少なかった。

そうした兄妹の家庭に、兄の親友として入り込んできたのがフーシェだったのである。もちろん、フーシェは若いときにもいたって風采《ふうさい》のあがらない男で、女たちが一目見て好きになるようなタイプではけっしてなかった。だが、若い男というものにほとんど接したことのないシャルロットは、いわば恋に恋する状態にあったから、フーシェのような男があらわれても、たちまちハートを射貫《いぬ》かれてしまったのである。

いっぽう、これまでオラトリオ会の寄宿学校にいて、若い堅気《かたぎ》の女などその匂《にお》いをかいだことすらないフーシェにとって、シャルロットは、若いというだけで、クラクラとめまいがするような存在だったにちがいない。ようするに、モテない男とモテない女が出会って動物的発情から結婚へと至るという、ある意味でこの世で最も平凡なラブ・アフェアーがそこに生じそうになったのである。

ところが、この縁談は寸前のところで破談になった。どちらが拒否したのか、そこのところは霧の中である。ただ、オラトリオ会というのは聖職者の誓いをしてさえいなければ、たとえその教員であっても妻帯は許される自由な組織だったから、フーシェの身分が結婚の妨げになったということは考えられない。やはり、フーシェのほうが、ロベスピエールの妹という存在になんらかの予感を感じて、怖《お》じけづき、婚約を解消したと見たほうがいい。フーシェは寸前のところで逃げを打ったのだ。そして、このギリギリになってからの「敵前逃亡」は、以後、フーシェの得意技《とくいわざ》となる。ツヴァイクは、この婚約解消の中に、歴史の遠因の一つを探っている。

この婚約がなぜ消滅してしまったかは、結局わからずじまいだが、一度は友情に結ばれながら、後年いのちがけで争いあうようになった二人のあいだの、あのものすごい世界史的な憎悪の根は、案外このへんに隠れているのかもしれない。(ツヴァイク　前掲書)

「世界史的な憎悪の根」とは言いえて妙《みょう》だが、たしかに、歴史の分岐点の一つはここにあったといえる。

とはいえ、さしあたっては、フーシェとロベスピエールとの友情に大きなヒビは入らなかったように見える。風雲急を告げる一七八九年の四月、国王ルイ十六世が召集した三部会に、アラスの第三身分代表としてロベスピエールが旅立つとき、路銀《ろぎん》を立て替えてやったのはほかならぬフーシェだったからである。といっても、ツヴァイクのいうように、フーシェがこの段階で「世界史の舞台に乗り出そうとする人には馬丁《ばてい》の役も引き受ける」ほど根性が定まっていたわけでも、先見の明があったわけでもない。

そう、たしかにフーシェというのは時代の一歩先を見るという予言者的な男ではない。かといって、断固として反動に回るような信念の人でもない。フーシェは、先頭を走る者から一歩も二歩も後をついてゆき、しっかりと全体の趨勢《すうせい》を見極めてから行動方針を決める後衛人間である。この後衛人間の思想の中核をなすのは、「保険」というコンセプトである。つまり、自分が選びとった選択肢から生じるリスクをできるかぎり少なくするために、もう一つの選択肢も完全には捨てずにとっておくという考え方である。

したがって、ロベスピエールに対するフーシェの態度もこの「保険」思想によるものと見なすべきかもしれない。ロベスピエールの妹と結婚してしまうのは、この男の底知れぬ激越《げきえつ》さを考えれば、自分の身を危うくする可能性がある。しかし、だからといってきっぱりと訣《けつ》別《べつ》してしまうのも危険だ。三部会に旅立つロベスピエールに路銀を与えたのは、こうした彼の潜在的「保険」思想のなせるわざだったに相違ない。

ただ、「保険の人」フーシェにしても、このころには、沸き立つように起こった革命の奔流に少しばかり流されかかっていた。

＊

アラスのロザティの会でフーシェが出会ったのはロベスピエールだけではなかった。もう一人、後に革命政府の大物となる人物がいた。恐怖政治をくぐり抜け、総裁政府の一員となるラザール・カルノーである。

フーシェよりも六歳年長のカルノーは軍隊の町アラスに駐屯部隊の工兵大尉として赴任してきていた。軍隊の戦略論に一家言をもち、バッカスに捧げる詩を書いていたカルノーはロベスピエールと親しく、やがてフーシェとも友達付き合いをするようになった。

フーシェは、ロベスピエールばかりかこのカルノーからも現状に対する厳しい認識を教えられることになる。盤石《ばんじゃく》に思われたブルボン王朝の絶対主義体制は、もはや風前の灯火《ともしび》である。うちつづく凶作と飢饉《ききん》。空《から》っぽの国庫。にもかかわらず、何一つ有効な手立てを講ずることのできないでいる政府。十七世紀以来の三部会の召集は、事態がくるところまできていることを物語っている。カルノーの分析とロベスピエールの出発は、フーシェに保険の掛け替えの必要が迫っていることを教えた。

フーシェはこれまで、オラトリオ会に身を置きながら、聖職者の宣誓を拒み、俗世の教員のままでいることで、アンシャン・レジームの第一身分（僧侶）と第三身分（平民）の両方に保険を掛けていた。しかし、この先、どう見ても、第一身分（僧侶）の保険は見返りが少なそうだ。そこで、フーシェは一つずらして保険を掛けることにした。すなわち、第一身分の保険を解除して、同じ第三身分（平民）でも、穏健《おんけん》派ブルジョワと過激派ブルジョワの両方に保険を掛けるのである。

その保険の掛け替えの第一歩は、一七八九年七月十四日のバスチーユ牢獄襲撃の後、オラトリオ会の教員有志が創刊した「オラトリオ会愛国者会報」への参加となってあらわれた。この会報は革命の進展とともに、その論調を過激化させた。とくにアラスのコレージュにはジョゼフ・ル・ボンやモーリス・ガヤールなど、革命の過程で勇名を馳《は》せる過激派がいたから、国民議会にオラトリオ会の代表を派遣して、激励と改善要求を伝えようという意見が一気に強くなり、ドーヌーを団長とする十五名がパリの国民議会めざして出発した。フーシェもこの一団に加わった。

といっても、ここでもフーシェは派遣団の先頭に立っていたわけではない。オラトリオ会の教員団というのは、当時の貧乏インテリの巣窟《そうくつ》だったから、フーシェが音頭《おんど》を取らずとも、過激思想の持ち主はいくらでもいたのである。フーシェはただ、尻馬《しりうま》に乗って派遣団に加わっていたにすぎない。

しかし、驥尾《きび》に付しただけとはいえ、その報いはただちにあらわれた。オラトリオ会の会則違反のかどで、ル・ボンは追放、ガヤールはジュイイーのコレージュに、フーシェ自身もナントのコレージュに転勤を命じられたのである。

＊

ナントに戻ってきたフーシェはおそらく、自分が柄《がら》にもなく過激化したことを深く反省していたにちがいない。ナントは保守的な勢力が強い土地柄だから、過激な行動を慎《つつし》む必要がある。第一、西インド諸島の奴隷植民地に資産をもつ船主の息子である自分が革命の理念に賛成しすぎるわけにはいかない。ここは一つ、慎重に行こう、フーシェはそう考えたはずである。

ところが、ナントのコレージュの状況は、フーシェの思惑《おもわく》をはるかに超《こ》えて過激化していた。教師たちが、革命の理想にもろ手をあげて賛成し、一七九〇年の聖職者民事基本法に宣誓していたばかりか、その行き過ぎた自由化が生徒たちにも伝染し、ちょうど、全共闘運動のときの高校反乱のように、反抗の嵐が生徒たちの間でも吹き荒れていたのである。

物理学教師として赴任したフーシェは、最初、様子見を決め込んでいた。アラスでのことがあるから、なにごとも慎重に行動しなければならない。そこで、フーシェは一介のノン・ポリ理科系教師として熱気球を飛ばす実験をしながら、政治からは一歩身を引く構えを見せた。

しかし、それはあくまで構えだけのものであって、政治に無関心だったわけではない。その反対である。フーシェはすでに政治の面白さに目覚めていたのだ。問題は、沈みかかった船であるオラトリオ会にいつ見切りをつけるか、そして、次の船に乗り換えるために、沈没する船からどうすれば財宝を根こそぎ抜き取ることができるのかである。

赴任直後の一七九〇年十一月、フーシェはナントの政治クラブ「立憲友の会」に入会し、政治の流れを読み取ろうと努めた。彼にはすぐに取るべきポジションがわかった。革命で失うものの多い裕福なブルジョワジーが支配するナントでは、過激派は嫌われる。かといって、保守反動ではこの先見込みがない。そこでフーシェは、フランス語でいうところの「モデレ」、つまり穏健派の立場を取ることにした。穏健派のサロンに顔を出し、演説をするときにも、その穏当さが目立つように、理性と良識を強調する。かくして、赴任から四ヵ月たった一七九一年の二月には、フーシェはもう「立憲友の会」の会長に推《お》されていた。

会長フーシェが取ったポジションは、支持基盤に忠実に、穏健派、というよりももう少し保守に傾いたところに置かれていた。しかし、こうしたポジションというのは、日本の内閣とよく似ていて、内向きには穏健・保守でいいが、外向きにはこれとはちがった姿勢を取らざるを得ないものである。つまり外圧である。その外圧はパリの国民議会でジロンド派のブリソーが黒人奴隷解放を訴えた熱烈な演説を行ったさいに、まっさきにナントを襲った。というのも、ブルターニュ半島のナントは黒人奴隷の三角貿易で巨万の富を得た商港であり、ブリソーの非難は直接的にナントに向けられていたからである。

「立憲友の会」の会長フーシェはこの外圧に対して、クラブの名において、ブリソーの演説をたたえる手紙を送った。ところが、日本の自民党政権と同じく、外圧に屈したこうした会長の態度に対して、ナントのブルジョワから非難が集中した。奴隷貿易は、ナントの「生命線」である。それどころか、フーシェの父親を含めて多くのブルジョワがサント・ドミンゴにプランテーションをもっている。奴隷解放は即、プランテーションの崩壊につながる。

囂々《ごうごう》たる非難を浴《あ》びたフーシェは、即座にブリソーに手紙を送り、賛成なのはあくまで抽象的なレベルでの総論であり、各論、つまり奴隷の解放と奴隷貿易の廃止には断固として反対する旨《むね》を伝えた。フーシェお得意の「前言撤回の術」のお披露目《ひろめ》である。ブリソーは怒って、奴隷商人の手先になりさがるつもりかと反論したが、そんな非難は、内向き政治家に徹する決意を固めたフーシェにとって、カエルのつらに小便であった。

こうしたフーシェの寝業師《ねわざし》ぶりはナントのオラトリオ会コレージュでも遺憾なく発揮されていた。最初、自由化を煽《あお》った教師たちも生徒の反乱におびえ、混乱を抑え込む強力な手腕を求めていた。そこに、やり手のフーシェがあらわれたのだから、コレージュの実権はひとりでに彼の手に落ちた。フーシェは一七九一年の暮れには校長に選ばれ、ここでも秩序回復にその実務能力を遺憾なく発揮しはじめたのである。

すなわち、秩序を脅《おびや》かす反抗に対しては断固たる態度で臨むと同時に、改革の第一歩として、これまで寄宿学校に寝泊まりする規則になっていた教員が市内に住むことを認め、その分の給与を支給するようナントの当局に訴えた。訴え先からもわかるようにフーシェはすでに命運のつきたオラトリオ会を当てにせず、コレージュをナント市の所轄《しょかつ》に移管することを目論《もくろ》んでいたのである。

フーシェの読みはすぐに現実となった。一七九二年の五月にオラトリオ会は解散を命じられ、八月十八日の法令で、ナントのコレージュでは教員は追って所属が決まるまで、同じ職にとどまることが義務づけられたのである。

かくして、ナントの議会に等しい「立憲友の会」の会長の座に収まり、コレージュの校長にもなりおおせたフーシェは、地方の小権力者という、いかにもみずからの力量にふさわしい地位を見つけたことになる。しかし意外にも彼はここで、おのれの情念がこんなちっぽけな地位には満足していないことに気づく。

おりから、政治情勢は一七九二年の夏には急展開を見せつつあった。国境に迫った反革命軍に危機感をおぼえた民衆がチュイルリー宮殿に侵入して国王を捕らえ、王権の停止と、新憲法制定のための国民公会の議員選出を決めたのである。

慎重だったフーシェはここで、人生で最大の賭けに出た。国民公会の議員選挙に、ロワール・アンフェリユール県から打って出ることにしたのである。

結果は吉と出た。九月八日、八議席の定員中六位で当選。

三十三歳で、晴れて国民公会議員に当選したフーシェはナントのコレージュの校長を辞任し、いよいよパリに向けて旅立つことになったが、その前に、片付けておかなくてはならない重大な仕事があった。結婚である。

選ばれた相手はナントの郡長の娘で二十八歳になるボンヌ・ジャン・コワコー、赤毛の醜いオールド・ミスであった。しかし、フーシェはこの妻を深く愛し、人もうらやむ円満な家庭生活を送ることになる。

エロスの分野で、フーシェの情念について記すべきことはたったのこの数行である。以後、われわれはフーシェの恋愛情念について二度と書くことはないだろう。恋愛分野でのエネルギー消費をゼロで終えたフーシェは、その余剰エネルギーをすべて政治情念、なかんずく陰謀情念へと注ぎこむはずだからである。

すでに九月五日にはパリでアラス時代の友人ロベスピエールが当選を決めていた。因縁《いんねん》の対決の舞台はいよいよパリへと移ったのである。

運命の岐路

ナポレオンは大革命が生んだ子供である。しかし、すっきりと生まれてきたわけではない。それというのも、ナポレオンはフランス人ではなく、なによりもまずコルシカ人であったため、その立場と心情が幾重《いくえ》にも屈折していたからである。

さきにコルシカにおけるナポレオンの立場を、アメリカの士官学校に留学した南ベトナム政府軍の高官の息子にたとえたが、より正確には、むしろ日本に留学していた蔣介石《しょうかいせき》のそれに近い。というのも清朝《しんちょう》の保定《ほてい》軍官学校から日本に派遣されて振武学堂《しんぶがくどう》（日本陸軍が清国留学生のために設立した軍事技術習得の機関）に留学しながら、孫文《そんぶん》に心酔して、清朝打倒の革命に一命を捧げようと日夜研鑽《けんさん》をつんでいた蔣介石の立場が、フランスの士官となりながら、コルシカ解放を夢見ていたナポレオンに酷似《こくじ》しているからである。

すなわち、ナポレオンは一七八五年の十一月に南仏のヴァランスに駐屯するラ・フェール砲兵連隊に士官候補生として着任し、熱心に砲術を学んではいたが、その心にはフランス国王への忠誠心は微塵《みじん》もなく、ひたすらコルシカへの愛があるだけだった。いいかえれば、ナポレオンは、昼間は職業軍人として大砲の操作法と弾着計算法を学びながら、夜はコルシカの独立問題で頭を悩ませていたのである。暇《ひま》な時間はすべて読書に費やしていた。ギリシャ・ローマ史からジャン・ジャック・ルソーの『社会契約論』まで、歴史や哲学、さらには人間の心理や社会の成り立ちを学んで、その教訓をコルシカ独立後の統治に役立てようというのである。しかし、そんなナポレオンでさえも、このときコルシカの統治のために蓄えた知識がのちにフランスの統治に役立つとは思いもしなかったにちがいない。まだナポレオンはフランスのことなどどうでもよかったのである。

そのため、ラ・フェール砲兵連隊に一年籍をおいただけで、一七八六年の秋にはナポレオンは半期休暇を得て、コルシカのアジャクシオに帰ってしまう。戦前の日本の軍隊からはまったく考えられないなんとも閑雅《かんが》な勤務の仕方であるが、将校の全員が貴族の子弟であったアンシャン・レジームにおいては、こうした勤務形態は普通だった。とはいえ、ナポレオンがその後も休暇を延ばしに延ばし、二年近くも軍歴から離れていたのはやはり異常である。では、その間、彼はなにをしていたのか？　コルシカ独立のために戦っていたのか？　そうではない。なんとも散文的なことに、コルシカとパリを行ったり来たりして、恒産《こうさん》のない家族のための補助金の申請を願い出ていただけなのである。

だから、革命前夜の一七八七年の秋にナポレオンがパリの土を踏んだときにも、その心にはいささかも勇ましいものはなかった。パリの安宿に滞在し、ヴェルサイユの関係官庁を訪問しては補助金の申請にかけずりまわっていたのである。

そんな展望のない日々のことだった。ボナパルト少尉がパリ最大の盛り場であったパレ・

ロワイヤルを散策中に、一人の娼婦と出会い、初体験を済ませた。「悪徳の殿堂」と呼ばれたパレ・ロワイヤルの当時の殷賑《いんしん》は想像を絶するほどだった。

一七八七年十一月二十二日、補助金の申請に疲れた十八歳のナポレオン・ボナパルト少尉が、行きつけのヴァロワ通りの定食屋トロワ・ボルヌで五スーの夕食を済ませたあと、夜の闇《やみ》の中でひときわ明るい光を放つパレ・ロワイヤルに引き寄せられていったとしても、彼の若さを考えればそれは無理からぬことだろう。

この種の悪所に足を踏み入れたことのないナポレオンはどぎまぎしながら、何度も何度も回廊をへめぐった。アーケードの柱の蔭には、着ることと脱ぐことの限界線上に位置するような挑発的な薄布をまとった「歓びの女」たちがたたずんで、ナポレオンが通るたびに流し目を送っている。どの女も、セイレーンの誘惑もかくやと思わせるような蠱惑《こわく》的な仕草で胸元をはだけて見せる。なかに一人、「その人柄にいかにもふさわしそうな、好ましげな様子の」楚々《そそ》とした感じの娼婦がいるのに彼は気づいた。その娼婦は、ほかの娼婦とちがって積極的に声をかけてはこなかった。「彼女の内気さが私に勇気を与えた。私は彼女に話しかけた」とナポレオンは、その夜、安宿オテル・ド・シェルブールに帰り、日記にこう書きつけている。

こうして後に「英雄、色を好む」の象徴とさえなるナポレオン・ボナパルトの初体験はあっけなく終わった。さすがのパレ・ロワイヤルの娼婦でも、まさか自分が未来のフランス皇帝の初穂《はつほ》をいただいたとは思わなかっただろう。もし、わかっていたら、名前を聞かれたナポレオンが「ナポリオーネ」とコルシカ方言丸だしで答えたのを笑うなどという真似《まね》はしなかったにちがいない。

＊

閑話休題。一七八八年の六月、結局、休暇を延長して二十ヵ月も取ったあげく、ナポレオンはようやく原隊に復帰した。ラ・フェール砲兵連隊は前年からブルゴーニュのオーソンヌに駐屯していた。少尉に任官されたとたんに休暇を取ったため、出世の望みはもはや完全に断たれていた。しかし、コルシカに残してきた家族には、彼以外に働き手はいないので軍隊をやめるわけにはいかない。わずか年収千フランあまりの俸給から家族への仕送りを引くと、あとにはほとんどなにも残らなかった。そのため、彼は下宿を引き払って兵営の中の宿舎に住み、ほとんど毎日、肉なしの粗食で飢えをしのぎながら、夜は自室に閉じこもって『コルシカ史』の執筆に情熱を注いだ。彼の夢は、まだコルシカ独立の英雄になることだったのである。

だから、フランスの政治情勢が三部会召集から風雲急を告げ、革命の前段階的症状があらわれてきても、ナポレオンはまるで他人事《ひとごと》のようにそれを眺めていた。一七八九年七月十四日に起こったバスチーユ牢獄襲撃のニュースにも、秩序を守る側の将校として、ただ無秩序への嫌悪を感じたにすぎない。

とはいえ、八月四日に、貴族と僧侶の特権をすべて廃止する決定がなされたときには、ナポレオンとてもこれを歓迎せざるをえなかった。というのも、下級貴族は、下級士官にしかなれないという制度を定めた一七八〇年の法律がこれで撤廃《てっぱい》されたからである。しかし、それでもナポレオンの野望はフランスの軍隊での立身出世には向かわなかった。彼の熱狂情念は、コルシカの解放へと解きはなたれていたのである。かくして、一七八九年九月、革命の混乱が始まったフランスをあとにして、ナポレオンは再度の休暇を取ってコルシカに出発する。彼にとっての孫文であるコルシカの英雄パオリの独立運動に加わろうとしたのである。

一七九〇年七月、「コルシカの国父」パオリはバスティアに凱旋帰国し、オレッツァ会議でコルシカ島の県議会議長兼国民衛兵議長に選ばれた。ナポレオンは兄のジョゼフとともにオレッツァに出かけ、憧れの英雄パオリに面会を請《こ》うた。ところが、ナポレオンの父シャルルが独立運動から足を洗ってフランスに寝返ったことを深く恨みに思っていたパオリは、シャルルの子供であるボナパルト兄弟をひどく冷淡に扱った。孫文に気に入られて、その懐刀《ふところがたな》となった蔣介石とは異なり、ナポレオンはパオリの配下には加えてもらえなかったのである。

パオリとナポレオンの反目の原因は、彼らの政治姿勢にもあった。原則的に革命を支持し、フランスの軍隊の一員であるナポレオンと、フランスというものをまったく認めないパオリとでは、しょせん、立場がちがいすぎたのである。

それでも、二人の反目は、ナポレオンがコルシカを離れ、フランスの原隊に復帰する一七九一年一月までは表立ったかたちではあらわれなかった。なぜなら、ナポレオンはフランス陸軍軍人とはいえ、まだ一介の少尉にすぎなかったからである。

ところが、半年も休暇を取ったあとに恐る恐る原隊に復帰してみたとき、ナポレオンは軍隊における彼の立場が一変しているのに気づいた。将校の大半が亡命してしまった連隊において、彼は貴重な将校の一人となっていたのである。長塚隆二氏がいうように「いままではナポレオンが軍を必要としていたのだが、いまや軍が彼を必要とするようになったのである」（長塚隆二『ナポレオン』）。

六月、中尉に昇進したナポレオンは、ヴァランス駐屯の砲兵第四連隊に配属となり、革命二周年の一七九一年七月十四日には「国家と法律と国王」に忠誠を誓った。革命の大義に奉ずる決意を固めたのである。おりから、国王の逃亡事件をきっかけとして、革命は王権の廃止に向かって第二段階に突入しようとしていた。ヴァランスのジャコバン派の集会に参加したナポレオンはそこで革命礼讃の演説を行ったため、書記に祭り上げられた。

パリでは、憲法制定国民議会が解散し、立法議会が成立していた。正式にフランスの一部となったコルシカでも立法議会の選挙が行われ、兄のジョゼフがこれに立候補することを知ったナポレオンは、九月にまたもや無理やり休暇を取りコルシカに向かった。

＊

ところが、この立法議会選挙でジョゼフは惨敗を喫《きっ》し、議席はすべてパオリ一党に占められてしまう。以後、革命を支持し、コルシカはフランスの一部であるとするナポレオン一党と、あくまでコルシカの完全独立を主張するパオリ一党との反目は、選挙があるたびに抜き差しならないものになっていく。ナポレオンは孫文に切り捨てられた蔣介石となりつつあったのだ。

だが、この時期、ナポレオンの頭を占めていたのは、パオリ一党との一騎討《いっきう》ちではなかった。コルシカにこのままとどまるか、それともフランスに帰って原隊に復帰するかの岐路に立たされていたのである。というのも、休暇の期限切れが迫っていて、もし一七九二年一月一日に行われる連隊の閲兵式《えっぺい》に参加しないと、将校名簿から抹消されることになるが、そのいっぽうで、八月の法律でコルシカにも設立の決まった義勇軍に参加したいという気持ちも強く働いていたからである。地元にいながら、軍隊に勤め、しかも悪くない俸給ももらって家族を養えるという条件はナポレオンにとって大きな魅力だった。

ナポレオンは、義勇軍に参加し、しかもフランスの連隊からも除籍されない方法はないかと考えた。解決法は一つだけある。義勇軍の中佐に選挙で選ばれることである。というのも、二月三日の法律で、義勇軍の中佐に選ばれた者だけは原隊復帰せずに済むからである。ここは、なんとしても中佐に当選しなければならない。そこで、彼はありとあらゆる供応のテクニックを駆使して選挙管理委員を抱き込み、金をばらまいたり、選挙管理委員を監禁したりして、強引な多数派工作を行った。

おかげでナポレオンは、見事当選し、フランスの軍籍から外されずに済んだが、この選挙工作がパオリ一党との反目を一段と激しくする結果を招く。

一七九二年の五月末、ナポレオンはフランスに戻ったが、閲兵式にも出席していなかったので、はたして軍籍が残されているかどうか不安だった。ところが、その不安はまったくの杞憂《きゆう》だった。なぜなら、亡命貴族の反革命軍がオーストリアをはじめとする外国の軍隊とともに国境に迫ると同時に、食糧難もあいまって各地で暴動が起こり、フランスは完全なアナーキーに陥っていたため、一人でも有能な士官の欲しい陸軍省は彼の連隊復帰を認めたばかりか、いきなり大尉に昇進させてしまったからである。

同期の士官学校生五十八名のうち、現役として残っていたのはわずか六名。あとは亡命して反革命軍に加わっていたのだから、ナポレオンが歓迎されたのも当然だった。休暇を取ってコルシカに帰ってばかりいたのに、留守の間に情勢が変化して、なにもしないうちに大尉に昇進してしまったのである。革命のどさくさに紛《まぎ》れての出世である。

この出世がナポレオンにとって運命の分かれ道になる。なぜなら、このとき原隊復帰が認められなかったら、彼はコルシカに帰って、そこを人生の戦場とするほかなかったからである。

しかし、それでもなおナポレオンは自分の運命が大きく変わったことに気づかない。国内では国王の権利が停止され、国民公会の選挙が始まるいっぽう、対外戦争が激化し、軍隊における英雄が渇望されるようになっているのに、依然としてコルシカに執着していたのだ。

革命義勇軍がプロシャ＝オーストリア連合軍を撃破した九月下旬、ナポレオンは妹を連れてコルシカに帰還する。国民公会の選挙に、兄のジョゼフを当選させようと考えたのである。

ところがナポレオンの思惑は完全に裏目に出た。一七九三年の初め、ルイ十六世処刑の知らせがコルシカに届くと、パオリ一党はこれをコルシカ独立の絶好の機会と捉え、革命派に忠実なボナパルト一族を「国王弑逆派《しいぎゃく》」として追い落としにかかったのである。きっかけとなったのは、ナポレオンの弟リュシアンが国民公会に働きかけ、コルシカ独立の陰謀の容疑でパオリの即時逮捕を要求する提案を採決させたことにある。パオリはそのことを偶然知ると、千載一遇《せんざいいちぐう》のチャンス到来とばかり、ボナパルト兄弟をただちに法の外に置き、即刻、兄弟の逮捕を命じた。

ナポレオンはすんでのところで逮捕を免《まぬか》れ、国民公会委員の差し向けたフリゲート艦で家族とともにかろうじてコルシカ脱出に成功し、トゥーロンに向かった。これによって、コルシカにおけるナポレオンの野望は完全に潰《つい》えることになる。以後、彼の熱狂情念は二度とコルシカに向かって発動されることはないだろう。ナポレオンはこのとき、コルシカ人であることをやめ、初めてフランス人となったのだ。ここから、フランス皇帝とヨーロッパの覇者《はしゃ》への道が始まるのである。

ナポレオンは、たとえてみれば、蔣介石が孫文によって追放されて日本に舞い戻り、軍隊で出世して歴戦の英雄となり、ついに日本の権力を掌握《しょうあく》したようなものである。だから、ナポレオンがフランス皇帝にまで上りつめたということは、蔣介石が日本の皇帝になったというに等しい。ひとことでいえば、ほとんどありえない奇跡である。だが、その奇跡は現実に起こったのである。

「私欲」と「公益」の幸福な結婚

危機の時代に必要なのは、人格者ではあるが無能な人間ではなく、人格的には問題があっても有能な人間である。タレーランとはまさに後者の代表のような人物であった。女好きで、博奕打《ばくち》ちで、借金まみれで金に汚く、美食とお洒落に目がなくて、猟官運動など平気でするこのオータンの悪徳司教は、しかし、人々がわれを忘れて熱狂するさなかにあっても一人冷静に状況を判断し、未来を正確に見通して、確実にチェスの駒《こま》を進めることのできる偉大なる政治家でもあったのだ。

一七八九年夏、ナポレオンがまだ砲兵少尉で、コルシカとパリを行ったり来たりしていたころ、またフーシェがアラスのオラトリオ会のコレージュで物理学の実験に熱中していたころ、タレーランは、その移り気（蝶々）情念を遺憾なく発揮して、次々に騎乗馬となる人物をつかまえてはこれを乗りつぶし、すでに権力の中枢に近づきつつあった。

最初にタレーランの騎乗馬となったのは、一七八三年から八七年まで今日の大蔵大臣にあたる王室財務総監の地位にあったカロンヌである。

カロンヌはおそらくルイ十六世の大臣の中でもっとも聡明で有能な大臣だった。税負担の公正を主張した財政論をひっさげて財務総監となり、一七八七年に税の特権階級である名士会に特権の廃止を謳《うた》った財政再建案を提案して罷免《ひめん》されたカロンヌは、「社会的な公正さ」

という概念をはじめて現実に移そうと試みた大胆な改革者であった。カとはいえ、カロンヌが無私無欲な財政家であったかといえば、むしろその反対である。カロンヌは財務総監に就任する前にこんなシニカルな言葉を吐いている。「たしかにフランスの財政は嘆かわしい状態にある。しかし、もし私自身の財政状態が最悪の状態にあるのでなかったら、その立て直しなど引き受けたりはしなかったであろう」。つまり、カロンヌは財務総監の座に就いたことで、博奕と放蕩でたまりにたまった借金を清算し、真っ先に自身の財政を立て直してしまったのである。だが、だからといって、彼を、「私《わたくし》」だけを満足させて「公《おおやけ》」を顧みない悪徳政治家と断言するのは早計である。同時代のある人物はカロンヌを評してこういっている。「彼は、軽薄の仮面の下に、政治家の透徹を隠している」。ひとことでいえば、カロンヌはたしかに利益誘導は行うが、国家百年の計を一瞬たりとも忘れない、あの無道徳で有能な政治家の一人だったのである。

タレーランは、カロンヌの取り巻きの一員となり、悪徳の共犯者として数々の放蕩に加わったが、いっぽうでは先生の聡明な面もしっかりと受け継ぎ、バランスのとれた公正感覚と政治技術を学んでいった。そして、藍《あい》より青くの伝で、すぐに師を凌《しの》ぐようになる。イギリスの政治家ホランド卿は、タレーランとカロンヌの関係をこんな風に分析している。

タレーランは政治の徒弟修業をド・カロンヌ氏のもとで行い、この才気に溢《あふ》れた大臣から、問題をサロンの片すみや窓辺で楽々とまた格式ばらずに処理するという好ましい能力を伝授された。この能力を行使するにあたり、彼は師匠の手際良さに匹敵《ひってき》しその才智を凌いだ。しかし彼はカロンヌが全く有していなかった長所を発揮していた。それは多大の誠実さ、裁量および洞察力である。（オリユー　前掲書に引用）

その結果、しまいには、師弟の関係が逆転し、タレーランのほうがカロンヌの先生になってしまった。カロンヌに財政改革の具体的な方法を伝授し、事実上の財務総監となったのである。つまり、公正な税負担の確立をめざして名士会を招集し、税金免除の特権に与《あずか》っている名士（貴族）たちに、その特権の放棄を認めさせようとしたのは、舞台裏でカロンヌを操っていた知恵袋のタレーランなのである。ただ、このときもまたタレーランが国家のためだけを思って無私無欲で働いていたのではないことは明らかである。オリユーはいっている。

彼の大望が彼を発奮させていたのは確かだ。もしカロンヌが成功すれば彼自身も同時に成功するのだ。彼は司教になる前に大臣になるだろう。（中略）だが彼の心の中に社会を改善したいという真摯《しんし》な願望があり、彼としてはそれに貢献することを幸福と思っていたのも事実である。（同前掲書）

「私」がまずあり、その延長上に「公」があるのであって、「公」の看板の裏に「私」があるのではない。これが、なによりも、おのれの物質的、身体的快楽を優先したタレーランの思想である。これからは、どこをどう叩いてもあの滅私奉公《めっしぼうこう》のファシズムやスターリニズムの悪夢はあらわれてこない。

しかしながら、一七八七年、名士会を招集したカロンヌは敗北し、その秘書役だったタレーランは後ろ盾を失う。だが、タレーランの移り気情念は、一人の主人に忠誠を尽くすことを命ずることなく、すぐに、彼をして、次の馬に乗り換えさせる。今度の騎乗馬には、オルレアン公フィリップ・レガリテ（平等公）という名前がついていた。

＊

フィリップ・レガリテというのは、淫蕩《いんとう》な摂政オルレアン公の子孫で、ナポレオンが童貞を喪失したあの「悪と快楽の殿堂」パレ・ロワイヤルをつくった当人である。彼は、当時の自由派の有力貴族たちを身辺に集め、ブルボン本家を打倒して、立憲王政を樹立しようと、ひそかにビロード革命を用意していた。すなわち、三部会の召集を機に、絶対王政の象徴であるルイ十六世を退位させてロレーヌ地方に追いやり、オルレアン公が非神聖化され王位に即《つ》くと同時に、かねて起草済みの憲法を公布し、議会によるイギリス型の統治を行うというものである。そして、この陰謀の中心にいたのが、三部会にオータンの聖職者代表議員として選出されていたタレーランなのであった。

事の運び方はすでにすべてわかっていたのであり、ゲーム開始の宣言があり次第タレーランがカードを切るはずであった。彼はすでに動議や、審議、公開、秘密の投票の行い方などを心得ており、話し合いや廊下での密談、サロンや委員会、時流にのった婦人たちの閨房《けいぼう》や化粧室でひろめられる噂話などの威力を承知していたのであった。（同前掲書）

タレーランがオルレアン公の一党に加わったのは、おそらくフリーメイソンのスコットランド・ロッジを介してであると思われる。当時、フリーメイソンは一つの流行になり、フランスの知識人や上流階級にも急速に会員を増やしていた。タレーランはこのロッジでオルレアン公と知り合い、一緒に新しいロッジを設立していたのである。

もっともタレーランはフリーメイソンのほかのロッジの会員でもあり、さまざまな思想潮流の人間たちとコネクションを広げていたので、かならずしも、オルレアン公だけに肩入れしていたわけではなかった。タレーランにとっては担《かつ》ぐ神輿《みこし》の本当の姿などはとうにお見通しなのであった。だから、状況を見て、自分の乗った馬があらぬ方向へと迷走するようであれば、ただちに、別の馬に乗り換える用意はしていたのである。タレーランがオルレアン公を担いでいたのは、それが彼の利害とぴたり一致していたからにすぎない。

不純といえばタレーランは、オルレアン公とひとしく、一七八九年以後彼らの階級の人々にとっては不純なのであった。彼がオルレアン公を擁護《ようご》したときには、彼は自分自身の利益を擁護していたのである。しかしタレーランは、その危なっかしい徒党と早めにたもとをわかつ術《すべ》を心得ていた。彼はフィリップ平等公が己の道をギロチンまでたどるのに

任せたのである。（同前掲書）

三部会を操って、ビロード革命を遂行しようとしていたオルレアン公とタレーランの思惑は、一七八九年七月十四日のバスチーユ牢獄襲撃で、「民衆」という予期せぬ要因が入り込んでくることで挫折を余儀なくされる。三部会から、第三身分主導で国民議会へと名前を変え、さらに七月九日に憲法制定国民議会となって立憲制度の樹立に向かっていた議会は、民衆の蜂起《ほうき》によって大きく左旋回し、オルレアン公のビロード革命の目論見《もくろみ》を過去のものにしつつあったのである。農民や都市の民衆の広範な反乱が広がるにつれ、議会では、自由派の貴族や僧侶よりも、激越《げきえつ》な雄弁に長《た》けたブルジョワ左派の議員の勢力が有力になっていた。タレーランは、そこで、次の乗り継ぎ馬を物色する。彼の目にとまったのは、カロンヌのサロンで一緒だった友人ミラボーである。というのは、この革命初期にあって、議会におけるミラボーの雄弁は一頭地《いっとうち》を抜いていたからである。

＊

ミラボー伯爵は、革命前は、かのサド侯爵とよく似た経歴をもつ放蕩貴族にすぎなかった。プロヴァンスの名門貴族ミラボー家に生まれながら、軍隊からの脱走、人妻との駆け落ち、喧嘩《けんか》、賭博、借金、投獄、そしてポルノ小説の執筆と、ありとあらゆる悪行と放蕩を重ねながら、それでも彼はおのれにひとつの使命があると思い込んでいた。それは「書くこと」である。ミラボーは書いて書いて書きまくった。なにを？　フランスを改造するためのアイディアを、である。その結果、彼が行き着いたのは国民を主権者とする民主制である。かくして、三部会が召集されたとき、ミラボーは貴族としてではなく、第三身分としてエクサン・プロヴァンスから立候補し当選する。

国民の代表こそ、彼がすぐさまどの議員よりも鮮《あざ》やかに果たす役割である。彼はもっとも目立ち、もっとも力強く、もっとも才能にあふれている。彼には力と創意と決断力と毒舌がある。三部会の最初の会期にかんしてミシュレは書いている。「ミラボーは全員の注目を集めていた。ふさふさとした豊かな髪、醜いが力強さがきわだつ獅子のような顔は人を驚かせ、ほとんど恐れさせるほどであった。誰も彼から目を離すことはできなかった。（中略）誰もが彼のうちにフランスの大いなる声を予感していた」。（フランソワ・フュレ、モナ・オズーフ編『フランス革命事典』河野健二他訳）

ミラボー伯爵

だれもがミラボーの雄弁を介して

予感していた「フランス人の大いなる声」、それを腹話術師さながらにミラボーに吹き込んだ人物こそ、われらがタレーランその人なのである。タレーランは、三部会の議員に選出されて以来、憲法制定国民議会でも重要な役割を果たし、憲法委員会の委員に選ばれていたが、演壇で熱弁をふるうことはほとんどなく、もっぱら裏方にまわっての根回しや、交渉、議案の作成を引き受けていた。

彼はめったに演壇でしゃべることがなく、廊下で話し合うのであった。演説それ自体や、華々《はなばな》しさ、その効果などは彼の本領ではなかった。それは目立つことであり、下卑《げび》たことなのである。（中略）彼はまさに「効果」ということに反対だったのである。彼は、サーカス団員のパレードにふさわしいこの才能を友人のミラボーにまかせておいたのであって、ミラボーがその点で立派な成果をあげたことはよく知られているところだ。（オリユー　前掲書）

＊

ミラボーという馬にまたがったタレーランは、まさに無敵だった。そして、この強力コンビによる最初の成果が、フランス革命最大の功績といわれる、八月二十六日採択の『人権宣言』である。

「人は生まれながらにして自由であり、権利において平等である」（第一条）

「人間の自然にして奪うべからざる権利……は、自由・所有・安全・および圧政に対する抵抗である」（第二条）
「およそ主権の根源は、本来国民の中に存する」（第三条）
「自由とは他人を害せざるかぎり何事をもなしうることをいう」（第四条）
「法律は一般意志の表現である。すべての市民は自らまたはその代表者を通じてその形成に参与する権利を有する。……すべての市民は、法律の前に平等であるがゆえに、その能力に応じて……あらゆる公職にひとしく就くことをうる」（第六条）
「何びとも、法律によって定められた場合でしかも法律が規定した形式によるのでなければ、告発・逮捕・監禁されえない」（第七条）
「およそ人は有罪を宣告されるまでは、無罪とみなされる」（第九条）
「思想および言論の自由な伝達は、人間の最も貴重な権利の一つである」（第一一条）
「公租はすべての市民にその資力に応じて平等に分担されるべきである」（第一三条）
「すべての市民は、自らまたはその代表者を通じて、公租の必要を検証し公租を自由に承認する権利を有する」（第一四条）
「所有権は侵害すべからざる神聖な権利である」（第一七条）　（井上幸治編『フランス史』）

長々と引用したのは、なにも『人権宣言』の理想主義的主張を強調したいがためではない。その反対である。よく読むと、とくにその留保の部分、たとえば「権利において」「その能力に応じて」「その資力に応じて」というところに、タレーランならではの透徹した人間理解がうかがえる。人間は原則的に平等であるべきだが、「結果の平等」あるいは「能力を無視した平等」などの悪平等は不公平に劣らず悪いという主張がちゃんと盛り込まれているのである。

しかし、この『人権宣言』で真に驚くべきところは、ここに、どんな暴力革命や政治革命にもまさる根源的な革命の一条が巧《たく》みにすべりこまされていることにある。第一三条「公租はすべての市民にその資力に応じて平等に分担されるべきである」である。なぜなら、もしこの一条を厳密に適応しようとすれば、それは必然的に、税における特権階級である貴族と僧侶という階級を突き崩さずにはいないからである。いいかえれば、貴族出身の僧侶であるタレーランは、この一条によって、みずからの階級と訣別し、「法の前に平等」な「国民」の側についたのである。

＊

とはいえ、何度も強調しているように、このことを、タレーランが「公」のために「私」を捨てたとはとらないようにすべきだろう。タレーランは、どんな公職にある場合でも、絶対に「私」、つまり「私の利益」を忘れたことのない人間なのである。タレーランが、僧職で得ている総計五万フランをすすんで放棄せざるをえないような条項を『人権宣言』の中に盛り込んでも、それは滅私奉公から生まれたものではない。その権利放棄を十分補うだけのなにものかがこの『人権宣言』のどこかに隠されていると見なければならない。では、それはどこにあるのか？　第六条「すべての市民は、法律の前に平等であるがゆえに、その能力に応じて……あらゆる公職にひとしく就くことをうる」である。タレーランは僧職にとどまることと、公職において出世することを天秤《てんびん》にかけ、後者のほうを選んだのだ。そして、その「私」は、国家という「公」においても、理にかなうものだったのである。

大革命をもたらした最大の原因、それは、国庫が空っぽであることだったが、そのことは革命で権力を握った人々にとっても、もっとも早急に解決すべき問題だった。そして、それにはただ一つの解決策しか残されていなかった。これまで課税を免れていた特権身分、とりわけ教会財産への課税である。タレーランは大胆にも、これまであらゆる財政家が試みながらそのたびにつまずいたこの躓《ち》石《せき》を一息で越えてみせる。

彼は、もっとも明快な常識論をもって、国民にはもはや金がないのであるから、それを有する者、つまり教会から取り立てなければならない旨を述べた。全国民が欠乏のなかに生きながら社会組織のたった一部分のみが富裕のなかに生きることは許されないのだ。しからばいかなる措置を執るべきか。「私の見解によれば、財産権の厳正な尊重とも相容れる（そうでなければ私はそれを拒否するところだ）莫大な、また決定的な手段が存在するのだ。その財源はすべて教会財産のなかにあるように私には思われる……」。

万事休す、雷は落ちたのだ！　これほど革命的な決定が、これほど目立たぬ方法で行われたことはない。（オリユー　前掲書）

当然ながら、聖職者の非難はタレーランに集中した。僧職の身でありながら教会を売った裏切り者、なかには、タレーランははじめから教会を破壊する目的で教会に入ったとするものまでいた。さらには、個人的な利害で、教会財産への課税を強行したとするものまであわれた。たしかに、タレーランは滅私奉公のタイプではない。この革命的措置には私欲がないはずはないのである。

しかし、それだけであるとするのはタレーランという人間を見誤ることになる。タレーランにおいては「私欲」と「公益」は最終的には見事に一致しているのである。

彼は個人的利益のために全国民を拘束するような措置はとらないのだ。たしかに、一般の利益のためにとった措置が彼個人の利益に資する場合には、彼は臆面《おくめん》もなくそれで利益を得る。しかも彼ほど自分のふところをふくらませる手だてを見つける才のある人間はいないのだ。(同前掲書)

一説によると、この教会財産課税でタレーランが得た利益は五億フランもあったというから、特権の喪失で彼が失った五万フランとは比べものにならない。その利益誘導はたいしたものだったのである。だが、フランスが、タレーランのこの措置によって財政危機を乗り越えることができたのも確かである。タレーランの「私欲」はフランスの「公益」を救ったのである。人間はしょせん私欲でしか動かないものである。ならば、その「私欲」をバネに「公益」をもたらす人間がいたとしたら、その人間こそは国家にとって貴重な財産なのである。この点を見誤ると、国家は奈落《ならく》の果てに転がり込むことになるのだ。

リヨンの虐殺者

タレーランとフーシェは、その行動の結果だけを見れば、双子《ふたご》のようによく似ている。すなわち、変転きわまりない体制を、数限りない変節と裏切りによって生き抜き、どの体制にも忠実に仕えながら、その体制が危ないと見るや素早くこれを見捨てて次の体制に乗り換え、最後まで無傷で通過したという点では、タレーランもフーシェも同じ範疇《はんちゅう》に入る。しかし、それはあくまで結果の同一ということにすぎず、変節へと駆り立てる動機という点では、これほど対照的な二人はいない。

タレーランの場合、その根本的な動因となっているのはおのれの快楽、五感の満足にある。まったく無理せずに、おのれの快楽を追求できる体制、それを生み出すためにはなんでもする、というのがタレーランである。といっても、それは自分一人がよければいいというのではない。「私」の快楽が、「公」のそれと一致するように、「公」のほうを変えてゆくというのがタレーランの基本姿勢である。

これに対して、フーシェの場合には、動因となるべき快楽というものがどこにも見いだせない。性欲も、美食も、お洒落も、さらには金銭欲も、名誉欲も、およそ、人間的な快楽や欲求と呼べるようなものを、この人物のうちに発見することは不可能である。

記号学では、目立った特徴のあるものを「有標」、それがないものを「無標」といって、個々の特徴のチェックを行うが、この二分法にフーシェをかけても、どの項目でも「無標」という結果しか出てこない。ただ、すべてが「無標」だからといって、この男の存在を取るに足らないものと片付けてしまうと、大変な誤りを犯すことになる。なぜなら、「無標」の大集合によって生み出されるフーシェの「無」は、どんな「有」も太刀打《たちう》ちできない巨大な「真空」のようなものであり、すべての「有」はこの真空ビンの中にあっという間に吸い込まれ、閉じ込められてしまうからである。「無標人間」だからこそ、陰謀情念が活発に働くのである。

＊

そんな「無標人間」フーシェが、生涯でただ一度だけ、「有標」を演じてしまったことがあった。ナントから選出された国民公会《コンヴァンシオン》で、国王ルイ十六世の処刑に賛成票を投じたときである。

一七九三年一月十五日の夜から十六日の朝にかけて、国民公会の議会場は異様な雰囲気に包まれていた。というのも、国王処刑の賛否を巡って、これ以上ないほど歴然としたかたちで記名投票が行われていたからである。各人が、演壇に登って助命か死刑かをはっきり口に出すようにしなければ、後世に対して国王の処刑という大問題の責任を取ることができない、と声高《こわだか》に主張したのは、かのロベスピエールだった。

この提案は、匿名《とくめい》性を隠れ蓑《みの》に使って、つねに勝ち馬に乗ろうとしていたフーシェの思惑を痛撃した。あたかも、ロベスピエールは、フーシェという人物を念頭において記名投票の提案を行ったかのようだった。

それでも、投票が始まるまではフーシェにも余裕があった。フーシェが属していた穏健派で多数派のジロンド派では、コンドルーセ、ドーヌーなどの幹部は皆、国王の死刑には反対で、党としての姿勢はすでに決まっていたからである。同じく幹部のヴェルニオーなどは、「たとえ、私がたった一人でも、私は死刑には反対投票する」と語っていたほどだ。ナントというきわめて保守的な選挙区から選出されていたフーシェもこれにはまったく異存がなかった。ドーヌーの証言によれば、フーシェから演壇で読み上げる原稿のチェックを頼まれたとき、それには、はっきりと死刑反対の内容が記されていたという。

とはいえ、ジロンド党員にとって、不安要因もないではなかった。過激な民衆たちが議会の周りに大挙して押しかけ、死刑反対に投票した議員は生きて議場を出ることはできないぞ、と、すさまじい脅《おど》しをかけていたからである。いわば、国民公会議員はナイフを喉元《のどもと》に突きつけられて投票するようなものだったのである。議会過激派のモンターニュ（山岳）派も、ここぞとばかりに態度不鮮明な議員に接近し、「すでに国民公会の過半数はモンターニュ派についている。君も勝つほうに賭けろ」と強烈な揺さぶりをかけていた。保身に汲々《きゅうきゅう》とする陣笠《じんがさ》議員の間にはすでにして「もし、死刑反対に投票したら、どんな報復が待っているのだろう」という不安が生じていた。

不安は、最初に名を呼ばれて演壇に立ったジロンド派の首領の一人ヴェルニオーが、日ごろの雄弁とは打って変わって、苦しげにただひとこと「死刑《ラ・モール》」とつぶやいたときに一気に現実のものとなった。あのヴェルニオーまでが、という動揺がジロンド派の間を駆け巡った。

しかし、こんな状況の中でも、意志堅固な者はいた。囂々《ごうごう》たる怒号の渦巻《うずま》く中、コンドルーセやドーヌーは断固として死刑反対の演説を行った。その結果、死刑賛成票と反対票は拮《きっ》抗《こう》し、十六日未明近くになっても大勢は決まらなかった。ついでにいっておけば、タレーランはこのとき、ほぼ亡命に近いかたちでロンドンに脱出し、ナポレオンはまだコルシカにいた。歴史と直接対決せざるをえないはめに追い込まれていたのは、わが情念トリオの中でフーシェだけだった。

フーシェは、まだ結果がどちらに転ぶかもわからぬ状況の中で、ロワール・アンフェリュール県選出の他の議員とともに点呼を受け、演壇に登った。官報の『モニトゥール』は、そのときフーシェが発した言葉を次のように、いたって簡潔に記している。

「死刑《ラ・モール》」

いったい、この瞬間に、フーシェは、最終的にわずか一票差でルイ十六世の死刑が決まるということを察知していたのだろうか？　ツヴァイクはそう確信している。

かつての数学教師で計算のうまいフーシェは、票数をかぞえており、もし助命に加担すれば、間違った党派へ、自分が決して属したくない唯一の党、つまり少数派にはいってしまうことを知っていたのだ。（ツヴァイク　前掲書）

ツヴァイクのいう通りだとすれば、恐るべき状況判断力、未来予知能力といわざるをえない。どちらが多数派になるかを瞬時に嗅《か》ぎ取るこうした嗅覚こそが「無標人間」フーシェの最大の特技だったのである。

ただ、それはそれでいいのだが、この「無標」たらんとする意志が、唐突《とうとつ》な死刑賛成という「有標」、つまりやけに目立つかたちで明らかにされてしまったのは、フーシェにとっては大いなる誤算だった。そこで、フーシェは考える。死刑賛成が「有標」でないようにするには、いっそ、死刑賛成がはじめから多数派であり、自分はその「民の声」に従ったにすぎないように工作してしまえばいい。かくして、投票の翌日、フーシェは大急ぎで「ルイ・カペーの判

ジョゼフ・フーシェ

決に関するJ・フーシェの考察」と題したパンフレットを印刷させ、自分が演壇で読み上げたと称する「演説内容」を印刷させる。

私は、この法廷において、暴虐者に対しては死刑判決以外の意見を発するつもりはもとよりなかった。《(中略)ついにわれわれが共和的な態度を取ったということを十分に意識しようではないか。われわれはあらゆる権力と出来事を屈服させるだけの力をもっているのだ。時代はわれわれに味方し、地上のあらゆる王に敵対している》。(《 》が演説の内容。ルイ・マドラン『フーシェ 1759―1820』に引用。拙訳)

恐るべき変わり身の早さである。しかも、ぎりぎりになってから陣営を替えたにもかかわらず、ずっと前からそこに属していたかのように歴史を偽造するこの陰謀技術の巧みさ! ツヴァイクはいう。

彼がある党を裏切って見捨てるときは、決してぐずぐずしたり、おっかなびっくり出ていったりしない。こそこそと隊伍《たいご》から抜けたりもしない。むしろ白日《はくじつ》のもとで、冷たくほほえみながら、人々が呆然《ぼうぜん》として、ぎゃふんとなるうちに、当然のことのようにそれまでの敵にさっと寝返り、そのスローガンと論法とをそっくり自分のものにする。(ツヴァイク 前掲書)

かくして、フーシェは、一日にしてジロンド派からモンターニュ派に鞍替えを完了した。もはや、ナントの選挙民がなんといおうと、昨日までの同志たちが裏切りを激しく非難しようと、なんら気にすることはない。なぜなら、彼は「多数派」の一員、まぎれもない「無標人間」なのだから。

＊

ところで、ここで、おかしな現象が生ずる。すなわち、フーシェが今度属した多数派は過激派である。にもかかわらず、「無標人間」としてのフーシェの本質が変わったわけではない。では、過激派における「無標」とはなんなのか？　過激であるということだ。過激派においては、だれよりも過激であることこそが「無標」になる道なのである。それは過激派の組織に侵入したスパイがつねにもっとも過激な方針を打ち出すことを見れば明らかである。

国王ルイ十六世の処刑判決に始まった一七九三年は、フランス革命の中でも酸鼻《さんび》をきわめた一年として記憶されるが、この年のフーシェの突出ぶりはすさまじかった。

地方における革命の進行が緩慢《かんまん》であると判断した国民公会は、二百人の議員に行政・立法・司法・軍事の全権を与えて、それぞれの州の総督として派遣し、革命の徹底化を図ったが、あらゆる州総督の中でも、断トツに激烈な方針を打ち出したのが、低ロワール県、ナント、ヌヴェール、ムーランを含む州の総督フーシェだった。なぜなら、フーシェは、ロシア革命におけるチェカや徴発委員会をも顔色なからしむるほどの冷酷無情さで、富裕者狩りを行い、共産主義的な「富の均一化」を行ったからである。これは、あのロベスピエールやサン゠ジュストでさえ手をつけようとしなかった私有財産への明白な侵害であり、ブルジョワ革命であるフランス革命の枠組みを逸脱した世界初の共産主義革命であった。

彼が部下に与えた訓令書は、のちのちスターリンやポル・ポトが模範にしたのではないかと思わせるほどの無慈悲《むじひ》さを示している。

どの市民からも、その必要としないものをすべて取りあげよ。すべて余分なものは、人民の権利を公然と侵害しているのだ。各個人が必要以上に所有するものは、それを悪用する以外に使い道がないからだ。したがって、絶対に必要なもの以外は、一物でも残してはならない。（中略）

中途はんぱや思いやりの時代は過ぎ去ったのだ。われわれの強力な施策に協力せよ。さもなければ、諸君の頭上に鉄鎚《てっつい》が加えられるであろう。自由か死か！――諸君がそれを選ぶのである。（ツヴァイク　前掲書に引用）

フーシェが徴発を命じたのは金銭や貴金属、食料品、牛馬ばかりではない。当時はまだ貴重品だった下着、シャツ、ハンカチ、靴、ブーツなどの日用品なども容赦なく取り上げさせたのである。さらに徴発は人間にもおよんだ。すなわち、新兵募集として人狩りまで行い、毎週五千人の兵士をフランス共和国の軍隊に献上したのである。おかげで、フーシェが総督となった州は一気に「革命化」され、フーシェは徴発の英雄となった。

しかし、いったん過激化し、「富の均一化」革命の路線を突っ走りはじめたフーシェの勢いはそんなものでは止まらなかった。人民から収奪された富が豊かに隠匿《いんとく》されているところ、つまり教会財産に対して、矛先《ほこさき》が向けられたのである。オラトリオ会出身だけに、教会に甘いという噂が立ったりするのはまずい。ここはひとつ徹底した教会弾圧を行わなければならない。そう心に決めたフーシェは教会財産を根こそぎ没収したばかりか、僧侶の内面にまで立ち入る改革すら行った。聖職者の独身制を廃止して、聖職者は一ヵ月以内に結婚するか養子を取るように命じ、みずから無神論的な演説をして、彼らの結婚式を執《と》り行ったのである。先頭に立ってハンマーでキリスト像や十字架を破壊し、そのいっぽうで黄金の聖体顕《けん》示《じ》台や銀の燭台《しょくだい》など金目のものを箱に詰めて次々にパリの国民公会のもとに送り届けた。革命に対するフーシェの貢献度はピカ一と評価されたのである。

*

それだけではない。国民公会は、この鋼鉄の革命戦士をたんなる州総督にしておくのはもったいないと判断したのである。

フーシェが州総督として抜群の業績をあげてパリに戻ってきたころ、フランス第二の都市リヨンでは、反革命派が市政の実権を握り、手始めに熱烈な革命家シャリエをギロチンにかけて、国民公会の中央権力に真っ向から挑戦状を叩きつけてきていた。さいわい、共和国人民軍の急派で反乱は収まったが、まだその先の仕事、つまり、国民公会が決定した苛酷《かこく》な報復措置の実施が残っていた。報復措置とは、有産階級の居住した家屋はすべて取り壊し、名前もヴィル・アフランシ（解放都市）に変更せよというとんでもないものである。ロベスピエールにこの仕事を託されたクートンは、そのあまりに激越な内容に恐れをなし、適当なところでお茶を濁《にご》していた。

国民公会は、この困難な任務を託すことのできる適任者をフーシェの中に見いだした。冷酷非情な徴発人にして恐るべき教会弾圧者である革命のスーパー能吏《のうり》フーシェならば、こんな仕事でも簡単に片付けてくれるのではと期待を抱いたのである。

国民公会の期待は二百パーセントかなえられた。なぜなら、フーシェは、コロー・デルボワという相棒とともにリヨンに着任すると、初日こそ、キリストを冒瀆《ぼうとく》する奇妙な黒ミサに充《あ》てたものの、さっそく次の日からフル・スロットルで活動を開始したからだ。まず、ベルクール広場を囲む美しい建物を、まさに美しいという理由で真っ先に破壊したのである。工兵隊に命じて地雷を仕掛けて次々に爆砕していった。現在、リヨンを訪れると、ベルクール広場は少し広すぎるような印象を受けるが、それはこのときの破壊によるものである。

それと同時に、フーシェは、人間に対する「除去作業」も忘れなかった。すなわち、牢獄に押し込められていた反革命派の男女六十人を二人ずつ縛《しば》り合わせると、ローヌ川を越えたブロトーの平原に引き出し、彼らに向かって至近距離から大砲の霰弾《さんだん》を浴《あ》びせかけたのである。霰弾でも死ななかった者には、サーベルとピストルを手にした騎兵隊が襲いかかり、虐殺をほしいままにした。

ナチスやスターリンでさえやらなかったような大虐殺だが、これもフーシェにいわせるときわめて人道的な見地に立つ処刑法なのだという。というのも、もしギロチンで一人一人処刑すると、順番を待っている死刑囚はそのたびに死の恐怖を味わうことになるが、この大砲霰弾方式だと、まったくの待ち時間なしで、いっぺんに「二十人の反逆者が一緒に死んでいける」からだそうだ。ようするに、どんな殺し方にも人道的という言葉は適用可能なのである。

しかし、それでも、この第一日目の犠牲者たちは二列に掘った壕に叩き込まれて「埋葬」されただけ、まだ救いがあった。なぜなら、翌日から、二百十人に増やされた犠牲者たちは大砲の霰弾で二、三分で片付けられると、そのままローヌ川に放り投げられ、「水葬」されたからである。なぜ、こんな措置が取られたかというと、下流にあるトゥーロンの町がイギリス軍によって占領されているため、反革命の輩《やから》にとってはよい見せしめになるからだというう。フーシェは臆面もなく、この「政治的業績」を国民公会にこう報告している。

必要なのは、われわれがローヌ河に投じた血まみれの死骸が、流れにそってくだり、河口にあるいまわしい都市トゥーロンに達することによって、臆病なくせに残虐なイギリス人の眼前に、恐怖の印象と人民万能の姿を見せつけることである。（ツヴァイク　前掲書に引用）

こんな調子で、数週間もたたぬうちに彼は千六百人の「虫けら」を根絶《ねだ》やしにするという輝かしい成果をあげた。まさに、ナチの「最終的決着」そのものである。

しかし、ここでまた注意しなければならないのは、フーシェがリヨンの大量虐殺をおのれの評価や名声を高めるためにやったのではけっしてないことだ。つまり、いかにこれが突出した「革命的勇み足」だったとしても、フーシェの心づもりでは、スタンドプレイではなかった。その逆である。本質的に「無標人間」であるフーシェは、過激なモンターニュ派として、ごく当たり前の義務を果たしたつもりでいたのだ。突出しようという意志ではない。目立つまいとする意志である。だから、客観的には、とんでもない大虐殺でも、主観的には革命の忠実な僕《しもべ》でしかない。

われわれの眼中にあるのは、偉大なる実例、万人の目に明らかな教訓を示せ、とわれわれに命じた共和国だけである。われわれの耳に聞こえるのは、愛国者の流した血にたいして、ただちに思いきった報復を行なって、人類が二度とこのような流血の悲劇を見ないですむように、と要求する人民の叫びだけである。（ツヴァイク　前掲書に引用）

ところが、いくらフーシェが過激派の「無標」を標榜《ひょうぼう》していても、それは一般の目から見ると、とんでもない「有標」だった。いや一般の目だけでなく、モンターニュ派の最左派ロベスピエールの目にも「有標」と映《うつ》ってしまったのである。

フーシェは例の嗅覚で、いちはやくこの変化に気づいた。事実、フランス各地で虐殺をほしいままにしていた州総督が次々に公安委員会に召喚され、そのままギロチンに送られはじめていた。どうやらロベスピエールは、左に突出しているエベール派などのテロリストたちを一掃する決意を固めたようなのだ。

そこで、フーシェはあわてて右に大きく舵《かじ》を取る。大砲の霰弾による大量処刑は中止し、ギロチンに切り替える。それも、できるかぎり執行のペースを遅らせる。あの革命の殉教者だったはずのシャリエ崇拝を取りやめ、その一党の根城《ねじろ》だった革命委員会に解散を命じる。いまや、非妥協的な革命派だったフーシェは、温情主義の執行官に早変わりして、大虐殺の責任はすべて相棒のコロー・デルボワになすりつけ、リヨンの市民からは救い主と崇《あが》め奉られるようになっていた。

しかし、今度はタイミングが少し遅かった。ジェルミナール（芽月）十二日に、ついにフーシェにも、パリの公安委員会から召喚状が届いたからだ。その瞬間、フーシェは悟った。いよいよ、あのロベスピエールと直接対決する日がきたことを。

第二章　情念が歴史を変えた

若き最高指揮官の「敵」

一七九三年六月、パオリ派によってコルシカ島から叩き出されたナポレオン・ボナパルト大尉は、一家を引き連れてトゥーロン行きのフリゲート艦に乗った。コルシカ独立の英雄となる夢はあっけなく潰《つい》え、大尉の肩には無一文となった一家の運命が重くのしかかっていた。当てにできるのは革命政府から支給されるわずかな亡命手当だけ。とりあえずは軍に復帰して糊口《ここう》の資を得るほかないが、しかし、長い間コルシカに帰っていたので、頼りにすべき上官がいない。いったいどうしたらいいのだろう？　大革命はいよいよ過熱した段階に入り、穏健派のジロンド派と過激派のモンターニュ（山岳）派の確執は抜き差しならなくなってきたが、そんなときにナポレオンが抱えていたのは、いたって実際的な金銭問題だった。

ところが、案ずるより産むがやすしで、時代の状況のほうがナポレオンを必要としていた。パリで追い落とされた穏健勢力がイギリス＝スペイン軍と組んでトゥーロンの要塞《ようさい》に立てこもり、反攻の拠点にしていたのだが、これを包囲攻撃する共和国軍の砲兵隊長が負傷して代役が求められていたのである。トゥーロン奪還の使命を帯びてパリからやってきた国民公会議員サリチェッティは、前年アジャクシオ攻撃で一緒に戦って強い印象を受けたボナパルト大尉と再会し、即座に砲兵隊長に任命することにした。かくしてここにナポレオンがコルシカの英雄からフランスの英雄へ、さらには皇帝へと脱皮する道が開かれたのである。この点ではナポレオンは幸運な星のもとに生まれたといってよい。

しかし、九月十七日に大いに張り切ってトゥーロン攻略の司令部に出頭してみると、待っていたのは、およそ無能を絵に描いたようなペンキ屋あがりのカルトー将軍だった。ナポレオンがトゥーロン要塞周辺の地理を細かく観察し、完璧な攻略作戦を作り上げたにもかかわらず、空威張《からいば》りのカルトーはおのれの意地を張り続け、無謀な攻撃を繰り返した。ナポレオンはほとほと嫌気がさした。べつに突飛なプランを練りあげたわけではない。定石《じょうせき》に則《のっと》ったごく常識的な作戦を進言したにすぎない。それでもカルトー将軍が耳を貸さないのは、将軍がまったくの素人《しろうと》軍人だということを意味する。埒《らち》があかないとはこのことである。

だが、焦《じ》れていたのは国民公会も同じだった。もはやカルトーの無能ぶりは彼らの目にも明らかになっていた。そこでついに、国民公会はカルトーに代えてドッペ将軍を任命した。ところが、なんたることか、医者あがりのドッペ将軍も無能さにかけては前任者と選ぶところがなかった。決定的な攻撃の最中にいきなり退却命令を出したりして、要塞奪取の千載一遇のチャンスを逃《のが》す始末である。これらの例からもわかるように、職業軍人の多くが王党派についてしまったフランス共和国軍はもはや完全な烏合《うごう》の衆となりはて、プロの軍人がほとんどいなかったのである。

そこでボナパルト少佐（九月二十九日付けで少佐に昇進）は、ちゃんとした将軍をまわしてくれない限り、トゥーロン攻略は無理だと国民公会に直訴《じきそ》した。訴えはただちに受理され、十一月半ばに、指揮官は勇敢な職業軍人デュゴミエ将軍に代わった。将軍は着任すると即座にナポレオンのプランを採用し、要塞に猛攻撃をかけた。ナポレオンはみずから大砲を操り、敵の銃剣で腿《もも》を刺されながらも部隊の先頭に立って勇猛果敢に突撃した。こうして、難攻不落を誇ったトゥーロン要塞も十二月十九日には陥落《かんらく》し、ナポレオンは三階級特進で少将（旅団長）に昇進した。二十四歳の若き将軍の誕生である。

ナポレオンはこのときはじめて自分の人生が上げ潮に転じたのを感じたにちがいない。おまけに権力さえも彼に微笑《ほほえ》みかけていた。マキシミリアン・ロベスピエールの弟オーギュスタン・ロベスピエールが、ナポレオンの戦功を国民公会に報告してくれたおかげで、ナポレオンはイタリア方面軍の砲兵司令官に任命されたのである。

しかし、ここで大きな陥穽《かんせい》がナポレオンを待ちかまえていた。またしても上司の問題である。ただし、今度は無能な上司でなく、敵が多すぎる危険な上司、すなわち、ロベスピエール兄弟の人脈に組み入れられたという問題であった。

ナポレオンの軍事的才能を高く買ったロベスピエール弟は、イタリアのオーストリア軍撃《う》つべしというナポレオンの戦略を強く支持していたが、それが公安委員会の大物カルノーのスペイン攻撃優先の戦略と大きく対立することとなった。いや、正確には、もともとくすぶっていたロベスピエール派対カルノー派という公安委員会内部の対立に、ナポレオンが巻き込まれたといったほうがいい。つまり、ナポレオンが純粋に軍事的観点から提案したイタリア攻撃論が政争の具となってしまったのである。これにより、ナポレオンははっきりと「ロベスピエール派」のレッテルを張られてしまった。

とはいえ、それでもロベスピエール兄が権力の座にある間は、このレッテルは、後ろ盾のないナポレオンにとって護符の代わりとなっていた。ロベスピエール弟は、兄と連絡を取りあって、若き将軍をパリ国民軍の司令官に据えようとさえ目論んでいた。ナポレオンも、ロベスピエールの非妥協的な共和思想に強い共感を感じていたので、このポジションにはおおいに食指が動いた。

ところが、一七九四年七月二十七日、ジェノヴァ作戦から司令部に戻ってみると、ロベスピエール弟はすでにパリに出発していた。ナポレオンはなんとなく不吉なものを感じたのではなかろうか。というのも、じつは、七月二十七日は共和暦ではテルミドール（熱月）九日にあたるからだ。つまり、この日は、パリでロベスピエール兄弟たちのジャコバン派が国民公会で敗れ、逮捕されたあのテルミドール反動の日なのである。翌日、ロベスピエールらは全員、ギロチンの露《つゆ》と消えた。

もっとも、当時はまだ、パリと南仏では一週間くらいのタイムラグがあったから、ナポレオンは八月四日までロベスピエール兄弟の死を知らずにいた。しかし、八月九日の朝、ドアをノックしたデュメルビオン最高司令官から「イタリア方面軍砲兵司令官ボナパルト少将は一時的に任を解かれる」という命令書を手渡されたときには、さすがのナポレオンも死を覚悟した。証拠調べが済むまで、宿舎に禁足を言い渡されたからである。たいていの容疑者は、そのままギロチンに直行していたのだ。ところが、幽閉《ゆうへい》は八月二十日に解けた。彼の軍事的才能を惜しむ声があがり、デュメルビオン司令官もこれに同意したのである。

しかし、釈放されたとはいえ「ロベスピエール派」のレッテルは容易なことでははがれなかった。イタリア方面軍への復帰は認められず、西部方面軍への転属を命じられた。西部方面軍とは、酸鼻《さんび》をきわめるヴァンデ王党派反乱の鎮圧部隊にほかならない。ナポレオンは同国人に大砲を向けたくないという理由で任官を拒んだが、いよいよ断り切れなくなったため、直接交渉しようとパリに向かった。一七九五年の六月に公安委員会の本部に着いてみると、西部方面軍へは砲兵司令官ではなく歩兵旅団長として赴任せよという辞令である。砲兵という出自《しゅつじ》に強い誇りをもつナポレオンとしてはとうてい受け入れられない役職である。明らかに、ロベスピエール派の将軍に対するジロンド派の将軍オーブリーの報復人事であった。

そこでナポレオンはお得意の休暇戦術に出た。時間を稼《かせ》ぐうちに、無能なオーブリーが更《こう》迭《てつ》されるのではないかと期待したのである。だが、ナポレオンの読みは甘かった。たしかに、オーブリーは退陣して、少しはましなポンテクーランが後任に座ったが、このポンテクーランもなかなかナポレオンの望むような役職をくれなかったからである。そのうちに、ついに恐れていたものがやってきた。任官拒否を理由にした現役将官リストからの抹消通知である。ナポレオンは進退きわまった。いかに豊かな才能だろうと、上司に恵まれないときには、こうして空しく朽ちはててゆかざるをえないのか？

だが、革命の混乱が、すんでのところでナポレオンの失墜を救った。十月五日、ヴァンデミエール（葡萄月）十三日の王党派の暴動で、鎮圧のための国内軍最高司令官に指名されたバラスが、トゥーロンでのナポレオンの軍功を思い出して、国民公会防衛の任を彼に与えたのである。ナポレオンの動きは素早かった。サブロンの平原に大砲が放置されているのを知ると、これをただちに部下のミュラに取りにやらせた。そして、チュイルリー宮殿近くに砲列を敷き、サン・ロック教会前に陣取る王党派の反徒たちの列に容赦なく砲弾を浴びせたのである。民衆反乱の鎮圧のために砲撃とは、なんとも乱暴きわまる手段だが、とにかくこの一撃で王党派の反乱はあっけなく終息した。バラスは功績を大として、自分が総裁政府《ディレクトワール》の五人の総裁の一人に選出されると、自分の後任にナポレオンを指名した。かくして、ナポレオンは二十六歳の若さにして、国内軍最高司令官の地位に就いたのである。

＊

無能な上司という陥穽、こちらはなんとか回避することができた。しかし、同じ時期に、ナポレオンにもう一つの陥穽が近づいていた。無能な上司の下で悶々《もんもん》としていたころ、ナポレオンには四方八方から女難という敵が迫っていたからである。

フランスに戻った一七九三年の六月から、一七九五年十月五日の王党派暴動鎮圧までの二年四ヵ月、ナポレオンが実際の軍事行動にかかわったのは、トゥーロン要塞攻撃とサン・ロ

サン・ロック教会の砲撃 (Eric Ledru *"NAPOLÉON Le conquérant Prophétique"*)

ック教会での砲撃の二回だけで、それ以外の期間はほとんどなにもしていないが、じつは、この上半身の無聊《ぶりょう》の時期に、下半身は意外なほど活発に活動を開始していたのである。

トゥーロン要塞攻略で手柄をあげたあと、イタリア方面軍砲兵司令官に任命されながら、ナポレオンがなかなか軍功をたてることができず、また西部方面軍への任官も拒み続けていたのは、前述のようにロベスピエール対カルノーの確執に巻き込まれていたこともあるが、もう一つ、コルシカから亡命した家族を託しているマルセイユの裕福な石鹸《せっけん》商人クラリー家の次女デジレに思いを寄せていたことがある。つまり、ナポレオンとしてはデジレと結婚するまで、南仏を離れたくなかったのである。

ナポレオンがデジレと知りあったのは、トゥーロン攻略のあと、母や兄弟姉妹と再会するためマルセイユに戻ったときのことである。ただ、このとき、デジレに熱をあげていたのは兄のジョゼフのほうだった。それが、ナポレオンがデジレと恋人同士となり、ジョゼフはデジレの姉のジュリーと結婚することになったのである。その組み合わせの変更は、ナポレオンが兄とクラリー姉妹に向かってこう宣言したことによる。

よい夫婦というものは、どちらかいっぽうがもういっぽうに譲歩するものだ。ジョゼフ兄さん、兄さんは優柔不断な性格だ。デジレさんも同じだ。反対に、ジュリーとぼくは自分たちがなにをしたいかをよく知っている人間だ。だから、兄さんはジュリーと結婚したほうがいい。じゃあ、デジレさんはといえば、ぼくの妻となるだろう。(アンドレ・カストゥロ『ナポレオン・ボナパルト』に引用。拙訳)

この証言は、のちにデジレが残したものだから、まずは信用のおけるものだろう。実際、ダメ人間のジョゼフに対してナポレオンは事実上の兄として振る舞っていたから、自分が気に入ったデジレのほうを取り、姉をジョゼフに押しつけたということは十分ありうる。

では、デジレは、兄から奪い取るほどきれいな娘だったのだろうか？　これに関してはナポレオン自身が語っている。というのも、ナポレオンはこの時期、ルソーの『ヌヴェル・エロイーズ』ばりの恋愛小説『クリソンとウージェニー』を書いて、二人の関係をそこに投影しているからである。クリソンはナポレオン、ウージェニーはデジレである。

彼女は十七歳だった。優しく、善良で生き生きとしていた。目は美しく、背は高くも低くもなかった。醜くはけっしてなかったが、美人というのではなかった。とはいえ、善意、優しさ、それに生き生きとした愛情は彼女独特の魅力となっていた。(ジャン・チュラール『ナポレオン』に引用。拙訳)

この描写からして、デジレは絶世の美人とはいえないが、ある種の若々しい魅力をたたえた娘だったことは確からしい。いずれにせよ、ナポレオンはデジレにかなり惚れこんでいた。デジレが裕福な商人の娘で持参金がたっぷりついていることもナポレオンの気持ちを動かしていた。砲兵将校ナポレオンはどんなときでも計算が得意なのである。

しかし、デジレに対する気持ちがそれほど強いものでなかったことは、ナポレオンがニースにいたとき、下宿のローランティ夫妻の娘エミリーを一目見て、目移りしてしまったことからも明らかである。アンドレ・カストゥロはこう書いている。

ナポレオンはエミリーをとてもかわいいと思った。そこで、ある日の夕方、マダム・ローランティと二人きりでいるとき、思い切って娘さんと結婚させていただけないでしょうかとたずねた。ローランティ夫人はこの予想だにしていなかった申し込みに動転し、答えは夫に聞いてみてからといった。ローランティ氏は話を聞くととたんにしかめ面《つら》になった。あのサン・キュロットのちび将軍がか？　たまたまフランスにヒルのように取りついている主人どもにかわいがられているだけじゃないか。それに、あの男に、俸給以外の財産があるのか？　およそ問題外だ。（カストゥロ　前掲書）

それでもローランティ氏はいきなり断ったりせず、ナポレオンがイタリア遠征から戻ってきてからもう一度考えようといった。そうしているうちにテルミドールの反動が起こってナポレオンは軟禁状態に置かれてしまったのである。エミリーとの結婚など、もはや問題ともならなかった。

となるとあとはデジレだけである。釈放後、ナポレオンの淡い恋心は、完全な恋愛感情に変わっていた。そして、決定的な一夜がやってくる。ナポレオンはこの夜のことを、のちに副官ベルトランに向かい、いたって散文的な言葉でこう告白している。

「私が「デジレと結婚した」ベルナドットを国王にしてやったのは、デジレの処女を私が奪ったからだよ」

ナポレオンの下半身は、相手が生娘《きむすめ》だろうとおかまいなかった。とはいえ、ナポレオンとておのれの責任は感じていたから、母に、起こったことを正確に知らせ、一七九五年四月二十一日にデジレとの間で正式な婚約を取り交わした。しかしながら、ナポレオンは身分が流動的だったので、結婚式の日取りまでは決めずにおいた。西部戦線への転属を命じられ、それに関してパリまで交渉に行かなければならなくなったからだ。結局、この別離とそれに引き続くナポレオンの不遇が、二人の恋心に水を差すことになった。デジレから、クラリー家がマルセイユからジェノヴァに引っ越したという知らせが届き、自分の気持ちは冷めているという文面が綴られていた。ナポレオンはしかたなく返事を書く。

きみはもうフランスにはいない……。われわれのあいだに海をはさむ決心をしたのだね。やさしいデジレ、きみは若い。きみの気持ちはまず冷めてからずれがきて、しばらくするときみはすっかり変わっているだろう。（長塚隆二『ナポレオン』に引用）

ナポレオンはこれで完全に鬱《うつ》の状態に陥った。デジレとの婚約は解消され、感情面ですっかり落ち込んでしまったかのように見えた。

だが、実際には、その反対だった。なぜなら、デジレと結婚しなかったことによって、ナポレオンの運が開けたからである。トゥーロン攻略以後デジレと付き合ってから、ナポレオンにはなに一ついいことは起こらなかった。むしろ御難続きといったほうがいい。ところがデジレと別れてからすぐにヴァンデミエールの王党派暴動に遭遇するのである。デジレは明らかにナポレオンにとってはサゲマン女だったのだ。

では、ナポレオンにとってのアゲマン女はだれなのか？　いうまでもなくジョゼフィーヌである。

総裁バラスがヴァンデミエール暴動鎮圧の褒賞《ほうしょう》として、ナポレオンに与えたのは、自分の国内軍最高司令官という地位ばかりではなかった。自分の愛人までナポレオンに譲ったのである。そして、その日から、ナポレオンの運命は一気に上昇気流に乗り、反対にバラスのそれは下降線をたどることになる。二人の運命はジョゼフィーヌのトレードを境に、見事、逆転したのである。

これ以降、ナポレオンの熱狂情念は全開するのである。

王妃様よりすごい女

ジョゼフィーヌこと、マリ＝ジョゼフ＝ローズ・タシェ・ド・ラ・パジュリは一七六三年六月二十三日、仏領西インド諸島のマルチニック島に生まれた。ジョゼフィーヌというのは、のちにナポレオンが自分一人の呼び名を作るために、洗礼名の一つジョゼフに女性用の小辞「イーヌ」を加えたものである。

実家のタシェ・ド・ラ・パジュリ家は「ド」がつくところからもわかるようにフランスの小貴族で、祖父ガスパールの代に、砂糖のプランテーションでひと山当てようとマルチニック島にやってきた植民者である。しかし、もともと勤勉さに欠ける家系だったのか、ガスパールもその息子のジョゼフ・ガスパールもさしたる財産を築けぬままにいたずらに歳を重ねていった。ある年、暴風雨で母屋《おもや》が全壊したため、以来、一家は精糖工場に住むようになったが、そこから抜け出そうともせずにのんびりと暮らしていた。

そんな自堕落《じだらく》な家庭に生まれたせいだろうか、長女のジョゼフィーヌはおよそ努力ということを知らぬ、屈託のない天真爛漫《らんまん》な少女に育った。もっとも、それはマルチニック島民全員にいえることで、仕事は全部、奴隷がやってくれるし、手を伸ばせばそこにたわわな果実が実っているのだから、生存競争とか出世願望などという観念すら生まれないのである。あるのはただ、日々を楽しく過ごすことと、官能の充足だけだった。

ジョゼフィーヌも、親に命じられて女子修道院の寄宿学校で数年間学んだにもかかわらず、知識や教養と呼べるようなものは身につかなかった。それでも、彼女には生まれついての独特の魅力があったのか、言い寄ってくるボーイフレンドはあとをたたなかった。そんな一人、モンガイヤール伯爵は、十四歳のジョゼフィーヌについてこんな印象を残している。

ラ・パジュリ嬢はとりたてて美人というわけでもなく、また可憐というわけでもなかったが、人の目を惹《ひ》く魅力を具《そな》えていた。表情には抗しがたい魅力があった。まなざしには艶《つや》があり、なんともいえない色香が漂っていた。それは、男心をくすぐり、とろかし、官能のうずきを呼び醒《さ》ますあのまなざしだった。体つきはニンフのそれだ。身のこなし、物腰、声の調子、そして黙っているときにまでみられる、あのクレオールに特有の、ざっくばらんな潑剌としたしなやかさが、彼女の全身から感じとれた。（ジャック・ジャンサン『恋するジョゼフィーヌ　ナポレオンとの愛』瀧川好庸訳に引用）

モンガイヤール伯爵は、のちにナポレオンを虜《とりこ》にするジョゼフィーヌの魅力をじつに的確に指摘している。ようするに、ジョゼフィーヌはすでに十四歳のときから、少なくとも肉体的には十分に「ジョゼフィーヌ」だったのである。

しかし、そんなのんびりしたジョゼフィーヌでも、本国フランスの花の都パリへの憧れは強く、いつも王子様が白い馬に乗って迎えにきてくれないかと夢想していた。島の女占《うらな》いから「あんたはいまに王妃様よりもすごい女になるよ」といわれたことがあったので、漠然と運命を信じてはいたが、まさかほんとうに白馬の王子様があらわれるとは思いもしなかった。

ところが、一七七七年、彼女が十四歳のとき、夢想を簡単に実現させるような手紙がパリから舞い込んだのである。マルチニック島の元総督で、中将のラ・フォルテ＝ボーアルネ侯爵から、四万リーヴルの年金のある次男アレクサンドルの嫁に、ラ・パジュリ家の三人の娘のいずれかを貰《もら》い受けたいという申し出があったのである。ボーアルネ侯爵のご指名は、次女のカトリーヌだったが、この手紙が届いたときにはすでに次女は病死していたので、長女のジョゼフィーヌが花嫁候補に繰り上げ当選となった。ジョゼフィーヌは手紙から二年たった一七七九年、マルチニック島をあとにして父親とともにパリに向かった。

＊

ところで、当たり前だが、こんな夢のような話には裏がないわけがない。その「裏」の演出家となっていたのは、ジョゼフィーヌの叔母、つまり父の妹デジレ・ルノダン夫人だった。デジレはボーアルルネ侯爵がマルチニック島の総督だったときにその愛人におさまり、ルノダンという男と名目上の結婚をしたあとも、愛人の座を確保していた。侯爵が帰国すると、彼にしたがってパリの邸宅に落ち着き、夫婦同然の生活を続けていたのである。とはいえ、離婚が許されない当時にあっては、ルノダン夫人の地位はいかにも不安定だった。侯爵夫人は先に死んでくれたからいいようなものの、デジレの名目上の夫ルノダンはまだ存命していたので、侯爵と再婚もできない。ここは、ボーアルルネ侯爵の次男アレクサンドルの嫁というかたちで身内の血を引き入れ、自分の地位を確固たるものにしておきたい。だから、ルノダン夫人にとっては、ラ・パジュリ家の三姉妹ならだれでもよかったのであり、ことさら、ジョゼフィーヌのことを思ったわけではない。

だれでもよかったという点においては、アレクサンドルも選ぶところがなかった。なかなかの美丈夫《びじょうぶ》だった彼は、結婚時、ジョゼフィーヌより三つ年上の十九歳だったが、すでに十一歳年上のラ・トゥーシュ・ド・ロンプレ夫人という人妻と愛人関係にあったからだ。彼もまた結婚はたんなる形式と考えていたのである。だから、顔も見ずに、ルノダン夫人にあてがわれたジョゼフィーヌとの結婚に同意したのである。

もっとも、この時代には、結婚相手の美醜や性格に頓着《とんちゃく》しないというのは、アレクサンドルに限らず、すべての男に共通していた特徴である。というのも、当時のフランスにおいては、独身者の権利がほとんど認められなかったのに対し、夫婦者には男女ともに最大限の自由が与えられていたからである。つまり、金銭面でも、セックスの面でも、勝手な振る舞いをしようと思ったら、結婚していたほうがはるかにやりやすかったのである。

とはいえ、アレクサンドルは騎士道精神だけは心得ていたので、ブレストに着いたジョゼフィーヌをみずから出迎えにあらわれた。軍服姿の凛々《りり》しいアレクサンドルに彼女はひと目で恋してしまった。夫に恋するというのも変だが、アレクサンドルはたしかにジョゼフィーヌがマルチニック島で夢見ていた通りの白馬の王子様だったのである。

いっぽう、アレクサンドルはといえば、十六歳の新妻はあまりに幼すぎた。パリの社交界でコケットな上流婦人を相手にアヴァンチュールを楽しんでいた彼からすると、ジョゼフィーヌには、肉体はあってもおよそ文化の香りというものが感じられなかった。これが、彼がもう少し年をとっていたら、あるいはジョゼフィーヌの新鮮な魅力にまいっていたかもしれないが、十九歳の青年にはそれを味わうだけの成熟がなかった。

そのため、新婚早々、ジョゼフィーヌは新居でほったらかしにされてしまう。あれほど憧れていた舞踏会にも連れていってはもらえない。社交界にはもう少し教養が身についてからというのがアレクサンドルの言い分である。彼女は夫に命じられた通りに地理や歴史を勉強し、文学の本を読んだが、そうしたことには向いていない性格だったのか、このマイ・フェア・レディ作りはいっこうに進まなかった。

それに、アレクサンドルは地方連隊勤務だ、イタリア旅行だ、マルチニック島への赴任だといって、いつも家を空けていた。じつは、任地にも旅行先にもラ・トゥーシュ夫人を伴《ともな》って事実上の夫婦生活を送っていたのである。とはいえ、ごくたまに家庭に戻ったときには、罪滅ぼしをするように夫婦生活に励んだので、二人の間には一七八一年に長男ウージェーヌ（のちのイタリア副王）が、二年後には長女オルタンス（のちのオランダ王妃でナポレオン三世の母）が誕生する。

しかし、子供の誕生も夫を家庭につなぎとめておくことはできなかった。それどころか、アレクサンドルは、浮気な亭主によくあるように、不在中に生まれた長女がはたしてほんとうに自分の子供かどうか確信がもてなくなっていたのである。疑念に駆られたアレクサンドルが妻の素行調査を始めると、たしかにそれらしき証言がいくつも出てきた。おまけに、いくら手紙を送っても、ほとんど返事が届かない。やがて確たる証拠を握ったと信じた夫は、妻の不貞をなじる手紙を帰国するラ・トゥーシュ夫人に託し、改悛《かいしゅん》の情を見せるつもりがあるなら、修道院に入れと命じた。

ジョゼフィーヌは身に覚えのない嫌疑をかけられたのに仰天し、なんとか和解の道を探ろうとするが、意固地になった夫は、不貞な妻に復讐《ふくしゅう》しようと思い込み、別居して修道院に入る以外の選択肢は認めようとしなかった。しかたなく、彼女は叔母の勧めにしたがってパントモントの修道院に入った。

ジョゼフィーヌはもはやこれで自分の青春は終わったと思ったにちがいない。ところが、あにはからんや、このパントモントの修道院が彼女の人生を大きく変えることになるのである。というのも、このパントモントの修道院は、いってみれば夫に先立たれたり別居裁判中の貴婦人たちが暮らす賄いつき高級ホテルのようなもので、ジョゼフィーヌはここで、多くの上流婦人たちからその立ち居振る舞いや会話術を学ぶことができたからである。

愛想のよい上品で優雅な貴族やブルジョワの婦人たちとは友だち付合いをし、自分のモデルとなる彼女たちをじっくり観察したのである。彼女たちと接しお喋《しゃべ》りをすることによって、ジョゼフィーヌはこれまで知らなかった考え方を学び、新しい生き方を知った。もともと才能のある女性だったから、彼女たちを真似《まね》て優雅さや上品さを容易に身につけていった。鋭敏な頭脳の持主ではなかったが、生来のあの鋭い女性本能と、洗練された趣味に対する研《と》ぎすまされた感覚と、溢れる機転とによって、ぎごちなさの残る自分の立居振舞いを正し、欠落した教育を埋め合わせる術《すべ》を心得たのである。（ジャンサン　前掲書）

ようするに、肉体的にはすでに完成品に近づいていたジョゼフィーヌは修道院に入ることで「文化」を得て、完全に一皮むけた「いい女」になったのだ。裁判で別居が成立したことは、彼女に何不自由なく振る舞える権利を与えたようなものだった。修道院を出てフォンテーヌブローの叔母の家に身を寄せると、たちまち何人かの男が彼女の色香に迷った。クルネ伯爵、ロルジェ公爵、コワニー騎士。修道院で身につけたコケットリーの効き目は絶大だったのである。これらの男たちとの恋はジョゼフィーヌという大樹を育てるのに格好の肥やしとなった。フォンテーヌブローにはルイ十六世もしばしば狩りにやってきたので、もしかすると、女占いの予言が実現するのではないかという期待さえ湧いてきた。

しかし、そのいっぽうで、彼女の経済状態はかなり危機的なものとなっていた。ボーアルネ侯爵が約束した子供たちの養育費は遅れがちだったし、マルチニック島から届くはずの仕送りも途絶えている。おまけに、もって生まれた浪費癖が加速して、借金はどんどんかさんできた。愛人から金を引き出す術《すべ》に関しては、ジョゼフィーヌはほとんど天才的だったが、それにしても子供たちの将来のことを考えれば、なんとか、ここらで手を打たなければならない。そう思いたった彼女は一七八八年の夏、娘のオルタンスを連れて故郷のマルチニックに帰ることにした。父親と妹が病気なので、その見舞いもかねてのことである。

*

ところが、その間にフランスでは大革命が起こり、その津波がマルチニックにも押し寄せてきた。奴隷たちが反乱を起こしたのである。ジョゼフィーヌは命からがら島を脱出しフランスの土を踏んだが、夫のアレクサンドルはその間に、革命によって成立した憲法制定国民議会の議長に収まっていた。ルイ十六世のヴァレンヌ逃亡事件を処理すると、その声望はますます上がったので、ジョゼフィーヌは「王妃様よりもすごい女」という女占いの予言はこのことだったのかしらと思った。ところが、それもつかのま、ジャコバン派の恐怖政治が到来すると、アレクサンドルは、ライン軍最高司令官としての作戦の失敗を理由に逮捕され、投獄されてしまったのである。

アレクサンドルとジョゼフィーヌは別居が成立して以来、法律的には赤の他人だったから、夫が最高権力者になろうと、投獄されてギロチンにかけられようと、まったく自分には無関係と突っぱねることはできた。だが、なぜか、そうしなかった。ジョゼフィーヌは各方面に働きかけ、夫を釈放させようと試みたのである。おそらく、彼女は修道院を出て以来、みずからの魅力に絶対的な自信をもつようになり、自分がかけあえば男たちはいやとはいわないだろうと考えていたのだろう。とりわけ、陸軍関係にはかなり有力なコネがあったので、この方面から打診してみようと有力者の家に何度も足を運んだ。

しかし、夫の釈放を勝ち取るどころか、ある日、彼女自身がスパイ容疑で逮捕され、夫が収容されているカルム牢獄に投獄されるというはめに陥る。

ただ、投獄されたとはいえ、カルム牢獄での囚人たちの行動にはかなりの自由が認められていた。男女の牢は別々だったが、それも建前《たてまえ》だけで、看守に袖の下をつかませれば、行き来は思いのままだった。しかも、明日はギロチンに送られるかもしれない運命なので、皆、刹那的《せつなてき》な快楽を得ようと焦《あせ》っていた。いわば、牢獄内はフリー・セックス状態にあったのである。

こうした状況で、アレクサンドルとジョゼフィーヌはしばらくぶりに再会することとなるが、かといって、よりが戻ったわけではない。第一、ジョゼフィーヌにはオッシュ将軍、アレクサンドルにはキュスチーヌ夫人という「獄中恋人」がいた。二人はあくまで、子供たちの父親、母親として、将来のことを話しあったのである。

七月二十三日の朝、アレクサンドルはギロチンの露と消えた。ジョゼフィーヌもいよいよ、運命のときが近づいていることを悟った。明日かもしれない、あさってかもしれない。

だが、ついに「ボーアルネ夫人」という獄吏の呼び出しはなかった。夫の処刑から四日後の七月二十七日、テルミドールの反動が起こり、ロベスピエール一党が処刑されたのである。

＊

獄中恋人のオッシュ将軍と一緒に釈放されたジョゼフィーヌは、しばらくの間、将軍と同棲していたが、将軍が西部方面軍の司令官に任命されてパリを去ると、オッシュと別れ、次はコランクール侯爵の愛人となった。牢獄でのフリー・セックスを経験してからというもの、もともと少なかった彼女の貞操観念は見事なほどに消滅してしまったのだ。

もはや、ジョゼフィーヌにとって、男というのは、嫣然《えんぜん》と微笑《ほほえ》むだけでいくらでも金を引き出すことのできる「銀行」のようなものとしか映らなかった。ジョゼフィーヌの場合、浮気の情熱と浪費のそれは表裏一体の関係にあり、男の精液を搾りとるのも、財布から金を吐き出させるのも、まったく同じことだったのである。

しかし、ではジョゼフィーヌはいわゆるファム・ファタル（宿命の女。男を破滅させる魅力をもった女）なのかといえば、どうもそうとはいいきれない。なぜなら、彼女は、あえて男を滅ぼしてやろうなどという魂胆《こんたん》は一度も抱いたことはないからだ。マルチニック島生まれのクレオールにとって、男というのは、いわば手を伸ばせばそこにある果物と同じようなものなのだ。喉が渇いたら齧《かじ》ればいい、腹がすいたら噛めばいい。ただそれだけのことなのである。

しかし、彼女がいかに天真爛漫で無邪気な浪費家であろうと、「銀行」にはおのずと限度というものがある。彼女とてそれを知らないわけではなかったが、テルミドールの反動の最高権力者タリアンの夫人テレジアと付き合うようになってからというもの、浪費のスピードは一段と加速した。連日連夜、夜会だ舞踏会だと豪華な馬車に乗って遊び歩いていたから、どんな「銀行」でも、すぐに破産の憂《う》き目《め》を見ることは明らかだったのである。

そこでジョゼフィーヌは、同じ銀行なら、いっそ預金高の大きい銀行に乗り換えたほうがいいと考えた。すなわち、彼女はコランクール侯爵をあっさり袖にすると、テルミドール反動の立役者バラスをメイン・バンクにすることにしたのである。

ジョゼフィーヌ（Eric Ledru *“NAPOLÉON Le conquérant Prophétique”*）

そう、問題はバラスなのである。ジョゼフィーヌの線も、ナポレオンの線も、さらにはタレーランとフーシェの線も、その情念の軌跡をたどっていくと、皆、バラスという「点」に行き着く。ナポレオンの熱狂情念も、タレーランの移り気情念も、フーシェの陰謀情念も、そして、もう一つおまけにジョゼフィーヌの浪費情念も、すべての情念はバラスという点で落ち合い、そこを情念戦争のかりそめの戦場としているのである。フロイト風にいえば、バラスこそが多元的決定の結節点なのである。

ならば、次はバラスという結び目をほぐ

してみるほかはない。

恐怖《テロル》の連帯

そこでまずは、フーシェからバラスへの線を明らかにすることから始めよう。

地方に派遣された革命家にとって、一番恐るべき前兆は、いつの場合も首都の公安委員会への出頭命令となってあらわれる。一七九四年四月（すなわち共和暦二年ジェルミナール［芽月］）、突如、召喚状を受け取りリヨンからパリに向かうジョゼフ・フーシェもこの例にもれなかった。なにがいけなかったのかはわからない。反革命派の大虐殺を命じ、過激に走りすぎたのが悪かったのか、それとも最後になって少し手控えたのがよくなかったのか判断はつきかねる。だが、いずれにしても、首筋にギロチンの冷たい刃が迫っていることだけは確実だった。さすがのフーシェもこのときばかりは醜い妻と八ヵ月の幼い娘の行く末を案じないわけにはいかなかった。おそらく、召喚状は、アラス時代の旧友ロベスピエールから発せられたにちがいない。よもやあの貧乏弁護士が革命の最高権力の座に上りつめようとは夢にも思わなかった。こんなことだったら、ロベスピエールの妹と結婚しておくんだった、と、馬車に揺られながら後悔のようなものを感じていたのかもしれない。

だが、郵便馬車がジャン・ジャック・ルソー街の発着所に止まったとき、フーシェの決心はもう固まっていた。なんとしても、ロベスピエールを叩きのめしてみせる。それには、ま

ポール・バラス（Henri Savant *“NAPOLÉON”*）

ず団結が必要だ。たしかに、ロベスピエールは一点の曇りなき謹厳廉直《きんげんれんちょく》な革命家である。彼に比べたら、いかに革命精神の旺盛《おうせい》な国民公会の議員たちだろうと、身の完全なる潔白を主張できる者は一人もいない。金銭、女、思想、みんな、どこかでヘマをやらかし、弱みを握られている。そこを革命の異端審問官ロベスピエールに衝《つ》かれたらひとたまりもない。全員、ギロチン行きである。だが、だれ一人としてロベスピエールに反抗して立ち向かおうとする者はいない。自分だけは助かりたいからである。恐怖の前にはどれほど勇気のある人間ももろいのだ。

しかし、待てよ、とフーシェは考えた。恐怖というものがそんなに強いものならば、方向を逆にしてやることができれば、それは限りない爆発力をもつにちがいない。そうだ、相手を恐怖《テロル》で震え上がらせて恫喝《どうかつ》する恐怖政治に対しては、その恐怖を利用した反撃を試みるのが一番だ。恐怖には恐怖の反作用を。さすがは元物理学の教師だけのことはある。

だが、翌日、国民公会に出席したフーシェは自分の読みが甘かったことを知った。右派とジロンド派が座っていた席にまった

ロベスピエール (Henri Savant *“NAPOLÉON”*)

く人影が見当たらないばかりか、エベールやショーメットの過激派も、ダントン、デムーランらのコルドリエ派も全員、見事なほどに消え失《う》せていた。気骨のある革命家はすべてロベスピエールの憎しみを買ってギロチンに送られるか、牢獄であの世行きの順番を待っているのだ。残っているのは、タリアン、バラス、クルトワ、カルノー、ロヴェールなど二流、三流の人物ばかりである。ようするに、これらの付和雷同派が恐怖心からロベスピエールに迎合し、ジロンド派やコルドリエ派を生《い》け贄《にえ》にしたというわけである。これでは、恐怖をバネにした反ロベスピエール連合をつくろうにも、その軸になってくれそうな人材がいない。国民公会はもはや、ロベスピエールに牛耳《ぎゅうじ》られた公安委員会の上位機関ではなくなっているのだ。彼はリヨンでの行動の弁明が国民公会から公安委員会へと差し戻されたとき、それを悟った。

かくなるうえは、生き延びる方法はたった一つしかない。ロベスピエールに直接会って、昔の友情に訴え、弁明を聞いてもらうことだ。だが、元々フーシェのことをムシの好かない男と思っていたロベスピエールは、けんもほろろに扱った。フーシェはガックリしてロベスピエールの家を立ち去った。この旧友の最後の出会いについて、シュテファン・ツヴァイクはこういっている。

おたがいに、相手を昔から知っているつもりで、長いこと、相手を見くびっていたのだ。（ツヴァイク『ジョゼフ・フーシェ』吉田正己・小野寺和夫訳）

たしかに旧友にはそういうところがある。旧友の心の中では、相手のその後の変化はつねに過小評価される。フーシェがパリを去るときまで、ロベスピエールはヴェルニオーやダントンなどの大物に比べれば、まったくの陣笠にすぎなかった。ところがいまや、ロベスピエールは神にも等しい絶対権力を握った存在となっている。人の身の丈《たけ》を読むのを得意とするフーシェも、これだけは誤算だった。ロベスピエールは予測をはるかに超えた大物になっていたのだ。

＊

ところが、ロベスピエールのほうでも、同じように計算違いをしていたのである。フーシェを、権力の末端でギロチンを落とす卑賤《ひせん》な能吏《のうり》としか見ていなかった。もし、フーシェがヴェルニオーやダントンのごとき、見た目にもそれとわかるライヴァルなら、このとき一気に勝負に出て、フーシェの首を斬《き》り落としていただろう。だが、再会したフーシェは以前にも増して矮小《わいしょう》な人間に見えた。こんな男とは闘うだけの価値もない。いずれ、機会があったらひとまとめにして片付けてやればいい、そう思ったにすぎなかった。だが、この計算違いこそがのちのちロベスピエールの命取りとなる。大物すぎたロベスピエールは「窮鼠《きゅうそ》猫を咬《か》む」という諺《ことわざ》を知らなかったのである。ふたたびツヴァイクの言葉を藉《か》りよう。

ただ最後の力は、いつでも最後の絶望から生まれるもので、彼も深淵《しんえん》のわずか二歩手前から、突然この追撃者にとびかかった。ちょうど、追いつめられてせっぱつまった鹿が、絶望的な勇気をふるって、最後のくさむらから、猟師に襲いかかるようなものだった。（同前掲書）

しかし、絶望から力を汲《く》みとったフーシェがいきなり反撃に出たと思うのはフーシェという人間を知らない者がいうセリフである。フーシェがなにか心に決めたとき、その姿は公衆の面前からは消える。さながら、臨戦態勢に入った潜水艦のように、深く静かに潜航する。すなわち、国民公会にも、ジャコバン・クラブにも姿を見せない。それどころか、フーシェは逃亡したのではないかという噂さえ飛び交うようになる。だが、フーシェの姿が見えないのは昼間だけで、夜の帳《とばり》が下りると、まさに神出鬼没《しんしゅつきぼつ》、ジャコバン・クラブの右派連中が秘密の会議をもっていると、どこで嗅ぎつけたのか必ずフーシェがあらわれるのである。バラスの家で、タリアンの家で、はたまた料亭や議会の廊下で、フーシェはひそかに入手したと称するギロチン予定者リストを示し、彼らの恐怖心を巧みにかきたてた。フーシェは知っていた。恐怖心というものは、人間を孤立させもするが、やりかた次第では一枚岩の団結をももたらすことを。フーシェが狙ったのは「恐怖の連帯」だった。そして、これこそがフーシエが見いだした「陰謀を成功させるコツ」だったのである。フーシェの陰謀情念はここにおいて、ついにその十全なる対象を見いだし、フル・スロットルの状態に入った。

その成果はロベスピエールも仰天するようなかたちであらわれた。プレーリアル（草月）十八日、なんとフーシェがジャコバン・クラブの会長に選ばれたのである。これはたとえてみれば、共産党一党独裁の国で、共産党の書記長に選出されたようなものである。警察も軍隊もすべては思いのままとなる。ロベスピエールは突然、足の下に深淵が穿《うが》たれたと感じたにちがいない。なんと大胆不敵な奴だろう。タリアン、バラス、クルトワなどはたしかにロベスピエールの敵対者だが、あくまで烏合《うごう》の衆にすぎないと思っていた。ところが、今やフーシェというセメントによって固められ、頑丈な壁となって彼の前に立ちはだかってきたのだ。手遅れになる前にクサビを打ち込む必要がある。

ロベスピエールはそれまでの方針を撤回した。ジャコバン・クラブでフーシェ一人を標的にした火の出るような激越な演説を行い、彼がリヨンやニヴェールで犯した罪状を次々と暴きたてた。フーシェも反論したが、演説合戦では雄弁でも風采でも劣るフーシェは圧倒的に不利である。ロベスピエールが弾劾《だんがい》演説を終えたとき議場は割れんばかりの拍手に包まれ、フーシェの会長解任が決議された。それまで、「恐怖の連帯」でまとまっていた右派の連中さえもがいっせいにフーシェに背を向けた。もはや、フーシェの逮捕、処刑は時間の問題だった。

だが、ここで、ロベスピエールはまたまた大きな誤りを犯した。フーシェだけをギロチンに送ればいいものを、フーシェと組んだバラス、タリアンなどの一党を根こそぎにやっつけてやろうと思ったのである。そのために、決定的な攻撃に移る前に少し時間を置いてしまった。その時間のロスがロベスピエールにとって命取りとなり、逆にフーシェを救うこととなる。

フーシェはこの猶予期間を存分に利用した。ふたたび、フーシェの深く静かな潜航が始まった。ルイ・マドランはこのときのフーシェの陰謀を次のように書いている。

このジャコバン・クラブからの除名が恐るべき危険を意味していることは明らかだった。すでに六ヵ月前から、その後には逮捕と死刑宣告と処刑が待っていたのである。このとてつもない危険を前にしてフーシェが思いついた考えはただ一つ。陰謀活動を倍に強化して、二週間以内に決着をつけなくてはならないということだ。彼は猛烈に動き回った。手始めに、アンチ・ロベスピエールの二つの分派の親玉、すなわちビヨーとタリアンを和解させ、ついで、この二人にバラスを加えて一種のトロイカを結成させた。そして、このトロイカを土台に、ロベスピエールの標的になっているのではと疑心暗鬼《ぎしんあんき》になっている連中の心を読んで、そのリストを勝手につくりあげ、彼らに反ロベスピエールの狼煙《のろし》を上げさせるべく誘導しようとしたのである。（マドラン『フーシェ　１７５９－１８２０』拙訳）

おそらくタリアンには、彼の熱愛する愛人があと数日で処刑されることを告げて決起を促し、バラスには不正に横領した金額の正確な数字がロベスピエールに握られている事実を告げたのだろう。このときほどフーシェが生き生きとしていたことはない。情念はいかなるものであれ、その人の生きがいとなる。フーシェのように、陰謀を巡らしているときだけ充実している人間もいるのだ。

実際、こうした陰謀活動に従事しているとき、フーシェは、危機が深まれば深まるほど沈着冷静になった。そして、そんな自分を見て、いまだかつてない自信の漲《みなぎ》るのを感じた。彼が深く愛していた幼い娘が、テルミドールの三日に腕の中でついに息を引き取ったが、その悲しみすら、彼の陰謀情念をより一層強固なものにするのに役立っただけだった。彼はもはやはっきりと勝利を確信していた。まさに、マドランのいうように「貧弱な風采の下で、この男は巨人となっていた」のである。

運命の日がやってきた。テルミドール八日（一七九四年七月二十六日）。この日、フーシェは国民公会をただ一人欠席した。臆病からではない。出席しなくとも、彼は自分がつくりあげた「恐怖の連帯」の力がいかに強いかを知っていたのだ。いまや、オーケストラの指揮者のように国民公会を操っているのはフーシェだった。

予想通り、ロベスピエールは、激越きわまりない右派の弾劾演説を始めた。ところが、なんとも不可解なことに、ロベスピエールは弾劾しているその当の人物の名前を口にしないのだ。議員たちが追及しても、ロベスピエールは名指しをしない。そこで痺《しび》れを切らしたパニスという議員がこう叫んだ。「ではフーシェは？」。しかし、それでもロベスピエールは「たしかにフーシェの名前があがっている。しかし、目下のところ、私はそんな男にかかずらっている暇はない」と答えるのみだった。こうしてこの日の国民公会は終わり、決着は翌日にもちこされた。フーシェはこのことをすでに予想していて、タリアンとバラスに「勝負は明日だ」といっていたという。ツヴァイクは、このテルミドール八日のロベスピエールの演説について、こういっている。

ロベスピエールのこの回避的な答えは、彼が自分の墓場のなかへいっしょに持っていってしまった秘密のひとつである。生死の分かれ目だと、明白に意識していたくせに、なぜ彼は最大の敵をいたわったのだろうか。（ツヴァイク　前掲書）

ツヴァイクは、前日にフーシェがロベスピエールを訪れたというサン＝ジュストの証言を引き、もしかしたら、二人の間でなんらかの密約が交わされた可能性もあるとほのめかしているが、はっきりしたことは霧の中である。両者の力が対等になったところで、フーシェが自分を高く売りつけようとしたのだとも、ロベスピエールの妹のことをもちだしたのだともいわれるが、いずれも推測の域を出ない。確かなことは、ロベスピエールがこの日に、フーシェを断罪してケリをつけてしまわなかったため、翌日にはすでに勝負がついていたということである。

明けて、テルミドール九日（七月二十七日）。前日から双方の陣営とも一睡もせずにオルグを強化し、作戦を練っていた。この日も、欠席者はフーシェだけだった。ロベスピエールの片腕のサン＝ジュストが壇上に登り、演説を始めたが、たちまちのうちに怒号にかき消され、そうそうに壇を降りなければならなかった。いっぽう、ロベスピエール弾劾に立ち上がったタリアンは短刀を自分の胸に突き刺すようなオーバーアクトでやんやの喝采《かっさい》を浴びた。

ロベスピエールが自己弁護をしようにも、騒然たる怒号叫喚《きょうかん》がその声を圧倒してしまう——抑圧されていた六百の不安な人々の気おくれ、何週間も何ヵ月もの積る憎悪と嫉妬《しっと》が、ひとりひとりのときは、身のすくむ思いを味わされたこの男に向かって、いまこそ、一団となって体当りするのだ。午後六時には万事が決着し、ロベスピエールは除名され、獄につながれた。（同前掲書）

翌日、ロベスピエールやサン＝ジュスト、クートンらのジャコバン左派は護送車でギロチンに運ばれ、パリの全群衆が歓喜する中で、その首を斬り落とされた。このテルミドールの反動の日をもって、恐怖政治は終わりを告げ、フランス革命も事実上の終幕を迎えたのである。フーシェが組織した「恐怖の連帯」の圧倒的な勝利だった。フーシェの陰謀情念がロベスピエールの革命の厳格主義《リゴリズム》を打ち倒したのである。フーシェこそは、単身、ロベスピエー代が来るものとだれしもが思った。ロベスピエールのあとは、フーシェの時ルの圧政に立ち向かったまぎれもない英雄だった。

＊

ところが、これこそは世界史の謎《なぞ》なのだが、フーシェはタリアン、バラスとともにテルミドール反動の三頭政治を組織するどころか、突然、公衆の面前から姿を消し、なんと三日後に、権力を失ったジャコバン・クラブの最後の残党の中に姿をあらわした。ロベスピエールを打倒しながら、ジャコバン・クラブの跡目を継いだわけである。そして、あろうことか、極左分子グラッキュス・バブーフの陰謀を組織し、テルミドール反動に対するジャコバン革命の継続を主張するにいたる。フーシェは最後の革命派として国民公会の最左翼に座ったのである。

こうなると、われわれとしては深く考え込まざるをえない。なぜ、フーシェはここで急に左旋回したのか？　民衆たちがロベスピエールの軛《くびき》から解放され、歓喜して快楽と自由を満喫している中で、あえて、タリアンやバラスなどの反革命の総裁政府に与《くみ》せず、再度の左翼革命を志すとは、フーシェはたんなるテロリストではなく本当の革命派なのだろうか？　どうもそうは思えない。

第一の仮説として考えられるのは、人間不信が骨の髄《ずい》までしみこんだフーシェは、タリアンやバラスの総裁政府がこれから行うであろう恐怖政治のA級戦犯狩りを見越して、必ずや自分がリヨンで犯した大虐殺も告発されるにちがいないと考え、それならいっそ、もう一度ジャコバン革命を起こして、右からの告発者たちを一掃しようと目論んだというものである。正義や大義をまったく信用せず、ただ一つ、自分の首をギロチンから救うことだけを考えるフーシェに関しては、たしかにこれは説得的な仮説である。

だが、われわれはもう少し深く彼の人間性というものを考えてみたい。フーシェが一番情熱を感じるのはどんな瞬間だろうか？　権力の座に座って、人々を跪《ひざまず》かせるときか？　もし、そうなら、テルミドール反動のさいにバラスやタリアンを退けて自分が権力の座に就いていただろう。フーシェの能力をもってすれば、やってできないことはなかったはずだ。だが、彼はそうしなかった。理由は簡単。そうしたくなかったからである。権力は好きでも、自分がその王座に座ることは好きではないのだ。

ではフーシェが本当に好きなものはなんなのだろう？　いうまでもなく陰謀である。陰謀を巡らしているとき、彼は幸せを感じるのだ。おそらく、反ロベスピエール派の陰謀のために奔走していたとき、彼は明日をも知れぬ身でありながら、かつて味わったことのない充実感を感じていたのだ。陰謀情念こそが彼の生きがいなのである。彼はゲバラのような職業革命家が革命を求めて各国を転戦したように、企てるべき陰謀を求めて陣営を変えたのだ。左派だろうと右派だろうと、どちらでもいい。陰謀を企て、みずからの情念を満足させさえすればいいのだ。

テルミドールの反動が成功したとき、フーシェは永久革命を志向するトロツキーのように、「永久陰謀」を追求せんがために、ジャコバン・クラブに身を投じたのだ。なぜなら、そこにはグラッキュス・バブーフという担《かつ》ぐにはもってこいの神輿《みこし》があったからだ。だが、いかにフーシェが陰謀技術に長《た》けていたとはいえ、革命のリゴリズムを嫌って放埒《ほうらつ》に流れようとする時代の趨勢はいかんともしがたかった。テルミドールの反動から約二年後の一七九六年五月、バブーフの陰謀が失敗すると、フーシェは追っ手を逃れて地下に潜り、人前から完全に姿を消す。リヨンでのテロ行為を理由として彼に逮捕状が出たのである。

そして三年のあいだ、フランスでは、だれひとり彼の名を口にする者は、いなくなったのである。(同前掲書)

では、この間、いったいフーシェは何をしていたのだろうか？　はっきりしたことはわからない。一つ明らかなことは、困窮の果てに、総裁政府の最高実力者バラスに拾われ、その私設警察、つまりスパイとして暗躍していたことである。

そう、またしてもバラスなのである。どうやら、バラスこそはすべての情念がそこで落ち合う情念引力の結節点のような存在らしい。なにしろ、タレーランの移り気情念までが、バラスへと収斂《しゅうれん》してゆくのだから。

タレーランの賭け

一七八九年の憲法制定国民議会で人権宣言を起草し、さらに公租の平等という理念の導入で、貴族階級と僧侶階級の没落を決定づけたタレーランは、憲法制定国民議会の議長の座に就いた。だが、なによりも実際的なリアリストであった彼は、雄弁家たちの怒号がこだまする議会の中で、革命政府にとって何が一番重要なのかはっきりとわかっていた。危機に瀕《ひん》した財政をどうするかである。

亡命した貴族の財産と教会財産の没収で、担保《たんぽ》となる「土地」は確保したものの、革命政府には、それをもとにして金貨を鋳造《ちゅうぞう》するほどの金がなかった。そこで、革命政府は窮余《きゅうよ》の一策として、国有地を担保とする一種の国債を発行した。アシニャである。アシニャは最初は通例の国債同様、五分付きの債券だったが、一七九〇年八月からは、利子が廃止されたため、たんなる国家発行紙幣となった。

とはいえ、アシニャは厳密にいえば、現在のような不換紙幣ではない。では金との交換を約束する兌換《だかん》紙幣かというと、そうでもない。兌換は兌換なのだが、その対象は金ではなく国有地、つまり没収した教会財産と亡命貴族の土地なのである。しかし、革命の混乱で、国家それ自体が明日あるかどうかも知れぬ不安が蔓延《まんえん》しているとき、国有地との兌換という保証しかないアシニャを受け取ってもだれもうれしくない。その結果、アシニャの実質的価値はどんどん下落していった。おまけに、財政難の政府がアシニャを大量に印刷・発行してしまったため、猛烈なインフレが起こった。

アシニャのような不換紙幣の発行に対して、はじめから強硬に反対していたのが、タレーランなのである。彼は早くも一七八九年十二月に、「名目通貨は実価通貨を代替しそれを脅かすので、実価通貨を駆逐する。しかして名目通貨は実価通貨をまったく正確に代理し得るものでは決してないがゆえに、結果として、実価通貨が駆逐されればされるほど名目通貨の代理性が減少する」（オリユー『タレラン伝』宮澤泰訳）と指摘し、ネッケルに再考を促している。さらに、アシニャに対して強い懸念《けねん》を表明したが、経済という民衆の心理学にまったく無知だった財政当局はアシニャ発行を強行し、はたせるかな大インフレを引き起こしてしまったのである。

タレーランからすると、すべては予想通りということになる。こうした頭のいい人間の欠点は、頭は悪いが意志強固な人間に出会うと、すぐに戦いを放棄して、匙《さじ》を投げてしまうところである。反対しても、馬鹿は聞き入れないとわかると、どうにでもなれという気持ちになって、結局は、妥協するのである。

アシニャ発行に関しては、まさにこのケースだったが、聖職者に踏み絵を迫ったことで悪名高い聖職者民事基本法についても、同じようなあきらめのよさと無頓着で、強くは反対しなかった。その結果、タレーランは、司教でありながらカトリック教会を裏切ったかどで永遠にローマ教皇の敵となるのである。

しかし、アシニャ発行や聖職者民事基本法で妥協し、革命を記念して一年後の一七九〇年七月十四日に開かれた祭典「連盟祭」でもミサの執行司祭をつとめるなど、革命の過激化にけっして真っ正面から反対しなかったにもかかわらず、タレーランは徐々にみずからの身に危険が迫ってくるのを感じるようになった。なぜなら、一七九一年六月の国王一家のヴァレンヌ逃亡以来ますます過激になった革命は、その厳格主義の生《い》け贄《にえ》を探して、ギロチンの刃を磨《みが》きはじめたからである。

たとえば、モンターニュ派のカミーユ・デムーランははっきりとタレーランを標的にして、革命議会内部に巣喰う腐敗堕落を槍玉《やりだま》にあげた。とくに、彼が激しく攻撃したのはタレーランの度しがたい博奕好きと女好きだった。たしかに、この非難は当たっていた。というのも、タレーランは連盟祭のあったその夜、賭博場に出かけて勝ちに勝ち、銀行を二つも破産させたあげく、大金をもって愛人のド・ラヴァル夫人の家に押しかけ、ドンチャン騒ぎを演じたからである。

＊

だが、のちに判明したタレーランの実際の「腐敗堕落」ぶりは、デムーランが指摘した程度のものではなかった。われらがオータンの司教は、金と女にはとことん弱かったのだ。

問題はとくに金である。タレーランは議会内部で、外交に強い委員として通っていたので、諸外国の大使は、さまざまなかたちで便宜《べんぎ》を図ってもらう代わりに、相当額の献金を行っていた。たとえば、スペイン大使はフランスとの同盟の継続に力あったとして、タレーランに十万ドル（五十万リーヴル）を手渡していた。

しかし、タレーランとしてはそんなはした金で満足するわけにはいかなかった。なぜなら、希代のギャンブラーである彼は大儲《おおもう》けすることもあったが、それ以上に大損することもあったからだ。

ほとんど毎日のように蒙《こうむ》る損失が何千万フランに上ることが往々あったのである……。彼は毎晩まばたき一つすることもなく破産していた。（オリユー　前掲書）

それゆえ、彼は、当然のようにたいへんな数の借金取りに追い回されていた。愛人の一人ド・フラオー夫人から宝石類を借りて、それを質入れし、九万二千リーヴルを作って一部を返済したが、穴はまったく埋まらない。だが、それでも彼は、完全な無一文になっていても、金持ち然として振る舞うことをやめなかった。大貴族としての出自《しゅつじ》がみじめなまねをすることを許さなかったのだ。

しかし、タレーランが増え続ける借金に対してなんらの措置もとらなかったと考えるのは早計である。タレーランという人間は、物乞《ものご》いは嫌いだが、正面から、正々堂々と、金策することに対しては、なんらの疚《やま》しさも感じなかったからである。

彼が、借金一挙返済のための乾坤一擲《けんこんいってき》の秘策として練っていたのは、なんと大蔵大臣になることだった。だが、大蔵大臣には、革命後に返り咲いた政敵のネッケルが座っている。ではどうするか？

タレーランは考えた。将を射んと欲すればまず馬を射よ。ネッケルには才媛《さいえん》の誉れ高き娘、ジェルメーヌ・ド・スタール夫人がいた。タレーランはスタール夫人をまず攻略しようとしたのである。

彼は彼女に対してあまりにうるさくまた不躾《ぶしつけ》に言い寄ったので、パリ中がその迅速な進捗《しんちょく》ぶりと成功を逐一承知していた。(同前掲書)

とはいえ、スタール夫人は、これまでのタレーランの愛人たちとは異なるタイプの女性だった。たしかに頭のよさは当代随一である。また、圧倒的な知性のきらめきを示す瞳《ひとみ》も美しかった。だが、その肉体はタレーランの好みとは一致していなかった。

肉体的には背が高くて太った若い女性で、沖仲仕《おきなかし》のようにがっしりとした骨格を持ち、肩や胸の露出部分は巨大な肉と筋のかたまりであった。(同前掲書)

それでも、タレーランはスタール夫人の愛人となる道を選んだ。大蔵大臣となって、国庫と彼個人の財布をともに一杯にしなければならないからである。

しかし、タレーランを忌《い》み嫌うネッケルは、彼の才能を認めながらも、野心がありすぎるとして、これを退けた。

そこで、次にタレーランが目を向けたのが外務大臣の椅子《いす》である。以前の経験から、外務大臣になりさえすれば、外国からの賄賂《わいろ》は取り放題ということを知っていたからである。おりから、フランスとヨーロッパ諸国の外交関係は、亡命した貴族たちが反革命軍を率いて国境に迫っていたこともあって風雲急を告げていた。とくに、プロシャやオーストリアとは開戦必至の様相となっていた。しかし、それゆえに、イギリスとはなんとしても中立条約を結んでおく必要がある。こう考えたヴァルデク・ド・レサール外務大臣はタレーランをロンドンに派遣してイギリス政府の腹を探らせることにした。ときに一七九二年の一月のことである。

このロンドンへの密使は、総理大臣のウィリアム・ピットの警戒心からあまり実を結ばなかったが、外交官の肩書は、のちにタレーランが自分の首を救うのにおおいに役立つことになる。

タレーランがロンドンとパリを往復して英仏中立条約の成立に全力を注いでいる間に、国内の政治情勢が激変し、権力がジロンド派からモンターニュ派に移り、さらには一七九二年八月十一日の国王の権利停止にまで突き進んでいった。タレーランの首にギロチンの刃が迫りつつあった。なんとしても、ロンドンに逃げ出さなければならない。だが、ロンドンでの任務の継続のため渡英を申請しても、当局は任務はすでに達成されたと申請を却下した。かくなるうえは、パスポートなしで出国し、亡命者となるか、あるいはパリにとどまってギロチンの露と消えるかの二者択一《にしゃたくいつ》しかない。前者をとれば、命は救われるが帰国の道は永遠に閉ざされる。これはフランス革命を是認する立場に立つタレーランとしてはなんとしても避けたい。あくまで、外交官としてロンドンに避難したかったのである。

最悪のことはパスポートなしで国を出ることだったのである。なんと慎重なことであろう！　何たる勘であろう！　彼はどのようなことがあっても祖国とは縁を切りたくなかったのである。彼は祖国を離れはしても見捨てたのではなく、フランスから出はしても亡命はしなかったのだ。すべては微妙な差ではあるが――その差によってすべてが変わるのだ。（同前掲書）

そう、タレーランが恐怖政治もテルミドールの反動もナポレオン帝政もすべてをくぐり抜けて、最後に勝ち逃げすることができた、その運命の分岐点がここにあったのである。もし、このときパスポートなしで亡命する道を選んでいたら、テルミドールの反動があっても国内に戻ることはできず、奇跡の返り咲きはならなかったにちがいない。この意味でタレーランは、かろうじて首の皮一枚でつながりながら、その首の皮のあるなしにこだわって最後に逆転勝利した中国共産党の鄧小平《とうしょうへい》に似ている。一縷《いちる》の希望の「一縷」が大切なのである。

しかし、当然ながら、簡単にはパスポートは下りなかった。そこで彼は考えられるありとあらゆる抜け道を探り、ついにそれを見いだした。ダントンである。この時期にはまだイギリス贔屓《びいき》だったダントンと交渉してタレーランはパスポートを得ようとしたのだ。この一《いち》か八《ばち》かの賭けは見事図に当たった。ダントンはみずから署名して「われわれの命令によってロンドンに赴《おもむ》くモーリス・タレーランを通過せしめられたし」というパスポートを交付したのである。タレーランは唯一最後まで手元に残った稀覯本《きこうぼん》を一足先にロンドンに発送して、一七九二年九月のはじめにフランスをあとにした。彼がかろうじて首を引っ込めた後、ギロチンの刃がまがまがしい音を立てて鳴り響いたことはいうまでもない。

＊

このように、タレーランはあくまでもパスポートをもって出国したので、亡命したわけではなかったが、フランスの情勢の急展開は彼の名前を亡命者リストに加えることになる。タレーランとしてはロンドンで首を縮《ちぢ》めて恐怖政治の嵐が吹きすぎるのを待つほかなかった。しかし、タレーランが他の亡命者と同じく、悲惨な耐乏生活を送っていたと考えるのは誤りである。タレーランはたしかに一文なしだったが、感情生活は、ともにロンドンに逃げた愛人のアデライード・ド・フラオー夫人とスタール夫人の間を往復するかたちで、はなはだ充実したものとなった。というのも、この二人の才媛はともに、自分とタレーランの恋愛を題材にした小説を書き、愛人にアドヴァイスを求めていたので、タレーランは文章のチェックやら校正刷りの訂正やらで、なにかと忙しかったからである。それに、二人の夫人にはともにタレーランとはまた別の愛人がいたから、彼としても二重の三角関係の維持にもそれなりに心を砕かなくてはならなかった。オリユーは常人には理解しがたいタレーランのこうした恋愛関係と感情生活について、こういっている。

彼はすべてのことに、またすべての人に順応したのであって、彼の順応性は人を恐れさせるほどであった。（中略）この道徳的脊柱《せきちゅう》を欠いた人間は、ともかくも彼の生涯を一つの傑作として造り上げることには成功したのである。（同前掲書）

どんな環境にも、どんな人間にも順応してみせる柔軟性、これこそがタレーランの持ち味である。しかし、それは同時に、一つところに定住することを拒否する移り気情念となって発現する。タレーランはそろそろイギリスに飽きてきた。スタール夫人もそれを察したのか、スイスに去った。おりから、タレーランにイギリスからの退去命令が下る。彼は第二の亡命先として、アメリカを選んだ。

アメリカでは、タレーランは不動産取引に手を出したり、相場を張ったり、あるいはインド貿易を計画したりと、上流貴族出身の元司教とは思えないような経済活動にいそしんだが、つねに気にかかっていたのはフランス国内の政治情勢だった。風のたよりで、テルミドールの反動でロベスピエールらのジャコバン派がギロチンに消え、タリアンやバラスの総裁政府が成立したことを知ったからである。一刻も早く、フランスに帰りたいという思いが激しく彼の胸を焼いた。

そこで、彼はフランスに戻っていた知りあいを総動員して、自分の名誉回復の運動に取りかかった。フランスを去ってから、彼が国王に宛《あ》てた手紙などが発見され、パスポートをもって出国したにもかかわらず、彼もまた亡命者のリストに加えられてしまっていたのだ。

今回、彼の力になってくれたのはスタール夫人だった。スタール夫人は、ギロチンに消えた詩人アンドレ・シェニエの弟で国民公会の議員だったマリー・ジョゼフ・シェニエに働きかけて、一七九五年九月にタレーランの名前を亡命者リストから削除する政令を布告させることに成功した。かくして、この年の末、タレーランは晴れて帰国の途に就いたのである。

＊

ほぼ四年ぶりにフランスの地を踏んだタレーランは、かつてあれほど愛したアンシャン・レジームの優雅な暮らしが跡形《あとかた》もなく消え去っていることに愕然とした。大革命はなにからなにまで破壊しつくしたのだ。

しかし、なにしろ、手元不如意《ふにょい》ときているから、呆然《ぼうぜん》とばかりはしていられない。タレーランは今度もまた頼りになる唯一の人、スタール夫人に猟官運動を頼むことにした。タレーランが狙っていたのは、外務大臣の職だった。

スタール夫人はありったけの情熱を傾けて、この猟官運動を手伝った。夜討《ようう》ち朝駆《あさが》けで、総裁政府の最高実力者バラスを訪問し、タレーランの実力と業績、それに共和国に捧げる愛情を説《と》きまくった。

バラスははじめ、スタール夫人の提案をうるさく感じていただけだったが、あまりにしつこく迫るので、タレーランというわけのわからぬ男に多少の興味をもちだした。そのさいに偶然が作用した。一七九七年七月、タレーランはバラスからシュレーヌでの食事の招待を受けたが、このとき、バラスがかわいがっていた秘書のレモンという男がセーヌで水浴中溺死《できし》するという事故が起こった。タレーランは大切な会見が取りやめになるのかと落胆した。バラスに呼ばれて、部屋に入ってゆくと、バラスはタレーランを抱き締め、涙にくれた。その姿を目にすると、つい司教だったときのくせが出て、彼をやさしく慰めた。タレーランはこのときのことを『回想録』でこんな風に書き記している。

彼は私に、一緒にパリに戻ってほしいと頼んだ。私はいいつけに従った。道中、私はひたすらバラスを称賛しまくった。バラスは情熱的な男で、活力と熱意に満ちていた。彼と知りあってまだ二時間もたっていなかったが、私は自分が、ほぼまちがいなく、彼にもっとも好かれた人間になっていると確信するにいたったのである。（タレーラン『回想録』拙訳）

しかし、まだ難問が残っていた。総裁政府内部で、タレーランを外務大臣に任命する許可を得ることだが、これにはかなりの困難が予想された。五人の総裁の一人であるカルノーが猛烈に反対していたからである。だが、蓋《ふた》をあけてみると、タレーランは五票のうち三票を獲得して、外務大臣の座を射止めたのである。

タレーランはこの朗報を、劇場で観劇しているとき、スタール夫人の愛人となっていたバンジャマン・コンスタンから受け取った。タレーランは、バラスに礼をいいにいこうと、バンジャマン・コンスタンとともに馬車に飛び乗った。

その途中で、タレーランは両手で友人たちの膝をつかみ、車の回転毎に、繰り返して次のように言っていたということである。「さあ、地位についたぞ、巨万の富を築かなければ。莫大な財産だ、巨万の富だ、莫大な財産だ……」。（オリユー　前掲書）

のちにタレーランと対立するバンジャマン・コンスタンの証言だから、多少割り引いて考えなくてはならないが、いかにもタレーランがいいそうなセリフではある。しかし、タレーランの場合には私欲が同時に公益に直結するという法則があったことを忘れてはならない。今や、タレーランの移り気情念が、「私」の領域を離れて、「公」の領域で、その十全なる開花を果たそうとしているのである。

はたして、その情念パワーの爆発やいかに？　でもその前にどうしてもみておかなければならない人物がいる。ポール・ド・バラスである。

フロイトの夢理論によれば、自分の見た夢を思い出して、そこから自由な連想を働かせ、思い浮かべたイメージや言葉を点と線で結んでゆくと、何本かの線が交わる交差点のようなイメージや言葉があらわれるという。フロイトはこの交差点的なイメージを、「多元的決定」の「結節点」と名付けている。

人間関係、とりわけ情念の連鎖においても、この「多元的決定」の「結節点」に当たる人物がいる。フランス革命からナポレオン帝政の「情念戦争」の時代に、この「結節点」の役を演じていたのが、テルミドールの反動後に成立した総裁政府の最高権力者バラスである。

バラスという結節点

ポール・ド・バラスは一七五五年、プロヴァンスの古い貴族の家に生まれた。一七五四年生まれのタレーラン、一七五九年生まれのフーシェとほぼ同世代である。当時の貴族は、子弟を軍人か僧侶にする習慣があったので、軍隊に入り、インド植民地軍の将校となったが、革命が起きると革命派の貴族として国民公会に立候補、見事当選してジャコバン派に属し、軍事部門を担当した。トゥーロンの包囲では、ナポレオンを取り立てて彼に出世の糸口をつかませる役を演じ、テルミドールの反動では、タリアン、フーシェとともにロベスピエール打倒の急先鋒《きゅうせんぽう》となり、テルミドール派の掌握《しょうあく》に成功するが、総裁政府の最有力総裁として権力のトップに上りつめるのは、ナポレオンを使って一七九五年の王党派の蜂起を弾圧してからのことである。いいかえれば、バラスは権力に近づくときには、つねにナポレオンを懐刀として重用し、彼の軍事的能力によって勢力を拡大したのである。

これをナポレオンの側から見れば、バラスがいなければ権力への道も開けなかったことを意味する。またフーシェが警察大臣という最もふさわしい地位に就くことができたのも、バラスが落魄《らくはく》の身にある彼を私設のスパイとして雇ったからだし、タレーランが外務大臣の座を射止めたのもバラスの後押しがあったためである。

しかし、バラスが、われらが主人公たちの情念を全面開花させることに貢献したのは、すべて彼がひたすら助平《すけべい》で貪欲《どんよく》、無能なくせに猜疑《さいぎ》心が強く陰謀好きという、まったく取り柄《え》のない性格だったためというのだから、面白い。

「バラスは」食卓には、花と、上等のぶどう酒と、最高の料理が並ばなければ気がすまない。美女が好きだ。頭のきれる野心家だが、虚栄心が強く、享楽家《きょうらくか》で、異常性格者で、破《は》廉恥漢《れんちかん》だ。図々しくもある。彼はことのほか権力を愛するが、それは権力が、力と金と快楽をもたらしてくれるからだ。（ジャック・ジャンサン『恋するジョゼフィーヌ　ナポレオンとの愛』瀧川好庸訳）

「力と金と快楽」が欲しいために権力を望んだ男バラスは、しかし、その単純にして素朴な欲望ゆえに、われらが主人公たちを情念戦争の舞台に次々に召喚することになる。

＊

われらが主人公のうち、最も早くバラスとかかわりをもったのはトゥーロン砲撃のときのナポレオンだが、より深い関係でバラスと結びついたのは、ジョゼフィーヌ・ド・ボーアルネである。

ジョゼフィーヌがあわやギロチン寸前まで行きながら、テルミドールの反動のため辛くも命拾いしたことはすでに述べた通りだが、じつは、テルミドールの反動のきっかけとなったのが、彼女と同じく牢獄につながれていたテレジア・カバリュスという女性だった。テレジアはテルミドール派の頭目タリアンの愛人で、タリアンは彼女を熱愛していたため、おのれの首を賭けてまでロベスピエール打倒に立ち上がったのである。

ジョゼフィーヌは一時期、タリアンの愛人でもあったし、テレジアとも仲がよかったので、テルミドールの反動から十日後には早くも釈放された。しかし、タリアンと正式に結婚することができたテレジアと異なり、彼女には後ろ盾になってくれる有力な男がいない。獄中で愛しあったオッシュ将軍は西部方面軍最高司令官となってパリを離れたし、新たに愛人となったコランクール侯爵もさして羽振《はぶ》りがいいわけではない。ギロチンで死んだ夫のボーアルネ侯爵が遺《のこ》してくれたのは、まだ幼い二人の子供だけで、年金も刑死者の寡婦《かふ》ゆえに下りないことが決まった。無一文の未亡人にとって、お先は真っ暗というほかなかったが、なぜかジョゼフィーヌは少しも気にしなかった。いずれまたいい男があらわれて、自分を救ってくれるにちがいないという不思議な確信があったからである。果たせるかな、そのいい男があらわれた。テルミドール反動の立役者バラスである。

バラスとはタリアン夫人の豪華絢爛《けんらん》たるサロンで知りあった。タリアン夫人はジョゼフィーヌより十歳年下だが、最高権力者となったタリアンの正式な妻ということもあり、快楽のすべての面でジョゼフィーヌの先生となっていた。

豪勢な暮らしをし、湯水のように金を使い、常軌《じょうき》を逸《いっ》した大胆な言動で人びとをあっと言わせ、快楽にいつも酔っている。遊び呆《ほう》けるパリの女王であり、テルミドール風サロンを代表する装飾品であり、流行の支配者であり、「下着をかなぐり捨てた女性たち」、つまり、女性の肉体の魅力を覆い隠す、コルセットやその他のあらゆるものを捨て去り、胸元を極端に大きく開け、両脇に思いきった切り込みを入れた、体全体が透《す》けて見えるような服を着る、挑発的で大胆ななりをした女性たちのリーダーだ。（ジャンサン　前掲書）

タリアン夫人は、豊麗な肉体に、裸体と着衣の限界線上に位置するような挑発的な衣装をまとい、シャンゼリゼの豪邸で客を迎えた。ジョゼフィーヌとは不思議に気が合ったので、肉体の露出度を競いあった。ジョゼフィーヌは容姿と肉体の点ではタリアン夫人にかなわなかったが、色香にかけては一歩もひけをとらなかったのである。

そんな色香にクラクラとなったのがバラスだった。ジョゼフィーヌはバラスが自分に気があるとみるや、お得意の手紙攻勢をかける。

随分久しくお目にかかる光栄に浴しておりませんわ。こんなふうに、古くからのお友だちを、ほっておおきになることはよくございませんことよ。こんなお手紙をさしあげます私の心が、よくおわかりいただけますでしょう？（ジャンサン　前掲書に引用）

なかなかの名文だが、あらゆる快楽に倦《う》んだバラスもこれにはひとたまりもなかった。彼女は方々から借金してかき集めた金で田舎《いなか》に別荘を借り、そこにバラスを招いた。別荘の隣人だった、のちの法務大臣パスキエはこんな回想を残している。

夫人は週に一回程度しかみえませんでしたが、夫人が来るときまってバラスが、大勢の取り巻きをしたがえてやって来ました。朝、食糧の入った籠《かご》が着き、騎馬憲兵がナンテールからクロワシまでの街道を行き来していました。若い総裁はしょっちゅう馬で来られたからです。（ジャンサン　前掲書に引用）

しかし、ジョゼフィーヌの思惑とちがって、バラスは意外に締まり屋だった。金がないわけではない。グルメで好色であるにもかかわらず、愛人たちのいいなりに金を出すのが嫌いなのである。ジョゼフィーヌがいろいろと物入りだと愚痴《ぐち》をこぼすと、それならいい手があると教えてくれたのが、なんと、次のような方法である。

およそ嫉妬の感情などおぼえない彼は、最初は自分で金満家の商人や金融業者を見つけてきては彼女たちに関係を結ばせ、のちには彼女たち自身にその手練手管《てれんてくだ》で落とさせて、彼らから金をしぼり取らせ、少しでも自分の出費を抑えようとする。（ジャンサン　前掲書）

要するに愛人たちのヒモとなって、売春させるのである。バラスからこの打ち出の小槌《こづち》を教えられたジョゼフィーヌは、やがて、なにかというと、それを使うようになる。彼女にとって男は銀行の小切手帳のようなものにすぎなかった。もちろん、担保に入っているのは自分の肉体ではあるのだが。

一事が万事この調子だから、バラスの愛情がタリアン夫人に移ってしまってからでもジョゼフィーヌはそれほど困りはしなかった。はっきりいって、銀行の小切手帳となってくれる男はいくらでもいた。だから、バラスに連れられて、その腹心らしき痩《や》せこけて眼だけがギラギラとした小男の将軍がタリアン夫人のサロンに姿を見せても気にもとめなかった。いっぽう、ナポレオンのほうでも、サロンの女王である光り輝くタリアン夫人に目がくらんで、ジョゼフィーヌのことはほとんど覚えていなかった。ようするに、物語にあるような劇的な一目惚れは起きなかったのである。

＊

ナポレオンとジョゼフィーヌは、バラスの命を受けたナポレオンが王党派の蜂起を弾圧したあとで、パリの家々から武器を回収させたことがきっかけとなって知りあった。武器回収令が発せられた翌日、ヴァンドーム広場の国内軍参謀本部に一人の少年があらわれ、回収を命じられた剣は共和国軍の将軍だった父の形見の品なので返してはもらえないかと請願した。ナポレオンが願いを聞き入れると、次の日、その母が彼を訪ねてきてお礼を述べた。これがジョゼフィーヌで、件《くだん》の少年はボーアルネ将軍の忘れ形見だった。

ナポレオンは社交界の貴婦人を間近で見るのも、まともに口をきいてもらうのも初めてだったので、ジョゼフィーヌが執務室に姿をあらわすや、一瞬でその熱狂情念に火がついてしまった。もちろん、彼女としては、そんなことはちゃんと計算済みだった。サロンで出会ったときには、冴《さ》えない外観から食指は動かなかったものの、バラスの懐刀で、有望株ナンバーワンの将軍と聞けば、後々なにかと利用価値はあると踏んだにちがいない。それでなくとも、ジョゼフィーヌは天性の誘惑者である。コルシカの貧乏貴族の息子ナポレオンを陥落させるのなど、それこそ赤子《あかご》の手をひねるより簡単だった。

翌日、返礼と称してジョゼフィーヌの小ぎれいな邸宅を訪問したときには、すでにナポレオンは完全に彼女に恋していた。ジョゼフィーヌの傑作伝記『ジョゼフィーヌ　革命が生んだ皇后』の中で、安達正勝氏は、熱狂情念全開になったナポレオンにとって、ジョゼフィーヌがどう映ったかを見事に描きだしている。

ジョゼフィーヌにはジョゼフィーヌにしかない魅力があった。完璧に均整のとれたしなやかな姿態からただよい出てくる、けだるい官能的な雰囲気。ゆったりとくつろいだ動きの一つひとつ、もの憂《う》げで投げやりな態度の一つひとつが、そのまま絵になりそうだった。そして、ジョゼフィーヌの魅力は、大勢の人間が集まってざわついた場所ではなく、一対一で向かい合った静かな場所でこそ発揮されるのであった。ジョゼフィーヌは自分の肉体が持つすべての美点を引き立たせる術《すべ》を心得ていた。何気ない仕種《しぐさ》動作の一つひとつが、実は、計算され、研究されつくしたものだった。

ひとことでいえば、ジョゼフィーヌは、男という銀行から融資を引き出すための誘惑マシーンなのであった。そこにきて、例の手紙攻勢である。砲兵隊長ナポレオン・ボナパルトといえども、この誘惑マシーン相手ではひとたまりもない。


こんなに愛しておりますのに、もうお会いしていただけないのかしら？　つまらぬ女と、すっかりおみかぎりですのね。でも、それはマ・チ・ガ・イ。そのつまらぬ女はあなたにぞっこんなんですもの。明日ブリュメール（霧月）七日（十月二十九日）、あなた一人で昼食を取りにいらしてくださいますね。私、あなたにお会いして、あなたの将来のことなど一緒にお話ししたいと思っておりますのよ。おやすみなさい。こころから接吻《せっぷん》を。

ボーアルネ未亡人。（『ナポレオン―ジョゼフィーヌ往復書簡』拙訳）

バラス宛ての手紙と比較すればわかるように、ジョゼフィーヌは一度会って、これはと狙いを定めた男には、かならずこの手の手紙を出すので、べつにナポレオンに特別興味を示したわけではなく、もう一つ余計に銀行口座を開こうと思ったにすぎない。だが、うぶなナポレオンもこの手紙で完全に舞い上がってしまった。さっそく熱烈な返事をしたためると、約束通り、翌日、彼女の屋敷に出向き、以後、国内軍最高司令官の激務をぬって、サロンに日参した。

サロン初心者のナポレオンはまったく気づかなかったのだが、ジョゼフィーヌのサロンのメンバーには、ほかにはない特徴があった。コランクール侯爵のような大貴族やバラスのようなテルミドール派の大物ばかりの常連が、皆一様に妻や愛人を連れずに単身でやってきたことである。当時、サロンとは妻や愛人を帯同して出向き、「現地解散」して、それぞれが別の相手と帰るのが普通だったから、これはいかにも奇妙な光景だ。それもそのはず、サロンの常連は、全員がジョゼフィーヌのCONfrère（CONは女性の恥部。frèreは兄弟の意味。同僚という意味のconfrèreとかけて用いられる卑語）だったのである。

＊

もちろん、ナポレオンはそんなことはなに一つ知らない。ジョゼフィーヌが「巷《ちまた》では私とバラスの関係をいろいろいう人がいて、もしかするとあなたのお耳にも入っているかもしれないけれど、あんなものは根も葉もない噂、私は寂しい未亡人なの」といえば、そっくりそのまま信じてしまった。いや、信じるも信じないもない。ナポレオンにとって、デジレも含めて、いままで見てきた女が女なら、ジョゼフィーヌは女を超えたなにか、ほとんど女神に近い存在だったからである。のちに、彼はセント・ヘレナでもこう回想している。

あれこそ本当の女だった。ジョゼフィーヌにはひとを惹きつける「いわく言いがたいなにか」があった。（ラス・カーズ『セント・ヘレナ日誌』拙訳）

その「いわく言いがたいなにか」こそはジョゼフィーヌが長年にわたって磨き上げてきたコケットリーのアートなのである。

露《あら》わなジョゼフィーヌの腕が触れる。欲情をそそる肉体が目の前にある。甘い香りで頭がくらくらする。表情はなんとも刺激的だ。彼は惑乱《わくらん》し、かっかと燃えてくる。これほどあっさりと、これほど完全に彼女に悩殺された男は始めてだ。もう夢中で、抗戦などとうていおぼつかない！（ジャンサン　前掲書）

かくして、日参してからまもないある晩、ナポレオンはあっさりとラブ・マシーン、ジョゼフィーヌの軍門《ぐんもん》に下《くだ》る。ナポレオンとしては攻めに攻めたつもりが、この肉体の情念戦争においては、攻めることは即ち攻められることを意味していたのである。一幕目は、ジョゼフィーヌの完勝で終わった。

だが、百戦錬磨《ひゃくせんれんま》のつわもののジョゼフィーヌにも大いなる計算違いがあった。新しい銀行口座のはずのナポレオンが、想像を絶したリアクションを送ってきたからだ。

朝の七時です。目が覚めたとき、私は体のすみずみまであなたで一杯でした。いただいたあなたのポートレイトと昨日の心をとろかすような夜の思い出のおかげで、私の官能はうずいてやみませんでした。やさしく、なにものにもたとえようのないジョゼフィーヌ、あなたは私の心になんという不思議な力を与えたのでしょうか？　怒っておられるのでしょうか、それとも悲しんでおられるのでしょうか？　不安に駆られてはいないでしょうか？　私の魂は苦悶に引き裂かれています。あなたの友には片時も心休まる時間がないのです……。でも、私を思いのままに引き回すこの深い思いに身をまかせ、あなたの唇から、あなたの心から、あの身を焼きつくすような炎をむさぼり求めるとき、私の心はもっともっと切なくなります。ああ、あなたのポートレイトが本物のあなたとどれほどちがっているのか、やっと昨夜になって知りました。正午にはお出かけの予定でしたね。では、これから三時間後にそちらに伺います。ミオ・ドルチェ・アモーレ［私の最愛のひと］、幾千もの口づけを受けてください。でも、くれぐれも私には口づけを返さぬように。私の血潮は燃えあがってしまうでしょうから。（『ナポレオン―ジョゼフィーヌ往復書簡』拙訳）

ジョゼフィーヌはほかの男たちからはローズと呼ばれていたのだが、ナポレオンは契《ちぎ》りを結んだ夜、彼女を自分だけのものにするため、マリ＝ジョゼフ＝ローズという洗礼名のうち、ミドルネームのジョゼフを女っぽい名に変えてジョゼフィーヌと命名したのである。

この手紙をもらったジョゼフィーヌは心底驚いた。こんなはずではなかったのに。彼女にとって、ナポレオンはあくまでワン・オブ・ゼムの男、息子の将来を考えてかけた保険といってよかった。それがこんなに一途《いちず》に思われるとは！　うれしいというよりもありがた迷惑だったにちがいない。それに、マルチニックの官能の女神ジョゼフィーヌにとって、セックスの相手としてのナポレオンははなはだものたりない男だったのである。

女性との営《いとな》みで、「最も大切なこと」と言われているものが、彼の場合、ものの三分と続かなかったようだ。(中略)だからジョゼフィーヌは、あっという間に行為に及び、あっという間に大砲を発射する、こんな愛人に愛されても、激しく乱れることはおそらくなかっただろう。(ジャンサン　前掲書)

熱狂情念の虜《とりこ》となったナポレオンはそんなことには気づきもしない。ある日、恩義ある上官であるバラスに、ジョゼフィーヌとの結婚の意思をうちあけた。ビックリ仰天したのはバラスである。この男は俺とジョゼフィーヌとの関係を承知していてこんなことをいっているのか？　まさか！　第一、ジョゼフィーヌという希代の尻軽女《しりがるおんな》の本性を知りもしないだろうし、彼女の悲惨な財政状態にも無知のようだ。

しかし、バラスはあえてそうしたことを教える必要はないと判断した。ここはナポレオンに貸しをつくっておいたほうがいいかもしれない。ジョゼフィーヌから聞いたところによると、ナポレオンはイタリア方面軍最高司令官への任官を熱望しているという。よろしい、イタリアに行かせてやろうじゃないか。ジョゼフィーヌも一緒につけて進ぜよう。さあ、これだけの「恩」はめったにないぞ。奴はもはや俺の忠実な犬になるしかない。貪欲なバラスがジョゼフィーヌをあっさりナポレオンに譲ったのは、すでに熱情がタリアン夫人のほうに移っていたからである。

一七九六年三月二日、ナポレオンはかねて希望のイタリア方面軍最高司令官に任命され、一週間後、ジョゼフィーヌ・ド・ボーアルネと結婚した。バラスという赤い糸が、熱狂情念と浮気情念を結びつけ、情念連鎖の最初の結節点をつくったのである。

熱狂情念vs.浮気情念

一七九六年、ナポレオンをニースで出迎えたミュラ、ベルティエ、マッセナ、オージュローらの将軍たちは、ナポレオンの中にこれまでとはまったく異なる司令官を見た。おそらく、この時期のナポレオンは、ジョゼフィーヌを得た喜びの中で、次に手に入れるべき戦場での名誉を予感して、熱狂情念全開の状態になっていたにちがいない。とにかく、その眼の輝きは尋常一様のものでなかったらしく、新任の司令官を馬鹿にしていた歴戦の将軍たちも、ひとたびナポレオンに眼光鋭く見すえられるや、その場で威厳の前に跪《ひざまず》いたといわれる。さらに兵士たちも、「兵士よ、諸君は裸で、ろくな食べ物もない」で始まる、かの有名な演説を耳にしたとたん、ナポレオン魔術の虜となった。

諸君には靴もなく、軍服もなく、下着もない、いやパンすらない。我が軍の倉庫は空っぽである。しかるに敵軍にはあらゆるものが満ち足りている。彼らを征服するのは諸君の役目だ。諸君が欲すれば、それはできる。さあ出発しよう。（ラス・カーズ　前掲書）

オーストリアとイタリア諸国連合軍の軍勢約七万に対して、フランス軍はその半数の三万七千。にもかかわらず、ナポレオンは絶対的な自信にあふれていた。

実際、ナポレオンがイタリア戦線で示した軍略は、まさに神憑《かみがか》りとしかいいようのない天才的なもので、ナポレオン神話はこれひとつで成立したといっても過言ではない。戦勝にいちいち立ち入る暇はないので、その要約を簡略な伝記から引用して以下に示しておこう。

オーストリア軍を攻撃目標とするイタリア遠征は、一七九六年四月に開始された。ナポレオンは北イタリアのモンテノッテ、ミレシモ、モンドヴィ、ロディで連戦連勝をおさめ、早くも五月十五日にはミラノに入城する。さらには北東部の教皇領であるロマーニャ地方をも支配下に入れた。夏に入るとオーストリア軍の激しい攻撃が開始されたが、フランス軍はわざと一度退却して反撃の機会をうかがい、作戦どおりカスティリョーネで敵軍を打ち破った。（中略）しかし、秋の終わりには、フランス軍に危機が訪れる。ナポレオンは再び退却作戦を命じるが、今度は夏の戦闘以上に微妙な形勢だった。しかし十一月十五日から十七日にかけて行なわれたアルコレの戦いで、フランス軍は勝利をおさめた（こ

リヴォリの戦い（H-F-Emmanuel Phillipoteaux Eric Ledru *"NAPOLÉON Le conquérant Prophétique"*）

のときナポレオンが軍勢を引きつれて橋を襲撃した作戦は有名である）。フランス軍はさらにリヴォリまで進み、一七九七年一月十四日、オーストリア軍に決定的な打撃をあたえた。ついにオーストリアは休戦を求め、四月十八日にレオベーンで仮講和条約が結ばれた。（ティエリー・レンツ『ナポレオンの生涯』福井憲彦監修、遠藤ゆかり訳）

イタリア戦役におけるナポレオン軍の異常ともいえる強さについて、後世の歴史家は、ナポレオンが収奪を許したので兵士たちが奮い立った結果であるとしているが、実際には、その原因はナポレオンが総裁政府の指令を待たずにすべて独断専行《どくだんせんこう》し、電撃作戦を展開した点にある。つまり、なにもかも自分で立案し、自分で実行し、自分で決着をつけることができたからこそ、その真の実力を発揮しえたのである。では、なぜそんな独断専行を総裁政府が許したのか？

ひとつは、ナポレオンの華々しい勝利の知らせで、鬱屈《うっくつ》していた民衆が熱狂し、総裁政府の無為無策が一時的に覆い隠されたこと。もうひとつは、ナポレオンが占領地から取り立てた賠償金と高価な美術品で、空っぽになっていた総裁政府の金庫が一杯になったことである。だれでも、金をくれる相手の意向には逆らえないのである。

いっぽう、ナポレオンはというと、レオベーンの仮条約締結後、一七九七年五月にミラノ近郊のモンテベロの城に居《きょ》を定め、ここで、占領地イタリアの軍政に熱中していた。このときようやく、彼は軍事ばかりではなく、政治の面白さにも目覚めたのである。なにしろ、ロマーニャ地方とロンバルディア地方の占領地に新しくチザルピーナ共和国を創り出し、憲法まで起草していたのだから、これが面白くないはずがない。ナポレオンは祖国イタリアで本来的な国造りを手がけているうちに、政治家、支配者としての才能に目覚め、いずれ自分はこれと同じことをフランスでする運命にあると自覚したようである。というのも、モンテベロ城で、六月のある日、在トリノのフランス公使ミオ・ド・メリトに向かってこんなことをいったと伝えられるからである。

わたしが今までやったことなどは何でもない。わたしは今後やらなければならない経歴のはじめにいるにすぎない。（中略）わたしは、ここでわたしがやっているのとほぼ同じような役割を、フランスで果たすためでなければ、イタリアをはなれたくない。しかしまだその時機は来ていない。梨はまだ熟していない。（高木良男『ナポレオンとタレイラン』に引用）

ナポレオンがパリに戻ろうとしない理由、それは一七九七年四月に五百人議会と元老院の議員が改選された結果、王党派が圧倒的多数を獲得し、総裁政府の地盤が揺るぎはじめていたことにある。五人の総裁のうち、新しく総裁に選出されたバルテルミーは明らかに王党派寄りの姿勢を示し、留任した総裁の一人カルノーもこれに同調しようとしていた。共和派のバラス、ラ・レヴェリエール＝レポー、ルーベルの三人の総裁は軍隊を使い、クーデターを計画していた。もちろん王党派のほうでもオランダ征服の英雄ピシュグリ将軍をひそかに仲間に引き入れ、クーデターの計画を練っていた。

ナポレオンのもとにこの両派からクーデターに加わらないかという打診が入ってきた。そこでナポレオンは考えた。いずれの党派も、自分の栄光と軍隊を必要としている。こんなときにパリに戻ったら、どちらかの陣営に肩入れせざるをえず、もし、その選択に失敗したら、戦勝将軍という栄光も消し飛んでしまう。ここはじっくりと様子見を決め込んで、イタリアからパリの情勢をうかがったほうがいい。

ナポレオンがモンテベロに長逗留《ながとうりゅう》を決め込んでいるのには、もうひとつの大きな理由があった。あれほどに待ち望んでいたジョゼフィーヌとの生活をここで満喫できたからである。だが、ここにいたるまで、ナポレオンはジョゼフィーヌの浮気情念に対して、オーストリア軍に対するよりもはるかに辛《つら》い消耗《しょうもう》戦を強《し》いられてきたのである！

＊

ナポレオンはパリを離れて任地に向かう途中から、ジョゼフィーヌに熱烈な手紙を書き送っていた。結婚式から二十一日後の三月三十日にはニースからこんな手紙を送っている。

あなたを愛さずに過ごした日は一日だってない。あなたを抱き締めないで過ごした夜は一夜たりともない。休息のお茶を飲んでいるときも、私の命のようにいとしいあなたから遠ざけている、野心と栄光を呪《のろ》わなかったことはない。作戦会議の真っ最中でも、兵たちの先頭にいるときでも、野営地をあちこち駆けまわっているときでも、私の心に、頭に、胸にあるのは、いとしいジョゼフィーヌ、あなただけだ。（中略）あなたが「私、もう愛していないわ」と言う日は、私の愛が死ぬ日だ、人生が終わる日だ。（ジャンサン　前掲書）

こうした手紙が毎日のように届くのである。普通の神経の妻だったら、自分がこれだけ熱烈に愛されていると思い、深く感動したはずである。だが、ジョゼフィーヌはちがった。彼女は、ナポレオンが普通の夫ではなかったように、普通の妻ではなかった。ジョゼフィーヌはナポレオンの手紙を受け取ったとき、こんな感想をもらしたと詩人のアルノーは伝えている。

「変な人ね、ボナパルトって！」

そう、ジョゼフィーヌにとって、ナポレオンは、恋情で頭に血が上ってしまった「変な人」にすぎなかったのである。だから、ナポレオンがいくら返事が欲しいと書いてきても、ごくたまにしか手紙を書かなかった。しかもほとんど熱のこもらない手紙である。それもそのはず、ジョゼフィーヌは夫のいないパリで、またとない解放感を味わいながら自堕落な社交生活を満喫していたのだ。

彼女に手紙を書く暇などあるのか。リュクサンブール宮での夕食会、朝からシャントレーヌに群れをなしてやって来る人たち、上得意の彼女に最新のドレスを見せに来る服飾業者、パーティへの出席や、人びととの応対で大半の時間が潰れてしまう。(同前掲書)

ナポレオンはジョゼフィーヌが返事も寄こさず、いくらイタリアに来るようにいっても腰を上げないのは、戦場を過度に恐れているためにちがいないと勝手に推量し、一刻も早く勝利をもたらそうと、猛烈に戦場を駆け巡った。妻を呼び寄せるために、なんとしても全面的勝利を勝ち得ねばならないと考えたのである。この意味で、イタリア戦線におけるナポレオンの異常なまでの軍略の冴え、戦場における熱狂情念は、まさに、不在のジョゼフィーヌが引き起こしたものといえたのである。

ボナパルトは妻にできるだけ早く会えるようにとあらゆる手を尽くす。勝利だけがそれを可能にしてくれることを彼は知っていた。この遠征で、彼が湯水のように金を使い、兵力を惜しまずつぎこみ、敵を撃破するためにあらゆる方法を用い、才能のすべてを注ぎこんだとすれば、それはただ栄光を得んがため、祖国の利益を慮《おもんぱか》ったためだけではない。それは何よりもまず、一日も早く妻を、この恋女房をそばに呼びよせ、胸に抱き締めたいがためにほかならない。(同前掲書)

ところが、この猛烈な努力が、かえってジョゼフィーヌにパリに腰を落ち着かせる原因になってしまったのだから皮肉である。

まずナポレオンから送られてくる大量の金貨が、ジョゼフィーヌを舞い上がらせた。これだけあれば、ドレスは作り放題だし、大好きな宝石の類《たぐい》も思う存分に買える。舞踏会や夜会にも毎日のように行くことができる。目先の快楽だけがすべてに優先するジョゼフィーヌがそう考えたのも無理はない。

またナポレオンがイタリアで次々と戦果をあげ、名声が高まると、その分、社交界におけるボナパルト将軍夫人の地位も上がってきた。それまではバラスの元愛人にすぎなかったジョゼフィーヌはいまやフランス一の英雄の妻なのだ。当然、言い寄ってくる男の数も増えてくる。そうなると、パリを離れるのがますます嫌になる。

＊

だが、ナポレオンのもとに行きたくない最大の理由は、ジョゼフィーヌがナポレオンのことなどこれっぽっちも愛していなかったことだ。

ジョゼフィーヌは女の中の女、いわば百パーセントの女である。いっぽう、ナポレオンはといえば、こちらは男の中の男、百パーセントの男である。

百パーセントの男は、自分が所有しているもの、すなわち、権力、金力、名声、栄光、知性などに女は惚れると思っている。だが、女というものは、男の所有しているものには案外無関心なものだ。女が男に求めるもの、それは肉体という限界の中での魅力、つまり所有しているものを取り除いたあとの「男」にすぎない。

もちろん、男の所有しているものに惚れる女もいる。だが、女の度合いが強まって百パーセントの女に近ければ近いだけ、男の所有物よりも、男そのものを愛するはずだ。したがって、百パーセントの女そのものであったジョゼフィーヌは、所有物を取り除いたあとの「男」としてのナポレオンになんの魅力も感じず、そこらへんにいる美男子のほうを選んで楽しい日々を送っていた。

その一人がイッポリット・シャルルという九歳年下の中尉だった。

彼の魅力には逆らいがたいものがあった！　おまけに彼はジョゼフィーヌを熱愛してい

た。それに、パリにいればナポレオンは絶対にやってこない。(中略) 夫の思い出は彼女にとってなんの妨げにもならなかった。ボナパルト将軍の名前はすべての人の唇にのぼっていた。ただし、妻の唇を除いて。(カストゥロ　前掲書)

かわいそうなナポレオン！　いくら根も葉もない噂には耳を貸さないと心に誓っても、パリから届くジョゼフィーヌについての情報は、もはや「愛人がいる」レベルではなく、「いまの愛人はだれだ」というレベルのものになっていたのだ。ジョゼフィーヌの浮気情念は、ナポレオンが熱狂情念を発揮してイタリアの戦場を駆け巡れば駆け巡るだけ、こちらもまた強烈なものになるのである。

だが、逆もまた真なりで、ジョゼフィーヌの浮気情念のボルテージが上がることは、ナポレオンの熱狂情念の炎に油を注ぐ結果になりこそすれ、それを消すことはなかった。つまり、両者はいわばスパイラル的にダブルバインドになっていたのである。

この情念力学を正しく理解していたのが総裁政府、とりわけバラスだった。バラスはジョゼフィーヌがパリにとどまっているかぎり、ナポレオンは恐るべき勢いでイタリアを平定するにちがいないと踏んでいた。だから、妻を呼び寄せるために手を打ってくれというナポレオンの手紙を無視して、ジョゼフィーヌをパリにとどまらせた。彼女もそれに便乗して、もしかしたら妊娠したかもしれないとか、いま病気だからといって、出発を一日延ばしに遅らせていた。

だが、ナポレオンの熱狂情念は、ジョゼフィーヌとバラスの共謀よりもさらに強かった。というのも、ナポレオンは、ジョゼフィーヌが病気で彼のもとに来ることができないなら、イタリアの戦場を放棄してでも、自分がパリに行くといいだしたからである。慌《あわ》てたのはバラスである。もし、戦勝将軍ナポレオンにこの時期にパリに来られたりしたら、オーストリア軍との停戦交渉が頓挫《とんざ》するばかりか、人気の煽《あお》りをくらって自分たちの総裁政府が瓦解《がかい》するかもしれない。そこで、バラスは無理やりジョゼフィーヌをイッポリット・シャルルと別れさせ、イタリア行きの駅馬車に乗せた。一七九六年六月二十四日のことである。

ジョゼフィーヌは泣きの涙で駅馬車に乗ったが、彼女の涙はすぐに止まった。イッポリット・シャルルが途中で追いつき、駅馬車に乗ってきたからである。七月二日にナポレオンがミラノでジョゼフィーヌを出迎えたとき、よもやジョゼフィーヌの隣に立っているお付きの中尉が、妻の愛人だとは思わなかっただろう。アンドレ・カストゥロは書いている。

ナポレオンはあまりに強烈な欲望の虜になっていたので、また妻の肉体のことをあまりに強い情熱で夢見ていたので、妻をいきなりその場で抱き締めてしまった。だから、そのわきにイッポリット・シャルルがいることにすら気がつかなかった。（同前掲書）

それどころか、ナポレオンは妻とミラノで過ごした二日の間、イッポリット・シャルルが食卓にも居間にも同席していたことにさしたる注意を払わずに、慌ただしく前線に出発していった。

しかし、当然ながら、ナポレオン以外の全員がジョゼフィーヌとイッポリット・シャルルの関係を知っていた。ナポレオンの副官ジュノー将軍の妻だったダブランテス公爵夫人はこう書いている。

ボナパルト夫人は彼［イッポリット・シャルル］に興味津々《きょうみしんしん》だ。彼にご執心《しゅうしん》だ。ナポレオンがどこかの町に発《た》つとすぐ、彼はセルベロニ宮に姿を見せ、彼女と一緒に食事をとっていた。フランス軍の中でも、ミラノの市民の中でも、誰一人知らない者はいなかった。（『ダブランテス公爵夫人ロール・ジュノーの完全にして真正な回想録』拙訳）

ナポレオンの副官たちも、皆ジョゼフィーヌの行状《ぎょうじょう》を知っていたが、だれ一人、告げ口《つぐち》することはなかった。そんなことをしても、それによってナポレオンの好意を得るどころか、逆に恨《うら》みを買うのではと恐れていたからである。ジョゼフィーヌの身の回りを探っても、それがなにかしらの利益になるとは思えなかったのである。おかげで、ジョゼフィーヌはミラノでも思う存分羽を伸ばし、パリと同じような社交生活を始めた。

＊

だが、そんな中に前々から一人だけちがう考え方をもってナポレオンと結婚したジョゼフィーヌを観察していた男がいた。

こうした遊び興《きょう》じる人たちの群れから離れ、冷やかな目でじっと観察する男が一人いる。フーシェだ。（ジャンサン　前掲書）

もちろん、フーシェがジョゼフィーヌを追ってミラノまで来ていたわけではない。だが、フーシェにとって、ミラノにいなくてもいるも同然だった。というのは、フーシェは、いつのまにやらフランス全土の、いやヨーロッパ全土の諜報網《ちょうほうもう》を完成し、どこにいてもナポレオンの弱みを握るため、彼女の行動を監視していたのだ。

しかし、いったいいつフーシェは復活したのだろうか？　タリアン、バラスとともにテルミドールの反動の主役を演じながら、なぜか、ジャコバン派について権力から離れ、ついにはバブーフの陰謀に加担したともいわれていたフーシェが、なんでまた起き上がり小法師《こぼし》のように蘇り、彼女の周辺を探りはじめているのだろうか？

カギはまたもやバラスにあった。

バラスは、倦《う》むことなく職を乞い求める彼に、ときたま、ちょっとした汚れた仕事を投げてやる。それは軍需品の闇取り引きとか、巡回査察とかで、いつもこの厄介者《やっかいもの》が、半月ぐらいは何とか食いつなげる程度の、わずかな収入の口だった。しかし、こうしていろんな仕事をあてがってみると、だんだんフーシェ特有の才能がわかってきた。当時バラスは、すでに政治上のいろいろなプランをもっていたが、同僚は信用できず、そこで私的なスパイ、つまり、おおやけの警察には籍をおかずに、ひそかに情報を集めて、そっと告げる、一種の私立探偵をほしがっていた。それにはフーシェが、この上ない適任者である。

（ツヴァイク　前掲書）

バラスがフーシェを雇い入れたのは、もしツヴァイクのいうようにバブーフの陰謀に加担したのだとしたら、一七九六年の暮れから翌年にかけて、そうでなかったら、一七九六年の春である。

いずれにしても、ジョゼフィーヌはバラスの私設探偵フーシェの「要観察人物一号」として監視の目にさらされることになる。フーシェの目のつけどころがいかに正しかったかは、ナポレオンが皇帝の座に上りつめた瞬間明らかになる。

世の中は熱狂情念と浮気情念だけでは語れない。それを背後で観察し、最後にドンデン返しをかましてやろうと目論む陰謀情念が存在しているからである。

タレーラン、ナポレオンと出会う

フーシェは帰ってきた。一段と陰険になって戻ってきた。

バラスが『回想録』で記していることを信じるなら、フーシェはその間、一七九六年五月に発覚することになるバブーフの陰謀に関与していたとも、パリから追放されて近郊のモンモランシーやサン・クルーで禁足状態におかれていたとも、あるいは、バラスの慈悲にすがって私設のスパイのようなことをやっていたともいわれるが、はっきりしたことはわかっていない。一つだけ明らかなことは、この不遇時代にも、バラスだけはフーシェを見捨てなかったことである。バラスはフーシェの悪辣《あくらつ》な有能さをよく知っていたのだ。

この間にフーシェは、貧困の惨《みじ》めさをいやというほど心に刻んでいた。一七九六年七月には二人の子供のうち、生き残っていたただ一人の子供も失い、絶望の淵《ふち》に沈む。フーシェはよき家庭の父だったので、ショックは大きかったようだ。ここで、もしフーシェが悲しみのあまり死んでしまっていたら、フランスの歴史はまったく別の選択肢を取っていたかもしれない。

だが、不死鳥フーシェは、一七九六年の暮れ、突然蘇って、パリに舞い戻ってくる。王党派のクーデターの危険を感じたバラスが、陰謀のプロ中のプロ、フーシェを呼び寄せたのである。といっても、このリヨンの虐殺者を大っぴらには使えないので、とりあえず、軍需品の取引のような実入《みい》りのいい職に就けてやって財産を築かせることにした。フーシェはバラスから与えられたコネを利用して銀行家に接近し、国有財産の払い下げのために作られた強力なシンジケートに入り込むことに成功する。

裏金融の情報に通じたことは、スパイとしてのフーシェに限りない力を与える。なぜなら、どんな陰謀を企てるにも金は絶対に必要だから、金の流れの交差点に立っていれば、いつでも陰謀をキャッチすることができたからである。

おまけに、一七九七年三月、フーシェ家にジュゼフ・リベルテという男子が誕生する。このこともフーシェに「生きる力」を与えた。

一七九七年の四月に五百人議会の改選で王党派が多数派を占め、総裁政府がバラス派とバルテルミー派で対立を深めると、フーシェは水を得た魚のように活躍を始める。王党派の陰謀の進行具合を逐一バラスに報告すると同時に、王党派ともコンタクトを取り、王政復古に力を貸す用意があることをルイ十八世の代理人モンテスキュー神父に匂わせたりする。ようするに、情勢がどちらに転んでもいいように、両方の党派に保険をかけておくという、あの陰謀家独特の思考を取り戻したのである。

陰謀情念の権化フーシェ、ここに完全に復活せり、である。

復活したのは、陰謀情念ばかりではない。リヨンの大虐殺のさいの血も涙もないマキャヴェリズムもまた戻ってきた。一七九七年九月四日のフリュクティドール（実月）のクーデター前夜、バラスやシェイエスらが、クーデター後の裁判のことを話題にすると、陰謀会議に参加していたフーシェは一言のもとにこう裁断したといわれる。

証拠と判事をどこで見つけてくるおつもりで？　告発された被告がいつ告発人に変わるかもしれませんよ。世論なんてものは、まるっきり当てにならないから、そんな危険を冒すのは無謀です。いま、力はわれわれの側にあるのだから、これを利用して、祖国の恐るべき敵を完全に根絶やしにしてしまわない手はありません。（マドラン　前掲書）

リヨンのテロリストならではの発想である。これ以降、フーシェは二度と負け組にはつかない。フーシェのいる側、それはそのまま、勝ち組を意味するようになる。

＊

フリュクティドールのクーデターで、フーシェが裏の陰謀の主役を演じていたとしたら、表の陰謀の中心にいたのがタレーランである。

タレーランがアメリカから帰国後に、スタール夫人の運動によってバラスに取り入り、まんまと外相の座を手に入れたことは前にも述べたが、バラスとしても見返りなしで外相のポストをタレーランに与えたわけではない。タレーランが五百人議会でセルクル・コンスティテュショネルという共和派の組織を作り、多党派工作をしていたのを見て、セルクル・コンスティテュショネルを自派にまるごと抱き込んでクーデターに利用するため、タレーランに外相のポストを与えて貸しを作ったのである。

タレーランがバーター取引に応じたのは、外相のポストがもたらす巨額なリベートが目当てで、積極的にクーデターに加わる意志はなかったが、バラス派には、クーデターの実行計画を練ることのできるような緻密《ちみつ》な頭脳がなかったこともあり、プランの立案はすべてタレーランに任されることとなった。

かくして、フーシェが裏から収集した情報をタレーランが総合し、クーデターの日程と方法を定めるという連携プレイの役割分担ができあがった。タレーランとフーシェはバラスという機関車の両輪としてクーデターの路線を突っ走ったといえる。

ところで、ここで一つ興味深いのは、タレーランもフーシェも、これだけ深くクーデターに関与して、バラスという神輿《みこし》を担ぎながら、自分自身がその神輿になろうとはいささかも思わなかったことである。つまり、二人とも、まともな道徳感覚はもちあわせていない悪魔のような能吏《のうり》だが、能吏たることをやめて親分になろうとは毫《ごう》も思わなかったのである。彼らはすでに自分の才能のありどころ、すなわち情念のありようをよく知っていたのだ。

天性の陰謀家であるフーシェは、もし自分が支配者になったりしたら、陰謀情念の使い道がなくなることをわきまえている。移り気情念のタレーランも、自分が主人になってしまったら、仕えるべき主人を次々と変えて変節することができなくなるのを恐れている。ようするに、二人とも大将型ではなく、むしろ参謀型、ひとことでいえば第一流の二流人間なのである。

したがって、そうした参謀型のつねとして、自分が仕えている大将の器《うつわ》を正確に見抜いていた。バラスは担ぐにあたいする神輿ではないと早々に感じていたのだ。どこかによい神輿はないものか？

それを最初に見つけたのは、移り気情念の人タレーランだった。タレーランは外務大臣としてイタリア方面軍最高司令官ナポレオンと外交書簡を交わす過程で、ナポレオンという人物の大きさにすぐに気がついた。

私は、この若き征服者の中に、また彼の行動、言葉、書簡の中に、かなり新しく、強く、巧みで、大胆なにものかを見いだした。それは彼の天才に対して大いなる希望を抱くに足るものだった。（タレーラン『回想録』拙訳）

いっぽう、ナポレオンも、タレーランから受け取った第一書簡で、相手が、これまでの外務大臣とは桁《けた》が二つも三つもちがう傑物であることを悟った。あの愚かしい総裁政府の中にも卓越した人物が一人はいるのだ。こうして、二人は表向きの外交書簡のほかに、秘密書簡を交わして情報交換するようになったのである。

その秘密書簡の中でタレーランはバラスらのクーデター計画のことを打ち明け、ナポレオンに参加を打診した。これに対し、ナポレオンは、いま自分が軍隊をひきつれて出向いていっては火中《かちゅう》の栗《くり》を拾わされるだけで、得るものは少ないと判断し、部下で政治的野心のないオージュロー将軍を派遣することにした。

二人が相互に相手を認めあってゆく過程について、『ナポレオンとタレイラン』の中で高木良男氏はこう指摘している。

タレーランは、自分たちが計画しているクーデターの成否の鍵《かぎ》を握っているのが、この二十七歳の若い将軍の名声と力であることを知っていた。と同時に、クーデターで救おうとしている総裁政府が不人気で無力で、早晩倒れて新しい政権が作られなければならないことも感じていた。だから、クーデターのために自分が直接指揮をとろうとせず、部下のオージュローをパリに派遣したナポレオンの考えの深さに、タレーランは舌を巻いた。それは王党派の勢力をそぐために総裁政府を利用し、そのあとで自分の望む政権を作ろうという考えにちがいないと、彼は見抜いた。

タレーランはようやくにして乗るべき勝ち馬を見いだしたのである。

＊

王党派を一掃すべく企てられたフリュクティドールのクーデターは、プランナーの才能が抜群だったせいか、一滴の血も流すことなく成功した。王党派議員と総裁のバルテルミーは、ギロチンにはかけられず、南米の仏領のギアナに流刑にされた。政治犯をギロチンにかけないようにする法律は、ほかならぬタレーラン自身によって議会に提案され可決されたものだった。タレーランは流血がなによりも嫌いだったのである。タレーランはさらに、クーデターの後も、知人の議員に対してはコネを利用して流刑を免れさせてやった。この中には、デュポン・ド・ヌムールという議員がいて、のちにアメリカに亡命したが、その子孫が作った化学会社が、あのデュポンである。

クーデターが成功すると、タレーランはただちにナポレオンに宛てて「パリは平静です。

オージュローの行動は非の打ち所がありませんでした。（中略）バラスは、冷静で、予見に富み、決断力があって、なかなか優れた人物であることを示しました」と書き送った。事実、王党派の総裁だったバルテルミーは流刑になり、もう一人のカルノーも逃亡し、バラスの天下は当分安泰かと見えた。

しかし、タレーランにはまだやらなければならない仕事が残っていた。それは、なんと、外交書簡を利用して、名馬となる素質十分のナポレオンに、名伯楽《めいはくらく》として帝王教育を授けてゆくことだったのである。

＊

帝王教育の第一歩は、憲法教育から始まった。

すなわち、タレーランは一七九五年憲法では議会の権力が強すぎて、総裁政府と抜き差しならぬ関係が生じやすいと考え、新しい憲法を起草しようと思っていたのだが、その草案を練る過程にナポレオンを参加させ、この方面でのナポレオンの能力を試そうと考えたのである。

ナポレオンはそのころ、フランス共和国憲法と同じものをもつイタリアの二つの衛星共和国、ミラノのチザルピーナ共和国とジェノヴァのリグーリア共和国の統治に頭を悩ませていたところだったので、タレーランが出した問題の真意をすぐに見抜き、タレーランが提案した憲法の専門家シェイエスの派遣を強く求めると同時に、立法府の権限が強すぎる共和国憲法の欠点を指摘した。

タレーランはナポレオンからの書簡を受け取って、同じく彼が胸中に抱いている考えを瞬間的に察した。この男の頭脳なら十分帝王としてやっていけると確信したのである。

憲法教育の次は外交教育だった。

ナポレオンはイタリア戦線でオーストリア軍を打ち破り、レオベーンで一七九七年四月に仮講和条約を結んだが、それには三ヵ月以内に正式な講和条約の交渉を開始する旨が、記されていた。ナポレオンはこの交渉の開始を内心では恐れていた。というのも、交渉が決裂してオーストリアとの戦端《せんたん》がふたたび開かれる可能性があったが、自軍の兵力から見て、今度は勝利できるかどうかおぼつかず、そうなったら自分の名声も地に落ちることは明らかだったからである。

そのため、フランスがライン西岸を取り、代わりにオーストリアにヴェネチアを与えるという線で妥協しようとした。ところが、このナポレオンの妥協案は、タレーランが送ってきた総裁政府の強気の訓令に真っ向から逆らうものだった。だが、タレーランは別便の秘密書簡で非常に曖昧《あいまい》な外交的言葉遣いで、ナポレオンに自由裁量権を与えていたのである。ナポレオンはこれに勇気を得て、オーストリア全権大使コベンツルと互角にわたりあい、なんとか合意にこぎつけ、十月にカンポ・フォルミオ講和条約を結ぶことに成功した。条約の締結は明らかに訓令違反だったが、講和条約で平和がくると喜ぶ民衆を総裁政府は無視できまいと踏んだナポレオンの決断が結局は勝利することになる。もちろん、それは、タレーランが秘密書簡によって授けた外交教育の成果だった。

ナポレオンとタレーランは、一七九七年十二月六日、パリのタレーランの邸宅で初めて会った。カンポ・フォルミオ条約の詰めを行うラシュタット会議が十二月二日に山を越えたとみるや、ナポレオンはあとをほかの全権代表に任せて出発し、この日の午後三時にパリに着いたのである。ジョゼフィーヌはまだイタリアにいてパリに戻っていなかったので、ナポレオンは副官をつかわしてタレーランに面会できるか否《いな》かを問うた。タレーランはいつでもお待ちしていると答えた。

＊

ナポレオンが初めてバック街の自宅を訪問してきたときの様子をタレーランはこう『回想録』に書き留めている。

彼は翌日十一時ころにやってくると伝えてきた。私はそのことをスタール夫人にも教えたので、彼女は十時から私のサロンで待っていた。好奇心に駆られて押しかけてきた人がまだそのほかにもいた。ブーガンヴィルがいたことを覚えている。将軍の到着が告げられたので、私は迎えに出た。サロンを横切るとき、私はスタール夫人を紹介したが、彼はほとんど注意を払わなかった。それでも、ブーガンヴィルにだけは関心をそそられたようで、一言二言、彼にお世辞《せじ》をいった。初めて見たとき、彼の容貌はなかなか魅力的に映った。二十回の戦いにすべて勝利したことが、若さと、美しいまなざしと、顔の青白さと、それに一種の焦燥感《しょうそう》にもぴったりと見合っていた。私たちは、書斎に入った。この最初の話し合いで、彼は私に全幅《ぜんぷく》の信頼を寄せていることを示した。彼は私が外相に就任したことを口をきわめて称賛し、総裁たちとはちがう人種と手紙を交わすことができた喜びを重ねて強調した。（タレーラン『回想録』拙訳）

描写は淡々としているが、タレーランが明らかに十五歳年下の若き将軍の放つ強烈な磁力に幻惑されていることがよくわかる。オリユーは、それはほとんど恋愛感情に近いものだったといっている。

彼のなかには勝利の神性の光があった。タレーランはひれ伏した──そしてその行為は真摯《しんし》なものなのであった。（オリユー　前掲書）

もちろん、ナポレオンのほうでも、これほどの知性と才知、これほどの優雅さと穏やかさにはついぞ出会ったことがなかったので、タレーランの中に先生というよりは理想的な父親像を見たような気がしていた。

ようするに、一目見たときから、二人はたがいを深く理解しあった、と思った。たがいの情念の質のちがいについても、二人は一瞬のうちに了解した、と思った。いま「思った」といったのは、二人とも相手の情念の質についてはわかったが、その量については思い及ばなかったからである。ナポレオンはタレーランの移り気情念の徹底ぶりには気づかなかったし、タレーランもナポレオンの熱狂情念の業《ごう》の深さにまでは気が回らなかった。それでもなお、二人は歴史上まれな邂逅《かいこう》を果たしたのである。

＊

ナポレオンの歓迎式典は十二月十日に総裁政府の主催で行われたが、それは外面の華やかさにもかかわらず、冷ややかな印象を与えた。総裁政府は凱旋将軍ナポレオンの人気が民衆の間で沸騰し、自分たちの権力を脅《おびや》かすようになるのではないかと恐れたのである。いっぽう、ナポレオンも、タレーランの入れ知恵もあって、派手に振る舞うことはできるかぎり避けるようにしていた。これまで、総裁政府の気まぐれ一つで何人もの将軍が更迭されるのを見てきたからだ。ここは、まだ隠忍自重《いんにんじちょう》のときというのが、先生のタレーランの考えだった。

それでも、タレーランは英雄ナポレオンを広く印象づけるために、ジョゼフィーヌを主賓とする晩餐会を催すことにした。招待状は五百人に配られた。

招待客の中には、タレーランの居間でナポレオンに無視されたスタール夫人もまじっていた。英雄豪傑に目のないスタール夫人は、イタリアにいたナポレオンに熱烈なラブレターを送り、あなたのような英雄は、私のような知性ある女性と結ばれるべきだという、なんとも押しつけがましい口説《くど》き文句を並べ立てていた。

そんなだから、晩餐会の席で、詩人のアルノーからナポレオンに紹介されると、スタール夫人はいきなりこうたずねた。

「将軍、あなたはどのような女性を最も愛していらっしゃるのですか？」

ナポレオンの答えは簡単だった。

「私の妻です」

「まあ、それでは、あなたが最も高く評価なさっているのはどんな女性ですの？」

「家事の上手な女性です」

「なるほど、なら、あなたにとって最高の女性とは？」

「子供をたくさん作ってくれる女性です」

こういうとナポレオンはそそくさとスタール夫人のもとを離れていった。あとに取り残された彼女は、アルノーに向かってこういった。

「あなたの英雄って、ほんとに変わった方ね」

これから十年余後、スタール夫人は愛人のバンジャマン・コンスタンとともに、ナポレオンの政敵ナンバーワンとなるのである。女の恨みはまことにもって恐ろしい。

エジプト遠征という「夢想」

一七九七年の暮れ、凱旋将軍としてイタリアからパリに帰ったナポレオンに与えられた任務はイギリス方面軍最高司令官というものだった。ようするにイギリス侵攻作戦を検討し、立案せよというのである。

しかし、このイギリス侵攻作戦は、総裁政府も実現可能なプランだと思ってはいなかった。ナポレオンを最高司令官に任命したのは、彼の人気が高くなりすぎ、自分たちの地位が危なくなってきたので、勢いをほかにそらそうと考えたからである。

ナポレオンは一応、任務に従事すると見せて、大西洋岸のフランス海軍の戦力を実地に調査して歩き、作戦計画を提出したが、調べるまでもなく、フランス海軍の貧弱な力では上陸作戦など無理なことは明らかだった。総裁政府は、はじめから実現不可能な作戦をナポレオンに与え、それができないとわかったときに、民衆が失望するのを待っていたのである。ナポレオンも民衆の人気が移ろいやすいことは重々承知していたので、イギリス方面軍最高司令官という実体のない地位を耐えがたいものに感じていた。総裁政府の一員に加わることを打診しても、年齢を口実にしたすげない返事がかえってきただけだった。

ナポレオンは焦っていた。期待したような名声も地位も得ることはできなかった。クーデターの機はいまだ熟していない。このさい、いったん権謀術数《けんぼうじゅつすう》の渦巻くパリを離れ、しかるのちに、圧倒的な名声を得て凱旋すべきではないか？　だが、その名声はどこにある？　オリエントだ！

ブリエンヌよ、このパリではなにもかもが磨《す》り減ってゆく。すでに私には名声はなくなっている。この小さなヨーロッパでは名声を得ることは不可能だ。オリエントに行くしかない。すべての偉大な名声はオリエントからやってきたのだ。（ブリエンヌ『回想録』よ

り。カストゥロ前掲書に引用。拙訳）

オリエント、とりわけエジプトへの渇望が生まれたのはこのときがはじめてではない。イタリア方面軍最高司令官としてタレーランと連絡をとっていたときから、オリエントへの夢想がナポレオンの頭を離れなかったのである。アレクサンダー大王やカエサルのように、オリエントの覇者《はしゃ》となることで、全世界の支配者となりたいと考えたのである。

だが、いかにナポレオンといえども、オリエント征服には、しかるべき理由が必要だということは承知していた。そこで、インドを最大の植民地とするイギリスの息の根をとめるには、紅海とエジプトを制圧しなければならないという大義名分を考え出す。

当時、エジプトはオスマン・トルコの属領で、トルコ皇帝の任命したパシャ（太守）が統治しているというかたちにはなっていたが、実際には、「奴隷」を意味していた軍人のマムルークたちが支配者となり、彼らの中から選ばれたベイ（知事）が行政を行っていた。ナポレオンは、オスマン・トルコの主権を回復させるという名目で、マムルークの支配を打ち破り、エジプトを実質的なフランスの植民地にすることで、オリエントからインドにかけてのイギリスの影響力を一掃できると考えたのである。

驚いたことに、タレーランはこのナポレオンの考えに賛意をあらわした。それどころか、タレーランはエジプト領事から入手したエジプトに関する情報を与えた。そして、ナポレオンがイギリス方面軍最高司令官として調査に出向いている間、彼に代わってエジプト遠征計画を立案し、総裁政府を説得する役目まで引き受けた。さらにはみずからがトルコに外交使節として出向き、不介入の約束を取りつけてきてもいいとさえいったのである。

なぜだろう？　外交的知識に関してはだれよりも詳《くわ》しく、冷徹なリアリストであるタレーランが、どうしてまた、ナポレオンの無謀な夢想をたきつけるようなことをしたのか？　歴史家の意見が分かれるところだが、結局は、タレーランみずからがナポレオンの熱狂情念に引きずられたとしかいいようがない。

ナポレオンの熱狂情念に引きずられたのは総裁政府も同じだった。最初、エジプトのような遠いところへ何万という兵力を割《さ》くのは危険だという、もっとも至極《しごく》な意見が強かった総裁政府も、ナポレオンがマルタ島攻略という現実的な提案を加えると、ついにこのエジプト遠征計画に合意を示した。バラスが『回想録』の中で書いているように、軍事クーデターの危険のあるナポレオンをパリに置いておくよりはエジプトのほうがまし、という判断も働いたようである。

かくして、ナポレオンはおのれの熱狂情念の命ずるままエジプト遠征計画を実行に移すことになったのである。

＊

たしかにエジプト遠征計画自体は誇大妄想《こだいもうそう》的な夢想の産物だった。しかし、その準備の過程においては、ナポレオンはおそろしく現実的だった。すなわち、兵員輸送のための船舶や護衛艦隊の準備に関して、あらゆることを見越した入念な計画を立て、的確な指示を与えたのである。ナポレオンの熱狂情念は、発想においては空想的、実行においては現実的なのである。

さらに、ナポレオンは、本格的なエジプト研究のために、モンジュやベルトレをはじめとする歴史、地理、考古学、博物学、土木工学、天文学、美術などの分野の最高の学者を同行させることを決め、軍隊と一緒に乗船させた。これが、ロゼッタストーンの発掘や『エジプト誌』の刊行などのフランスのエジプト学の出発点となったのである。

ナポレオンの率いる三十数隻《せき》の船団は一七九八年五月十九日、トゥーロンを出発した。ナポレオンの乗った戦艦は、その名の通り「オリアン（オリエント）号」。途中、マルセイユやジェノヴァからフランス海軍の他の船団も加わったので、五万人の兵員と船員、二百三十二隻の船舶を有する巨大船団となって、一路、マルタをめざした。

ジョゼフィーヌもエジプトに同行する予定だったが、トゥーロンに着いたところで体調を崩したので、ナポレオンは単身で乗船した。ジョゼフィーヌはトゥーロンの波止場で涙にくれながら夫を見送ったが、船影が見えなくなると同時に、ナポレオンのことは忘れた。これでもう、なんの制約もなく、恋人のイッポリット・シャルルと愛の生活を送れると思ったからである。

ナポレオンの大船団は、必死にあとを追うネルソン提督《ていとく》のイギリス艦隊をふりきって六月八日にマルタ島に着くと、二日間でここを占領、金銀を没収して巨額の戦費を調達したあと、七月一日にエジプトのアレクサンドリアに着いた。

ナポレオンは上陸したとたん、マガロン領事から、ネルソンのイギリス艦隊が二日前にアレクサンドリア沖にあらわれたことを知らされた。危ないところだったのである。もし、ナポレオンの船団がアレクサンドリアに着くのが少し早かったら、フランス艦隊は足手まといの兵員をたくさん積んでいたので、ナポレオンをはじめとする将兵は全員、海底の藻くずとなって歴史の舞台から消えていたかもしれないのだ。

ナポレオンは大急ぎで兵員を上陸させ、アレクサンドリアの町を占領した。戦争の名目は、現地のフランス商人に敵対的なマムルークの横暴を懲《こ》らしめ、ベイの支配を打倒し、奴隷状態に置かれているエジプト人を解放することだった。

三万のフランス軍はただちにカイロに進撃を始めたが、砂漠の灼熱《しゃくねつ》地獄は想像を超えていた。ベドウィン人の部隊やマムルークの騎兵はたしかに手ごわい相手ではあったが、熱帯という風土に比べればものの数ではなかった。フランス軍の兵士たちは、はじめから、この敵と戦わざるをえず、しかも、その戦いの名目が立たないため、なかなか士気は上がらなかったのである。

ピラミッドやオベリスクを見て感激したナポレオンがピラミッドの麓《ふもと》に立ち、「兵士たちよ、あのモニュメントの頂上から、四十世紀がおまえたちを見つめている」と演説をぶっても、その感激は兵士たちにはまったく伝わらなかった。それよりも、彼らは、自分たちの周囲をぐるりと取り囲む勇猛果敢なマムルークの騎兵たちにおびえていた。

しかし、それでも、近代的な銃で武装したフランス軍の方陣の前には、マムルークの騎兵

アブキールの戦い（Louis-François Lejeune Eric Ledru *“NAPOLÉON Le conquérant Prophétique”*）

軍団はひとたまりもなく、ナポレオンはピラミッドの戦いで圧倒的な勝利を得て、七月二十五日にはカイロ入城を果たした。
ナポレオンは、カイロの宮殿に中央政府を置き、学者たちを周囲の邸宅に住まわせ、エジプト研究を推進するように命じた。熱狂情念をようやく満たしたナポレオンは得意の絶頂にあった。

　ナポレオンは揺るぎない自信にあふれていた。総裁政府にむかって、入植者をよこすよう督促《とくそく》するほどであった。兵士の妻や、俳優、踊り子、人形師などの集団、さらに「家族つきの五〇名の庭師を、あらゆる種類の野菜ともども」派遣するようになどと言ってよこすほどの、念のいれようであった。（ローラ・フォアマン&エレン・ブルー・フィリップス『ナイルの海戦　ナポレオンとネルソン』山本史郎訳）

ここまでは、アレクサンダー大王やカエサルと同じく、運命の女神はナポレオンに微笑んでいたのである。ナポレオンにとって、エジプトの戦いはこれで決着がついたも同然であった。あとは、タレーランがトルコのイスタンブールまで赴《おもむ》いて、戦いの後始末をつけてくれればいいだけだった。ナポレオンはエジプトの征服者という輝かしい栄光を背負ってパリに凱旋し、政権を奪取することを夢見ていた。

＊

ところが、ナポレオンが一人得意の絶頂にあった八月の一日、エジプト遠征軍を護送してきたブリュエイス提督率いるフランス艦隊に刻々と悲劇が迫っていたのである。

水深が浅いためアレクサンドリア湾に入港することができず、アブキール湾に停泊していたブリュエイスの艦隊に、ネルソン提督率いるイギリス艦隊が襲いかかったのは、太陽が沈もうとしていた午後五時半のことだった。ちょうどアブキール湾を封鎖するようなかたちで戦列を組み、湾の外側に砲列を敷いていたフランス艦隊は、大胆にも、陸側に侵入したイギリス艦隊によって挟み撃ちにあい、次々に撃破されて炎上、沈没していった。旗艦《きかん》オリアン（オリエント）号に乗っていたブリュエイス提督も艦と運命をともにした。フランス艦隊の戦列艦十三隻のうち、九隻が轟沈《ごうちん》ないしは座礁《ざしょう》。アブキール湾から脱出に成功したのはわずかに四隻にすぎなかった。そのうちの二隻はのちに捕獲された。

いっぽう、イギリス艦隊は、ネルソン自身が負傷したにもかかわらず、全艦無事で、アブキールの大海戦はイギリスの圧倒的な勝利に終わった。

フランス艦隊全滅の悲報がナポレオンのもとに届いたのは八月十三日のことだった。ネル

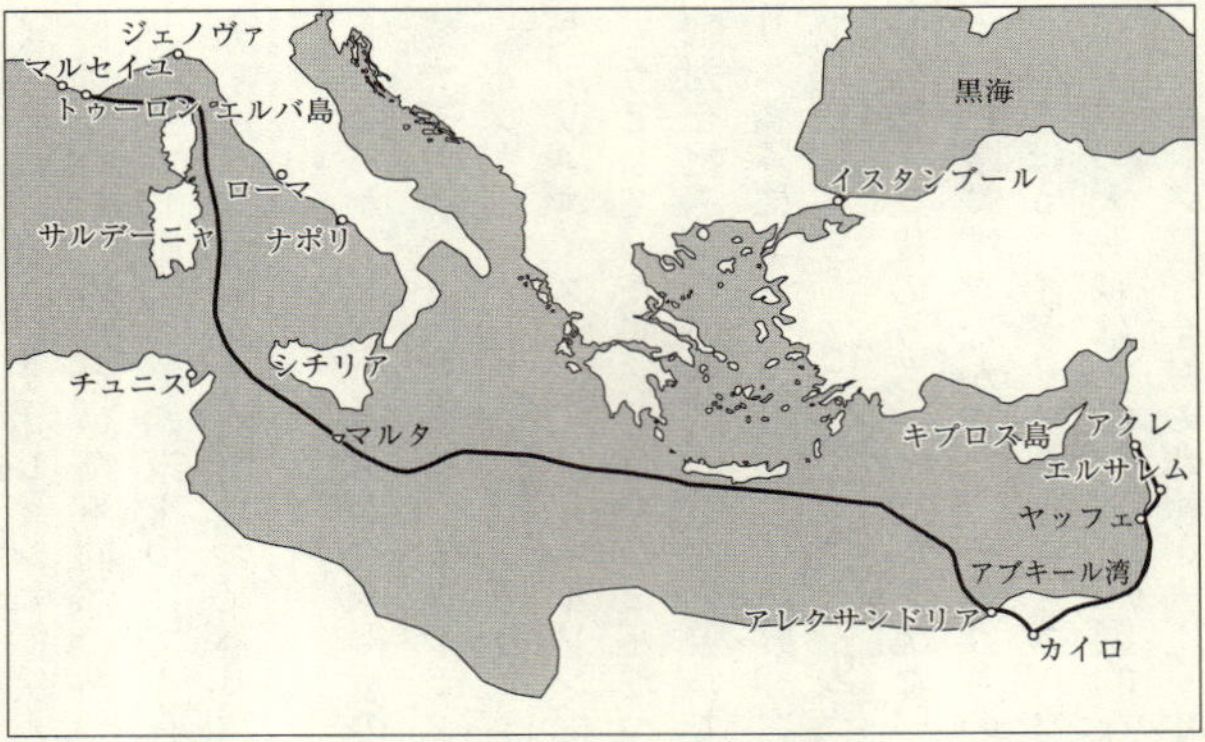

エジプト遠征（*Les Chronologies de Maurice Griffe Napoléon Bonaparte 1769-1821* を参照）

ソンがアブキールとアレクサンドリアを封鎖したので、フランス軍はエジプトで完全に孤立したことになる。フランスとの通信も断たれ、兵士の増援、食糧の補給も不可能になった。帰国の途が閉ざされ、絶望している将兵に、今度は梅毒《ばいどく》、熱病、下痢《げり》などエジプトの風土病が襲いかかった。太平洋戦争の日本軍、ベトナム戦争のアメリカ軍と同じように、兵士の大多数は戦闘よりも病気で命を落としたのである。

さらに悪いことには、オスマン・トルコがロシアと同盟を結び、フランスに宣戦布告したという知らせが届いた。タレーランは、トルコに関しては、自分がイスタンブールに赴いて外交決着をつけるから、エジプトには介入しないはずといっていたのに、フランスの政治情勢が急転したため、イスタンブールに行けなくなってしまったのである。

アブキールでのフランス艦隊全滅の知らせは、ヨーロッパ諸国に大きな影響を与えた。なかでも、オリエントに重大な関心を抱いていたロシア皇帝パーヴェル一世は、オスマン・トルコに同盟を呼びかけると同時に、イギリス、オーストリアと組んで、フランスと戦うことを提唱したのである。イギリスとオーストリアはただちにこれに応《こた》え、ここに第二次対仏同盟が結成された。ヨーロッパにおける対仏同盟軍の兵力は、ナポリ王国の軍隊もあわせると、三十二万人に達した。フランス軍の倍である。事実、フランス軍は、どの戦線でも苦戦を強《し》いられ、占領地はどんどん縮小していった。ナポレオンがいない留守に、フランス共和国は危機に瀕《ひん》していたのである。

＊

いっぽう、海路でフランスに戻る途を断たれたナポレオンは、オスマン・トルコの軍勢をアレクサンドリアで待つよりは、いっそシリアに進撃して、背後から襲おうと決意した。ナポレオンはイスタンブールを制覇し、オリエントの帝王になることを夢見ていたのである。一七九九年一月二十四日、一万三千の軍団は、灼熱の砂漠の中をイスタンブールに向けて出発した。エルサレムの北にあるヤッフェまでは簡単に陥《おと》せたが、その直後にペストが発生し、フランス軍の士気は完全に衰えた。

それでも、熱狂情念に突き動かされたナポレオンはいっこうにひるまず、ペスト患者を見舞って士気を鼓《こ》舞《ぶ》したのち、次に駒を進めて、アクレの町を包囲したが、ここでは、イギリス軍艦隊が海からトルコ軍を支援したため、五月二十日には、ついに包囲攻撃を断念せざるをえず、フランス軍は炎熱地獄に焼かれながら、憔悴《しょうすい》しきってカイロに戻った。フランスから連れてきた三万五千の兵士は、エジプトとシリアの戦いで半数に減っていた。パリでは、ナポレオン戦死のデマが乱れとんでいた。

そんなとき、イギリス艦隊に後押しされたオスマン・トルコの一万五千の部隊がアブキール湾に上陸し、フランスの守備隊を全滅させたという知らせが届いた。もはや、絶体絶命のピンチである。オリエントの支配者となってパリに凱旋するはずが、そのオリエントでイギリスとトルコの連合軍に滅ぼされようとしている。

だが、こうなったときのナポレオンは強い。アレクサンドリアの北のエル・ラマーニャに全軍一万人を集結させ、一気にアブキールのトルコ軍を衝《つ》いた。ミュラ率いる騎兵隊が突撃して前衛を崩すと、一万五千のトルコ軍はたちまち壊滅状態に陥《おちい》り、海岸から逃げ出した者も、船まで泳ぎつけず、大半が溺死した。トルコ軍を支援していたイギリス軍のシドニー・スミス提督もあやうく捕虜になるところだった。フランス軍の損害は戦死百名、負傷四百名だから、ナポレオンの劇的な勝利だった。ナポレオンは「アブキールはフランス人にとって不吉な地名だった。だが、テルミドール七日（七月二十五日）の一日で、その名は栄光に輝くものとなった」と報告書に記した。

しかし、ナポレオンは、捕虜交換について副官がイギリス軍と交渉したときにスミスから渡された新聞によって、連合軍に包囲されたフランス軍が各地で敗北を重ね、戦線を縮小していることを知る。

ナポレオンはただちにガントーム提督を呼びにやらせ、アレクサンドリアにいる二隻のフリゲート艦と哨戒艇《しょうかい》に出帆準備をさせるように命じた。ナポレオンは部隊を置き去りにしたまま、腹心の将軍たちだけを引き連れてフランスに帰ることを決意したのである。

エジプト方面軍最高司令官にクレベール将軍を任命して、手紙で指示を与えると、ナポレオンは、八月二十三日、ベルティエ、ブリエンヌらの将軍を引き連れてフリゲート艦ミュイロン号上の人となった。シドニー・スミスのイギリス艦隊がキプロス島に補給に帰って、包囲が解けた一瞬の隙《すき》を衝いたのである。

残留した部隊はその後、二年間にわたってトルコ＝イギリス連合軍と不毛な戦いを続けたのち、一八〇一年に降伏してエジプトを引き払うことになる。後任の司令官を押しつけられたクレベール将軍はカイロで暗殺。三万五千の将兵のうち、フランスに帰国できたものは、一万に満たなかった。

熱狂情念に駆られた一指揮官の夢想が生んだ、なんとも悲惨な結末というほかない。だが、その熱狂情念の嵐は、そんな結末を知ろうともせず、一路、地中海を横切って、十月九日、フランスのフレジュスに上陸していたのである。

無血クーデター

ナポレオンがエジプト遠征の緒戦《しょせん》で華々しい勝利を収めた知らせは、パリに激しい熱狂を引き起こしたが、それに続くアブキール湾でのフランス艦隊全滅のニュースは、その反動として、パリ民衆を落胆の底に突き落とし、あんな無謀な遠征にイタリア戦線の英雄を追いやったのはだれだという責任追及の動きがいっせいに始まった。

まず、槍玉《やりだま》にあがったのは、当然、ナポレオンに遠征の許可を与えた総裁政府だったが、総裁政府はタレーランに責任をなすりつけた。ナポレオンにエジプト征服の夢をたきつけたのはタレーランだというのである。

しかし、この程度のことだったら、タレーランも追及をかわすことができただろう。ところが、運の悪いことに、アブキールの敗戦の知らせがヨーロッパに伝わると、オーストリア、ロシア、イギリス、トルコの第二次対仏同盟が結成され、敵が各地でいっせいに攻撃に転じた。フランス軍は敗北を重ね、占領地は次々と奪還されていった。

フランス軍敗北の知らせが届くと、パリの民衆の失望は大きくなり、総裁政府とタレーランの無能を罵《ののし》るジャコバン派の勢力が議会で拡大していった。タレーランは、ナポレオンの出発前に、トルコのイスタンブールに外交交渉に出かけると約束したが、もはやそれどころではなくなった。ジャコバン派のクーデターの危険が迫っていたのである。

こうした危機に、総裁政府はうろたえるばかりだった。一七九九年の三月から海軍大臣も兼務するようになったタレーランはバラスらと協議して、こうなったら大西洋岸に残っていたフランス艦隊を地中海に回して、ナポレオンを呼び戻すしかないと腹をくくった。

ところが事態は思わぬ展開を見せた。この年の五月、総裁政府の新メンバーとしてナポレオン嫌いのシェイエスが選出され、ナポレオンの召還に反対したからである。

タレーランはここで、一つの大きな選択をした。それまで乗りこなしていたバラスという馬が息切れしてきたので、シェイエスに乗り換え、これを中継馬として当面の政局を乗り切ろうと考えたのである。敵国の新聞の情報によりナポレオンがシリアで敗北を重ね、ペストも蔓延《まんえん》して、ナポレオンの帰還はしばらくは期待できないと踏んだからである。

だが、寝業師シェイエスをもってしても、総裁政府を立て直すことは至難《しなん》の業《わざ》だった。議会のジャコバン派の勢力は日増しに強くなり、総裁にもジャコバン派が二人選出された。彼らが格好の攻撃目標としたのが、ほかならぬタレーランである。タレーランが外交交渉のたびに相手国から謝礼金を受け取っていたと激しく非難し、さらにタレーランの愛人であるカトリーヌ・グランという女性がイギリスのスパイであり、情報をロンドンに流していたと暴《ばく》露《ろ》して、外相の辞任を要求した。

タレーランは批判の嵐があまりに強くなったので、七月十二日に外相辞任を申し入れた。辞任は受理され、タレーランは野《や》に下《くだ》った。

＊

しかし、タレーランはあきらめてはいなかったのである。それどころか、ジャコバン派のクーデターに対抗するために、シェイエスを軸としたクーデター計画を十分練り上げ、万全の布石《ふせき》を打ってから辞任したのだった。

布石の第一は、外務大臣に自分の息のかかったレナールを据えたこと。第二は、クーデターのカギを握る警察関係の人事を刷新し、警察大臣に予想外の人物を配したことである。フーシェである。

ジョゼフ・フーシェが大臣！　パリは、砲撃にでもあったように、飛びあがった。リヨンの虐殺者、聖餅冒瀆者かつ教会略奪者、無政府主義者バブーフの友人、こんな狂犬を鎖から放すなんて、またテロでも始めるつもりだろうか？（ツヴァイク　前掲書）

フーシェがバラスに拾われ、いつのまにか政治の場に戻ってきたことはすでに触れた。フーシェは、バラスの私設スパイとなってライヴァルの秘密を拾いあつめ、フリュクティドール（実月）十八日のクーデターに一枚かんで、バラスの独裁体制の確立に貢献したのである。その功に報いるため、バラスはフーシェを、ナポレオンが去ったあとのミラノのチザルピーナ共和国の大使兼軍政官として派遣した。

タレーランは大使として赴任したフーシェと連絡を取りあっている間に、心底ムシの好かないこのアンシャン・ジャコバンの中に、不思議な才能を認めた。とにかく、ある具体的な命令を与えたら、それを果断に、しかも迅速にやりとげる点で、彼の右に出るものはいない。しかも、組織作りの巧みさは舌を巻くほどである。これほど陰謀やクーデターを企てるのに最適な人物もいない。それに、フーシェは、ジャコバン派出身にもかかわらず、いまや思想というものをひとかけらももってはいない。この無思想な能吏《のうり》なら、どんな汚れ役でも平気でやってのけるだろう。オリユーが述べているように、タレーランは「革命の時代においては汚れた隅々を拭《ぬぐ》うためにしばしば汚い雑巾《ぞうきん》が必要になるものだということ」（オリユー　前掲書）をよく知っていた。こうして、タレーランとフーシェという、およそ水と油の二つの情念が結びつけられたのである。

その結果、チザルピーナ共和国の大使を解任されたにもかかわらず、フーシェは今度は、オランダにフランスが作った同じような傀儡《かいらい》政権、バタヴィア共和国の大使兼軍政官に任命されることになる。

かつての血なまぐさい使命のときとまったく同様、今度の外交上の任務にあたっても、やはり冷いエネルギーを発揮し、とくにオランダでは、電撃的な成功をおさめた。悲劇的な体験のうちに年をとり、あらしの時代にもまれて成熟し、貧困という厳しい鍛冶場《かじば》できたえられたフーシェは、新しく慎重さに裏打ちされた生来の実行力を実証したのだ。（ツヴァイク　前掲書）

とりわけ驚いたのはタレーランである。タレーランはフーシェがバタヴィア共和国に旅立つ前、かなり具体的な方針を与え、その実現を図るよう命じたが、フーシェは着任後わずか数日間で、この任務を完璧にやりとげたからである。

こんなに使える男をバタヴィア共和国などにおいておくのはもったいない。そう判断したのだろう、タレーランは、迫りくるジャコバン派のクーデターに対抗するため、フーシェを急遽《きゅうきょ》パリに呼び戻し、警察長官の座に据えた。ときに、共和暦七年テルミドール二日（一七九九年七月二十日）のことだった。以後、ナポレオンの華やかな独裁政治の陰に隠れて見えはしないが、そのじつ、深く静かに潜行するフーシェ時代、すなわち密告とスパイの時代が到来することとなる。

＊

タレーランが、ナポレオンのいない絶望的な状況において、次善のオプションとしてシェイエスを選んだのは、シェイエスが最も現実的な思考のできる政治家だったからである。

いまや賭けられているのはフランスの運命それ自体である。もし総裁のゴイエに率いられたジャコバン派が勝利すれば、フランスはもう一度恐怖政治に逆戻りするだろう。だが、逆に、このまま無能な総裁政府の政治が続けば、外国の軍隊によって国境は破られ、フランスは主権を失ってしまうにちがいない。この二つのオプションがいやなら、第三のオプションとして、即座に戦争を停止し、平和を呼び戻すために、講和の結べる政権をクーデターで確立するしかないではないか。立憲王政だってかまわない。ルイ十八世ではまずいというなら、傍流のオルレアン家のルイ＝フィリップを呼び戻すという手もある。バラスがルイ十八世の復帰を目論《もくろ》んでいるという噂があるのだから急を要する。

タレーランはシェイエスにこう迫ったが、革命の立役者の一人という自負のあるシェイエスはさすがに王政復古というオプションを選ぶわけにはいかず、やむなくみずからがクーデターの看板になることを承諾した。あとは、クーデターの実行部隊となってくれるアンチ・ジャコバンの将軍を探すだけである。この任にはナポレオンの部下で野心の少ないジョベール将軍を充《あ》てることにしたが、運悪くジョベール将軍がイタリア戦線で戦死してしまったため、代役としてモロー将軍に白羽《しらは》の矢を立てた。

こうして、タレーラン作・演出のクーデター劇の幕が切って落とされようとしていた矢先の十月十三日、ナポレオンが南仏のフレジュスに着いたという知らせがパリに届いたのである。

このまったく予想もしていなかった出来事によって、どの党派も作戦を一から練り直す必要に迫られた。というのも、アブキール湾におけるトルコ軍殲滅《せんめつ》という勝利を引っさげて上陸したナポレオンの人気はすさまじく、完全に凱旋将軍として迎えられたからである。司令官が軍隊を放棄したまま前線を離れたとナポレオンを責めることはできなかった。エジプトよりもフランスが大事だからである。

ジャコバン派が多数を占める議会においても、ナポレオンの帰還は「共和国万歳」の叫びによって迎えられた。

だが、それぞれにクーデター計画を企てていた総裁たちは、いずれもナポレオンの帰還を歓迎しなかった。まず、ジャコバン派のゴイエは「共和国を救うために戻ってきた」というナポレオンの報告を受け取ると、共和国はもうわれわれの手で救われていると、ひどく冷たい答えを返した。いっぽう、すっかり自分が主役を張るつもりでいたシェイエスもナポレオンの帰還に機嫌を損ねていた。王政復古を企てているバラスにいたっては、とんでもない奴が戻ってきたとしか考えなかった。

しかし、ひとりだけ、ナポレオンが戻ってきたことを心から喜んでいる人間がいた。タレーランである。タレーランは、シエイエス主体のクーデターでは、たとえ成功したとしても展望は開けないと考えていたが、ナポレオンが帰ってきたとあっては、その心配も消え去った。絶対の勝ち馬が登場したのである。

ボナパルトの帰還を迎えてフランスは救われたと思い――タレーランもまたフランスと一緒にそう思ったのであった。もはや逡巡《しゅんじゅん》することはできないのだ、これからの時代はボナパルトと呼ばれることになっていたのだ。（オリユー　前掲書）

タレーランの目論見はこうだった。いままでのプランにナポレオンを組み込み、軍事はナポレオン、表の政治はシエイエス、裏の政治は自分、警察はフーシエという担当でクーデターを実行し、総裁政府を廃止する。そして、これに代わる新たな三頭政治（ナポレオン、シエイエス、それにもうひとりだれか）を打ち立てるというものである。

しかし、タレーランがこのプランでいこうとしても、なかなか思惑通りには運ばなかった。ナポレオンとシエイエスがどうしてもしっくりいかないのである。

そこで、タレーランは、ナポレオンに向かってこう説得した。もしここで権力を取るつもりがあるなら、総裁政府のだれかしらと手を組まなければならないが、だとしたら、その選択はジャコバン派のゴイエでも、王政復古派のバラスでもなく、中道派のシェイエスしかない。ナポレオンが夢見ている理想を実現するには、実務派の法律家シェイエスと組むのがベストである。

いっぽう、シェイエスに対しては、クーデターのためには軍隊の力が不可欠だが、いま、どんな将軍と組んでも、もしナポレオンが敵に回ったら、どうあがいても勝ち目はない。おまけにナポレオンは将軍の中では理想家肌の共和主義思想の持ち主だから、シェイエスが考えている共和国憲法を実現するにはこれ以上のパートナーはないと説いたのである。

それでも、ナポレオンとシェイエスはなかなか手を組みたがらなかった。おたがいの性格があまりにちがいすぎていたのである。タレーランもこれにはほとほと手を焼いて、匙《さじ》を投げかけた。

ところが、そこに思わぬ助《すけ》っ人《と》があらわれた。いまでは出世して五百人議会の議長をつとめているナポレオンの弟リュシアン・ボナパルトである。リュシアンは兄に、ぜひともシェイエスと組んでクーデターを実行してくれと頼んだ。クーデターのためには、議長権限を行使して、議会をパリからサン・クルーに移してもいいと、具体的な計画まで描いてみせた。

これでようやくナポレオンも折れた。かくして、ナポレオン、シェイエス、タレーラン、リュシアン、それにフーシェというクーデターの五人の主役が決まり、決行の日取りも一七九九年十一月九日（ブリュメール〔霧月〕十八日）で合意をみた。

ブリュメール18日のクーデター（Eric Ledru *"NAPOLÉON Le conquérant Prophétique"*）

＊

ところで、タレーランは、クーデターを決行するからには、一滴も血を流さない完全無血クーデターでなければならないと信じていた。しかし、そのためには絶対に必要なことがある。第一点は、五人の総裁のうち、クーデター派が三人を占めて、総裁政府の解体が合法的に行われること。第二点は、五百人議会と元老院で臨時政府の樹立が混乱なく可決されることだった。

それにはまず、バラスをクーデター派に巻き込むことが不可欠だった。バラスがジャコバン派のゴイエとムーランの側について総裁政府の解体に反対すれば、クーデターはその時点で暴力を必要とするようになる。これは避けなければならない。この工作はタレーラン自身が引き受けることにした。

ついで、五百人議会と元老院についていえば、過激なジャコバン派のオージュロー将軍やジュールダン将軍には議会をサン・クルーに移すことを知らせず、議会から締め出して、一気に臨時政府樹立を可決しなければならない。ところが、これに対してはナポレオンが激しく反発した。彼らの勢力におびえたと後々いわれることに我慢がならなかったのである。ナポレオンは自分の威光があれば、彼らは平伏するだろうと信じていた。そこで、排除を主張するシェイエスの意見を退け、二十人のジャコバン派にもサン・クルーへの議会の移転を知らせることにした。このナポレオンの意地のおかげで、クーデターはあわや蹉跌《さてつ》の危機にさらされることになるのである。

ブリュメール十八日の早朝、議会のあるチュイルリー宮と総裁政府のおかれたリュクサンブール宮は軍隊に包囲されていた。

朝、召集を受けてチュイルリーに集まってきた議員たちは、パリではジャコバン派の暴動の恐れがあるので、両院の議会をサン・クルーに移すこと、議会と首都を防衛する権限をナポレオンに与える決議に賛成するよう求められた。決議はあっさりと可決され、ここにナポレオンは全軍を合法的に指揮下におくことができるようになった。

いっぽう、リュクサンブール宮では、ゴイエとムーランの二人のジャコバン派の総裁が辞任を拒んだため、宮殿内部の自室に監禁状態におかれていた。それを確認すると、タレーランはキャスティングボートを握るバラスのところに出向き、窓の外の軍隊をそれとなく示しながら、辞任を迫った。

タレーランはなだめたりすかしたりし、総裁の愛国心に訴えたりしたが、バラスの方ではすでにわかっていたのだ。街の声が依然として一番説得力があるものだということが。

（オリュー　前掲書）

バラスは黙って辞表を書き、タレーランに渡した。タレーランはもしバラスがゴネた場合には金《かね》で解決しなければといってクーデター本部から三百万フランの為替手形《かわせてがた》を預かってきたが、バラスが素直に辞表を渡してくれたので、その手形は自分が着服することにした。金に関しては、タレーランはまったく良心というものをもちあわせていないのである。

総裁政府解体はこれでかたがついた。残るは、サン・クルーに無理やり移転した元老院と五百人議会である。

ところが、サン・クルーの宮殿では、臨時の議会場の設営が遅れたため、議員たちはテラスや庭園に三々五々《さんさんごご》集まって、今日のこの措置に対して議論を始めた。時間が彼らに考える余裕を与えてしまったのである。

午後一時に開会が宣言されたころには、両院とも喧々囂々《けんけんごうごう》の騒ぎとなっていた。いきりたったジャコバン派の議員たちが次々に演説を求め、議会は大混乱に陥った。

これを見たナポレオンはみずから両院に乗り込んで演説する決意を固めた。おのれのカリスマ性をもってすれば、軍隊と同じように、一瞬のうちに全員が平伏するだろうと思ったのである。だが、議会は軍隊とはちがった。もともと、演説が下手なナポレオンの声は野次でかき消され収拾《しゅうしゅう》がつかなくなっていた。ジャコバン派の議員たちはまったくナポレオンを恐れることもなく、その周りを取り囲み、彼をつかんでもみくちゃにした。ナポレオンは気絶する寸前にミュラ将軍に助け出されて議会の外に出た。ジャコバン派の議員たちは「暴君を倒せ」と口々に叫んで、ナポレオンを法の外におく決議を通そうとした。これに必死で抵抗したのがナポレオンの弟で議長をつとめるリュシアンだった。もし、リュシアンが議長席を死守せず、決議が通っていたら、クーデターは失敗し、ナポレオンはロベスピエールと同じ運命をたどっていたかもしれない。

ここでも決断したのはタレーランだった。もはや一刻の猶予もできないと見てとったタレーランは、ナポレオンに、ただちに軍隊にジャコバン派議員の排除命令を出すように迫った。ナポレオンはようやく腹を決めたが、議長の救出を命じられた擲弾兵《てきだんへい》たちは突入をためらっていた。そこにリュシアンが議場から脱出してあらわれ、馬上から一世一代の大演説をぶった。

「いま議会は短剣をもった少数の議員たちによって自由を脅《おびや》かされている。彼らはもはや人民の代表ではなく短剣の代表である。たとえ、私自身の兄でも、フランス国民の自由を侵害するなら、この私が兄の胸を刺し貫くだろう」

この演説は絶大な効果をもたらした。擲弾兵たちはサーベルを抜いて議会になだれ込み、一滴の血を流すこともなく、議員たちを排除した。こうして、ブリュメール十八日のクーデターは辛くも成功し、いよいよナポレオンの天下が始まったのである。

第三章　熱狂皇帝、ヨーロッパを席巻す

フーシェ機関

ブリュメール十八日（一七九九年十一月九日）のクーデターは、ナポレオンにとっては運命を賭けた大バクチだった。もし失敗すれば、いかに栄光に包まれた将軍だろうと、エジプトからの敵前逃亡を理由に処刑されることは明らかである。そのせいか、彼はまんじりともせず、この日の夜明けを迎えた。

ところが、この同じ夜、クーデター派に加担しながら、ぐっすりと眠ったばかりか、昼過ぎまで寝坊して、執務室にあらわれなかった男がいた。フーシェである。

警察長官フーシェは、クーデター派が、彼とバラスの関係を恐れて、決行の細部については計画を教えなかったにもかかわらず、首謀者たちよりもはるかに詳しくその布陣《ふじん》とスケジュールを知っていた。それどころか、クーデターの成功確率はきわめて高いとも踏んでいた。

しかし、それでもフーシェは、万が一にもクーデターが失敗することを見込んで、決定的

にコミットすることを避けた。だから、首謀者たちが彼に細部を教えないで済ませたことはたいへん結構なことだった。これにより、クーデターが失敗した場合は、容易に反クーデター派に寝返ることができる。陰謀が企てられているとは気づいていたが、決定的な証拠までつかめなかったといえばいいのである。

どちらに転んでもいいようにしっかりと保険をかけておくフーシェの二股膏薬《ふたまたごうやく》ぶりを示す格好のエピソードがある。

ジョゼフィーヌが、ジャコバン派の総裁の一人ゴイエの態度に探りを入れるために、彼を自宅の夜会に招いたときのこと、たまたま、その場にフーシェが居合わせたので、ゴイエが彼にたずねた。

「警察長官、最近、新しいことでもありますかな？」

「なに、あいも変わらぬ陰謀ばかりで」

「陰謀ですって？」とジョゼフィーヌは胸がつぶれるような思いでたずねた。

「ええ、陰謀ですよ。でもご安心を。私はちゃんとやるべきことをやっておりますから。もし、本当に陰謀などありましたら、それが人の口の端《は》にのぼるころには、革命広場かグルネル平原に、ギロチンがたてられていますよ」

ジョゼフィーヌが真っ青になったので、ゴイエがこういって、安心させた。

「警察長官が人の前でこんなことをおっしゃるのは、そんなことは起こらないという証拠ですよ。噂のことなど気になさらずに、落ち着いてお眠りください」

ジャコバン派のゴイエには、自分はクーデターの情報をしっかりつかんでいると匂わし、いっぽう、ジョゼフィーヌには、もしナポレオンが自分を裏切るようなことがあったら、ただではおかないぞと脅しをかけておいたのである。

ところで、このエピソードの本当の面白さを味わうには、ジョゼフィーヌとフーシェの関係について知っていなければならない。フーシェは、ある意味で、亭主のナポレオンよりもはるかに深くジョゼフィーヌの心の奥に食い込んでいたのである。

＊

フーシェがジョゼフィーヌに接近したのは、総裁バラスに私設の密偵として拾われてからのことである。バラスは、ナポレオンを懐刀《ふところがたな》として使いながら、彼が自分を裏切ったりしないようにフーシェにジョゼフィーヌの私生活を探らせていたのだ。

しかし、フーシェが本格的にジョゼフィーヌを自分の最も役に立つ情報提供者として使うようになったのは、やはり一七九九年七月に警察大臣に就任してからのことである。彼は短期間のうちに、警察の情報機構を一から作り直し、スパイ網のピラミッドを築きあげたばかりか、最も確実で信頼のおける情報ソースとしてジョゼフィーヌをしっかりと掌《て》の中に握っていたのである。

国中のありとあらゆるものを監視するこの複雑な機械は、みごとな出来ばえであった。何千という報告書が、毎日ヴォルテール河岸《がし》の役所に流れこむのだが、それはこの大臣が、数ヵ月のうちに、全国くまなく、スパイや探偵や密告者のたぐいを配置しつくしたからだ。（中略）フーシェの手先は、金モールの軍服や、外交官の礼装や、やわらかいレースのドレスを身につけていることもあり、フォーブール・サン＝ジェルマンのサロンで談笑しているかと思えば、憂国の志士になりすまして、ジャコバン党の秘密の会合にしのびこむこともある。彼の雇用者リストには、フランス全土に令名高き侯爵や公爵夫人も含まれ、それどころか、彼が自慢していいことには（夢のような事実だ！）、フランスのファースト・レイディー、未来の皇后ジョゼフィーヌ・ボナパルトまで彼の手下になっていたのだ。（ツヴァイク『ジョゼフ・フーシェ』吉田正己・小野寺和夫訳）

このツヴァイクの最後の言葉は本当である。というのも、当のフーシェが、抽象的で曖昧《あいまい》な言葉で固めたその『回想録』の中で、珍しく、ジョゼフィーヌは自分のスパイであり、相当額の金を渡していたことを、次のように明言しているからである。

私はジョゼフとリュシアンのボナパルト兄弟よりも、ジョゼフィーヌのほうが接近しやすいと判断した。彼女がどれほど無分別な浪費をしているのか、そしてそれによって家庭を混乱させ悲惨な状態にしているかは周知の事実である。ジョゼフィーヌは手元には一エキュさえなかった。ボナパルトが出発前に受給できるようにしておいてくれた四万フランの収入ですら十分ではなかった。（中略）まだある。バラスから言われたので、賭博のテラ銭《せん》の非合法の金を私は彼女が受けられるようにしてやった。私は、直接、彼女に一千ルイ［二万フラン］を手渡したこともある。この警察のいきなはからいのおかげで、私は彼女からは好意をもって迎えられるようになった。（フーシェ『回想録』拙訳）

フーシェがジョゼフィーヌに直接手渡したといっている一千ルイは、現在の貨幣価値に換算すれば二千万円。けっして少ない金額ではない。おそらく、こうしたことが何回かあったのだろう。ジョゼフィーヌの浪費癖は度外《どはず》れていたから、ナポレオンからいくら生活費を貰《もら》っていてもすぐ底をつく。そのたびに、いやでもフーシェに頼らざるをえない。そして、いったん金を渡されたら、あとは際限なしで、フーシェの術中にどんどんはまっていったのだ。それどころか、なにかナポレオンに関する最新ニュースが入るたびに、それをもってジョゼフィーヌはフーシェのところに金をせびりにいったにちがいない。フーシェは続きを次のように書いている。

私は、さまざまなところから寄せられた情報をもとに、ボナパルトが近々、雲の間からいきなり降りてくるだろうと確信するに至った。そんなわけで、みんながビックリ仰天しているときでも、その事を予想して、準備怠《おこた》りなくしていたのである。（同前掲書）

つまり、ナポレオンがエジプトを脱出して南仏に上陸した知らせは、ジョゼフィーヌ経由で真っ先にフーシェの耳に入っていたのである。

＊

このジョゼフィーヌの例一つとってもわかるように、フーシェは、人間の最も弱いところ、すなわち「金」と「色」、とりわけ「金」に食い込むことで、確実に情報を得ていたのだ。密偵に命じて、召使、御者《ぎょしゃ》、小間使い、門番など上流階級の人間と直《じか》に接する使用人たちを小金で手なずけ、彼らから主人の財政状態を聞き出す。とくに、部屋付の小間使いというのは、女主人の大蔵大臣のようなもので、支出や収入を把握《はあく》しているばかりか、ときには出入り商人に立て替え払いもしているので、女主人の財政がどれくらい逼迫《ひっぱく》しているかを知るには一番の情報源である。

そして、最初は、この情報提供者を通じて、引き換え条件なしで金の提供を申し出る。このときにはもちろん間にダミーを立てることを忘れない。借金体質の浪費人間は、手元に現金があれば、それがいかに危ない金でも使ってしまうことをフーシェは知っている。これを何度か続けたあとで、もう返せない額に上っているのを確認すると、いきなり追い込みをかける。すると、おびえた相手は高利の金に手を出すが、そんなことは、フーシェにとってはとっくに織《お》り込み済みである。というのも、バルザックの小説に出てくるゴプセックのような高利貸しこそは、フーシェが最も信頼する情報源であり、狙った相手がこのアリ地獄に落ちてきたニュースは真っ先に彼に伝えられるからである。

やがて、高利貸しのアリ地獄にはまった犠牲者がついに音《ね》をあげて、ダミーのところに泣きついてくると、そのときになってようやく、フーシェがあらわれてバーターの条件をもちだすという寸法である。このように借金を利用して、犠牲者をピンポン玉のようにやりとりし、こちらが最も欲しいものを吐き出させる手口は、もともと、高利貸したちが彼らのシンジケートの中で行っていたものだが、フーシェは、おそらく、落魄《らくはく》の身になったとき、高利貸しの手先にでもなってこの手口をしっかりと学んだのだろう。同時に、最もなまぐさい情報は、つねに高利貸しのところに回ってくるということも学習したにちがいない。

ところで、金とくれば次は色だが、もちろん、色に関する情報もまた、金を頼りに手繰《たぐ》りよせることができる。一つは、娼館の女将《おかみ》を金で手なずけて、出入り客となじみの娼婦を把握し、娼婦をエージェントに仕立てる方法。もう一つは、金に困った上流階級の女たちの首根っこを押さえ、彼女たちを色仕掛けの秘密エージェントに仕立てる方法である。

この秘密女エージェントのうちで一番優秀な者がジョゼフィーヌだったのである。というのも、ジョゼフィーヌは亭主のナポレオン以外にも、身を挺して政府有力者の情報を探り出してくるボンド・ガールのような存在だったからである。フーシェ自身の口からそのことを聞こう。

私は、ジョゼフィーヌを通して、多くの情報を得た。というのも、彼女はパリの上流人士と毎日のように会っていたからである。といっても、バラスとはそれほどではない。むしろ、親しく付き合っていたのは、その当時総裁政府の議長をつとめていたゴイエのほう

である。(同前掲書)

この控え目だが暴露《ばくろ》的なフーシェの言葉を信じるなら、ジョゼフィーヌは元の愛人だったバラスよりも、むしろジャコバン派の総裁の一人ゴイエに接近して、そこから色仕掛けで情報を収集し、それをフーシェに伝えていたことがわかる。なるほどこうしておけば、両方の陣営のクーデター計画を知ることができ、どの時点でどちらに加担すべきか、的確に判断できるというわけである。

＊

しかし、ここで一つ疑問が起きる。金と女で情報を手に入れるのはいいが、その買収資金はどこから工面《くめん》してくるのかという問題である。なぜなら、いかに警察長官だろうと、動かせる公的な金には限度がある。国庫は、秩序の乱れと戦争で、ほとんど空っぽの状況だからである。

だが、心配は無用だった。なぜなら、情報の集まるところには金も集まるからだ。それは単純なことで、投機で、売りか買いか判断がつかないとき、情報が他人より一足先に届けば、その情報は濡《ぬ》れ手で粟《あわ》の大儲けとなってあらわれるのである。いわばフーシェは未来からの情報を得て、相場を張っているようなもので、金ならいくらでも彼のもとに集まってきたのである。

戦場の情況や講和交渉の情報をいちはやく知っていれば、気の合った財界人と組んで相場をあやつり、はては一財産を確保することもできる。というわけで、フーシェの握っているこの情報機関は、たえず金を生み、金はまた、この機関をなめらかに運転させる油として役立った。賭博場や売春宿や銀行から、何百万フランという秘密の献金が彼の手に流れこみ、それが今度は、買収資金に化《ば》け、買収資金がまた情報を生む。こうして、わずか数ヵ月のあいだに、恐るべき活動力と心理学的天才によって、一個人が無から作りあげたこの巨大な精密な警察機関は、その後一度も、止まったり、故障したりすることがなくなった。（ツヴァイク　前掲書）

ツヴァイクの言葉からわかるのは、フーシェのいわゆる警察機関とは、公的な警察機構とはまったく別の私的なスパイ組織であり、フーシェが一から十まで自分で作りあげたものであるということだ。情報が外部に漏《も》れないようにするには、まず警察内部の人間から欺《あざむ》かなければならないというスパイ組織の第一原則をしっかりと踏まえていたのである。

しかも、このフーシェ機関は、下部から吸い上げた情報と金がすべてフーシェ一人に集中するように組織されていた。なぜなら、この機関は、フーシェが自分一人で作っただけではなく、彼一人のために作ったものだからである。

つまり、フーシェは時の権力者に奉仕するためにフーシェ機関を作り出したわけではないのだ。時の権力者などは、情況次第でいくらでも変わる。だから、そんな連中のために奉仕する必要はない。それよりも、権力者がだれになろうと、絶対に自分をクビにできないような機関を作りあげる。この「作品」の完成に、フーシェは全身全霊を傾けたのである。

この比類なきフーシェの機関のもっとも非凡な点は、それがたった一人の手だけで運転されていることだ。どこかわからないが、その手は、機関のなかにはめこんだ一つのネジを押さえていて、そのネジをぬきとれば、ごうごうたる回転が、ぴたりと止まってしまう。フーシェは就任早々から、失脚した場合のことを考えていたのだ。もし免職されたら、手をちょっと動かすだけで、自分の組み立てた装置が、即座に働かなくなるようにしてある。およそこの野心家が、こういう機構を作ったのは、国家のためでも、総裁政府のためでも、ナポレオンのためでもなくて、もっぱら自分ひとりのためなのだ。（同前掲書）

ツヴァイクは誇張していっているのではない。フーシェがナポレオンによって二度解任されたとき、現実に、機関の完全な停止が起こったのである。これについては、あらためて詳述するが、フーシェの立ち去ったあとには、まったく機能しなくなった警察組織が残されているだけで、後任者は手の打ちようのないまま呆然《ぼうぜん》とするほかなかった。その結果、ナポレオンは苦々《にがにが》しい思いで、フーシェを元の地位に就けることを余儀なくされたのである。

このように、フーシェの作った機関、一種の裏警察は、フーシェ一人のためにのみ機能していたが、その目的はというと、これまた国家の治安維持とか、権力者に対する陰謀の摘発といったものではないのだ。フーシェは、ありとあらゆる手段を使って情報をかき集めることはするが、それをそのまま国家や権力者のために提供したりはしない。自分でタイミングがよいと判断したときだけ、しかも、情報をしっかりと選択してから、提供するのである。

バラスが王党派と交渉していることも、ボナパルトが帝冠をうかがっていることも、ジャコバン派や反動派の策動も、すべて知っていて、しかも、こういう秘密にしても、かぎつけて、すぐに暴露するのでは決してなく、いつでも、暴露すれば、自分の利益になると思った瞬間に、はじめてばらすわけだ。（同前掲書）

しかし、その提供のタイミングを計るには、一つ絶対に頭に入れておかなくてはならないことがある。情報を手渡す相手である当の権力者についての情報である。いずれ権力の座からすべり落ちる人間に貴重な情報を与えても意味はない。反対に、これから長い間権力の座にありそうな人間には、それなりの情報を分け与える必要がある。つまり、権力者の寿命を読むことが不可欠なのである。

そればかりではない。権力者が勝手に自分のクビを切ったりしないように、弱みを握って、いつでもそれを暴露できるのだぞということを相手に悟らせておかなければならない。そのため、フーシェ機関は、「下」の情報ばかりでなく、「上」の情報についても徹底的な収集を行った。これがあったからこそ、ジョゼフィーヌはフーシェにとって絶対に欠かせないエージェントとなったのである。

しかし、フーシェの企みすべてを理解したうえでも、われわれにはまだ疑問が残る。フーシェは、いったいなんのためにこんなことをやっていたのかということである。

まず、女のためということは絶対にない。フーシェは醜い妻を心の底から愛し、女色には一生無縁だったからである。

では金は？　もちろん、どん底生活を味わったことのあるフーシェは金にはこだわりを見せた。だがそれは、いわば安全への保険のためであり、散財への欲望はまったくないといってよかった。

それならば、名誉はどうなのだろう？　フーシェとて、地位や肩書への執着はあったのではないか。ところが、これもちがうのである。ナポレオンはフーシェを解任したとき、大使や公爵の地位を与えたが、フーシェはそんな餌《えさ》には飛びつかなかった。名誉も、ないよりはいいという程度で、それほどのこだわりはない。

とすると、いったいなんのためにフーシェ機関を作ったのか？

楽しかったからである。うれしかったからである。フーシェはおのれの陰謀情念を完璧に満たす道を警察長官という職業の中についに見いだしたのである。

人はおのれの情念に忠実に生きる以外に幸せになる方法はない。フーシェは他人の秘密を探り出し、陰謀を企てるときにのみ、完全なる幸せを味わっていたのだ。これでは何人《なんぴと》といえども、フーシェに勝てるわけがない。

「諸君、革命は終わった」

ナポレオンは典型的な熱狂情念の人である。だが、それは、空想や妄想に駆られて戦争に突っ走るという意味ではない。自分には無限の能力があると信じた人間が、能力にふさわしい仕事を見いだしたときにこそ、熱狂情念が全開になるのである。ナポレオンは、この意味で、完全なる仕事人間であり、試練となるような仕事が山のように押し寄せ、これを快刀乱麻《かいとうらんま》の勢いで処理しているときにこそ情念の完璧なる満足を感じるのである。

ブリュメール十八日（一七九九年十一月九日）に勝利を収めて権力を奪取したあと、ナポレオンは、これから手をつけねばならない幾多の困難のことを思って奮《ふる》い立っていた。十年間にわたる大革命の破壊によってもたらされた犠牲はあまりに大きく、その回復には、長い年月と膨大な努力が必要であるように思われた。

事実、初めて執政として行政の前線に立ったとき、ナポレオンは国家のすべてにポッカリと空《あ》いた巨大な空洞を見て絶句した。とりわけ、財政の乱脈には心底驚いた。

「なんという政府だ！　なんという行政だ！　これほどひどい財政のシステムがあろうか？」

しかし、ナポレオンは、目の前に立ち塞《ふさ》がる壁が大きければ大きいだけ、熱狂情念が激しく燃えさかるのを感じた。ただ、この情念を満たすには、一つの絶対的な条件がある。それは、すべてを自分の意志通りに動かすことのできる独裁的な権力である。

クーデターのあと、ナポレオンは三人の執政のうち、デュコというお飾りをはずして、タレーランを代わりに入れるつもりでいた。外務大臣にタレーランを起用せず、レーナールを重任させたのはそのためだった。ところが、タレーランは執政に就任することを拒んで、むしろ外相を希望した。なぜだろう？

それは、タレーランがキングメーカーとして、ナポレオンを強力な権限をもつ第一執政にすることを目論んでいたからである。タレーランは、フランスの絶望的な状況を立て直すには、強力な鉄の腕が必要であることを知っていた。国民はなによりもまず、平和を、秩序を、安定した生活と経済を望んでいる。そのことは、クーデターに勝利したナポレオンを迎える民衆の歓呼の声に耳を傾けるだけで十分である。

「共和国万歳！　ボナパルト万歳！　平和万歳！」

いまや平和と安定をもたらすことが先決であり、そのためには有能な権力者が必要なのである。自分が執政の一人などになったら、かえってもう一人の執政シェイエスとの調整役になってしまって、ナポレオンとの二人三脚はとれないだろう。それよりもむしろ、外務大臣となって、政権の陰のプロデューサーの役をつとめたほうがいい。

そこで、タレーランは外相に任命されたとき、ナポレオンに次のように申し入れを行った。すなわち、私は、これからあなたとだけ仕事をしたい。それは私のためではなく、フランスのためである。そのほうが効率がいいからです。それには、あなたが第一執政となって、政治にかかわるすべてのこと、内政では内務省と警察省、外政では外務省と陸軍と海軍、これらの五省を一手に握るべきです。そして、第二執政には司法を、第三執政には財政を任せるようにするといいでしょう、と。

この提案をナポレオンは深い感動をもって聞いた。なぜなら、それこそは彼が考え、望んでいたことにほかならなかったからである。このタレーランとの会談のあと、ナポレオンは秘書官のブリエンヌにこう語ったといわれている。

まったく、タイユラン［ナポレオンは、タレーランのことを終始こう呼び続けた］というのは優れたアドヴァイザーだ。彼は私の考えをすべて見透《みす》かし、私がやりたいと思っているまさにそのことを勧める。彼のいう通りだ。三人より、一人で進むほうが速く歩ける。（アンドロ・カストゥロ『ナポレオン・ボナパルト』に引用。拙訳）

ナポレオンはタレーランの助言に素直に従い、みずから強力な権限をもつ第一執政となるべく決心を固め、クーデターのもういっぽうの立役者シェイエスには憲法制定の仕事を一任することにした。こうすれば、シェイエスの面子《メンツ》も保てるだろうと考えたからである。

ところが、ここで悶着《もんちゃく》が生じた。シェイエスが憲法作成の小委員会に提案したプランは、有権者がまず名士《ノターブル》という市町村の選挙人を選び、その名士が県の選挙人たる名士を選び、県の名士が全国の……というピラミッド式の選挙方式を採用していたが、もっとも肝心《かんじん》な政治権力の執行者に関しては、奇妙なやり方が採《と》られていた。すなわち、国家元首たる「大選挙人」は、国会議員たる全国名士の互選によって選ばれるが、その「大選挙人」の権力とは、外務と軍事担当の執政と内務担当の執政を任命する権利があるだけで、大臣は二人の執政が選ぶようになっているのである。しかも、「大選挙人」は元老院によって罷免《ひめん》される仕組みになっている。ようするに、「大選挙人」とは、立憲君主制における君主のような役割しか与えられていないお飾りであり、シェイエスはナポレオンを「大選挙人」に祭り上げ、権力からはずしてしまおうと思ったのである。

この憲法草案にナポレオンは猛烈に反対した。ナポレオンには実際的演算能力とでもいえる優れた応用的想像力があったので、このシステムが機能しなくなる事態を即座に見抜くことができた。「大選挙人」の任命した執政が、彼の思うような大臣を選ばぬ場合が考えられる。そのとき「大選挙人」が執政を解雇しようとすると、執政は対抗手段として元老院に訴え、「大選挙人」を罷免させることになる。そうなると、国家の最高権力が不在となって、大混乱が生じるというわけである。

ナポレオンはこの「大選挙人」をナンセンスと決めつけ、シェイエスと真っ向から対立する姿勢を見せた。シェイエスは、ナポレオンは王になりたいのかとなじった。このとき、仲裁に入ったのがタレーランである。

タレーランは、かつてナポレオンが支配していたイタリアのチザルピーナ共和国の憲法として、行政権の強い憲法草案をドーヌーに立案させたことがあったが、この憲法草案をひっぱりだしてきてシェイエス草案の代案としてナポレオンに示すいっぽう、シェイエスには、「大選挙人」の部分だけを変えれば、あとはシェイエス草案でいけると説いたのである。

その結果、両者が歩みより、憲法草案の骨子《こっし》が決まった。立法府に関してはシェイエス案通り、行政府については、第一執政が軍事と内政と外交の決定権をもつというドーヌー案が採用された。

シェイエスはナポレオンを「大選挙人」に棚上《たなあ》げしてしまうつもりが、反対に元老院議長という閑職に追いやられ、三人の執政からもはずされてしまったのである。第二執政にはカンバセレス、第三執政にはルブランが選ばれた。ナポレオンは一七九九年十二月十五日に公布された憲法の宣言で、こう高らかに言い放った。

「市民諸君、革命は、それを開始した諸原則をここに達成した。革命は終わった」

新憲法は国民投票で三百十一万票対千五百六十二票の圧倒的多数によって承認された。

革命の時代が終わり、ナポレオンの時代が始まったのである。

＊

ナポレオンが第一執政として、外相タレーランと手に手を携《たずさ》えて行った業績は、ほとんど人間離れしている。

ナポレオンは、どんな法律のどんな細部でも、その道の専門家と同じくらい、あるいはそれよりもよく知っていた。自身、猛烈に勉強したのである。のちにナポレオン法典と呼ばれるようになる法律については、専門家の説明を聞きながら、条文を逐条検討し、盲点を的確に指摘した。彼にとって、法律は、まず役にたつこと、そして、公正であることが第一だった。

そして、法律ができあがると、それが全国津々浦々《つつうらうら》に、まんべんなく施行されるように二つの大きな改善を行った。一つは、パリから地方都市への幹線道路を整備し、郵便馬車や乗合馬車の定期便を走らせ、行政命令が地方都市にすばやく届くようにしたこと。もう一つは地方の市町村長の仕組みをあらため、県知事、郡長などの行政官に権威と権限を与え、これを中央から任命するようにしたことである。

また、国家再建に欠かせない国庫を満たすために、税制を改正し、それまで地方自治体に任せていた徴税を、直接に国家が集める直接税にして、納税者名簿を整備し、全国に税務署に相当する直接税徴収監督官の事務所を置いた。そのいっぽうで、完全に無秩序に陥《おちい》った通貨を立て直すため、フランス銀行を設置して、たちの悪い不換紙幣を回収し、通貨を安定させた。さらに国債の発行を控え、償還を急いだ。

ナポレオンが力を入れたもういっぽうの極は、教育だった。全国に四千五百の小学校を置き、コレージュやリセなどの中等教育も充実させた。

こうして、混乱は徐々に収束されていったが、ナポレオンがこの時代に制定した制度の中でもっとも永続したのは、なんといっても、民間人で国家に貢献した者に与えるレジオン・ドヌール勲章だろう。ナポレオンは、人間というのは、金銭以上に名誉で報いられることを欲する動物であることを知っていた。金銭欲に関しては、国庫が空っぽなので報いてやることはできないが、名誉欲の場合は、勲章というオモチャで済む。大の大人でもオモチャを与えられると大喜びすることを、軍人の勲章から学んでいたのである。軍人の喜ぶものなら民間人もうれしがるにちがいない。レジオン・ドヌール勲章は、ほとんどタダで、国民の力を国家が吸い上げる道を開いた。

＊

このように、政治、行政、財政、教育などすべての面でナポレオンは驚くべき情熱と忍耐を示し、一日二十時間のペースで働いて、いささかも倦《う》むことがなかった。三時間しか眠らないとか、「ナポレオンの辞書には『不可能』はない」（正しくは「『不可能』はフランス語ではない」）といったナポレオン伝説は、この時期の猛烈な活動からきているのである。

だが、ナポレオンはほとんど眠らず、何日もぶっつづけに仕事をしても、いささかも苦しいと感じなかった。なぜなら、それは熱狂情念という情念を完全燃焼させていたからである。読みやすく面白いナポレオン伝を書いた鶴見祐輔は、そんな彼の激務に耐える姿勢をこう評している。

人間は働いているときに一番幸福である。ことに天才児はその非凡の天分を十二分に発揮するときにもっとも幸福である。ナポレオンが青年失意の日に、しばしば死を思ったのは、金に困ったからでも、名誉が得られなかったからでもなかった。彼はむずむずするように五体にあふれているその才能のはけ口がなくてはげしい憂鬱を感じていたのだ。それが統領［執政］時代四年間に、大江《たいこう》の長堤《ちょうてい》を切って氾濫《はんらん》するように、全速力をもって発散したのだ。これがわずか三十の若い人間のしわざとは思われないほどだ。（鶴見祐輔『ナポレオン』）

人心は明らかに安定と平和へと向かっていたが、それは革命に反対して激しい抵抗を繰り広げていた王党派の反革命軍も同じだった。彼らもまた、戦いに疲れていたのである。反革命軍の中でも、もっとも頑強に抵抗を続けていたのは、王党派貴族が首領となってブルターニュやヴァンデのカトリック農民を組織していたふくろう党だった。深い森の中でゲリラ作戦を展開し、おたがいにふくろうの鳴きまねで連絡をとっていたことからこの名前がついたふくろう党は、ナポレオンが政権を握ったのを機に和平交渉を始めようと図り、密使をパリに送って、タレーランを仲介役としたので、ナポレオンとの折衝《せっしょう》に臨んだ。ナポレオンは、抵抗を続けてきた彼らの勇気を称賛しながらも、革命の終結を宣言した執政政府では反革命活動の意味はなくなったと語り、反乱の停止を呼びかけた。ナポレオンは、ふくろう党の密使が持参した和平条件のうち、一点を除いて、すべて即座に同意できるとした。除外された一点とは、ブルボン王朝がフランスに君臨するという条項で、王党派はナポレオンに王政復古に同意するよう求めたが、ナポレオンはこれを断固拒否した。彼は、国民が、革命の終結は望んでも、王政復古は希望しないことを知っていたのである。この点はタレーランもまったく同意見だった。

密使との会談を通して、ナポレオンは王党派の幹部はルイ十八世（ルイ十六世の弟）の復位以外に和平を認めようとはしないが、農民たちはそうではないことに気づいた。そこで、この両者を切り離すことに決め、反乱軍に対して、宣言を出した。

宣言の内容は、反乱軍の背後で糸を引いているブルボン王家とイギリスを糾弾《きゅうだん》しながらも、休戦に応じる者に対しては、信仰の自由、亡命者リストの廃棄、亡命者の財産没収の中止などを確約するというきわめて寛容なものだった。

宣言では直接には触れられていないが、武器の所持も実質的に容認されたので、反乱軍のうち、最強硬派のカドゥーダルを除くほとんどの幹部がこれに応じた。ナポレオンは、交渉決裂に備えて六万人の軍隊をブルターニュに派遣したが、反抗は小規模で、ここに、十年以上も続いた王党派の反乱は終わりを告げたのである。

＊

このように、ナポレオンのクーデターと執政政府が成功裏《り》にスタートできたのは、ナポレオンの力量もさることながら、その出現のタイミングが絶好だったことによる。左右両派とも戦いに疲れきり、安息と平和を望んでいた。ナポレオンは、この両者の調停者として姿をあらわしたのである。いかにナポレオンといえども、タイミングの悪いときにクーデターを起こしていたら、暴力を使わざるを得ず、その結果、国民の間に大きな遺恨《いこん》を残したにちがいない。天才も、時の運に恵まれなければ、不運の天才となるほかかない。

革命の混乱を終わらせ、国民融和を図るには、あと一つ、重要なことが残っていた。それは革命を避けて国外に亡命していた貴族たちの帰国の問題である。ナポレオンはこの問題の処理にあたって、ふくろう党の場合と同じ方法を採った。すなわち、ブルボン王家と貴族を切り離して、貴族に対して寛容をもって臨み、亡命生活に疲れた彼らを懐柔《かいじゅう》したのである。ナポレオンはふくろう党の問題が解決するや、次に人質法の廃止に取りかかった。人質法というのは、革命の末期に作られた法律で、亡命者リストに載《の》った貴族や反抗者たちの家族全員を収監するという希代の悪法だった。ナポレオンは人質法を廃止すると同時に、亡命者リストの見直しを行い、ブルボン王家に忠実な貴族を除いて、リストからはずすことを約束した。

貴族の懐柔策に関してはタレーランが大きな役割を果たした。アンシャン・レジームの人であったタレーランは、秩序を取り戻した社会が円滑に機能するには、社会の上層の人々、それも名門の出である貴族の洗練というものが必要であることを知っていたからである。タレーランは権力の座に就いたナポレオンに、亡命から戻った貴族たちを近づけ、彼の取り巻きに仕立てようと努力した。

タレーランは、パリの西の郊外のヌイイに、銀行家の持ち物だった邸宅を借りた。この邸で彼は、二月二十五日のカーニヴァルの祝宴を主催した。この夜会は、二年前にナポレオンのイタリアからの凱旋を祝うために外相公邸で開いた晩餐会に劣らぬ豪華なもので、当時の有名な歌手やオペラ座のバレリーナたちを呼んで、歌唱を歌わせ、バレーを踊らせ、詩人に詩を朗唱させた。この夜会にタレーランは、旧貴族の人士やパリの旧王朝時代の社交界の花形であった夫人たちを呼んで、ナポレオン夫妻に紹介した。（高木良男『ナポレオンとタレイラン』）

ナポレオンは、タレーランがこうした邸宅の購入費や接待費をどこで工面していたかを十分承知していたが、彼の圧倒的な有能さと旧社会とのコネクションゆえに、すべて大目に見ていた。彼は、外交交渉と社交界（この二つは同質だ）におけるタレーランの類希《たぐいまれ》な手腕をだれよりも高く買っていたので、タレーランが多少は賄賂やリベートを受け取ることを容認していたのである。

彼［タレーラン］は交渉を行うのに必要な多くのものを持っている。それは、国際的精神、ヨーロッパの成り行きに関する知識、一言多く言わないだけの繊細さ、何物をもっても動じさせることのできない不変の表情の持ち主であること、そして最後に名門の出であることだ。（ナポレオンの言葉。オリユー『タレラン伝』宮澤泰訳に引用）

ナポレオンは、自分には欠けているものをタレーランがすべて備えていることをしっかりと認識し、この能力を有効に使いこなそうと努めたのである。

こうして、クーデターによって生まれた執政政府は、タレーランの絶妙な舵取《かじと》りもあって順調にスタートした。

しかし、そのスタートを大きな懸念をもって眺めている者があった。ブルボン王朝の王侯たちと、それを支援するイギリス、それにオーストリアである。彼らは、ナポレオン政権が安定してしまったら、元も子もなくなることを知っていた。なかでも、オーストリアは、ナポレオンの留守の間にイタリア戦線とライン戦線でフランス軍を押し返し、有利に戦いを進めていたので、ナポレオンの和平の呼びかけに応じるふりを装ってイタリア戦線に兵を集結させ、一気に攻勢に出る準備を整えた。

いっぽう、ナポレオンは、オーストリアの作戦を見破ると、みずから陣頭指揮に立つ決意を固め、三万六千人の軍隊を率いてイタリアに向かった。

だが、そのとき、ナポレオンのいなくなったパリでは、さまざまな陰謀が企てられ、フーシェとタレーランという、われらが主人公たちの情念戦争もまたここに火ぶたを切ることになるのである。

マレンゴ

一八〇〇年六月二十日、ナポレオンが六月十四日のマレンゴの大会戦で、オーストリア軍に完敗したという知らせがパリに届いた。ナポレオンが戦死したという未確認情報も伝わってきた。死亡したのではむろんのこと、大敗した場合でも、ナポレオンがその地位にとどまることはできまい。そこで、ナポレオンの後継者をだれにするかを巡って、いたるところで鳩首《きゅうしゅ》会談が繰り広げられた。

といっても、議会のような公開のところで後継者問題が議論されたわけではない。それぞれの党派やグループが集まって、思惑を語りあっていたのである。

なかでも、大がかりだったのは、ブリュメールのクーデターのさい憲法制定議会をつくった議員たちのグループだった。彼らは、ナポレオンが戦場に出発するとすぐオートゥーユの邸宅に集まって、もしものときの後継者をだれにするか話しあったが、二十日にいたってにわかにそれが現実味を帯びたため、緊急招集をかけたのだった。議論は二転三転したが、後継者は結局、陸軍大臣で共和派のラザール・カルノーに落ち着いた。これはのちにオートゥーユの陰謀と呼ばれることになる。

もう一つのグループは、シエイエスを中心とするもので、彼らは、ブルボン王家の分家で革命にも賛成したオルレアン家のルイ＝フィリップか、あるいはアメリカ独立戦争の英雄ラファイエット将軍を担ぎだしてはという話になった。

タレーランは、このどちらのグループの会合にも出席し、みずから積極的に意見は述べなかったものの、もっともリスクが少ないカルノーを立てるという線で合意を見るように議論を巧みに誘導した。カルノー擁立は、マレンゴ敗北の知らせが届いた二十日のうちに、第二執政カンバセレスと第三執政ルブランが主宰した閣議でも決定を見た。

こうした動きとは別に、ナポレオンの兄弟である長兄のジョゼフと弟のリュシアンも、ナポレオンの後継者になろうと策謀していた。

なかでもリュシアンは、ブリュメールのクーデター成功は議長としての自分の働きによるものと自負していたので、ナポレオンの戦死が確認され次第、後継者に名乗りでる腹づもりでいたのである。

いっぽう、ジョゼフは家父長的なコルシカの伝統からいっても、ナポレオン亡きあとは当然自分が継ぐものと考え、カンバセレスなどの支持をとりつけるよう動いていた。

警察大臣フーシェは、これらの密謀の動きをすべて掌握したうえで、もうひとつの選択肢を検討していた。というのも、フーシェにとって絶対に回避しなければならないオプションがあったからである。それはブルボン王朝の王政復古である。彼は、国王の死刑に賛成投票した人間であり、リヨンの虐殺者として王党派の憎悪を買っていたので、ブルボン王朝とのコネクションをもっているタレーランが動いて、カルノーから王政復古への線が生まれはしないかと警戒していたのである。

そこで、カルノー擁立派とは別のところで、ジャコバン派のベルナドット将軍を担ぎだす陰謀を企てていた。そして、元老院議員のクレマン・ド・リに命じて、ナポレオンの死亡確認と同時に街頭に張りだすクーデターの宣言文を印刷させた。

このように、ナポレオン敗北の知らせは、いたるところに陰謀を発生させていた。そして、各派とも、相手を牽制《けんせい》し、スパイを放っては情報を収集していた。その結果、タレーランのオートゥーユの陰謀はフーシェの知るところとなり、フーシェの陰謀はタレーランの耳に届いていた。

＊

六月十四日午後三時、メラス将軍率いるオーストリア軍は、アルプス越えという奇襲戦法でミラノに侵入したナポレオン軍とマレンゴの平原で会戦し、いたるところでこれを粉砕《ふんさい》しつつあった。オーストリア軍の勝利は目前まできていた。

いっぽう、もっとも勇壮なドゥゼ軍団をノヴィに向けて進軍させてしまうという「兵力分散」の誤りを犯したナポレオンは、敗北を覚悟し、いつ退却命令を出すか、その決断に迷っていた。ここで大敗すれば、たんに第一執政としての身分を失うにとどまらず、ブリュメールのクーデターの首謀者として反逆罪に問われるかもしれない。留守番政府は容易に彼を捨て、対仏同盟軍と和睦《わぼく》し、王政復古に走るだろう。この瞬間のナポレオンの心境を鶴見祐輔は、こんな風に講談調で活写している。

生きて縲紲《るいせつ》のはずかしめ（罪人として投獄されること。縲紲とは罪人を縛る縄）をうくべきか、むしろ屍《しかばね》を馬革《ばかく》につつむべきや。半生の壮図《そうと》は夢であった。（鶴見『ナポレオン』）

そのときだった。ドゥゼ将軍の精鋭部隊が救援に駆けつけてきたのは。ドゥゼはナポレオンにいった。

「閣下、この戦いは負けと決まりです。しかし、まだ三時です。日暮れまでには、もう一回戦って勝つぐらいの時間はあります」

「よし、行け！」

フランス軍は、勇猛果敢なドゥゼ軍団に引っ張られるかたちで全戦線にわたって反撃を開始した。不意を打たれたオーストリア軍は浮足だち、退却を始めた。そこに容赦なくフランス騎兵が追撃を加え、オーストリア軍はたちまちのうちに壊滅した。真っ先かけて突撃したドゥゼは銃弾を浴びて戦死し、ナポレオンは勇者の死骸を抱いていつまでも号泣《ごうきゅう》していた。

これが戦史に残るマレンゴの逆転勝利である。

＊

マレンゴ大勝利の知らせは、敗北の誤報の翌日、パリに届いた。今度は六月十六日付けの「予備軍公報」だったからまちがいはなかった。パリの民衆は熱狂したが、ナポレオン失脚を前提に事を進めていた留守番政府の高官たちは一様に困惑し、身の潔白を晴らす手段を探った。結論は、陰謀の証拠となるようなものをもみ消すいっぽう、他人の陰謀を暴き、それを一刻も早くナポレオンの耳に入れるというものだった。

この結論をもっとも忠実に実行したのがフーシェだった。フーシェは、元老院議員のクレマン・ド・リに命じてクーデターを公示するポスターとビラを馬車でトゥレーヌ地方の城郭に運ばせ、焼却させたが、それでもまだ秘密文書が残されているのではないかと不安を感じたので、配下の秘密警察をトゥレーヌに派遣し、城郭を虱潰《しらみつぶ》しに捜索させた。そのさい、刑事たちは、フーシェに命じられた通り、押し込み強盗を装って宝石を奪うと、クレマン・ド・リを誘拐《ゆうかい》して身代金《みのしろきん》を要求した。王党派の仕業《しわざ》と見せかけるためである。その結果、近在の王党派の青年貴族四人が逮捕され、無実の罪をかぶせられて、処刑された。保身のためとあらば、他人の命などなんとも思わないリヨンの虐殺者は健在だったのである。この事件はバルザックが取り上げて『暗黒事件』という傑作政治小説に仕立てている。

そのいっぽうで、フーシェは警察網を通じて収集したオートゥーユの陰謀をナポレオンに報告したが、黒幕はタレーランだと匂わせることを忘れなかった。フーシェは、タレーランがもっとも手ごわい敵であることを理解していたのである。

では、タレーランは、フーシェの讒言《ざんげん》に対して、いかに身を守ったか？

タレーランは、マレンゴ敗北の虚報が引き起こしたドタバタ劇をすべてナポレオンが知っていることを知っていたので、あえてそれには触れず、むしろ、そうしたことが二度と起こらないように絶対的な予防措置を講じておくべきであると、きわめて巧みな言い方で進言した。すなわち、マレンゴ勝利を祝う手紙の中で「帝国」という言葉を象徴的な意味に用いながら、そのじつ、具体的にナポレオンに世襲制の皇帝になるよう勧めたのである。

ナポレオンは、そうなりたいと思っていることを自分がいいだすよりも前にいってくれるタレーランのこの態度に感心し、オートゥーユの陰謀については見逃すことにした。タレーランは、なんといっても圧倒的に有能な政治家であり外交官なのだ。党派から党派へと簡単に移って行くその蝶々情念を黙認しても余りあるメリットをもっているのである。

＊

このように、マレンゴの陰謀騒ぎの結果、ナポレオンはタレーランの立てたプランに従って、皇帝への階段を一段一段上りはじめたが、そのことを極度に恐れ、なんとしてもこれを阻止しなければならないと考えている者がいた。

意外や、それはジョゼフィーヌだった。

ジョゼフィーヌは、どうにも魅力の感じられなかったチビの亭主が遠征から帰るたびに、どんどん偉くなり、ついにフランスの権力のトップに上りつめたことを困惑の思いで見つめていた。ただたんに、お洒落や贅沢や、舞踏会や恋の逢瀬《おうせ》を楽しむことこそが人生の快楽と心得るジョゼフィーヌにとって、亭主の地位の上昇にともなって自分の地位も上がってしまい、舞踏会ひとつ出かけるにも事が大仰《おおぎょう》になるのがつらかった。

ジョゼフィーヌは舞踏会が大好きだった。リュクサンブール宮殿にいたときは、まだお忍びで町の舞踏会に行くこともできたが、チュイルリーにきてからは、それもできなくなった。舞踏会というのは、心ゆくまで踊りまくるもの、ひょっとするとすてきな騎士《ナイト》と一夜のアヴァンチュールが楽しめるかもしれないと心ワクワクするもの、それが舞踏会というものだ。大臣が舞踏会を開くというので行ってみると、みないっせいに立ちあがって自分を迎える。これでは、楽しむことなどとてもできない。（安達正勝『ジョゼフィーヌ革命が生んだ皇后』）

第一執政ですら、この始末なのだから、もし、亭主が皇帝にでもなったら、どういうことになるのか。それに、ナポレオンが皇帝になったら、自分は皇太子を産まなければならない。だが、もはや、その望みはほとんど断たれている。これはなんとしても、ナポレオンが皇帝になることを阻止する必要がある。

このジョゼフィーヌの意図を正確に見抜き、ぴったりとそれに寄り添うかたちで、彼女を支持していたのがフーシェである。

フーシェは、最初、ナポレオンに関する情報を手に入れるためジョゼフィーヌに接近し、彼女の浪費癖につけこんで、もっとも優秀なスパイに仕立てた。ところが、ナポレオンが皇帝になり、ジョゼフィーヌが皇太子を産めないという理由で離縁となれば、もっとも確実な情報ソースを失うことになる。ここは、是非ともジョゼフィーヌと共同戦線を組み、ナポレオンが皇帝となることを阻《はば》まなければならない。

だが、そのためにはどうすればいいのか？

それは、ナポレオンを皇帝にしようと策動しているタレーランとナポレオン兄弟たちに決定的な足払いをくわせることである。

＊

フーシェがジョゼフィーヌの味方をしたのに対して、ジョゼフィーヌを憎み、彼女の乱れた生活を逐一ナポレオンに報告していたジョゼフとリュシアンは、敵の敵は味方だという論理でタレーランと組んだ。ここに帝位をめざすナポレオンを巡って「ジョゼフィーヌ＝フーシェ組 vs. ナポレオン兄弟＝タレーラン組」というタッグのデス・マッチの構図ができあがったのである。この構図をジャン・オリユーはこう解説している。

フーシェは彼女をそのままでいさせたかったがタレーランは離縁させたかったのだ。タレーランには執政の兄弟たちと母親が味方していた。いったいなぜこのような意見の一致があったのだろうか？　家族たちは、ドータン殿［タレーラン］に少しずつ教導されて、権力をボナパルトの子孫に世襲していくことをすでに考えていたのである。タレーランとしてはフランスには君主制が必要だと考えていたのだ。ところで、世襲制をなくしては真の君主制は存在しないのである。（中略）フーシェの方は世襲君主制を支持する人々をあまりに沢山殺害してきたから、以前の君主制を滅ぼしてから七年もたたぬうちにまた別の君主制をこしらえるのは早すぎるだろうと判断していたのである。（オリユー　前掲書）

君主制の仕掛け人タレーランとしては、じっくりと事を運んで、果実が熟するように帝位が向こうから転がり込むようにしたかった。だが、彼にとって、ひとつ大きな計算違いがあった。タッグを組んだ人たちの性急な性格というものを勘定に入れておかなかったのである。

一八〇〇年十一月一日、万聖祭の日、パリのパレ・ロワイヤルの本屋の店先に、『カエサル、クロムウェルおよびマンクとナポレオンの比較』と題した匿名の小冊子がいっせいに並んだ。内容は、革命の精神を裏切ったクロムウェルやマンクと異なり、ナポレオンは革命の精神を受け継ぎながら国内に秩序を、国外に和平をもたらした優れた指導者であり、むしろ、ローマのカエサルに比較さるべき人物である。それゆえ、カエサルと同じように帝位に道をひらくべきではないかというのである。

このパンフレットを書いたのは文人フォンターヌだったが、じつの作者は、ナポレオンの弟で内務大臣をつとめるリュシアンだった。

このパンフレットの存在を知るや、ナポレオンは烈火のごとく怒り、フーシェを呼びつけて鋭く譴責《けんせき》した。自分に皇帝への野心があるなどというデマを飛ばした悪質なパンフレットを放置しておくとは、警察大臣の怠慢にもほどがあるというのである。

じつは、ナポレオンが激しい怒りを見せるとき、それは完全な演技だった。ほんとうに怒っているときには、逆に、まったくのポーカーフェイスで穏やかな表情をしているのである。だから、このときも、あくまでフーシェの反応を試すための怒りだった。フーシェはそんなことは百も承知だったので、いけしゃあしゃあと、こう答えた。

「おっしゃる通り、これはきわめて危険な思想を含んだパンフレットでございますな」

「なんだと？　で、街の反応は？」

「おしなべて、危険と判断しておるようでございますな。全国の知事からも同様の報告が届いております」

「それならば、著者を捜し出して、牢獄へぶち込むのが警察大臣の仕事というものだろう」

「しかし、そんなことはできません」

「どうしてできない？」

「これは内務大臣の指示で書かれたものでございますから」

「なに？　それなら、君は、即刻、内務大臣を逮捕すべきだろう。内務大臣だろうと、国家の安全を攪乱《かくらん》するような文書をバラまくことは許されない」

そういうが早いか、ナポレオンはフーシェを残して、ドアをバタンと閉めて、執務室を出ていってしまった。執務室に残されたフーシェは、ナポレオンの副官のブリエンヌに向かって肩をすくめながらこういった。

「このパンフレットのほんとうの著者を牢獄へぶち込むなんてことはできっこない。ゲラの段階で差し押さえて、著者を割りだし、内務大臣に説明を求めたところ、彼は、原稿を持って戻ってきて、それを私に見せた。そこになにがあったと思う。第一執政の筆跡で書かれた訂正だよ」

フーシェにまんまと裏をかかれたナポレオンは、泣いて馬謖《ばしょく》を斬るの伝で、責任をリュシアンになすりつけて内務大臣を解任し、頬被《ほおかむ》りするほかなかった。

帝位をめぐるジョゼフィーヌ＝フーシェ組 vs. ナポレオン兄弟＝タレーラン組の戦いの一回戦は、こうして、フーシェのノック・アウト勝ちで終わった。

ナポレオンは、事を急ぎすぎたと反省し、タレーランは「賢い敵よりも、愚かな味方のほうが怖《こわ》い」というラ・フォンテーヌの寓話の教訓をかみしめるほかなかったのである。

フーシェ、「失職」する

一八〇〇年十二月二十四日、ハイドンのオラトリオ『天地創造』のパリ初演に臨席するため、チュイルリー宮殿からオペラ座に向かっていたナポレオンの馬車は、サン・ニケーズ街に差しかかったとき、行く手を荷馬車に塞がれた。荷馬車の手綱《たづな》を握っていたのは、一人の少女。避けきれないとみた御者《ぎょしゃ》は、とっさに右手の小道にカーブを切った。その直後、背後で大地を揺るがすような爆発音が聞こえた。少女の乗っていた荷馬車に時限爆弾が仕掛けてあって、これがすさまじい勢いで炸裂《さくれつ》したのである。

ナポレオンは、馬車のガラス窓が割れたが無事だった。酒を飲んでいた御者が飛ばしすぎ、予定の通過時間よりも早く現場に到着したため、爆薬のセットされていた時間とは数秒のずれを生じたことと、御者の前方不注意で、急な回避行動をとったことが、奇跡的にナポレオンの命を救ったのだ。死者は、護衛の騎兵など八名。後続馬車に乗っていたジョゼフィーヌは、馬車が遅れていたため、難を逃れた。荷馬車の少女は、四肢を吹き飛ばされて、どこのだれだか突き止めることもできなかった。

ナポレオンは動転しながらも、平静を装い、御者にそのままオペラ座に向かうように命じた。ボックス席に着くと、なにも知らない観客の歓呼の声に応えたが、かたわらでは、ジョゼフィーヌが興奮さめやらず、涙を流していた。ナポレオンはオラトリオの演奏に熱心に耳を傾けた。

もし、このポーカーフェイスがチュイルリー宮殿に帰還したあとも続いていたら、ナポレオンは歴史に残る太っ腹の大英雄ということになったのだが、残念ながら、そうはいかなかったようである。チュイルリー宮に、一報を聞いて集まってきた臣下を前にして、ナポレオンはライオンのように吠《ほ》えまくり、警備態勢の不手際《ふてぎわ》をなじったのである。

その雷の標的となったのが、警察大臣のフーシェだった。ナポレオンは、フーシェが暗殺計画に気づかなかったのではなく、感知しながら、それを放置していたのではないかと、激しく詰め寄った。犯人はまず、ジャコバン党員にまちがいない。フーシェが計画を見逃したのは、かつてジャコバン党員として、同じようにテロを働いた同志だったからだろう、と、ナポレオンはフーシェを面罵《めんば》した。

この嵐のような叱責《しっせき》に対して、フーシェは顔の筋ひとつ動かさず、こう答えた。

「いまのところ、暗殺計画がジャコバン派のものだったという証拠はなにひとつあがってはおりません。察するに、今回の事件は、王党派の仕業で、イギリスがうしろで糸を引いているのではないでしょうか」

この平然たる受け答えに、ナポレオンは完全に切れてしまった。そして、自分は、フーシェが恐怖政治時代に犯した旧悪はみんな知っているといって、ジャコバン党員フーシェの前歴を次々に列挙し、つかみかからんばかりに、フーシェをにらみつけた。

だが、ナポレオンがわれを忘れて逆上すればするほど、フーシェは冷静になった。どんな剝《む》き出しの罵倒の言葉も、フーシェの爬虫類《はちゆうるい》のような顔の上をいたずらに滑っていくだけだった。フーシェは同じ推測を、なんの動揺も見せずに繰り返すだけだった。

数日が経過した。フーシェはなんの動きも見せず、ただ沈黙を守っていた。ナポレオンは、いっそういらだった。一族のジョゼフやリュシアンは、これを機会にフーシェをお払い箱にしてしまえと進言している。ナポレオンもその考えに傾きつつあった。そして、さらに一歩踏み込んで、フーシェに、疑わしきジャコバン党員のリストを提出するように命じた。フーシェがサボタージュを決め込むなら、みずから犯人を割り出して、フーシェのクビを切ろうというのである。フーシェは黙って百三十名のジャコバン党員のリストを差し出し、ナポレオンのいいなりに、彼らを流刑の処分にした。

さらに二週間がたった。この間、フーシェはなにをしていたのだろうか？

完全なポーカーフェイスのもと、なにひとつ策を講じないように見えて、そのじつ、フーシェの頭脳は恐るべき勢いで回転していたのである。秘密警察に命じて、爆発現場の遺留品を徹底的に集めさせ、そこから、使われた荷馬車の馬の持ち主を割り出し、ついに実行犯を割り出したのである。王党派のヴァンデ党員の海軍士官が暗殺グループの主犯だった。

だが、フーシェは、事件が黒幕のカドゥーダルの指示によるものであることを解明し、資金がイギリスから出ている事実を突きとめるまで情報を漏らさなかった。イモヅル式に王党派の一味を捕縛《ほばく》できるようにするためである。

そして、八十数名におよぶ犯人グループをすべて逮捕したあと、動かぬ証拠をそろえ、だがいささかも得意なそぶりを見せずに、ナポレオンに事件の「結果」を報告しに出かけたのである。

ナポレオンは、その報告書を、憤怒《ふんぬ》と賛嘆のいりまじった表情で読みあげてから、いかにも無念そうに、ただひとこと「よくやった」といった。

フーシェは眉《まゆ》をピクリとも動かさず、無感動にこの言葉を聞くと、うやうやしく退出した。

この瞬間、ナポレオンとフーシェの間に、もはや、二度と埋めることのできない溝《みぞ》が穿《うが》たれたのである。

万能の天才であり、この世で自分よりも優れたものはだれ一人いないと思い込んでいたナポレオンは、ついに、おのれの負けを認めざるをえなくなった。そして、その敗北に深く傷つき、心に復讐《ふくしゅう》を誓ったのだ。ツヴァイクは、この両者の関係を次のように述べている。

およそ専制君主なるものは、自分の欠点や失策を注意してくれた人に、感謝するものではない。（中略）王者は、自分が弱みを見せた瞬間を目撃した人を愛さないし、専制的な性格の人は、たった一度でも、自分たちより賢いことを示した顧問役を愛さないものだ。

（ツヴァイク　前掲書）

ツヴァイクの言葉が真実ならば、フーシェはここで取り返しのつかない失策を犯したことになる。ナポレオンよりも賢いところを見せてしまったのだから。フーシェは、抑えがたい自尊心に駆られて、おのれを失ったのだろうか？

そうではあるまい。ナポレオンという人間のことをだれよりも、ナポレオン本人よりも詳しく知り抜いているのがフーシェという人間である。こう出れば、こう来るということぐらい、とっくにわかっていたはずだ。もし、フーシェが臣下である自分の立場をよく自覚していたなら、けっして君主を怒らせるようなドジは踏まなかったにちがいない。それなのに、ナポレオンを打ち負かしたのはなぜなのか？

今度もまた、楽しかったからだというほかない。フーシェは、ナポレオンの予想とはまったくちがう真犯人を捕らえ、それをナポレオンの面前に突き出して見せることに、このうえもない楽しさを感じていたのだ。それはほとんどゲームだった。相手が激情的になればなるほど冷静になり、相手が隙《すき》を見せたとたん、猛然と襲いかかる。熱狂情念に対するに、陰謀情念をもってするパッション・ゲーム。この危険きわまるゲームに身をゆだね、殺《や》るか殺られるかのスリルを味わう。フーシェは、つねにより困難な相手を求める格闘家の本能の持主なのである。

だから、あえて、ナポレオンが復讐してくることを承知で、真犯人逮捕の報告に出かけたのである。

政教和約にサインするナポレオン（Baron François Gérard Eric Ledru *"NAPOLÉON Le conquérant Prophétique"*）

＊

しかし、さすがの暴君といえども、手柄をたてた部下を、その手柄ゆえに罰することはできない。だが、なんとしても、身《み》の程《ほど》知らずのフーシェに、主人がだれであるかを思い知らせてやる必要がある。どうするか？　フーシェが一番いやがっていることを、フーシェ本人の口からいいださせるように仕向けるのである。

世紀が変わって十八世紀から十九世紀になった一八〇一年、第一執政ナポレオンは、国内ばかりでなく、国外でも革命の時代に終止符を打とうと決意した。すなわち、敵対を続けていたイギリス、オーストリア、ロシアと休戦し、ローマ教皇と和解するのである。親仏路線をとろうとしていたロシアのパーヴェル一世が三月に暗殺されるというアクシデントがあったものの、タレーランの活躍で、各国との和平交渉はオーストリアとのリュネヴィル条約を皮切りに順調に進み、翌一八〇二年の三月には、最も困難だったイギリスとの平和条約、アミアン条約が締結された。

また、ローマ教皇との政教和約《コンコルダ》も一八〇一年七月に調印にこぎつけ、翌年の復活祭四月十八日に公布された。

続いて、海外に亡命していた貴族たちに大赦《たいしゃ》を与える決議も元老院で可決された。

かくして、一八〇二年は、ナポレオンにとってもっとも輝かしい「勝利の年」となったのである。

そうなると、これだけの業績をあげた大英雄をたんなる第一執政にしておいていいのだろうかという声がどこからともなくあがってくる。今度ばかりは、ナポレオンの兄弟たちばかりでなく、元老院も、国務院も、さらには、第二執政であるカンバセレスも、第一執政を終身執政に推《お》す考えに傾いた。もはや、機は熟したのである。

ところが、なんとしたことか、この動きに、ただ一人敢然と立ちむかったものがいた。フーシエである。

フーシエは、ナポレオンを終身執政にと自分がいいだせば、ナポレオンがもっとも喜ぶことを当然知っていた。ここで恩を売っておけば、オペラ座事件の怒りも和《やわ》らぐはずだ。ナポレオン自身も、フーシエがそういいだすものとばかり思い込んでいた。

だが、フーシエは、あえて、この安易な道を取ろうとはしなかった。なぜだろう？

彼の陰謀情念が許さなかったのである。

かつて、フーシェは、国民公会で、ロベスピエールから名指しで脅され、ギロチンに首まで迫られながら、持ち前の陰謀魂を発揮し、国民公会議員一人一人の心に恐怖心を吹き込むことで、見事、ロベスピエールを返り討ちにしたことがあった。

今度もまた、フーシェの陰謀魂に火がついたのである。

元老院議員全員の弱みと泣き所をすべてしっかりと握っているフーシェにとって、元老院の決議を思い通りに動かすことなど、朝飯前《あさめしまえ》のことだった。だから、フーシェがナポレオンを終身執政にと、各議員の耳にささやけば、元老院は満場一致でそのささやきを決議に変えたことだろう。ナポレオンもすっかりそうなるものと高《たか》をくっていた。

ところが、フーシェは反対の策謀に動いたのである。しかも、いとも巧妙な方法で。

一八〇二年の五月、元老院に、ナポレオンを終身執政にという動議が提案された。ところが、ナポレオンの計算とは裏腹に、この動議はあっさり否決されてしまった。代わりに、第一執政ナポレオンの任期をさらに十年延長しようという動議が出され、これが可決されたのである。

元老院議長がこの決議を携《たずさ》え、満面に笑みを浮かべてチュイルリー宮をたずねると、ナポレオンは、抑えた憤怒《ふんぬ》でこの決議に一瞥《いちべつ》を投げ、残念だが辞退させていただくと、冷たく答えた。またしても、フーシェに一杯くわされたのである。人を喜ばせるふりをして、冷水を浴びせかけるフーシェの毎度の手口に、ナポレオンは今度こそ堪忍袋《かんにんぶくろ》の緒《お》を切らした。

こうなったら、なんとしても終身執政から、皇帝に上りつめ、あのカメレオンの首根っこを押さえつけてやる。そう決意したナポレオンは、即座に第二執政のカンバセレスを呼び寄せ、国務院で終身執政の問題を討議するよう命じた。他人からいいだすのを待ってはいられなくなったのである。

カンバセレスは、国務院で、ナポレオンを終身執政にするか否《いな》かを国民投票にかけようと呼びかけた。国民投票となったら、いかにフーシェの陰謀の力が強くても、防ぎようがないからである。もちろん、これはナポレオンの考えだった。

かくして、七月、ナポレオンを終身執政にするか否かの国民投票が行われ、賛成三百五十六万八千八百八十五票、反対八千三百七十四票の圧倒的多数で可決された。

ナポレオンは、一八〇二年八月十五日の誕生日に終身執政の宣誓式をおこない、元老院で力強く終身執政就任の挨拶《あいさつ》を行った。そして、この日から、ナポレオン・ボナパルトではなく、ただナポレオンとだけサインするようになった。これは、国王が、姓なしにただルイとかフリードリッヒとサインするのと同じだった。このサインはまた、フーシェに対する宣戦布告の署名でもあった。

＊

だが、フーシェの守りは完璧だった。フーシェの立てこもる警察省は、そのメカニズムのネジ一つにいたるまでフーシェが支配し、彼がクビになれば即刻、機能を停止するようになっていた。そのため、ナポレオンとしても、うかつにフーシェを解任するわけにはいかなかった。なんだかんだいっても、これまで国内の治安が保たれてきたのは、フーシェ機関が、百の目をもつ巨人アルゴスのように全国津々浦々に監視の目を光らせ、どんな陰謀も萌芽の段階で摘《つ》みとってしまったからだった。ひとことでいえば、フーシェこそは、ナポレオン体制を確立するのに最も与《あずか》って力あった功労者なのである。

どうするか？

このときナポレオンに知恵を授けたのが、タレーランだった。タレーランはいった。

「たしかに、フーシェこそは最大の功労者にちがいありません。ですから、そんな功労者を警察大臣ごとき賤吏《せんり》におしとどめておくわけにはいかないのではありませんか。それに、もう国内の陰謀家たちは根絶やしにされ、完全な秩序が保たれるようになっているのですから、このさい、国民の怨嗟《えんさ》の的《まと》になっている警察省を存続させる必要もないでしょう」

このタレーランの言葉に、ナポレオンははたと膝を打った。なんという素晴らしいアイディアではないか。警察大臣のクビを切るのではない。警察省をなくしてしまうのだ。そして、フーシェを地位だけは高い官職、たとえば元老院議員に祭り上げてしまえばいい。

タレーランの助言はただちにナポレオンによって採用された。ナポレオンは、終身執政に就任するとすぐに憲法の改正に着手し、省庁統合の名目のもと、警察省を廃止し、その機能を法務省と内務省に振り分けた。こうして、総裁政府時代に創設され、のちにフーシェと一体となった警察省は姿を消したのである。

ナポレオンは、フーシェが残務整理を終え、警察省の機密費の残額二百四十万フランを持参してあらわれると、その半額の百二十万フランを黙ってフーシェに渡し、こういった。

「ムッシュー・フーシェ、貴君に深く感謝する。その印として、貴君を元老院議員に任命する」

フーシェは、この言葉を聞いても、まったく表情ひとつ変えず、一礼すると、そのまま退出した。

かくして、フーシェは、警察大臣の地位を取り上げられた代わりに、元老院議員の肩書と、エクスの公爵領を与えられたのである。こちらの時価は一千万フランだった。七年前にパリの屋根裏で病気の妻子を抱えて飢えをしのいでいた人間にしてみれば、目のくらむような大出世といえた。おまけに、警察大臣時代のコネで、インサイダー取引はやり放題だったから、フーシェの財産は幾何級数的に膨れ上がり、フランスでも指折りの大富豪にのしあがった。フーシェは公爵領で、愛する家族とともに悠々自適《ゆうゆうじてき》の生活に入った。

ところが、はたから見れば、人もうらやむようなこの境遇も、陰謀情念の権化であるフーシェにとっては、いささかも楽しいものではなかったのである。フーシェは、ナポレオンがいわば礼を尽くしたかたちにして花道をつくり、黄金攻めにしなければならないほどに気を遣《つか》ったことには、ある程度の自己満足を感じてはいた。しかし、真綿《まわた》で首を絞められるようにして警察大臣の地位を剝奪《はくだつ》されたことに対しては、深い恨みを抱いていた。そして、もちろん、そのアイディアがどこから出てきたかも調べ上げていた。

そこでフーシェは、今度は「趣味」として秘密警察の仕事を続けることにした。警察省のかつての部下や密偵たちも職を失って困窮《こんきゅう》していたので、フーシェの「趣味」に渡りに船で応じた。

こうして、国家の警察機構とはまったく独立した、一種の私立探偵事務所が元老院議員のポケットマネーで運営されることになったのである。

この私設の「フーシェ探偵事務所」の業務の第一は、ナポレオンに自分の追い落としを進言したタレーランの旧悪を暴くことだった。タレーランという人間は、もともと脇の甘いワルだったので、フーシェが必要とする情報はただちに集まった。

フーシェは、それらの情報を取捨選択《しゅしゃせんたく》し、例によってきわめて強固な論理によって起訴状を作成すると、週に一度の秘密通信としてナポレオンのもとに送り届けた。

ナポレオンはといえば、タレーランの言《げん》を容《い》れてフーシェを遠ざけたにもかかわらず、このフーシェ探偵事務所のレポートを熱心に読み、そのすべてを信じた。

その結果、ナポレオンとタレーランの蜜月《みつげつ》時代にも、徐々に暗雲がさしてきた。タレーランとフーシェの戦いは、まだ決着がついてはいなかったのである。

熱狂情念は「帝国」を目指す

フーシェは、すべての点で鉄面皮《てつめんぴ》な陰謀家であったが、ただひとつ、いささかもナポレオンに媚《こ》びようとしなかった点は立派だった。反対意見があれば臆《おく》せずそれを述べ、どんな叱責を買っても平気だった。それどころか、フーシェは、おのれの底知れぬ力を見せつけることでナポレオンに恐怖と畏敬《いけい》を与え、君主を操縦しようとさえした。

　これに対し、タレーランは媚びることの天才だった。ナポレオンがもっともいってほしいと思っていることを絶妙のタイミングで述べ、ナポレオンの自尊心を気持ちよくすぐった。しかし、タレーランは同時に誘導の天才でもあった。つまり、タレーランはナポレオンの言い分に迎合していると見せかけながら、それでいて、思想を曲げずに、最後は、ナポレオンを自分の考えている方向にもっていってしまうのである。

　では、タレーランの思想とはなんなのかといえば、それは平和だった。タレーランは権謀《けんぼう》術数《じゅつすう》の限りを尽くして、戦争を回避し、平和を求めたのである。この意味で、タレーランは骨の髄《ずい》からの平和主義者といえた。

　しかし、それは、今日の日本の平和主義者とはまったくちがう意味での平和主義者だった。すなわち、タレーランは相手国の弱点や敵意や思惑をすべて見抜き、これを容赦なく衝《つ》きながら、巧みにカードをやりとりして、粘り強く交渉し、相手から最大限の譲歩を引き出し、最後は、戦争回避へともってゆくという外交戦術を得意としたのである。相手国は、すべて自分の言い分を聞いてもらったつもりになって喜んでいると、最後は見事にしてやられてしまう。ひとことでいえば、タレーランの戦い方はナポレオンを相手にした場合でも、また敵対国を相手にした場合でも、いつも同じだったのである。

＊

タレーランのこうした外交戦術とナポレオン懐柔法がもっとも有効に機能したのは、ナポレオンがマレンゴで奇跡的に勝利を得た一八〇〇年六月から一八〇二年三月のアミアン条約(イギリスとの平和条約)までである。この期間、タレーランは、戦争を避ける術《すべ》としての「外交」の見本を示したのである。

一八〇〇年六月十六日、マレンゴの戦いに勝利したナポレオンはオーストリアのフランツ二世に書簡を送り、平和条約締結を呼びかけたが、事は、ナポレオンの思惑通りには運ばなかった。なぜなら、この時期、オーストリアはイギリスから軍事援助を受ける条約を結び、その金でフランスと再戦しようと目論んでいたからである。オーストリアの宰相トゥーグートは、そのため、フランスとの交渉を長引かせ、時間を稼《かせ》ごうとした。

タレーランはそんなことは百も承知だったので、オーストリアから予備交渉のために派遣されたサン゠ジュリアン伯爵を巧みに誘導して罠《わな》にはめ、訓令なしに平和予備協定に調印させてしまった。そして、それをわざと公表し、オーストリア側に揺さぶりをかけた。おかげで、オーストリアでは主戦派のトゥーグートが引責辞任に追いこまれ、和平派のコベンツルが外相となった。

ところが、和平派のはずのコベンツルは意外にもしたたかもので、イギリスを交えて三国が交渉のテーブルにつくまでは単独交渉に応じられないとした。じつは、このとき、例のナポレオン暗殺計画が進行中で、オーストリアはその結果を待っていたのである。

この引き延ばし作戦に業《ごう》を煮《に》やしたナポレオンは、停戦期限切れを理由に全軍に攻撃を指示した。フランス軍は連戦連勝で、一気にウィーンに迫った。

　このときには、タレーランも、あえて戦いを避けようとせず、ナポレオンの考えに任せた。和戦両様のオプションがあり、しかも相手が戦争はないものと決めてかかっている場合には、戦争はもっとも有効な手段でありうると、タレーランも考えたのである。

　とはいえ、タレーランにとって、戦争はあくまで、和平交渉を有利に進めるための手段にすぎない。だから、たとえ戦争が始まってしまっても、その瞬間からすでに、戦争のやめどきだけを考えていた。つまり、相手国が一番停戦したくなる頃合いを見計らって、交渉を開始するのである。この点がナポレオンとの決定的なちがいである。


　ナポレオンは戦争の仕方を知っていた。タレーランの方では戦争の避け方を心得ていたのである。（オリユー　前掲書）

　戦争をできるかぎり回避し、避け得ない場合でも、戦闘は最小限で食いとどめて、あとは外交交渉にゆだねる。フランスがライン川河口までの西岸全部とイタリアの半分をオーストリアから獲得したリュネヴィル条約も、ナポレオンの戦争のうまさよりも、タレーラン外交の巧みさの勝利であるといっていい。

　しかし、もし、これだけだったのなら、タレーランは外交官の鑑《かがみ》であり、理想的な平和主義者となるのだが、このリュネヴィル条約の裏には、次のようなことがあったから、タレーランという人物をそう簡単に理解したつもりになってはいけないのである。

この和平でタレーランが得た満足は、それだけでなかった。彼はこの和平が成立する前に、ベルギーの銀行家ミシェル・シモンと組んで、ベルギー公債に巨額の投機をしていた。この公債は、ベルギーがフランスの革命軍に占領された一七九三年以来、発行者であるウィーンの皇帝政府による償還の保証が確かでなくなったため非常に値下がりしていたが、タレーランはオーストリアとの平和条約の中に、ベルギーのフランスによる併合の後皇帝政府がこの公債の全額償還を保証するという一項目を入れておいた。そして、ベルギーの銀行家ミシェル・シモンと一緒に借りた金で、この公債が最も安値の時に買っておいた。平和条約締結のニュースとともにこの公債の償還保証の条項が明らかになると、買っておいた公債は一気に値上がりして、タレーランだけでも三百二十万フランの利益を得た。これは今日の六十四億円に相当する金額で、タレーランが一生の間に一度の投機で得た最も大きな利益であった。(高木『ナポレオンとタレイラン』)

これ以上はないというようなものすごいインサイダー取引だが、タレーランにしてみると、こんなものは外務大臣のたんなる役得にすぎず、罪悪感などまったくなかった。たかが、三百二十万フランじゃないか、ギャーギャー騒ぐなといったところである。

しかし、当然ながら、ほかの人間はそうはとらない。タレーランは自分の懐《ふところ》を温かにするために国家の権益を売り渡した売国奴だとか、スパイであるとさえ非難した。シャトーブリアンなどは、「タレーランは陰謀を企てていないときには、不正取引をしている」といってタレーランをこき下ろした。

だが、今日の目から冷静に判断すると、戦争をけしかけて儲ける軍需成金《なりきん》よりも、平和をもたらすことによって賄賂をとるタレーランのような人間のほうがはるかに罪は軽いのではないか。とにかく、どんな場合でも、タレーランは戦争で儲けようとはしなかったのだから。

とはいえ、そんなタレーランでも一度だけ「戦い」のほうに賭けたことがある。それが、ナポレオンのブリュメール十八日のクーデターである。これに関しては有名なエピソードがある。

クーデターが成功して間もないころ、タレーランの蓄財テクニックに対して悪意ある中《ちゅう》傷《しょう》をする者がいたので、ある日、ナポレオンは、タレーラン本人に向かって、どのようにすれば、そのような巨万の富が短時間に築けるのかと皮肉をこめてたずねた。すると、タレーランは臆面もなく、こう答えたという。

「なに、いたって簡単なことです。ブリュメール十七日に公債を買って、三日後に売っただけです」

これは、たんなる蓄財テクニックの披露だけではない。ナポレオンに対する絶妙の媚《こび》でもあったのだ。というのも、ブリュメール十八日のクーデターのあと、国民はナポレオンの新政権に対して絶対的な信頼を寄せ、債券市場は平和と繁栄を信じて大暴騰《ぼうとう》したからである。ナポレオンは、一番答えにくい問いに対して、絶妙なお世辞で切り返したタレーランのエスプリに舌を巻いたのである。

＊

タレーラン外交の平和志向がもっとも見事なかたちで結実したのは、八年間にもおよぶイギリスとの戦いに終止符を打ったアミアンの条約だといわれている。

タレーランは、イギリスが長年にわたる戦争で、国力が疲弊《ひへい》していることを見てとると、巧みに和平交渉の呼びかけを行い、ついに一八〇一年の十月に平和予備交渉の調印にこぎつけた。この交渉過程の細部を見ていると、外交交渉というのは、相手の提案に対して対案を何度も出しあって、譲れるところは譲り、取るべきところは取るものであることがよくわかる。タレーランは、相手に和平の意思があるときには、粘り強く交渉を重ねれば、かならず合意に達することができるという信念をもっていたようである。

英仏の正式な和平条約の交渉は、ロンドンとパリの中間点に位置するアミアンで始まり、翌年の三月にようやく合意にこぎつけた。

条約の内容は、客観的に見て、明らかにフランスに有利なものだった。というのも、フランスは大革命以後にイギリスにとられた植民地をすべて取り戻すことができたからである。この有利な条件の秘密は、フランスがイギリスに割譲《かつじょう》したのがオランダの植民地だったセイロンとスペインの植民地トリニダードだったことにある。オランダはフランスの傀儡《かいらい》国家バタヴィア共和国となっていたし、またスペインはフランスの同盟国だったため、フランスはみずからの腹を痛めずに、いわば他人の犠牲で、植民地をすべて回復できたのである。ここらあたりにタレーラン外交の巧みさがある。タレーランは、当然ながら、そのことは承知していて、『回想録』の中で、こう述べている。

だが、両国の犠牲というような指摘をした人はほとんどいなかった。それに、そんなことは多くの人々にとって、一度として意識されたこともない。彼らは、狡《ずる》さによるこうした成功を巧みさと見なすことに慣れてしまっていたのである。（タレーラン『回想録』拙訳）

イギリス議会では、タレーランにしてやられたという憤慨が渦巻いたが、それでも、和平へと向かう趨勢《すうせい》には勝てなかった。

しかし、アミアン条約には、のちにタレーランとナポレオンを対立させることになる大きな問題点が残されていた。

イギリスが占領したマルタ島の帰属問題である。

マルタ島は、地中海の真ん中に位置し、極端にいえば、ここを押さえるか否かで、地中海の制海権が決まる。そして、その制海権は、同時に、地中海貿易、さらには、スエズ以東のインド洋貿易の独占権と連動していた。ナポレオンはエジプト遠征のときに、この島を奪取し、その後、イギリスがフランス軍を駆逐《くちく》して島を占領していたのである。その結果、フランスは地中海の制海権とともに貿易の自由を失っていた。

だから、ナポレオンとしては、どうしてもマルタ島からイギリス軍を撤退させるという条項を条約に織り込みたかった。イギリスから地中海の制海権を奪還したかったのである。

そのために、ナポレオンはあえて、ターラント湾（イタリア南部）にあるナポリ王国領の諸港からフランス軍を撤退させるという条件を呑《の》んだ。

しかし、このナポレオンのマルタ島への執着は、タレーランからすると平和への妨げ以外のなにものでもなかったのである。同じく、『回想録』の中で、タレーランは次のようにズバリ指摘している。

アミアン条約の一条項としてイギリスのマルタ島からの撤退という項目が織り込まれていることを言い落とすわけにはいかない。ボナパルトはかつて、この島を奪取することで地中海の運命を変えたことがあった。そのため、彼は、この島を元の領主である聖ヨハネ騎士団に返すことに大変な執着をもっていた。だから、私が「もし、条約がアディントンではなくピットかフォックスによって調印されるということなら、喜んでマルタ島の所有権をまるごとイギリスにあげてしまいますがね」というと、ひどく機嫌を損ねたのである。（同前掲書）

アディントンというのは、アミアン条約に調印した和平派、ピットやフォックスというのは議会の多数を占める主戦派である。つまり、イギリスの主戦派でさえ和平に応じるというなら、マルタ島などくれてやってもいい。マルタ島などよりも、和平のほうが大切だとタレーランはナポレオンに意見を述べたのである。

だが、この点において、ナポレオンはタレーランとはちがう考えをしていた。ナポレオンは、アミアンの条約で一時的に平和が戻っても、それはイギリスの体力が衰えたからにすぎず、体力を回復し次第、戦争の準備を始めると考えていた。おそらく、イギリスはなにかと口実を設けてマルタ島から撤退しないだろう。そして、それが元になって、ふたたび、ヨーロッパで戦端が開かれるにちがいない。

イギリスはナポレオンの予想通り、マルタ島から撤退しなかった。だが、戦争の直接のきっかけを作ったのは、むしろナポレオンのほうだった。ふたたびタレーランの『回想録』を引用しよう。

アミアンの条約が締結されるや否や、自重《じちよう》の心がボナパルトから消えはじめた。平和がまだ完全に実現していないうちに、ボナパルトはすでに新しい戦争の種をまきはじめた。それは、ヨーロッパとフランスを疲弊させたあと、彼を没落へと導くことになるのである。ピエモンテは、リュネヴィル条約のあと、ただちにサルディニア王に返還されるべきものだった。フランスの手に入ったとしても、それは一時的に預けられたものにすぎない。返還は、語の正しい意味での正義の行為であり、またきわめて賢明な政策のはずだった。ところが、ボナパルトは反対にこれをフランスに併合したのである。私は、この政策をやめさせようとしてあらゆる努力をしたが無駄だった。彼の考えでは、それは、彼個人の利害に関するものであり、彼の自尊心がこの政策を要求していたようだ。そして、その自尊心は、隠忍自重を呼びかけるあらゆる忠告に勝《まさ》るものだったのである。（同前掲書）

すなわち、ナポレオンは、リュネヴィル条約で手に入れた北イタリアのピエモンテを、アミアン条約の締結から六ヵ月後の九月に、突如、併合し、フランス領の一部としたのである。

タレーランは『回想録』にあるように、このピエモンテ併合がいかに無謀な措置であり、各国の反発を招くかを力説したが、それも空しかった。ナポレオンは、自分が凱旋将軍として最初に足を踏み入れたこの北イタリアを、部下たちの血で購《あがな》った大地と考え、是非ともここをフランスの一部としたいと考えたのである。あるいは、もともと北イタリアの文化圏であったコルシカ島出身ということがナポレオンをしてピエモンテ併合に駆り立てたのかもしれない。タレーランのいう通り、ピエモンテ併合は「彼個人の利害に関するものであり、彼の自尊心がこの政策を要求していた」のである。

＊

このように、一八〇二年九月のピエモンテ併合をきっかけとして、長らく蜜月の続いていたナポレオンとタレーランの関係にもヒビが入ってきたわけだが、これはたんなる外交政策に対する、見解のちがいだろうか？　そうではあるまい。われわれの情念論からいうと、これは、もっと抜き差しならぬ深い対立に根差している。

タレーランの移り気情念（蝶々情念）と、ナポレオンの熱狂情念の根本的な相違。それは、熱狂情念が、まったく無益で無駄と思えることがらの中にも没入してゆく傾向があるのに対し、移り気情念は、こうした狂躁《きょうそう》的な要素を欠いている点である。

タレーランには、デモーニッシュな血に動かされるということは絶対にないのだ。反対に、ナポレオンは、自分の理性ではわかっていても、それを押しとどめることができない一種の「魔」を心の中に飼っている。この「魔」が命ずることには、ナポレオンも勝てないのだ。

かつて、まったく、戦略的に無意味なエジプト遠征を行ったのも、この熱狂情念の「魔」に突き動かされてのことである。いままた、皇帝という絶対的権力を前にして、この「魔」が檻《おり》を破って出現してきた。いうまでもなく、アレクサンダー大王に匹敵するような大帝国建設の「魔」である。

ピエモンテ併合に先立つ一八〇二年七月二十九日、ナポレオンを終身執政にする国民投票が行われ、圧倒的多数で可決された。

皇帝位にまた一歩近づいたナポレオンは、ただやみくもに領土の拡大を望む内心の声に耳を傾けざるを得なかったのである。「ピエモンテを併合せよ」。

オーストリア大使としてパリにいたコベンツルは祖国に、こんな書簡を送っている。

「いったい、この奔流はどこで止まるのでしょうか？　それは、戦時よりもむしろ平時のほうが急流となってなにもかも流し去るものです」

領土拡大、大帝国建設、ナポレオンがこの不可能な「魔」にとりつかれ、熱狂情念の赴くままに理性を忘れはじめたころ、もういっぽうのタレーランの心の中にも、彼本来の移り気情念の炎がチロチロと燃えはじめていた。次の乗り換え馬はまだあらわれてはいない。だが、ナポレオンがダメになったことだけははっきりとわかっていた。タレーランはこのころ、ある友人にこう語ったといわれる。


ボナパルトが進みうる道は二つある。一つは征服したあと、有利な条件で元の君主をそのまま残す封建制である。こうすれば、第一執政は、サルディニア国王やトスカナ大公を復権させることができる。しかし、彼が逆に、併合や再併合を望む方向に進むときはどうなるのか？　その場合には、終わりなき迷路に踏み込むことになる。（オリユー　前掲書に引用）

熱狂情念と移り気情念、今度はこちらの一騎討ちが始まったようである。

アンギャン公銃殺

喉に突き刺さった骨という言葉がある。オリエントという土地に対して、アレクサンダー大王と同じく異常な執念を燃やすナポレオンにとって、地中海の真ん中のマルタ島を占領するイギリス軍はまさに、この「喉に突き刺さった骨」であった。

だから、一八〇二年の三月に締結されたアミアンの和約で、タレーランが巧みな外交交渉によってマルタ島のイギリス軍撤退を取りつけたとき、ナポレオンは、ようやく、この喉の骨が除かれるものと安堵《あんど》した。しかし、喉の骨を取ってもらうには、その間《かん》、口をあけたまま、じっと我慢することが必要である。すなわち、イギリス軍が完全撤退するまで、領土的野心はいっさい、見せてはならない。

だが、熱狂情念の人であるナポレオンには、この我慢ができなかった。イギリスが喉の骨を取ってくれるのを待ち切れず、ピエモンテ併合というごちそうを呑みこんでしまったのである。ナポレオンにしてみれば、ピエモンテのことなどアミアン条約のどこにも触れられていないのだから、マルタ島撤退はこれと関係ないということなのだが、イギリスはそうは考えなかった。喉の骨は抜いてやらないといいだしたのである。イギリスは、いずれ、せっかちなナポレオンが痺《しび》れを切らしてなにかやってくるだろうと予想していたので、ピエモンテ併合は思う壺《つぼ》だった。さっそく、強硬な抗議を行うと同時に、マルタ島からの撤退を拒否した。

この反応に対して、ナポレオンの熱狂情念は最悪のオプションを取らせた。そっちがその気なら、こっちは十万人の軍隊でイギリスに侵攻するぞと脅したのである。これが、恫喝《どうかつ》にはけっして屈しないイギリスのジョン・ブル魂を著《いちじる》しく刺激した。「ふん、やれるもんならやってみな」というわけである。この相手のタンカに、ナポレオンの熱狂情念がブチ切れた。「上等じゃねえか、おもて、出ろぃ！」。

タレーランは、今度も戦争回避に全力を傾けたが、その努力も空しかった。一八〇三年五月、アミアンの和約は破棄され、両国はふたたび戦闘状態に入った。相手が逆らうと、血が逆流して、あとさきを考えずに戦争に突っ走る熱狂情念のもっとも悪いところが出たのである。

ナポレオンはイギリス本土侵攻の決意を固め、軍費調達のために、アミアン条約でイギリスから返還された植民地ルイジアナをアメリカに売却したり、上陸用舟艇《しゅうてい》を大量に建造させたりして、ブローニュに十一万の大軍を集結させたが、わずか四十数キロの距離にもかかわらずドーヴァー海峡は、熱狂情念だけでは越えられなかった。圧倒的に優勢なイギリス艦隊が行く手に立ち塞《ふさ》がっていたのである。海上に出たとたん、侵攻部隊は、ドーヴァーの藻《も》くずと消える危険性さえあった。

地団駄《じだんだ》踏んだナポレオンは、イギリスとその植民地からの商品を締めだす大陸封鎖令を出し、イギリスを経済的に締め上げようとしたが、海外に販路を多くもつイギリスにはこの措置もたいした影響をおよぼさなかった。

しかし、イギリスとても、フランスに大軍を上陸させるような力はない。そこで、もっとも効率的な方法として、イギリスに亡命している王弟アルトワ伯を支援して、ナポレオンの暗殺計画を進めさせることにした。

計画はこうだった。まず、王党派の大物カドゥーダルがふくろう党の残党とともにフランスに侵入して下準備を整えたうえで、かつての革命軍の英雄で、今は王党派に寝返っているピシュグリ将軍をイギリスから迎え、襲撃を実行に移す。同時に、ナポレオンの部下のモロー将軍に働きかけてナポレオン打倒後の受け皿にし、最後は、アルトワ伯を迎え入れて王政復古を図るというものである。

警察省が消滅していたため、カドゥーダルとピシュグリはなんなくパリに侵入することができた。モロー将軍との接触を取ることにも成功した。暗殺計画は成功するかに見えた。だが、彼らは警察省は解体されても、フーシェ機関は健在だということを知らなかった。フーシェは隠退後も「趣味」で諜報《ちょうほう》活動を行い、その結果をナポレオンに知らせていたのである。このときも、いちはやく、暗殺計画を察知し、ナポレオンに対して「空気は短剣であふれています」と警告を送った。

驚いたナポレオンが警察担当の国務院議員レアルに捜査を命じると、レアルはカドゥーダルとともに侵入したケレルという男を拷問《ごうもん》にかけ、陰謀を白状させた。そこからイモヅル式にカドゥーダルとピシュグリ、それにモロー将軍が逮捕された。一八〇四年二月の末のことである。ピシュグリは獄中で自殺、カドゥーダルは銃殺、モローはその国民的人気ゆえに二年の禁固だったが、減刑されて国外追放となった。

このカドゥーダルの暗殺未遂事件で、一躍、男をあげたのは、当然ながら、パリ警視庁よりも早く情報をキャッチしたフーシェだった。フーシェの偵察力、恐るべし。もし、フーシェからの情報がなかったら、ナポレオンは暗殺されていたかもしれないのである。フーシェの警察省が健在なら、こんな陰謀は未然に防げたはずではないか。こうして、にわかにフーシェの復帰を待望する声があがったが、それでもまだフーシェを恐れていたナポレオンは、復帰を認めなかった。

だが、ついに、どうしてもフーシェの手を借りなければならない事態がやってきた。ナポレオンが犯した最大の愚挙、アンギャン公の銃殺である。

＊

カドゥーダルの陰謀が発覚したとき、警察は彼の手下を拷問にかけて口を割らせ、王族のだれかが直接関与していることだけはつかんだが、それがだれであるかは判明しなかった。じつは、アルトワ伯の長男アングレーム公と次男ベリー公が陰謀に関与していたのだが、警察は、その線を探ることができず、見当違いのアンギャン公に捜査の手を伸ばした。それというのも、ブルボン家の分家コンデ家の一員であるアンギャン公は、ライン川を隔ててフランス国境の向こうにあるバーデン辺境伯領で亡命貴族の首領として、反ナポレオンの先頭に立っていたからである。

バーデン辺境伯領内に侵入し、アンギャン公の周辺を洗っていた密偵は、アンギャン公のもとに王党派やイギリスのスパイが集まっているという情報をキャッチし、これを警察担当の国務院議員レアルに届けた。

この情報をレアルから知らされると、ナポレオンは烈火のごとく怒り、自分の命を狙うブルボン家の一族は逮捕次第、即、銃殺だと息巻いて、国境を越えてアンギャン公を逮捕すべきか否かの会議を開いた。会議には第二執政カンバセレス、第三執政ルブラン、外務大臣タレーラン、警察担当国務院議員レアル、それに元老院議員フーシェなどが集められた。カンバセレスとルブランは中立国の領内に入ってアンギャン公を逮捕するのは主権の侵害で外交問題になると反対した。タレーランは、逮捕はあくまでアンギャン公がフランス領内に入ってからにすべきだと主張した。

ではフーシェはというと、アンギャン公の逮捕には賛成したが、取り調べは厳重に行い、身の潔白が証明されれば釈放も考慮すべきだとしたとされる。

しかし、フーシェの『回想録』には、この段階での記述はなく、コランクールとオルドネがバーデン辺境伯領に派遣され、アンギャン公を逮捕・連行したあとのことしか書かれていない。

すなわち、フーシェは逮捕を知ると、不吉な予感がしたので、朝一番でナポレオンのいるマルメゾンに駆けつけた。フーシェが「アンギャン公が陰謀に関与した動かぬ証拠を見つけぬかぎり、もし処刑などしたら、フランスはヨーロッパを敵に回すことになりましょう」と主張すると、ナポレオンは「証拠などどうして必要なのだ？ 奴はブルボン家の出、しかももっとも危険な分子の一人ではないのか」と怒鳴り、「私は陰謀に囲まれている。相手に恐怖を植えつけるか、さもなければ滅亡するだけだ」と断言した。ナポレオンの中で、冷徹な計算を行う知性の人が消え、ただやみくもに怒りに駆られて暴走する熱狂情念の人が勝利を収めたのだ。

フーシェは、ナポレオンがこういう状態になったら説得不可能ということを知っていたので、タレーランとカンバセレス、ルブランがマルメゾンに到着したのを見きわめると、その場をあとにしたが、翌日（三月二十一日）、ナポレオンの命を受けた腹心のサヴァリーが、略式裁判のうえ、アンギャン公を銃殺したことを知らされるとこう叫んだとみずから書いている。

「それは犯罪よりなお悪い。過《あやま》ちだ！」

アンギャン公の銃殺は、たしかにフーシェのいう通り、ナポレオンの治世の最大の汚点となる「過ち」だった。そして、その過ちを塗抹《とまつ》するには、体制そのものを根本からもう一度立て直さねばならなかった。すなわち、ブルボン王家の復活の路《みち》を完全に断ち切るために新たな王朝を立てること、そして、その王朝を維持するために、万全な監視体制を確立することである。

この二つの要請に同時に応えられる人物、それはフーシェしかいなかった。ツヴァイクは書いている。

この処刑は、ボナパルトの周囲に、恐怖と驚愕、憤慨と憎悪による真空地帯を作ってしまった。だから、やがてボナパルトは、またもや千の目をもつアルグスに見張らせる、つまり、警察に守らせるのが得策だと、思うようになるのである。

それにまた、これこそ最大の理由だが、一八〇四年、執政ボナパルトは、彼の最後の出世のために、もう一度、すご腕を持っていて、良心をもたない助手を必要としたのだ。

（ツヴァイク　前掲書）

いっぽう、フーシェにしても、このナポレオンの接近は渡りに船の申し出だった。警察大臣時代、ナポレオンよりも自分が優れていることを見せつける誘惑に勝てず、あえてナポレオンの意思に逆らって逆鱗《げきりん》に触れたフーシェだが、元老院という閑職で二年間の隠忍自重《いんにんじちょう》生活を送ったあとでは、さすがに、その圭角《けいかく》をみずから削りとって、ナポレオンの御意《ぎょい》に応じるほかはない。

かくして、一八〇四年三月の下旬から、元老院の廊下では、国民公会でロベスピエールを追い落としたときと同じように、フーシェが議員をつかまえては、その耳になにやら二言三言つぶやいている姿が見かけられた。やがて、そのつぶやきは、「第一執政ナポレオン・ボナパルトがその生命を終えた後も、その栄光と同じく不滅となり、その事業を完成できるような政体を希望する」動議、つまりナポレオンを世襲の君主とする動議となって結晶した。

ナポレオンは、この動議を受け、称号を「王」にするか「皇帝」にするかを考えたすえ、ローマのカエサルにならって、共和国の元首としてのニュアンスをもつ「皇帝」の称号を選んだ。これなら、神聖ローマ帝国（オーストリア）皇帝やロシア皇帝に張りあえるばかりか、専制的なブルボン王朝のイメージにも染まらずに済むと思ったのである。

もう一つ、ナポレオンが真剣に悩んだのは、跡継ぎの問題だった。というのも、ナポレオンは兄のジョゼフも、弟のリュシアンもまったく信用していなかったからである。そこで、彼は、弟のルイとジョゼフィーヌの娘オルタンスの子供シャルル・ナポレオンに継承権が行くようにした。

＊

こうして、ナポレオンの意が固まると、それを受けた元老院は、ナポレオンを「フランス人の皇帝」とすることを決議した。ここに、ナポレオン帝政が誕生し、フランス共和国は終わりを告げた。熱狂情念が勝利したのである。

だが、このナポレオン帝政は、アンギャン公の銃殺によって開始されたテロルのシステムを維持するために、フーシェの陰謀情念を必要不可欠のものとするようになっていた。フーシェは七月十日、復活した警察省を与えられて警察大臣に任命された。ちなみに、タレーランは外相ポストに留任し、皇帝侍従長を兼ねるようになった。ナポレオンとフーシェとの関係について、ツヴァイクは次のような見事な定義を行っている。

ナポレオンはフーシェを好かないし、フーシェはナポレオンがきらいである——腹の底ではいやでたまらないが、もっぱら、敵対する両極の引力で引きつけられて、二人は、たがいに利用しあうにすぎない。フーシェは、ナポレオンの巨大で危険な底力をよくよく知っているが、また、これほど主君と仰ぐに値《あたい》する卓越した天才が、ここ数十年のうちに、二度と世に現れぬだろうということも、わかっているのだ。一方、ナポレオンにしても、この冷静で曇りがなく、万事をはっきりと写しだす鏡のようなスパイの目は、自分の意中を、だれにもまして、電光石火で読み取ってくれるし、フーシェが勤勉で、どんなことにも、つまり善にも悪にも、同じように利用できる政治的才能の持ち主であることを認めているが、また、完璧な臣下になるには、ただ一つの欠陥があって、絶対的な献身、忠誠の念が欠けていることも知っている。(同前掲書)

ツヴァイクの最後の部分に注目していただきたい。

フーシェは、今回の警察大臣就任に当たっては、前のときのようにはいかないことを十分心得ていた。なにしろ、相手は、絶対的な権力を握っているのだから、たとえこちらにまったく咎《とが》がなくとも、自由に首のすげ替えができるばかりか、命さえ簡単に奪えるのである。だから、以前のように狐がライオンをからかうような大胆な真似はできない。

しかし、それでも、フーシェは「絶対的な献身」などという武装解除はまちがってもしようとしなかった。全能なるナポレオンに対して、武装解除するどころか、むしろ、おのれの武器を一段と高性能なものにすることで対抗しようとしていた。おそらく、陰謀情念の人であるフーシェは、マキャヴェリの『君主論』の次のような一句を固く肝《きも》に銘《めい》じていたにちがいない。

じっさい、武力のある者とない者とでは雲泥《うんでい》の差があり、たとえば、武力のある者が武力をもたない者に進んで服従したり、武力をもたない者が武力をもつ従者たちに囲まれて、安閑《あんかん》としていられるなどの考えは、筋がとおらない。なぜなら、あちらに侮《あなど》る気持ちが働き、こちらは疑心暗鬼といった両者が、いっしょにうまくやって行けるなど、とうてい考えられない。（マキャヴェリ『君主論』池田廉訳）

フーシェの武器、それはひとえに情報だった。フランス国内、いやヨーロッパ中に張り巡らされたスパイ網を通じて、フーシェのもとには、帝国を構成するありとあらゆる人間についての情報が集まってきていた。フーシェは、警察省の再建を認められるや否《いな》や、たんに停止していた機械に油をさすだけで、瞬《また》く間に、あの完全無比な警察機構を蘇らせたばかりか、休職中もひそかに稼働《かどう》させていた例のフーシェ機関を要人監視用の秘密警察に転換させ、その精度を一段と高めていたのである。

その要人のリストの中には、ジョゼフィーヌやナポレオンの親族はおろか、ナポレオンの愛人、さらにはナポレオンその人まで入っていた。ナポレオンが副官を下げたあと、覆面《ふくめん》をかぶってひそかにチュイルリーを抜けだして愛人のもとに通ったこと、その愛人がナポレオンに隠れて浮気をしていたことなども、フーシェ機関はちゃんと嗅ぎつけていた。

フーシェはときどき、「こんな根も葉もない噂話が流れていますが」という留保を加えたうえで、こうしたマル秘情報をナポレオンの面前に突きつけ、おのれの手に強力な武器が握られていることをナポレオンにアピールするのだった。

ナポレオンは、こうしたフーシェの陰険《いんけん》なやり方に苛立ちながらも、フーシェを絶対に解任できなかった。なぜなら、フーシェを解任したとたんに諜報網がズタズタになって、その報いは、自分の命を狙うテロリストの暗躍というかたちであらわれるということを、前回の経験で、いやというほど思い知らされていたからである。つまり、ナポレオンは、皇帝となり、恐怖政治を敷いたとたん、フーシェの秘密警察の力を借りなければなにもできないという矛盾を背負いこんでしまったのである。

これは、部下をだれ一人信用することができず、暗殺の恐怖におびえる専制君主の、いわば「構造的」な弱点といえる。謀反《むほん》を起こすものがいないか調べるために秘密警察をつくるが、その秘密警察は依頼人たる専制君主の身辺をまず洗うことから始めるからである。ヒットラーしかり、スターリンしかり。

だが、ナポレオンの場合、こうした構造的弱点をはるかに超えて、フーシェという妖怪の囚《とら》われ人となっていた。なぜなら、ヒットラーの場合も、スターリンの場合も、秘密警察の長官は、その仕事を義務としてこなしていただけなのに対し、フーシェは諜報活動を「快楽」としてやっていたからである。義務なら限界があるが、快楽には限界がない。快楽として諜報活動をやられたのでは、どんな人でも防ぎようがないのである。これが陰謀情念の人フーシェの本質なのである。

結局ナポレオンは、フーシェを信用せず、腹を立て、ひそかに憎みながらも、十年にわたって、最後の一時間にいたるまで、この男を完全には追い払えなかったのである。（ツヴァイク　前掲書）

皇帝の座に即《つ》いてから、ナポレオンの熱狂情念は歯止めがきかなくなる。より大きな勝利とより偉大な栄光を求めて、ナポレオンはヨーロッパを駆け巡るが、それは、熱狂情念がより強烈な陶酔のために、戦争を欲するからだ。

このとき、熱狂情念に対抗できるものとしてはフーシェの陰謀情念とタレーランの移り気情念しかない。こうして、戦乱のナポレオン帝国で三情念の死闘が開始されたのである。

アウステルリッツの誤算

一八〇四年十二月二日の戴冠式の終わった直後から、ナポレオンはみずからが大統領をつとめていたイタリア共和国（旧チザルピーナ共和国）を王国にする件に関して、さかんにタレーランと協議を重ねていた。タレーランが、イタリア共和国をフランス帝国から独立した王国にして友好国にしたほうがいいと進言したためである。タレーランは、ナポレオンの兄のジョゼフを国王に据えるのが良策と考えた。ナポレオンも、なにかと兄貴風を吹かせたがるジョゼフが煙《けむ》たかったので、フランス皇帝への継承権放棄という条件と引き換えにイタリア国王の座に据えることに同意した。

ところが、ジョゼフは、イタリアがナポレオンの傀儡《かいらい》王国となるのは我慢できないから、もし国王になるのだったらイタリア領内からフランス軍を撤退させろと無理な条件をもちだしてきた。ジョゼフは、ナポレオンがいずれ戦場で倒れることを予想して、帝位への未練を失っていなかったのである。

そこで、ナポレオンは弟のルイに話をもちかけてみたが、ルイもジョゼフと同じような理由からこの誘いを断った。その結果、ナポレオンは、それならいっそ、自分がイタリア国王を兼ねようといいだしたのである。

タレーランは、これはまずいことになったと感じた。領土拡大の意志ありと近隣諸国からにらまれるからだ。とりわけイタリアには神経質になっているオーストリアを刺激するのはまちがいない。だが、ナポレオンの兄弟たちのだれもイタリア王になろうとしないのだから、この選択も仕方がないかもしれない。それに、皇帝に即位して以来、ナポレオンはまったく他人の意見を聞こうとしなくなっていた。タレーランは内心では危惧《きぐ》しながらも、ナポレオンに同意した。

かくして、フランス皇帝ナポレオンはイタリア国王も兼ねることとなり、一八〇五年の五月二十六日に、戴冠式がミラノのドゥオーモで執り行われた。

案の定、近隣諸国は激しい反発を示した。とりわけ、反ナポレオン同盟の盟主ロシア皇帝アレクサンドル一世は、ナポレオンの征服欲がついにあらわになったとして、オーストリアとスウェーデンにフランス包囲網への参加を呼びかけた。両国は即刻、これに応えた。こうして一八〇五年八月、イギリスとロシアの軍事同盟にオーストリアとスウェーデンが参加して第三次対仏同盟が結成された。それと同時にオーストリアはロシアと謀《はか》って、軍隊に大動員をかけ、フランスと同盟しているバイエルンとの国境へと大軍を移動させた。

八月の末、タレーランはオーストリア大使のコベンツルから、ナポレオンがイタリア国王を退位しないかぎり、オーストリアは軍をドイツから撤退させないとする皇帝の最後通牒《つうちょう》を受け取った。とてつもなく不安な暗雲が地平に垂《た》れ込めている、タレーランはそう感じた。もし戦いに負ければ、それはそのままナポレオン帝国の崩壊を意味するが、かといって、勝った場合にも、ナポレオンの野心が一層大きくなって、さらなる戦争を求め、ヨーロッパ大陸全体を戦乱に巻き込むことになる。

タレーランは、最後通牒をもって、ブローニュの陣地にいるナポレオンのもとに駆けつけた。ナポレオンは即位以来ずっと、イギリス侵攻作戦にかかりきりとなっていた。イギリス艦隊をドーヴァーから遠ざけるために、陽動作戦として、わざわざフランス艦隊をマルチニック島まで移動させてこれを追跡させたりして、ドーヴァーを渡る機会を狙っていたのであ

ウルムの栄光の寓意画（Antoine François Callet Eric Ledru *“NAPOLÉON Le conquérant Prophétique”*）

る。しかし、オーストリア参戦の報を聞いては、イギリス侵攻作戦は中断せざるをえない。九月二十四日、ナポレオンは新たに徴兵した六万の新兵を含むフランス大陸軍《グラン・ダルメ》を率いて、ストラスブールに出発した。タレーランもナポレオンに同行し、以後、一八〇七年までヨーロッパ各地を転々とすることになる。

＊

フランスとオーストリアの戦端は十月八日、ミュラ将軍の騎兵隊がライン右岸のヴェルティンゲンでオーストリア軍の別動隊に襲いかかったことで開かれた。オーストリア軍を指揮するマック元帥は自信満々で戦いに臨んだにもかかわらず、ナポレオンの軍隊の恐るべき行軍スピードを計算に入れていなかったため、ウルムの町でたちまちフランス軍に包囲され、あえなく降伏、ナポレオンは、ほとんど戦わずして、オーストリア軍を壊滅させて、二万七千人を捕虜とした。ナポレオンはのちに『セント・ヘレナ日誌』で「ウルムの一日はフランスの歴史の中でもっとも栄光に満ちた日々のひとつである」と述懐している。

しかし、ナポレオンにとって最高の勝利の美酒と思われたこのウルムの戦いも、タレーランにとっては、危険きわまりない崩壊への前兆と感じられた。なぜなら、おのれの戦略の巧みさに絶対の自信をもったナポレオンは、この勝利で満足することなく、「隴《ろう》を得て蜀《しょく》を望む」の伝で、次はロシアを撃滅することを狙うにちがいないと思ったからである。

そこで、タレーランは、オーストリアとの和平の条件をたずねてきたナポレオンの書簡に対して、完璧な勝利を得た今こそ、寛大な和平条件を示して、オーストリアを対仏同盟から切り離し、これをフランスの同盟国とすべきである旨を書き送った。

　私はナポレオンにこう返事を書いた。オーストリアと和平を結ぶさいの本当の利益は、オーストリアを弱体化することではありません。一方で奪いながらもう一方でそれを返すことにより、オーストリアを同盟国にすることです。私はその理由を覚書《おぼえがき》にして書き送ったが、彼はそれに強い印象を受けたらしく、これをミュンヘンで開かれた会議で検討した。そして、私が提案した計画に従う気持ちになったようである。(中略)ところが、フランス軍の前衛部隊が新たな戦功をあげるや、彼の想像力はいちじるしく刺激されたらしく、彼の頭にはもはや、ウィーンにそのまま進軍して、新たな勝利を得、シェーンブルン

の宮殿から命令を発するということしかなくなってしまったのである。（タレーラン　前掲書）

タレーランの示した和平条件というのは、ようするに、フランスとオーストリアの国境地帯にあるイタリアとドイツの弱小国を独立させて、これを緩衝《かんしょう》地帯とし、ともに、領土拡大の野心を放棄したうえで同盟関係を結ぶというものだった。つまり、取ったり取られたりで何度も戦争をする愚を避け、ヨーロッパの中心部に安定と繁栄をもたらすという理想的かつ現実的なアイディアだった。

しかし、ナポレオンは、タレーランが書いているように、これに興味は示したものの、前衛部隊の勝利の報が次々にもたらされると、領土拡大の野心に逆らえなくなり、ウィーンに向けて進撃を開始した。オーストリア軍の主力のいないウィーンは簡単に開城し、ナポレオンはシェーンブルン宮殿に入った。

このころ、ちょうど、スペインのカディス港を出港したフランス＝スペイン連合艦隊がトラファルガー沖の海戦でネルソン提督指揮のイギリス艦隊に壊滅させられたという知らせがナポレオンのもとに届いた。

ナポレオンは考えた。こうなった以上はイギリス侵攻のチャンスは永遠に失われたに等しい。あとは、オーストリアとロシアの連合軍をすみやかに打ち破って、大陸の支配を完成し、イギリスを経済的に締め上げるほかはない。

では、各国の軍隊の配置はと見ると、フランス軍にとって、かなり不利な状況である。まず北東のモラヴィアにはロシアのクトゥーゾフ将軍率いる九万三千のロシア＝オーストリア連合軍、いっぽう南西のイタリアにはカルル大公の七万五千のオーストリア軍。さらに北西のボヘミアにはフェルディナンド大公の二万人のオーストリア軍。そして、もし、プロシャが対仏同盟に参加したら、これらに十二万人のプロシャ軍が加わるはずだから、さしものフランス大陸軍も勝ち目はなかった。

だから、この大包囲網が完成する前に、ロシア＝オーストリア連合軍の主力をおびき寄せて、これをもっとも地の利のある戦場で撃滅するほかない。ナポレオンがそのために選びとったのはモラヴィアのアウステルリッツ近くのプラッツェン高地。ここにロシア＝オーストリア連合軍を誘導し、一気に殲滅《せんめつ》する作戦である。ナポレオンはそのために、ロシア皇帝に対して和議の申し出を繰り返してロシア軍を恐れている風を装ったり、アウステルリッツでわざと右翼を手薄にして、敵の油断を誘った。

作戦は見事に成功した。一八〇五年十二月二日、アウステルリッツの野原は一万五千人のロシア＝オーストリア連合軍の死体で真っ赤に染まった。捕虜は二万人。ロシア軍の残存部隊は命からがら北へ敗走した。フランスのナポレオン一世、ロシアのアレクサンドル一世、オーストリアのフランツ一世が出陣したため、「三帝会戦」と呼ばれたアウステルリッツの戦いは、こうして、フランス軍の歴史的勝利で終わった。ナポレオンは「もし諸君が『私はアウステルリッツの戦いに参加した』といえば、きっと『この人は勇士だ』という答えが返

アウステルリッツの戦い（Eric Ledru *“NAPOLÉON Le conquérant Prophétique”*）

ってくるだろう」と演説した。まさに、ナポレオン、得意の絶頂であった。

しかし、戦争におけるボロ勝ちはボロ負けより危険なことがある。ボロ勝ちしたがゆえに、相手に苛酷な休戦条件を押しつけ、それが大きな禍根を残して、のちの紛争の火種となるからである。この歴史的大勝利が、やがてナポレオン没落の遠因となるとは、この時は思いもよらなかったろう。

＊

ウィーンにいたタレーランはアウステルリッツの勝利を告げるナポレオンの手紙を受け取るや、ウルムの会戦のときと同じ趣旨の和平提案を行った。そのいわんとするところは、領土を取り上げてオーストリアを二度と戦えないように弱体化するよりも、オーストリアという民族の複雑なモザイクからなる帝国をむしろ保持し、これをフランスの同盟国とすべきだというものだった。オーストリアは同一の君主を戴《いただ》く以外になんら統一性のない帝国なのだから、この唯一の共通の靭帯《じんたい》を保ち、ロシアとトルコという脅威の防波堤としフランスの利益のためにこれを利用したほうが賢明であるというのだ。一度、靭帯が切れてバラバラに解体してしまうと再建は容易ではなく、それがヨーロッパの和平の脅威《きょうい》になりかねないというのである。これは、今日のユーゴなどのバルカン半島の民族紛争を見るにつけても、驚くほど先見性のある考えだといわざるをえない。

しかしながら、ウルムの大勝利のときにもタレーランの提案に耳を傾けなかったナポレオンが、この提案を容《い》れるはずがない。ナポレオンはオーストリアに対して苛酷な講和条件を押しつけ、プレスブルク（現在のスロヴァキアのブラチスラヴァ）で和平交渉を進めるようにタレーランに命じるいっぽう、自分はシェーンブルク宮殿にプロシャの外相ハウクヴィッツを呼びつけて、プロシャが対仏同盟に加わろうとしたときの密約を知っているぞと匂わせながら、フランスと同盟を結ぶように強要した。

結果はナポレオンの思い通りに進んだ。ナポレオンの恫喝《どうかつ》を恐れたプロシャはハノーヴァー領有という餌《えさ》に飛びついて攻守同盟を結び、打ちのめされたオーストリアはヴェネチア、イストリア、ダルマチア、ティロルなど三百万人の人口を有する領土をフランスの属国に割譲することに同意した。

なかでも、イタリアでのナポレオンの執念はすさまじかった。ヴェネチアをイタリア王国に併合したうえ、半島南のナポリに対しても、対仏同盟に加わったかどで制裁を加えることを決意し、兄のジョゼフに攻撃、占領を命じて、ジョゼフをナポリ国王とした。こうして、ほぼイタリア全土がナポレオンの支配下に入った。

また南ドイツでも、バイエルン王国とヴュルテンブルク王国、それに多くの大公国、公国が神聖ローマ帝国を脱退し、ナポレオンを盟主と仰ぐライン連邦が結成された。ここに神聖ローマ帝国は崩壊し、神聖ローマ帝国のフランツ二世は、ただのオーストリア皇帝フランツ一世となったのである。

タレーランはこうしたナポレオンの戦後処理に関して、『回想録』の中で次のように非難している。

ナポレオンはありとあらゆる成功を手に入れた。そして、それを、いっさいの節度なく濫用《らんよう》した。（中略）ナポレオンがこのとき採用したシステムは（中略）彼の没落の原因のひとつに数えられるべきものである。（拙訳）

ナポレオンが採用したシステムというのは、オーストリアから分捕《ぶんど》った領土、とりわけフランスの近隣諸国は、共和国とせず、自分の兄弟、および姉妹の夫を君主にした王国とすることだった。こうして、オランダ王国（弟のルイが国王）、ナポリ王国とシチリア王国（ともに兄のジョゼフが国王）、ベルク大公国（妹のカロリーヌの夫ミュラ将軍が大公）が新たに誕生した。

ほかならぬタレーランも、ナポリ王国の中の教皇領の飛地《とびち》であるベネヴェント大公国を与えられ、ベネヴェント大公となった。タレーランは、フランスとローマ教皇庁との和解《コンコルダ》が行われたのを機会に、ナポレオンの強い勧めによって、愛人だったカトリーヌ・グランと結婚していたが、このベネヴェント大公の位を授けられたとき、「私よりも、タレーラン夫人を祝福してください。女性はいつでも、大公夫人《プリンセス》になることがうれしいものですから」といったと伝えられる。

*

ウルムとアウステルリッツの戦後処理を巡る意見の食いちがいで、タレーランの心はナポレオンを離れつつあった。ナポレオンの熱狂情念は、タレーランがいくらこれに掣肘《せいちゅう》を加えようとしても、とうに限度を超えていた。タレーランは、敵国との和平交渉に臨む前に、まずナポレオンとのより厳しい条件交渉に臨まねばならなかった。この苦痛が、タレーランに生来そなわっている移り気（蝶々）情念を蘇らせた。タレーランは、プレスブルクの和平交渉のさい、賠償金一億フランを一千万フラン負けて九千万フランにしてやったが、そのことでナポレオンの叱責を買って以来、いつ、外務大臣の職をなげうつか、そればかりを考えるようになっていた。

ところが、明けて一八〇六年の一月（この年から共和暦が廃され、キリスト教暦に戻った）、思いがけないニュースが飛び込んできて、タレーランの平和への希望にふたたび火がついた。対仏最強硬派だったイギリスのピット首相がアウステルリッツ大敗北の報に接し、そのショックで持病の痛風を悪化させて死んでしまったのである。ピットに代わって、対仏融和派のグレンヴィル内閣が成立したことは、タレーランにとって、イギリスとの交戦状態に終止符を打つ絶好の機会到来と思えたのである。

停戦のシナリオはイギリスの外相のフォックスから送られてきた。ナポレオンも、アミアンの和約のときと比べて、今度はアウステルリッツの大勝という大きなポイントがあるので、有利に交渉が進められると踏んだ。そこで、タレーランになんとしても和約を成立させるように命じた。もちろん、タレーランとしても、これほど待ち望んでいたことはないので、全力を傾けて交渉に臨むことを約した。ナポレオン帝国が永続し、ヨーロッパに平和が訪れる可能性は、もはやイギリスとの和約にしかないと感じていたからである。

だが、アミアンの和約のときと同じように、今度もまた、地中海のたったひとつの島に対するナポレオンの執着が災《わざわ》いして、せっかくのタレーランの努力も水泡《すいほう》に帰《き》することになったのである。

今度の英仏和平交渉の焦点は、ナポレオンがプロシャに与えた旧イギリス領のハノーヴァーの帰属と、ナポリ王国の領土であるシチリアだった。

ハノーヴァーに関しては、これをイギリスに返還し、プロシャには相当する代替地を与えることで英仏で合意が得られそうだった。

問題はシチリアだった。シチリアはフェルナンド国王の支配するナポリ王国の領土だったが、ナポレオンが対仏同盟参加を理由にナポリを攻撃・占領して兄のジョゼフを国王としたため、フェルナンド国王はシチリアのパレルモに逃れ、イギリスの保護を受けていた。つまり、ナポリ王国の現国王がシチリアの領土権を主張しても、前国王がイギリスの後押しでシチリアを実質支配しているという複雑な状況になっていたのである。

タレーランは、イギリスとの和平という願ってもない収穫が得られるならば、シチリアなど放棄してもいっこうにかまわないという腹だった。ところが、フランスとイタリアに両属してきた因縁《いんねん》をもつコルシカ島に生まれたナポレオンは、異常なほどシチリアのナポリ王国帰属にこだわった。結局、この執着があだとなり、イギリスとの交渉は暗礁に乗りあげた。

そうこうしているうちに、ハノーヴァーの帰属を巡って、プロシャが激しい反発を示しはじめた。いったん約束されたハノーヴァーが取りあげられてイギリスに与えられると知るや、プロシャ政府と国王は猛烈に怒って戦争準備を始めたのである。

このとき、ちょうど運悪く、ロシア全権のウーヴリルがフランスと締結した仏露和平条約の批准《ひじゅん》をアレクサンドル一世が拒否したという知らせが届いた。

ロシアの批准拒否の知らせはプロシャを奮い立たせた。プロシャ政府はロシアの後方支援が得られると確信して、本気で大軍を国境近くに集結させた。

運が悪い方向に傾くときは、さらに余計な荷重がかかるものらしい。和平推進派のイギリス外相フォックスが急病で死に、イギリス世論は一気に反フランス感情一色となったのである。

こうして、タレーランが最後の望みをかけた英仏和平のシナリオも完全にご破算となり、フランスはイギリス、プロシャ、ロシアの第四次対仏同盟との戦いに突入してゆくことになるのである。

ポーランドからの「贈り物」

一八〇六年の九月末、新たな挑戦者たるプロシャがイギリス、ロシアと第四次対仏軍事同盟を結び、フランスに宣戦を布告した。受けてたったナポレオンは、すみやかに兵を進ませて、十月十四日、イエナとアウエルシュタットの戦いでプロシャ軍を完膚《かんぷ》無きまでに撃破し、残兵を追いながら首都ベルリンに入城した。途中、ポツダム宮殿のフリードリッヒ大王の墓に詣で、尊敬する大王の剣を戦利品として持ち帰った。この剣はいまもなお、パリのアンバリッドに飾られている。

プロシャ全権代表との休戦条約は十一月十六日に締結されたが、東プロシャに逃れていた国王フリードリッヒ＝ヴィルヘルム三世はなお戦いの意志を捨てずロシアに救援を求めたので、今度はポーランドを間にはさんでロシアとの戦いが始まることになる。一般にこれをプロシャ＝ポーランド戦役と呼んでいる。

このプロシャ＝ポーランド戦役で重要なのは、ナポレオンが十一月二十一日にベルリンで発した大陸封鎖令である。ナポレオンはイギリスが新大陸からの物資を運んでくる中立国の商船を拿捕《だほ》したことは万民法に違反すると主張し、これに対抗すべく、イタリア、スペインからドイツに至る海岸線を大陸封鎖し、イギリスとの交易をすべて禁止すると宣言した。貿易に頼るイギリス経済を締め上げようと考えたのである。

大陸封鎖はたしかにイギリスに大きな損害を与えると同時に、大革命で立ち遅れたフランスの産業に躍進のきっかけを与え、ヨーロッパの産業地図を塗り替えることとなったが、反面、イギリスにとってばかりかフランスにおいても思わぬ玉突き現象を引き起こし、その影響は今日にも及んでいる。

＊

大陸封鎖でイギリス、フランスともに一番困ったのは、酒と砂糖の輸入である。

ブドウを栽培するのに適さぬ風土のイギリスは、主にボルドーからのワイン輸入に頼っていたが、これが不可能になったので、ワインに代わる酒の開発を強《し》いられる。大麦から作るウイスキーがそれである。大麦はもっぱらビール醸造《じょうぞう》に用いられていたが、この大陸封鎖をきっかけに、スコットランドなどで伝統的に行われていた麦芽汁《ばくが》を蒸留する方法が見直され、ウイスキーがワインの代わりにイギリスでも飲まれるようになった。これがスコッチであることはいうまでもあるまい。

これに対し、フランスでは、西インド諸島からの砂糖の輸入が止まったため、人々はいろいろと知恵をしぼって、サトウキビ以外の材料から砂糖を精製する方法を考えざるをえなくなる。ナポレオンは懸賞を出して新たな砂糖精製法を募《つの》ったが、それに応えるかたちで登場したのがテンサイ（砂糖ダイコン）から砂糖を作り出す方法である。これによって、フランスは砂糖不足をなんとか克服することができたが、しかし、ナポレオン戦争が終わると、テンサイ砂糖は、輸入が再開されたサトウキビ砂糖との競争に太刀打《たちう》ちできなくなり、今度は、そのテンサイ砂糖の効率的利用法が模索される。ここから生まれたのが、テンサイを原料とするホワイト・リカーで、これに果実や花のエッセンスを封入したものが世紀末に流行するリキュールとなるのである。

いっぽう、大陸封鎖の期間中、西インド諸島では販売先を失った砂糖をどうするかという問題が起こっていた。サトウキビは放っておいても毎年繁るので生産調整するのが難しい。いっそ、サトウキビの搾《しぼ》り汁を蒸留して酒にするラム酒のほうに生産をシフトしたらどうか？　予想通り、ラム酒は、フランスからのワイン輸入が途絶えていたアメリカで大歓迎され、以後、砂糖と並ぶ西インド諸島の主要な産品となるのである。

こうして見てくると、ナポレオンの大陸封鎖は、グレートブリテンでも、フランスでも、また西インド諸島でも、蒸留酒誕生のきっかけとなり、今日のスピリッツ文化を生み出す背景となったということができるのである。

＊

閑話休題。このように大陸封鎖は予想外の分野で玉突き現象を生じさせたが、最も深刻な影響は、イギリスよりも、むしろ、イギリスを主たる貿易相手としていた国々で発生した。その最たるものが、イギリスにワインを輸出することでなんとか経済の帳尻《ちょうじり》をあわせていたスペインとポルトガルである。とくに、スペインはイギリスとの貿易量が大きかったので、宰相ゴドイは、トラファルガーの海戦でフランス＝スペイン連合軍が敗れると、ひそかにイギリスとの和平交渉を始め、ナポレオンがプロシャ戦役に出ている間に、対フランス戦争の準備を始めた。これを知ったナポレオンは激怒し、プロシャ＝ポーランド戦役が片付いたら、次はスペインを征服する決意を固めたのである。

同じような状況は、オランダ、ドイツなどでも起こりつつあったが、じつはフランス国内とてその例外ではなかった。イギリスへのワインの輸出を全面的にとめられたボルドーの業者（ネゴシアン）たちが激しい不満を募らせていたのである。大革命以後、もっぱらスペイン、ポルトガルへの迂回《うかい》輸出で命脈を保ってきた彼らは、大陸封鎖によってそれも不可能になったので、真剣にナポレオン打倒を目論《もくろ》むようになったのである。

こう考えると、ナポレオンがイギリスに侵攻できないために悔し紛れに発した大陸封鎖令は、イギリスの息の根を止めるよりも、むしろ、フランスとその同盟国の国民に怨嗟《えんさ》の声を引き起こし、結局はナポレオン自身の命取りとなるのである。

ところで、この、他人の痛みや苦しさ、そしてそこから生じる恨みにまったく気づかないというのが、ほかならぬ熱狂情念の人ナポレオンの最大の特徴なのである。天才は自分以外の人間にも同じような忍耐力と克己心《こっき》があると思い込み、熱狂情念を分かちもつように強要する。最初のうちこそ、熱狂情念に感染して、天才のあとに従っていた凡人は、やがて、彼について行くのは不可能と悟る。

ナポレオンがオーストリア戦役に続いてすぐにプロシャ＝ポーランド戦役に出発したこと

は、フランス全土の民衆に相当に根強い反発を引き起こした。皇帝はいったいいつまで戦争を続ければ気が済むというのか？　この不満は兵士ばかりか、働き手を連れ去られた一般家庭にも広がっていった。

こうした民衆の怨嗟をだれよりも敏感に察知していたのが、ナポレオンの留守を預かって、政府を指揮していたフーシェである。フーシェは警察大臣という職務上、全国のスパイたちがかき集めた反政府的言動をすべて把握していたので、民衆の恨みの深さをよく知っていた。この危険な兆候が大きな潮流となってしまっては、いかにナポレオンが勝利を続けようと、帝政の基盤が危うくなる。ナポレオンは、そんな民衆の声に耳を貸すような人間ではないので、代わりに自分が拡声器の役目を演じなければなるまい。さもないと、帝政が打倒されて、せっかく手に入れた自分の地位と財産が危うくなる。

こう決意したフーシェは、国民の不満をなんとかナポレオンに伝えようと努めたが、ナポレオンが部下の諫言《かんげん》を絶対に聞き入れないことを十分に承知していたので、そこはいかにもフーシェらしい工夫をさまざまに凝らした。ツヴァイクは書いている。

　本当のことを皇帝自身の耳に吹きこむなどという危険な努力をする気は、フーシェにはとうの昔になくなっている。（中略）ただ毎日の報告書のなかに、そしらぬ顔で、意地わるく、ざっくばらんな話を、密輸品みたいにわりこましておくことはよくある。それも、「小官の意見では」とか、「小官の考えでは」などと書いて、自分の独自な意見や考えをとがめられる羽目にならないように、「世評によれば」とか「某国使節の言と伝えらる」とかいう具合に、報告には書いておくのだ。(ツヴァイク　前掲書)

おかげで、さすがのナポレオンといえども、自分の留守中にフランスで不満が高まっていることに気づいたが、しかし、だからといって征服戦争をやめることができないのが熱狂情念というものである。

誤解のないようにここであらかじめ解説を加えておくと、熱狂情念というのはわれを忘れて、不条理な行動に突っ走る情熱のことではない。反対に熱狂情念の人はつねに冷静である。突き放した他人の目で自分を見つめることができる。だが、そうした冷静さにもかかわらず、彼の頭脳から導き出される結論はいつでも「ストップ」ではなく「ゴー」なのだ。つまり、完全に目覚めている頭脳、的確な判断力、だれよりも健全な悟性といったものを有しながら、それらをはるかに超えた、ほとんど神の命令に等しいような情念、人間そのものの限界にまで近づこうとする情念に、その人は身をゆだねてしまうのである。それゆえ、外から見ると、熱狂情念の人は狂っているかのように見えるが、けっして狂ってはいないし、われを忘れているわけでもない。ただ、神から託された使命に等しい大望に向かって、自分以外のものすべてを巻き込みながら突っ走っていくのである。

このナポレオンの熱狂情念を最も間近で見つめていたのがほかならぬタレーランである。タレーランははじめ、ナポレオンの天才、鋭利な知性などを信じていたので、自分が提案するヨーロッパの力の均衡《バランス・オブ・パワー》のための健全な和平を受け入れると思っていた。ところが、そのうちに、ナポレオンが合理的な思考だけで行動をしている人間ではないということに気づく。ナポレオンが隔絶した天才であることは承知していたが、その隔絶ぶりが予想を超えていたのである。ひとことでいえば、タレーランはようやくにしてナポレオンの熱狂情念の本質を理解したのである。ナポレオンとは、世界征服という、アレクサンダー大王と同じ情念にとりつかれた究極の熱狂情念の人なのだ。

ゆえに、和平交渉で寛大な条件で相手に恩を着せて味方に引き入れるとか、バランス・オブ・パワーを考えて大国の間に緩衝地帯を設けるなどという提案をいくらタレーランが繰り返しても、ナポレオンがそれを受け入れるはずもないのである。ようするに、外務大臣としてナポレオンのためを思って働いても、ナポレオンはそれを好ましく思わず、タレーランをたんなる外交交渉のための能吏としてしか使おうとしなかった。そのため、タレーランもついに外務大臣辞任を考えるようになる。

*

一八〇六年の秋に始まり、翌年七月のティルジットの和約まで続くプロシャ＝ポーランド戦役の期間中、タレーランは、ナポレオンに最も忠実だった。みずから和平の方法を提案しようともせず、ナポレオンが割り振った能吏という役割に徹しているかに見えた。すなわち、大陸封鎖令にしても、ナポレオンに指示された通りに封鎖令の根拠を列挙し、その措置の正当性を書き連《つら》ねたし、ロシアの挑戦を退けたフリートラントの戦いの後のティルジットの和約にしても、ナポレオンの口述した条約文にしたがって交渉をまとめたにすぎなかった。タレーランは完全にナポレオンのイエスマンとなったのである。

だが、そうしてイエスマンを演じれば演じるほど、気持ちはナポレオンを離れていく。タレーランはすでに「ナポレオン以後」を見据え、さしあたってナポレオンに上《うわ》っ面《つら》で従っていればいいと判断したのである。

といっても、それはタレーランが例の移り気情念で、すでに変節を準備していたというわけではない。むしろ反対に、タレーランは帝政をナポレオン以後にも存続させる方法についてて真剣に悩んでいた。ナポレオンの打ち立てた武力によるヨーロッパの均衡は、ひとたびナポレオンがいなくなれば容易に崩壊するからである。ナポレオンがいなくなっても、ヨーロッパの勢力バランスが保て、しかもフランスが自国の領土を保全できる方法、それは一つしかない。フランスの敵同士を連合させず、敵対的な安定の中に置くことである。

それには、プロシャの敗北で生じたポーランド独立の可能性を探り、ポーランドをプロシャ、オーストリア、ロシアの三大国の緩衝地帯とするほかない。

＊

ナポレオンがイエナとアウエルシュタットの戦いでプロシャ軍を打ち破り、プロシャ軍の残存部隊が東プロシャに逃げ込んだという知らせは、ポーランド国民に領土回復と独立の希望を与えた。というのも、ポーランドは一七七二年から九五年までの三回にわたるポーランド分割で、その国土をプロシャ、オーストリア、ロシアに奪われてしまっていたからである。プロシャが敗れたいまこそ、プロシャに奪われた領土だけでも取り返さなければならない。こう、ポーランド人は考えたのである。

しかし、この訴えにナポレオンは即座には色よい返事を与えなかった。なぜなら、もし、ポーランドの独立を認めたりすれば、ポーランドは次にはオーストリアとロシアに奪われた領土の回復を望むだろうが、そうなると、領土返還拒否という一点でオーストリアとロシアが結びつき、ナポレオンに対抗する可能性が出てくる。ロシアを打ち破り、ヨーロッパの完全制覇を狙うナポレオンにとって、これはなんとしても避けなければならないオプションのように思われた。

これに対し、タレーランはポーランド独立こそ、プロシャ、ロシア、オーストリアという三大国の利害を対立させ、ヨーロッパに敵対的安定をもたらす最大要因と考えた。そこで、プロシャから奪った旧オーストリア領のシュレジアをオーストリアに与える代わりに、オーストリアがポーランド分割で得たガリツィアをポーランドに返還させるというアイディアをナポレオンに示した。こうすれば、ポーランドはプロシャに取られた西ポーランドとガリツィアを得て、国土の三分の二を回復し、フランスに大きな恩義を感じることになるにちがいない。同じカトリック国としてもともと親仏感情の強かったポーランドはこうして、中央におけるフランスの貴重な同盟国になり、ロシアの脅威に対する防波堤の役割を果たすはずである。

ナポレオンはこのアイディアに気持ちを動かされながらも、なおポーランドに対して明確な言質《げんち》を与えずにいた。いずれロシアを打ち破ってから、例のタレーラン流の和平方式を採用して寛大な講和条件を提示し、ロシアを同盟国としてイギリスと戦おうと考えたからである。しかし、冬将軍の訪れでロシアとの決戦は春までお預けとなったため、ナポレオンは軍備増強を図ると同時に、ヨーロッパ再編のプランを練り直すことにした。

タレーランはこの冬の期間を利用してナポレオンに親ポーランド感情を吹き込もうとした。そして、そのために、最高のプレゼントを用意したのである。

*

タレーランがまず考えたことは、ナポレオン軍の将官とポーランド貴族との友好を深めるサロンを作り、舞踏会を催すことだった。タレーランのサロンはラッジヴィウの館に設けられ、彼の最も得意とする社交外交の中心となると同時に、ナポレオンが一八〇七年一月に裁可したポーランド臨時政府の実質的総司令部となった。タレーランは、ナポレオンがワルシャワにいる間は皇帝の侍従長として祝祭外交を指揮し、ナポレオン出撃後は、兵站《へいたん》を担当するかたわら、ポーランド貴族の懐柔に心を配り、親仏派の拡大に努めた。

そのためにタレーランの右腕として働いたのが、最後のポーランド王の姪《めい》で、以前からタレーランの愛人だったティシュキェヴィッチ伯爵夫人である。ティシュキェヴィッチ夫人はその家柄の良さと社交の技術でよくタレーランのこの期待に応え、仲間割れを繰り返していたポーランド貴族を一つにまとめることに力を注いだ。ポーランド臨時政府はその努力の結晶である。ちなみに、この臨時政府の陸相にはナポレオンのもとでポーランド人の部隊を率いる将軍ジョゼフ・ポニアトフスキーが任命されたが、このポニアトフスキー将軍は伯爵夫人の弟で、タレーランとも兄弟のような仲だった。

こうした人脈を活用して、見いだされたのが、ナポレオンへの最高のプレゼントである絶世の美人マリア・ヴァレウスカである。

一八〇七年元旦、ワルシャワへ戻る途中の宿駅で、ベルリン馬車の中にいたナポレオンは農民に身をやつした一人の若いポーランド女の訪問を受けた。女はナポレオンを解放者として心から歓迎する旨を述べた。ナポレオンは女をじっと見つめ、馬車の中にあった花束を手に取ると、彼女に手渡してこういった。

マリア・ヴァレウスカ（Henri Savant *"NAPOLÉON"*）

それを私の好意のしるしとして取っておいてください。ワルシャワでまたお目にかかれるといいですね。そのときにはあなたの美しい唇にキスする権利を要求しますよ。（カストゥロ　前掲書に引用されたマリア・ヴァレウスカの手記）

馬車が出発すると、ナポレオンは副官のデュロックに女を捜し出すように命じた。デュロックがジョゼフ・ポニアトフスキーに相談すると、ポニアトフスキーは八方手をつくして女の身元を突き止めた。ナポレオンが渡した花束が手掛かりになったのである。女はヴァレウスキー伯爵の若妻マリア・ヴァレウスカだった。夫のヴァレウスキー伯爵は七十歳を超える老人だったが、夫婦仲はむつまじく、マリアはナポレオンの舞踏会への招待状にもノンの返事を出した。これを知ったタレーランはポーランド貴族を総動員して夫を説得させ、ついにラッジヴィウの館で催された大舞踏会に出席させることに成功した。案の定、大舞踏会では、ポーランドの民族衣装を身にまとったマリア・ヴァレウスカにナポレオンはたちまち目を奪われ、約束通り、「美しい唇にキスする権利を要求」したのである。こうして、マリアはポーランドにおけるナポレオンの現地妻となり、九ヵ月後にナポレオンそっくりの男子を出産した。そのヴァレウスキー伯爵はのちにナポレオン三世の政府高官となったが、ナポレオン三世の顔をよく知らない外国からの訪問客は、しばしば、ヴァレウスキー伯爵のほうをナポレオン三世であると思い込んだといわれる。マリアは、ジョゼフィーヌ以外では、ナポレオンが心から愛した唯一の女性だったのである。

タレーランの決断

タレーランがマリア・ヴァレウスカの居場所を捜し出し、ナポレオンへのプレゼントとしたのは、もしナポレオンがマリアに惚れこみ、心の底から彼女を愛したならば、熱狂情念をそちらの方向に向けて、ロシア征服をあきらめるのではないかと思ったからである。だが、タレーランの考えは甘かった。ナポレオンはたしかにマリアに心を奪われはしたが、征服欲を忘れるどころか、その色恋沙汰《いろこいざた》の最中にもロシア軍との会戦準備のために、東プロシャへと兵を進めていたからである。

一八〇七年二月八日、アイラウでロシア軍の精鋭と正面からぶつかったフランス軍は、ナポレオンの作戦上のミスもあって、かつてないような苦戦を強いられた。ロシア軍の死傷者三万に対して、フランス軍は二万五千というとてつもない大消耗戦となった。アイラウの平野は両軍の兵士の死体で覆いつくされ、そのありさまは酸鼻《さんび》を極めた。フランス軍は、ほとんど負け寸前のところで、なんとか引き分けにもちこんだにすぎなかった。フランス軍はポーランド国境のフィンケンシュタインまで退いて、態勢の立て直しを図った。

こうなると、タレーランとしてはナポレオンがロシアと再戦して勝ってくれるのを待つほかない。熱狂情念の人ナポレオンが引き分けのままフランスに戻るはずはないからである。案の定、ナポレオンは、五月に入ると、フランスで徴兵した八万人の新兵と輜重《しちょう》部隊が到着するのを待って、一気に攻勢に出て、東プロシャの要衝ケーニッヒスベルクに向かった。これを迎え撃ったのがベニグセン将軍率いる九万人のロシア軍である。

両軍は六月十四日に、フリートラントで激突したが、今回は、アイラウのときとはちがって、ナポレオンの勘が冴《さ》えわたり、フランス軍はわずか八千人の死傷者を出しただけで、ロシア軍を完膚無きまでに打ち破った。ロシア軍の戦死者は二万五千人に及んだ。

＊

六月二十五日に、ニーメン河の上にしつらえられた筏《いかだ》の上で、ナポレオンはロシア皇帝アレクサンドル一世と会見した。ナポレオンは、このとき、かつてアウステルリッツの勝利のあとにタレーランに勧められた講和の方法を採用した。すなわち、ボロ勝ちしたにもかかわらず、あえて寛大な講和条件を若き皇帝に提示し、ロシアをフランスの味方に引き入れて、イギリスと戦うことを約束させたのである。

ロシアの宮廷ではフランス語が公用語だったこともあり、アレクサンドルは完璧なフランス語を話した。そのため、二人の皇帝は水入らずで話をすることができた。ナポレオンはこの年下の皇帝を魅惑し、自分に心酔《しんすい》させることができたと思ったが、アレクサンドルのほうでは、ナポレオンにそう思わせることで有利に講和を進めたいと考えていた。アレクサンドルは若さに似ず、外交的なしたたかさを具《そな》えていたのである。

その結果、ロシアは戦いに負けたにもかかわらず、領土を失わなかったばかりか、ナポレオンから、フィンランド（スウェーデン領）とバルカン半島南部（トルコ領）へ進出する許しさえ得ることができた。ナポレオンはアレクサンドルに、いずれ、二人でトルコを分割しようではないかともいった。

このフランスとロシアの和約で割《わり》をくったのは、ロシアと連合して戦ったプロシャだった。プロシャは国土の半分以上を失い、人口は一千万人から五百万人に半減した。ナポレオンはプロシャから取り上げた領土に新たにウェストファーレン王国とワルシャワ大公国をつくり、前者は弟のジェロームに、後者は同盟者のザクセン王フリードリッヒ＝アウグストに、それぞれ与えたのである。

＊

この屈辱的な決定を撤回してもらうために、プロシャ王妃ルイーゼが急遽《きゅうきょ》、二人の皇帝のいるティルジットにやってきて晩餐会に出席したが、その美貌と才気をもってしても、ナポレオンの決意を覆《くつがえ》すことはできなかった。

ティルジットで条約の細部の詰めを任されていたタレーランは、晩餐会で誇り高いルイーゼ王妃が祖国の存亡のために、ナポレオンに愛想をふりまくのを見て深く同情し、馬車まで王妃を送っていった。そのとき、王妃はタレーランに向かってこう語ったという。

ベネヴェント大公［タレーランのこと］、私がここまでむだ足を運んだことを遺憾に思っている人はこの世に二人しかいません。あなたと私です。私がこの意見をもって帰っても、あなたはお怒りにはなりませんわね。（タレーラン　前掲書）

タレーランはこの言葉に、目に涙をいっぱいにためて応えた。ティルジットの和約は、プロシャを犠牲にしてロシアを救うという、タレーランが望んだのとは異なったかたちで決着を見たのである。

パリに戻ったタレーランは、一八〇七年八月九日付けで外相を辞任した。その『回想録』

には次のように書かれている。

ナポレオンはパリに帰ると、ベルティエ将軍のために副総司令官、私のために副大選挙人という地位を創った。これらの地位は、名誉職で収入の多い閑職だった。そこで、私は、かねてよりの希望通り外相の座を離れた。

外務省の指導者の地位に在《あ》った期間、私はずっとナポレオンに忠実に、かつ熱意をこめて仕えてきた。私はナポレオンに自分の意見を具申することを義務と心得ていたが、長い間、彼はそれに耳を傾けてくれた。その意見というのは、主に二つの点に限られる。一つはフランスのために君主制度を確立すること。これにより君主の権威が保証されるからである。ただし、その権威は公正な範囲内に保たれねばならない。もう一つはフランスに幸福と栄光をもたらすようなかたちでヨーロッパを再編することである。私は、ナポレオンがこうした道から離れないようにできるかぎりの努力をしたが、一八〇七年には、ナポレオンはすでにそこから逸脱してから長い期間がたっていることを認めざるを得なくなった。だが、機会が訪れるまで、私は外相の地位を離れることはできなかったのである。ナポレオンのそばで積極的な役割を果たしている者がその職を去ることは、人が思うほど容易ではないのである。（同前掲書）

ここには、ナポレオンの熱狂情念に辟易《へきえき》し、なんとか、その影響圏外に出ようと思いながら果たせなかったタレーランの「やれやれ」という気持ちがよく出ている。蝶々情念の人でもナポレオンから離れることはそれほど簡単ではなかったのである。

＊

ロシアとプロシャ問題が片付いたのを機会に、タレーランは外相を辞任する口実として副大選挙人になることを強く希望した。副大選挙人というのは、大選挙人だったジョゼフ・ボナパルトがナポリ王になって転出したため、その代行として設けられたもので、これに就任すると、大法官カンバセレス、大財務官ルブランに次ぐ、三番目の帝国顕官《けんかん》となるが、帝国顕官は大臣と兼務はできないという規定になっていた。タレーランは、この規定を利用して、外相の地位を離れたのである。

タレーランの辞任はナポレオンにとっては予想外のことだった。ナポレオンは、タレーランが反対意見を大胆に具申すること、また、外国から平気で賄賂を取ることにも腹を立てていたが、外交官としての彼の力量を高く評価していたので、外相を解任するつもりはまったくなかったからである。

では、タレーランがこの時期に外相を辞任した本当の理由はなんなのだろうか？　ナポレオンが権力の絶頂にあり、当面、戦争の危険はなさそうだったからである。もし、ナポレオンが落ち目になったときに、ナポレオンを見放したら、それは裏切りといわれるだろう。しかし、皇帝が栄光の頂点にまで上りつめたいまなら、だれ一人、彼の辞任を非難できるものはいない。また、戦争の危険が差し迫っているなら、外相を辞任することは国家への裏切りになるが、その危険も、しばらくの間は遠のいたかのように思えたのだ。

たしかに、辞任の時期としては、この一八〇七年の八月というのは絶妙のタイミングだったということができる。というのも、同じ年の秋から、ナポレオンは、カルロス国王とフェルディナンド王子の王位継承問題に介入して、スペインに軍を進駐させるという方針を取ったからである。ナポレオンは、心ひそかに、国王と王子を一緒にお払い箱にして、スペインを長兄のジョゼフに与える計画を練っていたのだ。もし、タレーランが外相にとどまっていたとしたら、最も厄介なスペイン問題にかかわらざるを得ず、ナポレオンと正面から衝突していたことはまちがいなかったのである。

*

ナポレオンがスペインに制裁を加えようと思ったのは、一八〇六年の十月、プロシャ遠征でベルリンに入ったときのことである。スペインの宰相ゴドイがプロシャと組んで、背後からナポレオンを襲おうとしていた策略が発覚したのだ。ゴドイはイエナの戦いでナポレオンが大勝したことを知ると、あわててナポレオンに手紙を送り、スペインは断固イギリスと戦うと誓った。このときから、ナポレオンはプロシャとロシアが片付いたら、次はスペインを征伐してやろうと心に決めていたのである。

理由はほかにもあった。一つは、スペインの王朝が、十七世紀のスペイン王位継承戦争の結果、フランスのブルボン王家によって占められるようになっていたこと。すなわち、ルイ十四世の孫がスペイン王位に即《つ》いて、その一族が代々王位に即いていたのである。この点がナポレオンにとって気にくわなかった。つまり、自分の命を付け狙うブルボン王家の末裔《まつえい》が隣国の王であることを許しがたく感じたのである。

もう一つの理由は、カルロス四世の王妃の愛人に収まった宰相ゴドイに対して、王太子のフェルディナンドが反発し、スペインに内紛が起こりそうになってきたことである。ナポレオンは、フェルディナンド王太子がナポレオンに対して保護を求める手紙を送ってきたので、この争いを利用して、スペインからブルボン王家を一掃してやろうと考えた。

その布石として、ナポレオンはフェルディナンドに援軍を送るという名目でミュラ将軍の大軍を派遣した。ナポレオンの妹のカロリーヌの夫であるミュラは、スペイン王になれるかもしれないと張り切ってマドリードに入城した。ミュラは、フェルディナンドとカルロス国王の調停者のふりをして、自分が王位を奪い取ろうと考えたのである。

このミュラのアイディアはナポレオンの採用するところとなった。ただし、スペイン王にはミュラではなく、兄のジョゼフを据えることにした。ミュラは姻戚であっても兄弟ではないから、隣の大国を任せるわけにはいかないと考えたのである。

高木良男氏は、『ナポレオンとタレイラン』の中でナポレオンの計画を次のように要約している。

この時、ナポレオンの計画ははっきりと決まっていた。自分に保護を求める国王夫妻とゴドイを、スペインと国境を接するフランス領内のバイヨンヌに呼びつけ、フェルディナンド王子とその他の王族一同もバイヨンヌに呼んで、父と子の対立を仲裁する立場に立ち、スペイン王位を自分の手にゆだねることを一挙に彼らに認めさせる計画である。（高木『ナポレオンとタレイラン』）

結論からいえば、ナポレオンのこの計画は見事に成功した。すなわち、ナポレオンは一八〇八年五月五日にフェルディナンドを呼びつけて王位継承権を放棄させたうえで、カルロス国王を召喚し、王国をナポレオンに譲るという書類にサインさせたのである。こうして、ナポレオンは血をほとんど流さずに、スペインという大国を手に入れることができた。少なくとも、そう思った。

ところが、それが大変な誤算だったことがじきに判明する。たしかに、スペインからブルボン王家を追い払うことには成功したが、スペインにはスペイン人がいるということをナポレオンは忘れていたのである。スペイン王座に座るべく、軍隊に守られてマドリードに着いたジョゼフは、たちまち激しい民衆の反抗にあい、マドリードを退去せざるを得なくなったのである。

反乱はスペイン全土に広がり、フランス軍は各地で守勢に回ることとなった。おまけに、イギリスの大軍がポルトガルに上陸し、フランスと本格的に戦いを構える姿勢を見せた。

この誤算にナポレオンはいらだち、八万人の大軍をスペインに送り込んで一気に敵を征服する計画を立てた。しかし、そのためには、ドイツに駐留している大軍をスペインに振り向けなければならない。が、そうなると、不穏な動きを見せ始めたオーストリアをロシアの力を借りて牽制しておく必要が生まれる。ナポレオンは、そのために、ロシアとフランスの中間点であるドイツのエルフルトで会談をもとうと考えたのである。そして、ナポレオンは、このエルフルト会議にはタレーランの力が不可欠と見て、バイヨンヌからパリに向かう途中、タレーランをナントに呼び付けて会議に臨む作戦を協議した。

タレーランがナポレオンに向かって、スペイン王位を姑息《こそく》な手段で奪ったことは、得るものより失うもののほうが大きかったと直言したのはこのナントでの協議の最中のことだった。ナポレオンが、それはどういう意味だとたずねたので、タレーランはこう答えた。

それは簡単なことです。例でもって示しましょう。社交界に、いろいろと馬鹿なことをしでかしている男がいるとします。愛人を囲ったり、妻に対してひどい態度を見せたり、友人たちにも重大な過《あやま》ちを犯したりしています。社交界の人々はいろいろと非難はします。しかし、その男が裕福で、権力があり、立ち回りもうまいので、男は社交界からはまだ大目に見られている。ところが、あるとき、男が賭事《かけごと》でいかさまをやらかした。すると男は即刻、社交界から追放になり、二度と許してはもらえなかった。（タレーラン　前掲書）

ナポレオンは、この言葉を聞くと、顔面蒼白《そうはく》になり、その日は、もうタレーランには声をかけなかった。タレーランは二人の不和はこの日から始まったと書いている。

しかしながら、タレーランとしては、二人の間に齟齬《そご》をきたしたからといって、エルフルト会議への同行を拒否するわけにはいかなかった。というのも、タレーランは、この会議でヨーロッパの運命を賭けた一世一代の大バクチを打つほかないと決意を固めていたからである。それは、ナポレオン帝政を永続させると同時にヨーロッパを戦乱から救うための努力ではあったが、客観的に見れば、明らかにナポレオンに対する裏切り行為以外のなにものでもなかった。タレーランはこのときを境にして、ついにナポレオンの熱狂情念と戦う決意をあらわにした。そして、それは陰謀というかたちを取るほかはなかったのである。

＊

ナポレオンがエルフルト会議でロシア皇帝から引き出そうとしていた同意は、スペインに投入する軍隊をドイツから引き上げたあと、オーストリアがフランスに敵対的な行動を取った場合、ロシアはオーストリアに宣戦を布告するということだった。つまり、オーストリアに対する攻守同盟をフランスとロシアの間で結ぼうとしたのである。

タレーランは、もし、この攻守同盟が結ばれたとしたら、それはヨーロッパを取り返しのつかない混乱に陥《おとしい》れるばかりか、ナポレオンの熱狂情念を限りなく増長させて、トルコやインドまでをも戦争に巻き込むにちがいないと考えた。だから、文字通り、命を張ってでも、この同盟は阻止しなければならないと思ったのである。しかし、これまでの経緯からしてナポレオンの熱狂情念に歯止めをかけることは不可能である。ならば、残された道はただ一つ。ロシア皇帝と緊密な連絡を取って、同盟にサインさせないことである。

タレーランはただちに行動を開始した。まず駐露フランス大使コランクールに詳細な手紙を書いて、自説を開陳《かいちん》し、ロシア皇帝にこちら側の状況を伝えておくように指示した。ついで、駐仏オーストリア大使のメッテルニッヒとも連絡を取り、オーストリア皇帝の大使としてヴィンセント将軍をエルフルトに派遣するように要請した。

いっぽう、ナポレオンはというと、ティルジットの和約のさい、若きロシア皇帝を魅惑し、なんでもいいなりになる弟に仕立てたつもりだったので、エルフルトでも演出を巧みにしてアレクサンドルの魂を奪おうと考えた。エルフルトにコメディー・フランセーズの劇団を連れて行き、自分の威光を高めるような歴史劇を上演させたのもその一つである。また、ライン連邦の王侯たちを集めて連日舞踏会や晩餐会を催した。

ナポレオンは、まさかタレーランが自分の意図とは正反対の方向に会談をもっていこうと策謀しているとは知らず、すっかり安心しきって会談を迎えた。

これに対し、タレーランは、コランクール、ヴィンセントとスクラムを組み、連携を密にして、ナポレオンの熱狂情念実現の阻止を図った。とりわけ、アレクサンドル皇帝と二人きりになると、ナポレオンとの会談で発言すべき内容をしっかりと彼の耳に吹き込んで、絶対に攻守条項は受け入れないように念を押した。アレクサンドルがナポレオンの強引さを訴えると、まるで子供を諭《さと》すように、嚙《か》んで含めるようにアドヴァイスした。

しかし、それでも陛下は、発言なさるべきことはしっかりと発言なさらねばなりません。オーストリアに関する条項については、ティルジットの和平条約の中に暗黙の了解事項として含まれているのだから、わざわざ記するには及ばないとおっしゃることはできませんでしょうか？　そのついでに、信頼の証拠は相互的であるべきだと付け加えることも可能ではないかと愚考いたします。ナポレオン皇帝から陛下に手渡された条約案では、あるいくつかの条項が履行《りこう》さるべきか否かということについて、陛下はその状況判断をナポレオン皇帝に一任することになっておりますが、陛下としては、二人の皇帝によって調印されるこの条約において、オーストリアがいかなる場合に実際の障害となるか、それを判断する権利を要求なさるべきではないでしょうか。（タレーラン　前掲書）

ロシア皇帝はこのタレーランのアドヴァイスをしっかりとメモして会談に臨み、ついに攻守条項にサインしなかった。ナポレオンはいらだったが、ジョゼフィーヌと離婚してアレクサンドルの妹を后妃に迎えるという計画があったため、アレクサンドルに譲歩して、ティルジットの和約の線で条約は調印された。タレーランはついに賭けに勝ったのである。

そして、これをきっかけにタレーランの蝶々情念はナポレオンの熱狂情念を離れて、ついにフーシェの陰謀情念と結びつくこととなるのである。

第四章　誰がナポレオンを倒したのか

タレーランとフーシェの無言劇

一八〇八年十二月二十日、ナポレオンが二十万近い大軍を率いてスペインで戦っているとき、外務大臣をやめ、副大選挙人の地位に就いたタレーランがヴァレンヌ街に購入した大邸宅で豪華絢爛たる舞踏会が開かれていた。いとも妙《たえ》なる音楽が奏《かな》でられ、着飾った貴顕紳士淑女がそれに合わせて巧みにステップを踏んでいるとき、召使が大声で意外なる人物の来訪を告げた。紳士淑女はいっせいに顔を見合わせてステップを止め、声がした玄関のほうへ振り向いた。そこには、この邸宅にやって来る可能性が限りなくゼロに近い人物、タレーランの不倶《ふぐ》戴天《たいてん》の敵、そう、フーシェが立っていたのである。

驚きのあまり絶句した一同が固唾《かたず》を呑《の》んで見つめる中、フーシェは臆することなく、ホールの真ん中をゆっくりと進んでいった。すると、なんとしたことだ、主《あるじ》のタレーランが満面に笑みを浮かべ、悪い脚を引きずりながら迎えに出たのである。警察長官に近づき、「ようこそいらっしゃいました。お待ちしておりました」の言葉とともに、フーシェの手を取ると、固く握手を交わした。タレーランは、周りの人々にわざと聞こえるようにフーシェにお世辞を述べ、そのまま二人で広間を通りすぎると、別室に消えた。

この二人の劇的な和解は、社交界のみならず、パリ中に大きな反響を引き起こした。明らかに、タレーランとフーシェは自分たちの和解を衆目の見つめる中で派手に演出し、スペインにいるナポレオンの耳に届くように仕向けたのである。

＊

タレーランとフーシェの接近は、フーシェのほうからもちかけたものだった。ナポレオンが一八〇六年から翌年にかけて、タレーランを伴い、プロシャ＝ロシア戦役に出陣している間、パリの政権を預かる役目はフーシェに任されていた。フーシェはこの役割を完璧にこなした。いや、完璧すぎたというべきかもしれない。なぜなら、あまりに瑕疵《かし》なき仕事ぶりは、とかく他人の嫉妬や恨みを買うことがあるからである。

この時期、ナポレオンの周辺でフーシェを嫌っていた人間は無数にいたが、激しく憎んでいたのは二人しかいなかった。一人はほかならぬジョゼフィーヌである。

ジョゼフィーヌは、その昔、ナポレオンが一介の将軍だった時代から、ナポレオンの身辺の情報をフーシェに漏らし続けていた。フーシェに浮気を嗅ぎつけられ、金銭と引き換えに、情報提供者の役割を押しつけられていたのである。その見返りとして、フーシェは、ナポレオン一族の攻撃からジョゼフィーヌを守り、ナポレオンが皇帝となった後も、つねにジョゼフィーヌを支え続けていた。

ところが、一八〇四年に警察大臣に返り咲いた頃から、フーシェはジョゼフィーヌに急に冷たくなった。原因の一つは、もうジョゼフィーヌから得るべき情報がなくなったからである。ジョゼフィーヌは用済みの人間になったのである。もう一つは、ナポレオンが戦場に出かける機会が増え、戦死する公算が大きくなったことである。フーシェはナポレオン帝国の存続のために、是非ともナポレオンに世継ぎを作らなければならないと考えるに至ったのだ。

といっても、それは、あくまで自分のため、自分の身の安全を考えてのことである。もし、ナポレオン帝国が崩壊し、ブルボン王朝の王政復古がなったなら、国王の死刑に賛成投票を行い、王党派を無数に虐殺したフーシェが無事でいられるはずはないからである。この点が、ヨーロッパ全体の和平まで視野に入れてナポレオン帝国の安定を図ったタレーランとのちがいである。

フーシェは、ナポレオンもこの世継ぎ問題に悩んで、ジョゼフィーヌとの離婚を考えていることをとうに承知していた。同時に、ナポレオンの心の中の葛藤《かっとう》についてもすべてお見通しだった。ナポレオンはただ一人の女としてジョゼフィーヌを深く愛しているため、離婚を自分の口からはどうしてもいいだせないでいたのである。もしかすると、子供のできない欠陥は自分のほうにあるかもしれないと思っていたこともある。

ところが、この能力に関する疑念は、一八〇七年の春にマリア・ヴァレウスカが懐妊したことで一気に晴れた。そこで、ナポレオンはエルフルト会議のさいに、それとなく、ロシア皇帝の妹を皇后として迎えられないかと打診した。ロシアに対して寛大な態度で臨んだのはそのためである。

フーシェはこの情報をいちはやく手に入れると、思案を巡らし、結論を出した。ナポレオンがいいだせないのなら、いっそ、自分が悪役となってジョゼフィーヌに離婚を勧め、ナポレオンに対して恩を売ってやろうではないか。ナポレオンは、例によって烈火のごとく怒ったふりをして、自分のお先走りを叱責するだろうが、内心ではよくやってくれたと感謝するにちがいない。

＊

一八〇七年の秋のある日、フォンテーヌブローの宮殿では、珍しくフランスに戻っていたナポレオンが一族と楽しげに談笑していたが、一人、ジョゼフィーヌだけは楽しまず、離れた窓辺で外の景色を見つめていた。そこに、音もなく背後から近づいて声をかけた者がいた。フーシェである。ジョゼフィーヌは、ここのところフーシェが冷淡になったのは知っていたが、ナポレオンの側近の中で唯一心を開いて話ができる人物だったので、格別驚く風もなく、フーシェの言葉に耳を傾けた。

ところが、今日は、いつものフーシェとは何かがちがっていた。やたらに回りくどく要領を得ないのだ。しかし、それでも、話が進むうち、ジョゼフィーヌはようやく、ナポレオンに離婚を申し出るよう勧められていることに気づいた。

「それは、皇帝陛下からのご命令ですか？」

　ジョゼフィーヌは、フーシェが言葉を切ったとき、唇を震わせながらたずねた。

「いえ、まったく私の一存で申し上げておるのです。ですが、いずれ、必ずこうなることは十分、予想できます」

「そういう話は、ご命令があったときに従うまでのこと。だれに指図されるいわれもありません」

　フーシェはこの返事は織り込み済みとばかり、丁寧《ていねい》におじぎして引き下がった。

　だが、それから間もなく、今度はほぼ同じ内容をもっと単刀直入《たんとうちょくにゅう》に語ったフーシェの手紙がジョゼフィーヌのもとに届けられた。ジョゼフィーヌは、思い切ってその手紙をナポレオンに見せた。手紙を読むナポレオンの顔つきをじっと見つめていたジョゼフィーヌはガックリと肩を落とした。口では否定するものの、ナポレオンがフーシェの言い分を是《ぜ》としていることは明白だったからである。

　フーシェはその後も、スペインのナポレオンに宛てた手紙の中で、一般的な風潮と偽りつつ、いまこそ離婚問題に断を下すべきときだと繰り返した。しかし、スペインで苦戦を続けるナポレオンはそれどころではなく、やがて離婚問題は当分お預けのかたちとなった。

　フーシェを激しく憎んでいるもう一人の人物、それは警視総監のデュボワだった。デュボワは警察大臣のフーシェに取り立てられて、パリ地区を統轄する警視総監となったのだが、フーシェが自分の力量を信用せず、配下の秘密警察に極秘情報を探らせるのに腹を立て、独断専行で反ナポレオンの陰謀を暴こうとしていた。自分がフーシェの地位に収まろうとしたのである。

そんなとき、デュボワのもとに飛び込んできたのが一八〇八年六月のマレ将軍のクーデター事件についての情報である。デュボワはフーシェには知らせずにマレ将軍の一味を逮捕し、拷問で口を割らせて、事件をナポレオンに報告し、警察大臣の怠慢を責め立てた。これに対して、フーシェは秘密警察を総動員して情報を検討し、マレ事件が粗雑な計画にすぎないことをナポレオンに立証してみせた。ナポレオンは、フーシェの言い分に理があることを認めたものの、陰謀を察知できなかったことでフーシェを叱責した。ナポレオンとしては、フーシェを解任するつもりなど毛頭なかったが、これで一つ貸しを作っておこうと思ったのである。

しかし、これがフーシェとしてははなはだ面白くなかった。独断専行のデュボワにはお咎《とが》めなしで、自分だけを非難するナポレオンに対してはっきりと距離を置くようになった。そして、それをあからさまにナポレオンに見せつけた。ポーカーフェイスが売り物のフーシェにしては珍しいことだが、これもまた計算の一部だったのである。なぜなら、あのナポレオンが、フーシェのこうした態度に不安を感じたからである。フーシェはいったい何を考えているのだろう？　いまや、留守政権を託せる人物はフーシェしかいないのだから、この警察大臣にへそを曲げられては困るのである。

一八〇八年の十月二十九日、大軍を率いてスペインに出発したナポレオンの胸の中には、いつもとは異なる大きな不安が生まれていた。

＊

ナポレオンの不安は、パリから密使が伝えてくる噂によってしだいに具体的なかたちを取るようになった。といっても、はじめのうちは、そこにフーシェの影はちらついてはいなかった。はっきりと姿を見せていたのはむしろタレーランである。

タレーランはエルフルトから帰って、スペイン征服に向かうナポレオンを見送ると、ヴァレンヌ街の自宅で連日のように豪華な晩餐会を催すようになったが、それはナポレオンの命令に従ったからである。すなわち、ナポレオンは三百人議会（立法院）の議員をその夜会に週に四回、三十六人ずつ次々に招いて懐柔するよう侍従長であるタレーランに命じたのだ。

タレーランはたしかにこの命令に従ったが、しかし、サロンの私的な会話の中で話されるタレーランの言葉は、ナポレオンの思惑と真っ向から対立するものばかりだった。タレーランはスペイン王位をナポレオンがペテンで奪い取ったことをあからさまに批判してから、ナポレオンの戦争マニアで国民が疲弊していることをはっきりとした言葉で指摘した。タレーランはもちろん、いくらサロンの私的な会話でも、翌日にはそれがパリ中に広まり、数日後にはそれがスペインにいるナポレオンの耳に届くことを承知したうえで発言していたのである。

では、なぜ、タレーランは危険を覚悟であえてこうした発言を行ったのだろうか？　世論を創りだすためである。タレーランは、フランスの世論なるものが貴族街フォーブール・サン＝ジェルマンの社交界から誕生するというメカニズムを知悉《ちしつ》していたのである。ジャン・オリユーは、このタレーランの勇気を次のように描いている。

タレーランの武器は伝統であり、聡明さであり、権利と時間なのであった。彼のみが敢《あ》えてヨーロッパの無敵の支配者に挑戦したのである。この足の悪い、フォーブール・サン＝ジェルマンの婦人部隊の隊長がひそやかに巨人を引きずりおろしにかかったのであった。彼は身震いもせず、フランスを深淵へと引き込んでいく危険な運命に干渉する自らの権利を確信しつつそれを行ったのであって、それは彼が「裏切り」と呼ぶことを認めたものなのであった。（オリユー『タレラン伝』宮澤泰訳）

タレーランはやがて、世論の醸成だけでは足りないことを悟った。ナポレオン政権を支える最も有能な人間と組まなければナポレオンの熱狂情念と戦うことはできない。それはだれか？　フーシェしかいない！

かくして、タレーランの移り気情念とフーシェの陰謀情念がたがいに相手を求め合うことになったのである。

＊

そのきっかけは、どうやらフーシェのほうから作ったらしい。

ナポレオンがスペインに出発してしばらくたった十一月のある日、タレーランは外務省に勤務するオートリーヴというかつての部下から、パリ近郊にある別荘にフーシェを招いたから、タレーランも来てみないかと誘われた。オートリーヴはかつてオラトリオ会にいたときフーシェと同僚だったことがあり、その誼《よし》みで、フーシェからの接触を取り次いだのである。タレーランはこの誘いをついに来るべきものが来たかという思いで受け入れた。

オートリーヴの別荘でついに顔を合わせた二人は、あまりにもおたがいを知り抜いているので、あえて牽制しあう必要もなく、いきなり本題に入った。すなわち、万一、ナポレオンがスペイン戦線で戦死したら、だれを次の皇帝に据えるべきかという問題である。二人が出した結論は同じだった。スペイン王に擁立されながら民衆から総スカンを食った無能なジョゼフ・ボナパルトは問題外だから、妹のカロリーヌの夫でナポリ王となっているミュラ将軍しかいないというのである。

しかし、二人にとって、実際には、この後継皇帝の問題はあくまで、会談のダシにすぎなかった。すなわち、両者はともに、具体的な問題を煮詰めるふりを装いながら、ナポレオンの熱狂情念といかにして戦えばいいかを、そうとはけっして言葉に出さずに暗黙のうちに検討しあっていたのである。

両者は、秘密裏に、だが、十分に人目に立つようなやり方で、頻繁に会談するようになった。そのことは、パリの社交界を通じて諸外国にも伝えられた。その伝達者の一人に、パリに駐在していたオーストリア大使メッテルニッヒがいた。

メッテルニッヒはその回想録の中で、次のように回想している。

メッテルニッヒ（Henri Savant *“NAPOLÉON”*）

皇帝の威光はあまりにも大きかったので、彼ら「タレーランとフーシェ」といえどもとうてい公然たる反抗などできるものではなかった。この威勢に立ち向かうには陰謀をたくらむよりほかに手はなかった。もっとも、陰謀計画ほどタレーランとフーシェの性格にぴったりした手段もあるまい。私には何度となく、その事実を確認する機会があった。（『メッテルニヒの回想録』安斎和雄監訳）

メッテルニッヒが、「その事実を確認する機会があった」のは、ほかでもない、ミュラ将軍の妻のカロリーヌが彼の愛人だったからである。メッテルニッヒは最も確実なニュース・ソースからこの情報をつかんでいたのである。

では、タレーランとフーシェが会談を重ねることで合意したナポレオンの熱狂情念阻止対策とはいかなるものであったのか？

フーシェもタレーランも、こっちからしかけたまぎれもない侵略戦争、フランスがその後七年間も血を流すことになるこの戦争をみとめなかったが、皇帝がどっちの言い分も聞きいれなかったので、二人は、いつしか合作することになった。（中略）そこで二人は、公衆の面前で抗議を試みるわけだが、言論が奪われている以上は、政治的な無言劇を、つまりほんもののどんでんがえしをやってのける決心をした。いいかえれば、二人の合作ぶりを示威《じい》的に見せつけることにしたのだ。（同前掲書）

この二人の合作の無言劇こそが、冒頭の劇的な出会いとなるわけだが、それは諸外国に伝えられた以上のスピードでナポレオンのもとに伝えられた。

＊

しからば、ナポレオンはこの二人の合作無言劇にどう反応したのだろうか。あんな連中など放っておけと鷹揚《おうよう》に構えたのだろうか？

とんでもない。ナポレオンは激しくうろたえたのである。二人が手を結んだときに生まれるパワーがナポレオンを脅えさせたのである。

一八〇九年一月の上旬、スペインのアストルガの前線司令部で、タレーランとフーシェが手を組んだという知らせをイタリア副王のウージェーヌ（ジョゼフィーヌの連れ子）から受け取ったナポレオンは、取るものもとりあえず、大急ぎでパリに向けて出発した。そのときの強行軍ぶりはすさまじく、十七日にヴァリャドリードを発つと、フランス国境までの四百キロを騎馬でわずか二日で走破し、その四日後の一月二十三日にはもうチュイルリー宮殿に着いていた。

しかし、パリに到着してみると、陰謀が企てられたような形跡はまったく見えない。そこで、ナポレオンはみずからが組織した秘密警察を使って、フーシェとタレーランの言動を詳しく調べさせた。

ナポレオンが下した結論はこうだった。二人を同時に罰するような愚を犯してはならない。もし、そんなことをすれば、両者は一層団結を固くし、連携して自分に向かってくるだろう。ここは、是非とも分割して統治せよというローマ帝国の鉄則に従うべきだ。

では、どちらを懲《こ》らしめるべきか？　いなくなった場合に、より損害の少ないほうである。いまフーシェが警察大臣をやめたら、ふたたびフランスの警察機構はガタガタになる。しかし、タレーランなら、外務大臣は辞職していて、侍従長を兼ねた副大選挙人という閑職にある。罰するならタレーランだ。

こう心に決めたナポレオンは、まず、フーシェを先に喚問し、陰謀加担を厳しく追及するふりをしたが、実際にはなにも罰は与えなかった。

いっぽう、タレーランに対しては、カンバセレス、ルブラン、フーシェ、それに海軍大臣ドクレを集め、彼らのいる前で、このうえなく激しい侮辱の言葉を浴びせて罵倒した。その面罵《めんば》は三十分以上も続いた。その間、脚の悪いタレーランは壁際のコンソールに肘《ひじ》をついて、顔色ひとつ変えず、立ち尽くしていた。そして、最後にナポレオンが扉《とびら》を激しく閉めて出て行くと、タレーランは残った一同に向かってこういった。

「あれほど偉大な人物がこれほど育ちが悪いとは、まことに残念ですな」

タレーランに対するナポレオンの処置は意外に軽く、侍従長の解任にとどまった。ナポレオンは投獄するまでもなく、タレーランの政治生命を完全に断つことができると踏んだのである。

だが、彼の見通しはあまりにも甘かった。タレーランの移り気情念が、長い間の沈黙を破って、ついに全開しはじめたからである。

得意の絶頂、破滅の始まり

タレーランが失寵《しっちょう》したその夜、パリの社交界では、だれもが、タレーランはヴァンセンヌの牢獄に送られて銃殺されると噂した。本人もそれを覚悟していたようだ。

だが、人間の尊厳をズタズタに切り裂くような激しい面罵にもかかわらず、ナポレオンはタレーランに、年俸四万フランの侍従長の職からの解任という罰を与えるにとどめた。ナポレオンは将来またタレーランを起用する日もくるのではと考え、処罰を手加減したのである。熱狂情念の人であるナポレオンは、怒りが一旦すぎさると、自分が面罵したことすらも忘れてしまうのである。

だが、この侮辱を、タレーランの蝶々情念は許そうとしなかった。タレーランは、そのポーカーフェイスにもかかわらず、内心に深い傷を負っていたのだ。もはや、タレーランの心は完全にナポレオンを離れ、二度と戻ることはなかった。

では、ナポレオンのもとを立ち去ったタレーランの蝶々情念はどこに行ったのだろう？なんと、ナポレオンにとって当面の最大の敵であるオーストリアに向かったのである。タレーランはオーストリアのスパイとなる決心をしたのだ。

一月二十九日の午後、ということは、失寵の翌日、タレーランはオーストリア大使公邸をひそかに訪れた。大使のメッテルニッヒと会うためである。タレーランはこの有能でシニカルな大使に向かって、自分には、フランスとオーストリアの両国の共通の利益のために働く用意があると語った。ようするにスパイの申し出である。メッテルニッヒはこの日のことを本国政府に暗号文で次のように報告した。

彼は一昨日、今やオーストリアと直接の関係に入るのが、彼の義務だと思う時が来たと言った。彼はかつてはルドヴィッヒ・コベンツル伯爵の申し出をことわったが、現在ではこれを受け取れるだろうと言った。最初の時にことわったのは、当時彼が占めていた地位のためだったが、今では彼は自由で、われわれ両者の目的は共通であると彼は言った。

（高木良男『ナポレオンとタレイラン』に引用）

タレーランはオーストリアに情報を提供する代わりに、プレスブルク条約締結のさいコベンツルから申し入れのあった謝礼をいまこそ受け取りたいとメッテルニッヒに願い出たのである。メッテルニッヒはこの提案を容《い》れて、タレーランにオランダ払いでその金額の手形を用意するようオーストリア皇帝に進言した。皇帝はこれを許可し、タレーランはオーストリアのスパイとなったのである。

＊

オーストリアがタレーランのスパイの申し出を受け入れたのは、フランスとオーストリアの情勢が日々、緊迫の度合いを増していたからである。

ナポレオンは一八〇八年の十月、エルフルトの会見の後、ドイツに駐留していたフランス大陸軍《グラン・ダルメ》の精鋭部隊を引きあげ、新兵を加えた大軍団に編成してスペインに向かったが、予想に反して、フランス軍はスペイン各地で苦戦を強いられた。

これを見たオーストリア皇帝は、ナポレオン不在のフランスを背後から襲うべく、兵をバイエルン国境に集結させた。ロシア皇帝との秘密の話し合いで、ロシアはナポレオンに約束した露仏攻守同盟を守るとしても、それは形式的な進駐にすぎない、つまり、事実上の中立を守るという確約をオーストリアは受け取ったのである。これも、もとはといえば、タレーランがロシア皇帝に入れ知恵して生まれた術策だった。

アウステルリッツの屈辱から三年以上がたち、解体していたオーストリア軍も完全に再建されていた。今回は、オーストリア軍兵士の士気も高く、雪辱《せつじょく》の機会を待ちうけていた。

タレーランはナポレオンとの和解の糸口を探るふりをしながら、そのいっぽうでは、入手したフランス軍の情報をすべてオーストリアに送っていた。彼にとって、いまや、ナポレオンの敗北ないしは戦死こそが望ましい事態なのである。

タレーランからの情報によってフランス軍の戦闘準備が整っていないことを知ったオーストリア皇帝は、一八〇九年四月十日、カルル大公率いる大部隊にラインを渡らせ、バイエルンに進攻させた。

しかし、今度もまたナポレオンの反撃はすばやかった。フランス軍は予想よりもはるかに速く移動し、アーベンスベルクとエックミュールでオーストリア軍を撃破し、五月十三日に、ウィーンに入城を果たした。

だが、今回の対オーストリア戦役は、以前のような連勝また連勝というわけにはいかなかった。ウィーン東北にあるヴァグラムの丘に陣地を構えたオーストリア軍を攻撃しようと、ドナウ川渡河《とか》作戦を展開したところ、あやうく、川中島のロウバ島に閉じ込められそうになったのである。しかも、かろうじて渡河に成功したのもつかのま、エスリンクで敗北を喫し、猛将ランヌ元帥を失った。七月五日には、マクドナルド将軍の部隊がベルナドット将軍率いる友軍のザクセン人部隊をオーストリア軍と誤認して攻撃をしかけるという大きなミスまで起こった。

翌七月六日に始まったヴァグラムの会戦でも、最後まで勝敗の行方はわからなかった。最終的に勝利にはこぎつけたものの、フランス軍は三万人近い死傷者を出し、その損傷の度合いはオーストリア軍に劣らなかった。死傷者の数に驚いたナポレオンは、ツナイムの戦いに勝利すると、ただちに講和交渉に入った。

しかし、ウィーンでの和平交渉は意外に手間取った。ナポレオンの要求した退位をフランツ一世が拒んだためである。交渉は十月までもつれこんだ。フランツ一世は、ロシアがほぼ中立を守ったことを知り、強気になっていたのである。

こうして和平交渉が長引いている間、フランスでは大変な事態が生じていた。その騒動の主は陰謀情念の人、われらがフーシェだった。

＊

ナポレオンのスペイン遠征中、不倶戴天の敵タレーランと組んで、反ナポレオンの狼煙《のろし》をあげたフーシェだが、大急ぎで帰還したナポレオンが二人の陰謀家のうちタレーランだけを罰すると、フーシェはタレーランに同情したり、救いの手を差し伸べることはいっさいせず、口を拭《ぬぐ》って知らん顔を決め込んだ。そして、保身に成功すると、タレーランとはまったくなんの関係もなかったような顔をしてこれまで通りに職務に励んだ。

これは二人で共謀してなにか悪事を働いた人間が懲罰を受けたあとに示す典型的な反応で、罰せられなかったほうがそれによって罪悪感を抱くなどということは、いっさいない。いわんや、鉄面皮のフーシェである。罰せられなかったということは、即、罪はなかったということを意味する。罪はすべてタレーランにあり、自分はあらぬ濡《ぬ》れ衣《ぎぬ》を着せられただけである。

政府も政体も、主義も人物も、次々に交代し、世紀のかわり目の荒れ狂う旋風のなかで、一切のものが没落し、消滅していったのに、ただひとりだけが、依然として同じ位置にとどまり、あらゆる政権と、あらゆる主義に仕えていたのだ。それがジョゼフ・フーシエなのである。（ツヴァイク『ジョゼフ・フーシェ』吉田正己・小野寺和夫訳）

こうしてフーシェはまたもや残った。そして、残って後ろを眺めてみると、あらためて自分が他を圧する地位に上りつめていることに気づいた。タレーランなきあと、ナンバーツーは自分なのである。事実、六月末に内務大臣クレテが病に倒れたので、フーシェがこの職務を兼務することになり、留守内閣の首相に近い地位を得た。

そんなとき、重大な事件がもちあがった。フランス国内が手薄になっているのを衝《つ》いて、イギリス軍四万がベルギーのヴルヘレン島に上陸し、対岸のフリシンゲンを占領し、さらにアントワープへ進攻する勢いを示したのである。もし、このまま進んだら、イギリス軍はベルギー国境からフランスになだれ込んでくる危険性がある。

留守内閣は鳩首協議したが結論は出ない。海軍大臣ドクレが民兵組織である国民衛兵を召集してはと提案したが、とりあえず、ナポレオンの指示を仰《あお》ごうという意見が大半を占めた。

＊

ところが、これにただ一人反対した者がいた。フーシェである。

フーシェは北部諸県の国民衛兵の召集というアイディアをただちに実行すべきであると強く主張したのみならず、内務大臣の権限で、これを実行に移してしまったのである。そして、ドイツ方面軍司令官を解任されてパリに帰還していたベルナドット将軍を派遣軍の司令官に任命し、ただちにアントワープに向かわせた。イギリス軍はその勢いにおびえ、疫病《えきびょう》で多数の死者を出したこともあって、イギリスに撤退してしまった。

この独断専行に陸軍大臣のクラルクが激怒し、「国民衛兵を動員するのはジャコバン派のやることだ」と詰め寄った。するとフーシェは「これに反対するのはイギリスのスパイしかいないでしょう」と平然と言い放った。フーシェは無能な集団の中で、唯一自分が有能な人間であることを十分に承知していたのだ。

事件発生から一週間後、シェーンブルン宮殿にいたナポレオンはクラルクからの緊急報告を受け取ったが、ただちに、フーシェの措置を全面的に承認して、さらに三万人の国民衛兵の追加召集を命じた。

しかし、ナポレオンとしては内心、穏やかではなかった。フーシェがたんなる便利屋の地位に収まるのを潔《いさぎよ》しとせず、鳥なき里の蝙蝠《こうもり》として、支配者面《づら》したがっているのが手にとるようにわかったからだ。それはフーシェが国民衛兵の召集にさいして、その布告の中で、こんなことを述べていたからである。

「ナポレオンの天才はたしかにフランスに栄光を与えている。しかし、外敵を撃退するのに、われわれはかならずしもナポレオンの存在を必要としていない。そのことをヨーロッパに向かって実証しようではないか」

ひとことでいえば、フランスにはフーシェがいるからナポレオンは必要ないといっているのである。だが、わかっていても、これを公然と罰することができないのがフーシェのやり方なのである。なぜなら、国民衛兵の召集とベルナドットの任命という、フーシェの選択は、これしかないという究極の選択だったからである。ナポレオンは完全に、一本取られたのである。

*

ところで、中里介山《なかざとかいざん》は『大菩薩峠《だいぼさつとうげ》』の中で、人はその短所によって身を滅ぼすとはかぎらない。むしろ、その長所によって破滅への路《みち》を歩むのだと述べている。

たんにナンバーツーに上りつめたばかりか、ナポレオンから一本取って、得意の絶頂にあったフーシェが犯したミスもまさに、この長所による破滅への道だった。すなわち、陰謀情念の人であるフーシェは、まったく必要もないのに、陰謀を働かせようとして大きな失策を犯したのである。いわば、フーシェは、みずからの陰謀情念によって、身を危険にさらしたのである。

フーシェの陰謀。それは、イギリス軍が撤退し、当面、フランスを襲う敵があらわれないにもかかわらず、マルセイユに敵上陸の可能性ありと言い張って、南仏諸県の国民衛兵のさらなる召集を行ったことである。存在しない敵を存在するといって、それに対抗する兵力を蓄え、そのじつ、「敵は本能寺」を狙うのは、陰謀情念の人のやりそうなことである。

だが、「敵は本能寺」の敵とはいったいだれなのか？　もちろん、ナポレオン以外にありえない。

といっても、召集した国民衛兵でナポレオンに対抗しようと思うほどフーシェは馬鹿ではない。フーシェはもっと複雑な回路で陰謀を企てていたのである。

一般市民を国民衛兵として召集し、イギリス軍が退散したあともなお召集を続けるとなると、民衆から怨嗟《えんさ》の声があがらないはずがない。なぜなら、民衆は息子を新兵として連れていかれたばかりか、一家の主までを国民衛兵として徴兵されて働き手を奪われたからである。

では、その不満の矛先はだれに対して向けられるのだろうか？　国民衛兵を独断専行で召集した内務大臣兼警察大臣のフーシェに対してか？　そんなはずはない。情報メディアがほとんどない時代、召集を行っているのがフーシェだと気づく民衆はいない。だれもがナポレオンがこの召集を命じていると信じるにちがいない。そして、もうこれ以上、ナポレオンの戦争狂いに引きずられるのは御免だ、いいかげんに戦争をやめてくれと、ナポレオンに対して深い恨みを抱くはずである。ひとことでいえば、フーシェは不必要な召集をかけることで、反ナポレオン感情が高まるよう仕向けたのである。

といっても、ナポレオン帝政が崩壊することは、フーシェにとって最も避けるべき事態である。フーシェはかつての悪名高きジャコバン派であり、国王死刑賛成論者であるから、もし王政復古にでもなったら、文字通り首が危うくなる。

一番いいのは、ナポレオンが帝位にあって、戦争をせず、しかも仕事を部下に任せてくれることである。なぜなら、タレーランが失脚した今となっては、フーシェをおいて、その任に堪える者はいないからだ。

したがって、フーシェの陰謀というのは、つねに寄生虫のそれに似た構造をもつ。宿主《しゅくしゅ》からできる限り栄養を横取りするのが原則だが、しかし、宿主が弱って死んでしまうことはなんとしても避けなければならない。この二律背反《にりつはいはん》の危うい均衡の上で綱渡りしながら、フーシェは陰謀を巧みに調節するのである。

＊

ただ、今回だけは、陰謀がうまく運びすぎた。フランス中に、ナポレオンの戦争狂いに対する怨嗟の声が満ち、ナポレオンなしでもOKというところまで世論が進んでしまったのである。

この情報は、陸軍大臣のクラルクから、シェーンブルン宮殿にいるナポレオンのもとに届けられた。ナポレオンも今回はさすがに不安になった。もしやフーシェの奴、おれに取って代わろうという野望を抱いているのではあるまいか？　よりによって、おれにクビにされたベルナドットを司令官に据えるとは、大胆なことをする奴だ。

そこで、ナポレオンは九月二十四日付けでフーシェに書簡を送り、もはやイギリス進攻の危機は去ったから、南仏諸県の国民衛兵の召集を解除し、ただちに職場に復帰させるよう命じた。働き手を奪われた国民の怨嗟はナポレオンをもおびえさせたのである。続いて、二十六日には、先に召集した北部諸県の国民衛兵の部隊も解散させ、その司令官だったベルナドットの解任を決めた。さらに追い打ちをかけるように、十月一日にはモンタリヴェを内務大臣に任命し、フーシェを兼任ポストから外したのである。

それればかりではない、オーストリアとのウィーン（シェーンブルン講和）条約を十月十四日に締結すると、ナポレオンは翌々日には大急ぎで帰国の途《と》についた。

こうしたナポレオンの反応は、大局的に見れば、フーシェの筋書き通りだったといえる。というよりも、筋書き通りに行き過ぎた。なぜなら、ナポレオンは、フランスに帰還し、フォンテーヌブローに身を落ち着けると、フーシェを呼び寄せ、激しい口調で今回の措置について詰問《きつもん》しはじめたからである。とりわけ、共和派的な思想の持ち主であるベルナドットを派遣軍の司令官にしたことをナポレオンは問題とした。伝統的な貴族たちの多く住むフォーブール・サン＝ジェルマンで、フーシェはナポレオンを追い落として、ベルナドットを頭《かしら》とする共和派政府を画策しているという噂が飛び交っていたのである。これに対して、フーシェは平然とした顔でこう答えた。

セーヌが流れ、フォーブール・サン＝ジェルマンの貴族どもが陰謀をたくらみ、詮索《せんさく》に明け暮れ、飲み食いしては中傷にうつつを抜かすのは、昔からの伝統のようなものです。それもまた秩序のうちなのです。ユリウス・カエサルほど中傷にさらされた者がいるでしょうか？　とはいえ、その連中の中には、カッシウスやブルータスのような危険な者はございませんとはっきりと申し上げておきたいと思います。それに、最もたちの悪い噂というのは、むしろ、陛下の控えの間から出てくるのではございませんか？　皇室と政府をかたちづくっている人の口によってその噂は広められているのではないでしょうか？　貴族どもに弾圧を加えるのもよろしいでしょうが、その前に、十人委員会のようなものをつくって、諜報活動を行い、身近な人々の扉や壁や暖炉を探って聞き耳を立てさせたほうがよろしいのではございませんか。中傷的なおしゃべりなどというものは軽蔑し、栄光の塊《かたまり》のもとにそれを押し潰してしまうことこそが偉人の取るべき路なのですから。（フーシェ『回想録』拙訳）

これには、さすがのナポレオンもグーの音《ね》も出ず、すごすごと退散してしまったとフーシェは得意げに『回想録』で記している。結局のところ、内務大臣との兼任は解いたものの、ナポレオンはフーシェに指一本触れることができなかったばかりか、フーシェの功績に報いるためオトラント公の称号を授けざるをえなかったのである。

しかし、それでも、フーシェに対する不信感はナポレオンを去らなかった。ただ、そうはいっても、いますぐフーシェをクビにするということは絶対に避けなければならない。内外ともに問題が山積みで、これを切り抜けるにはフーシェの陰謀情念が是非とも必要だったからである。

なかでも、最も厄介な問題、ジョゼフィーヌとの離婚問題の解決にはフーシェの力が是非とも必要だ。

ところがいよいよ離婚が日程にあがるや否や、突如、死んだはずのタレーランが復活し、フーシェと真っ向から対立する姿勢を見せたのである。

皇妃問題を巡る暗闘

人の人生には山もあれば谷もある。問題は谷にさしかかったときに、これをどうやり過ごすかだが、谷の時期になくてはならないのが、その人を支え、励まし、慰安を与えてくれる人間である。こうした人間がそばにいるかいないかで、人の運命は大きく分かれる。

ナポレオンの寵愛を失ったタレーランにとって、法律上の妻、カトリーヌ・ノエル・ヴォルレ、通称グラン夫人は、こうした心の支えにはなりえない女だった。

タレーランは、世の放蕩者の多くがそうであるように、あれだけモテモテの男がなぜこんな女というようなガサツで下品で無知なグラン夫人と一八〇二年に結婚して、パリの社交界をアッと驚かせた。世間は、タレーランはなにか人にいえない弱みを握られていたのだろうと噂したが、結婚の本当の理由はついにわからなかった。いずれにしろ、このタレーラン夫人は夫をコキュ（寝取られ男）にする以外には、なにひとつとして彼に献身することはなかった。

では、タレーランの心の城塞となって、彼を守ってくれたのはだれかというと、これが、過去に彼と関係しながら、その後も深い友情で結ばれた女たちだった。蝶々情念の人であるタレーランは当然、無数の女たちと関係を結び、そして別れたが、彼女たちの多くは、肉体関係がなくなったあとも、タレーランに強い友情を感じて、陰になり日向《ひなた》になり、彼を助けたのである。タレーランにとって、谷間のときこそ、四面楚歌(しめんそか)ならぬ、四面女歌(ひなた)だったのである。これぞ、男たる者の鑑《かがみ》ではなかろうか。

では、タレーランは、なにゆえに、関係がなくなったあとも女たちから親友として慕《した》われるという奇跡を演ずることができたのだろうか？

一つには、彼が粗野な感情の露出とは無縁な優雅さで、どんなときにでも巧みに会話を操り、女たちの気持ちを和《なご》ませる能力を備えていたからである。その力を存分に発揮して、貴重な情報源として「後宮」を維持したのだ。

＊

ナポレオンがオーストリアから戻ってフォンテーヌブローの宮殿に身を落ち着けた一八〇九年十月の下旬、タレーランの「後宮」は、きわめて重要な情報をキャッチした。ついに、ナポレオンがジョゼフィーヌと離婚し、ロシア皇帝の妹アンナ大公女と再婚する決心を固めたという噂である。この噂は前にも何度か流れたことがあったが、大法官のカンバセレスに直接、自分の口からいったので今度こそ本当だというのである。

たしかに、今回の噂は、オーストリア遠征中にナポレオンの身に起こった一連の事件のことを考えれば、「真」である可能性があった。

まずこの年の四月二十三日の朝、フランス軍がラティスボナの城壁にこもったオーストリア軍を攻撃しようとしているとき、前線を視察中のナポレオンの脚を一発の流れ弾《だま》がかすめた。さいわい、怪我《けが》はたいしたことはなく、命にはまったく別状はなかったが、この「皇帝負傷」の知らせに、全軍が震えあがった。そして、そのニュースがフランスに伝わると、政府高官から民衆まで、激しい不安に駆られた。後継者が決まっていない段階でナポレオンが戦死したりしたら、フランスはどうなることかと思ったのである。

次の事件は、ナポレオンがシェーンブルン宮殿の前庭で閲兵《えっぺい》している最中に起こった。見物の群衆の中にまぎれこんだ暗殺者がナイフをもってナポレオンに近づこうとしたのである。暗殺者は十八歳のフリードリッヒという青年だった。彼は、ナポレオンを暗殺すれば、オーストリアばかりかヨーロッパが救われると信じ、釈放されてももう一度試みるつもりだとはっきりと言い放った。この言葉はナポレオンに強い衝撃を与えた。オーストリアのみならず、フランスにも、こうしたフリードリッヒが無数にいるのではないかと思ったのである。

もう一つは、マリア・ヴァレウスカの妊娠がいよいよ確実になったことである。ナポレオンは皇太子をつくるおのれの「能力」に確信をもった。後継者不在の責任は自分ではなくジヨゼフィーヌにあることが証明されたのである。

タレーランは「後宮」が入手したこの情報に接するや、ひそかに行動を開始した。という

マリア・ルイザ大公女（Bourdon Henri Savant *"NAPOLÉON"*）

のも、タレーランは、ナポレオンの皇妃問題こそ、自分が再浮上するきっかけとなるばかりか、長年、夢に抱いていたフランス＝オーストリア枢軸路線の基《もとい》になると見抜いたからである。しかし、そのためには、皇妃候補として、ナポレオンが考えているロシアのアンナ大公女を退け、オーストリアのマリア・ルイザ大公女を擁立《ようりつ》しなければならない。

＊

タレーランは強いパイプをもっているオーストリア大使館に働きかけ、ナポレオンとマリア・ルイザ大公女との婚姻の可能性を探った。盟友のメッテルニッヒはフランス大使から外務大臣となってウィーンに戻っていたが、あとを託されたフロレ参事官がすべてを取り仕切り、タレーランとメッテルニッヒという二大陰謀家を結んでいたのである。メッテルニッヒはフロレからの書簡を受け取ると、マリア・ルイザ大公女とナポレオンの婚姻にゴー・サインを出したばかりか、その実現に向けてタレーランと協力して積極的に動くように命じた。

うまいことにこのとき、タレーランのもとにナポレオンから、皇妃問題について話し合いたいからフォンテーヌブローに来るようにという通知が届いた。ナポレオンは、ロシア大公女との縁談が進まなかった場合のことを考え、ヨーロッパの皇室のことに一番詳しいタレーランから皇妃候補を教えてもらおうと思ったのである。ところが、こうしたオーストリア派の動きに対して、強い反発を感じて、ロシア派の巻き返しをはかろうとする者がいた。フーシェである。

フーシェは、失脚したと思っていたタレーランがナポレオンに呼びつけられ、ロシア大公女との縁談について相談を受けたと知ると、なんとしてもタレーランの陰謀をくじいて、オーストリア派を撃退しなければならないと感じた。なぜなら、もしナポレオンがタレーランのいうことを聞いてオーストリアのマリア・ルイザ大公女を選んだりしたら、自分がこれまで進めてきたすべてがご破算になってしまうからである。

そもそも、だれもいいだしたがらない離婚問題を、ナポレオンの意を汲んで話題にし、ジョゼフィーヌに最初に離婚を勧めたのは自分ではないか。いってみれば、猫の首に鈴をつけてきた鼠《ねずみ》はフーシェなのである。ナポレオンでさえ、いらぬお節介《せっかい》をすると口ではいいながら、内心感謝していたではないか。

今回の離婚劇では、フーシェがいなかったら、おそらくナポレオンも踏ん切りがつかず、まだジョゼフィーヌに未練たっぷりだっただろう。フーシェこそ殊勲甲なのである。にもかかわらず、ここに来て、一度は死んだはずのタレーランが蘇り、功績を横取りしようとしている。それに、オーストリア大公女との結婚というのは、国王死刑賛成者のフーシェにとってはおよそ問題外の選択と映った。

オーストリア大公女マリア・ルイザというのはフランツ一世の娘である。ということは、フランス王妃でルイ十六世とともに処刑されたマリー・アントワネットの姪に当たる。こんな因縁のある娘に皇妃になられた日には、遠からず、かつての国王死刑賛成者は権力から外されるだろう。ここはなんとしても、ロシア皇帝の妹であるアンナ大公女とナポレオンを結婚させねばならない。

＊

こう決意したフーシェはさまざまなルートを通じて、アンナ大公女との婚約を急がせるようにした。十一月三十日にはナポレオンがジョゼフィーヌに離婚を言い渡し、十二月十六日には、皇族出席のもと「離婚式」が行われ、ジョゼフィーヌがチュイルリー宮殿を去ったので、フーシェは焦っていたのである。

しかし、外交にかけては、フーシェはしょせん素人、タレーランの太いパイプにはかなわなかった。

タレーランは、ロシア皇帝に対しては婚約承認の返事をできる限り遅らせるよう極秘に指示を与えつつ、そのいっぽうではメッテルニッヒ・ルートを通じて、フランツ一世にマリア・ルイザ大公女をナポレオンの后《きさき》にする承認を求めさせた。

このタレーランの策謀はやがて、ものの見事に成功する。ロシアのアレクサンドル一世がアンナ大公女を嫁《とつ》がせるのと引き換えに、ポーランド王国の再建をしない約束に調印するように迫ってナポレオンを激怒させたのに対し、オーストリアのフランツ一世は、マリア・ルイザ大公女の婚姻を内々に認めたからである。

一八一〇年一月二十八日、ナポレオンは特別諮問《しもん》会議を開き、カンバセレス、ルブラン、タレーランの帝国顕官、それに元老院議長と立法院議長、オランダ王である弟のルイ、イタリア副王のウージェーヌ・ド・ボーアルネ（ジョゼフィーヌの長男）、それに各省の大臣を呼んで、ロシア大公女、オーストリア大公女、ザクセン王女のうち、だれを后として選ぶべきかをたずねた。このうち、ザクセン王女をあげたのはルブラン一人、ロシア大公女を推したのはともに国王死刑賛成者であるフーシェとカンバセレス、それ以外は全員、オーストリア大公女を支持した。

タレーランは、ロシアという国は人治主義の国であるゆえ、皇帝が死去でもしたらそれまでの友好関係はご破算になるのに対し、オーストリアは法治主義で、皇帝の死が政府の方針に変更をもたらすことはないと説いて、列席者を納得させたが、じつは、一番の決め手となったのは、その場に出席していたナポレオンの叔父のフェッシュ枢機卿がいったひとことだった。フェッシュ枢機卿は、ロシア大公女はロシア正教徒だから、これをカトリックに改宗させることは難しいだろうが、オーストリア大公女なら同じカトリック同士で問題はなかろうと発言したのである。皆は、うかつにも宗教問題のことを考えていなかったので、このひとことで、フーシェを除く全員がマリア・ルイザ大公女を皇后とする案に賛成したのである。

会議終了後、ナポレオンはさっそくオーストリア皇帝にマリア・ルイザとの結婚を申し込むべく、使者をウィーンに送った。とりあえず、この皇后問題というリターン・マッチでは、奇跡のカムバックを遂《と》げたタレーランが宿敵フーシェをノック・アウトで破ったのである。

＊

皇妃問題で一敗地にまみれたことは意外にもフーシェを落ち込ませた。ナポレオンの留守中に独断で国民衛兵を召集して、自分には十分に国家統治能力があると確信し、いわば副皇帝としての地位を築こうという野心に目覚めていただけに、横合いからスルスルと出て来たタレーランに功を横取りされたことは、彼の自尊心をはなはだ傷つけた。かくなるうえは、ナポレオンもアッと驚くような功績を、しかも、タレーランの得意な外交畑であげて、おおいに点数を稼がなければならない。

そう考えていたとき、たまたま、銀行家のウーヴラールという男が警察大臣室を訪れ、オランダのアムステルダムに旅する許可をもらいたいと申し出た。フーシェは、心にひらめくものを感じた。というよりも、例の陰謀情念が激しく疼《うず》きはじめたのである。情念というものは、人の理性の下す判断よりもはるかに強い影響を及ぼすもので、情念に駆られた人は、たとえ、理性がそれは危険だ、止《や》めろと叫んでも、情念の決定を覆《くつがえ》すことはできないのである。

ウーヴラールを前にしたときのフーシェがまさにそうだった。陰謀情念が彼に、タレーランを、いやナポレオンさえアッといわせるような陰謀を考え出せと命じたのである。では、陰謀情念に口述筆記させられるようにしてフーシェが口にした言葉はなんだったのか？「イギリスとの和平」、これである。かつて、イギリスとの和平は、タレーランの努力によって成立したアミアンの和約で成し遂げられるかに見えながら、マルタ島に固執するナポレオンの強情が災いしてご破算になったという経緯があった。

一八一〇年の一月、ナポレオンはマリア・ルイザとの結婚を決めると同時に、イギリスとの和平交渉に乗り出す決意を固め、オランダ王である弟のルイを交渉の窓口にしようと考えた。

ルイはオランダの実業家で、イギリスの有名な銀行家の婿《むこ》であるラブシェールという人物を交渉の仲介役に選び、ロンドンに派遣したが、イギリス政府が強硬姿勢を崩さなかったため、交渉は挫折し、ラブシェールはオランダに戻ってきていた。ナポレオンは、タレーランに代わって外務大臣となったシャンパニーが無能で使いものにならなかったので、この秘密交渉をフーシェに任せていた。もっとも、交渉は中断したままで、ナポレオンは継続を命じてはいなかった。

＊

ところが、フーシェは、ウーヴラールがあらわれたとき、もしライヴァルのタレーランでさえ失敗したイギリスとの和平交渉で自分が成功すれば、その偉大なる実績によって、ナポレオンの信頼を勝ち得、副皇帝になれるのではないかという大いなる夢想を抱いてしまったのである。そのことをフーシェは『回想録』の中でこう語っている。

もし、私がこの目的を達することができたなら、この貢献の大きさからいって、皇帝の偏見に打ち勝ち、全幅の信頼を得ることができるだろう。だが、その前に、まずイギリスの意図を打診しなければならない。イギリスの内閣がここに来て変わり、希望がもてるようになった分だけ、私のためらいは少なくなっていた。(フーシェ　前掲書)

そこで、フーシェはオランダに出かけるウーヴラールにラブシェールという実業家と接触をもって、イギリスとの交渉を再開するように命じた。もちろん、ナポレオンの許可は一切得ることなく、秘密裏に事を進めようと考えたのである。このあたりがいかにも陰謀情念の人フーシェらしいところである。

ナポレオンがマリア・ルイザと一八一〇年四月二日に結婚式をあげたとき、それに立ち会ったフーシェは自分の目論見を反芻《はんすう》しながら、首尾は上々と一人悦《えつ》に入《い》っていた。ところが、フーシェのこうした独断専行は、ナポレオンが新婚旅行でアントワープに出かけ、そこでルイ王と会ったとき、完全に露見することになる。まさか、フーシェがナポレオンに黙って対英和平交渉を再開していたとは知らぬルイ王が、ウーヴラールとラブシェールの接触のことをナポレオンにしゃべってしまったのである。

＊

ナポレオンは、これを知って激怒した。そして、部下にウーヴラールとラブシェールの交渉を調べさせてから、確たる証拠を握ると、フーシェをサン・クルーの城に呼び出し、激しく詰問したあげく、「君は、私にはかることなく、戦争と平和を操る気だな」と最後に言い残して退出した。ウーヴラールは逮捕され、フーシェは警察大臣を解任された。この決定のとき、ナポレオンはカンバセレスやタレーランの意見を聞いたが、タレーランはこう答えたという。

「たしかに、フーシェ氏は誤りを犯したから解任は当然ですが、しかし、その後任となったら、それはオトラント公しかおりません」。オトラント公とはフーシェのことにほかならない。ようするに、フーシェに代わることのできる人材はまったくないということなのだ。そして、このタレーランの言葉は、暗に、フーシェがイギリスとの和平交渉を始めたことは責められるべきではないと語っていた。

しかし、結局、ナポレオンはタレーランの意見には従わず、フーシェの後任に腹心のサヴァリーを置いた。

陰謀情念が暴走し、ついにフーシェはみずから墓穴《ぼけつ》を掘ったのである。

「愛さずにはいられない」

陰謀情念に引きずられて、ついに墓穴を掘ったフーシェ。情念は理性よりも強し。警察省を離れるにあたっても、フーシェは陰謀情念を満たさなければ気が済まなかった。ツヴァイクはそのフーシェの心理を次のように描写している。

そうはいかない、オトラント公爵ともあろうものが、もはやそう簡単に追い出されてたまるものか。このジョゼフ・フーシェに出て行けという以上は、あとの警察庁がどうなるものか、ナポレオンに見せてやろう。(ツヴァイク　前掲書)

こうして陰謀情念に駆り立てられたフーシェの最後《さいご》っ屁《ぺ》が強烈に炸裂した。フーシェはまず腹心のガヤールに、ナポレオンやナポレオン一族が秘密をさらしている私信を書類の中から抜き出すように命じた。とりわけ、ナポレオンがフーシェに宛てた極秘の手紙は絶対にわからないところにしっかりと保管した。

さらに自身が張り巡らせたスパイのリストもすべて焼却させ、警察機構のネジを抜き取り、バラバラに解体させてしまった。ツヴァイクは冴えた筆致で、こうしたフーシェの陰謀情念の噴出を生き生きと描いている。

あらゆる重要な秘密書類が、急いでとじこみの書類のなかから抜きとられた。いつかは武器として役立ちうるような書類一切、つまり、ひとを訴えたり、裏切ったりするのに用いる書類を、フーシェは、自分だけが使うために、とりあげてしまい、その他のものは、おかまいなしに燃してしまった。(中略) あっというまに、リストを入れたボール箱はからっぽになった。外国にいる王党派の人たちや、秘密通信員の名前が書いてある貴重な一覧表はなくなってしまい、なにもかもわざとひっかきまわし、記録はめちゃめちゃにするし、書類にはまちがった番号をつけ、暗号までも変えてしまった。しかも、同時に、今度の大臣に仕える重要なスタッフたちは、以前の主人、真の主人にひきつづき情報を送るために、スパイとして、内密でフーシェにやとわれてしまった。フーシェは、この巨大な機械のような組織から、鋲《びょう》を一本ずつゆるめては、ひきぬき、ついに歯車がかみ合わなくなって、何も知らない後継者の手にかかると、機械の廻転がピタリととまるように、仕組んだのだ。（同前掲書）

こうして、書類の「整理」が完全に終了すると、フーシェは六月七日に新任の警察大臣のサヴァリーを招き、もったいぶった口調で事務の引き継ぎをしてから、パリ近郊のフェリエールの館に悠然と引き上げた。

本来なら、その足で駐在ローマ大使としてイタリアに赴かなければならないはずなのに、あえてフェリエールにとどまったのは、サヴァリーの困惑ぶりを眺めていたかったからである。事実、スパイたちはまさにフーシェの期待した通りのことを知らせてきたのである。フーシェの陰謀情念が満たされたことはいうまでもない。しかしながら、今度もまた、フーシェは陰謀情念に忠実すぎた。フーシェが最重要の秘密書類を抜き取ったことをサヴァリーがナポレオンに報告すると、ナポレオンは烈火のごとく怒り、副官のベルティエ、国務院議員のレアルとデュボワの三人を呼びつけ、直接、フェリエールに出向いて、書類の返却を命じるようにいいつけたからである。
だが、それでもなおフーシェは屈しなかった。デュボワが、もしナポレオンの手紙を引き渡さないときには、この場で逮捕すると脅《おど》しても、フーシェは、諸君が私の書類を調べてみれば私の身の潔白がわかるから逆に好都合だと言い張り、ナポレオンの手紙については、いけしゃあしゃあとこう言い放った。

私が職務を遂行しているときに皇帝が私に宛てて書かれた私信に関しては、絶対に秘密にしておかなければならない性質のものだったので、警察大臣を辞めるさいに一部燃やしてしまいました。このような重要きわまる手紙を、他人の目に触れる危険にはさらしたくないと思ったからです。ただ、そうした極秘の手紙を除けば、皇帝が要求されている手紙のいくつかはまだ見つかると思います。しっかりと封印して目印をつけてある二つの箱の中にあると思いますよ。その箱を見分けるのは簡単なことです。どうか、私の個人的な書類と混同なさらないように。（フーシェ　前掲書）

三人はこの言い分を聞くと、どうでもいいような書類をいくつか押収しただけで、すごすごと引き上げていった。

＊

だが、フーシェはこのとき、すでに、かなりの危険が身に迫っていることを察していた。そこで、彼らが立ち去るとすぐにキャブリオレ馬車に飛び乗り、パリに向かって出発した。ナポレオンに直接会って言い訳しなければ逆鱗《げきりん》に触れると思ったのである。

案の定、バック街の邸に着くと、三人がナポレオンにさんざんに罵倒されたことを知った。とりわけ、ベルティエは帝国で一番ずるい男にしてやられた女のような奴と面罵《めんば》されていた。

これはフーシェにとってははなはだ愉快なことではあったが、ナポレオンが本気で怒っていることもわかったので、翌朝、サン・クルーに出向いてナポレオンに面会を求めた。この会見のことをフーシェは『回想録』の中で得意げに書き留めている。天下のナポレオンと渡り合って一歩も引こうとしないフーシェのクソ度胸は見事というほかない。

ナポレオンの態度を一目見るだけで、私には彼の考えていることがわかった。皇帝は私に言葉を発する余裕も与えず、私を抱き締め、お世辞をいった。あまつさえ、私に対してとった行動を後悔しているというようなことさえ匂わせた。そして、みずから和解の約束を与えるような口ぶりで、私に私信を返すように要求した。

「陛下」

と私は断固とした口調で答えた。

「あれは焼き捨てました」

「そんなはずはない。私にはあれが必要なのだ」

と皇帝は怒りで震えながらいった。

「もう灰になっています」

「ここから出て行け」（この言葉をナポレオンは激しく首を動かしながらすさまじい目付きで言い放った）

「ですが、陛下」

「出て行けといっているんだ」（その口調の激しさはこれ以上とどまっても無駄だと私に告げていた）（同前掲書）

フーシェはフェリエールの領地に戻った。またベルティエがやってきて、手紙を渡そうとしないのは国家犯罪であると強くなじったので、今度はこう答えた。

もし皇帝の手紙をもっていたとしたら、それは私の唯一の命の保証となるはずです。ですから、万が一にももっていたとしても、引き渡しはしません。皇帝にお伝えください、私はもう二十年も前から処刑台に頭を乗せて寝ることに慣れています。皇帝の力のほどはよくわかっていますが、それを恐れてはいませんと。（同前掲書）

また随分と威勢のいいセリフだが、しかし、ここまでいってしまったら、もう命の保証はないことぐらいフーシェにもわかっている。郵便馬車に息子とともに飛び乗ると、一路、イタリアを目指して出発した。途中、リヨンで配下の者からパスポートを受け取り、ほとんど亡命同然の格好でフィレンツェに到着した。そして、皇帝の追っ手から姿をくらまそうとイタリア中を逃げ回ったあげくにアメリカに亡命するためにソヴォルノから船に乗ったが、船酔いが激しく陸地に引き返した。

ここにおいて、もはや万策尽きたことを知ったフーシェは、ナポレオンの妹でトスカナ大公妃となっているエリザに救いを求め、彼女の口利《くちき》きで、手紙の返却をナポレオンに申し出て、ようやくにして領地のエクサン・プロヴァンスに戻る許可を取りつけた。

こうして、ナポレオンと対等に張り合ったフーシェもついに屈服したのである。陰謀情念に駆り立てられて、身の程知らずな戦いを、しかもたった一人で挑んだ男の敗北であった。

しかし、それにしても、卑屈で矮小《わいしょう》な男のなんという偉大な戦いであったことだろうか！陰謀情念の大きさゆえに、フーシェはナポレオンと肩を並べたのである。フーシェがイギリスとの和平交渉を秘密裏に進めようとして警察大臣を解任されたとき、ヨーロッパ全土で、フーシェが罰を受けるのは当然だと考えたのは、ナポレオンただ一人だった。

つまり、ナポレオン以外のだれもが、大陸封鎖によってイギリスの商品が入って来ないことを苦痛に感じ、一刻も早い封鎖の解除を望んでいたのである。いや、正確には、ただ一人の例外であるはずのナポレオンでさえ、イギリス商品の不足に不自由を覚え、商人に特別の許可証を発行してイギリスとの貿易を行わせていたのである。

したがって、もともとイギリスとの貿易で生活を支えていたオランダやバルト海沿岸のハンザ同盟都市、それにスウェーデンなどの国々が大陸封鎖令をひそかに破って、密貿易に走るのはいたって当然のことだった。そして、この点では、これらの国々の国王に据えられていたボナパルトの兄弟や義弟たちも、自国民の利益を守る必要から、ナポレオンの命令には服していなかったのである。

これがナポレオンには我慢がならなかった。とくに封鎖違反がひどいオランダには腹を据えかね、ウディノ将軍率いる軍隊を進駐させたため、オランダ王ルイ・ボナパルトは退位してオーストリアに亡命するはめとなった。

一八一〇年七月、ナポレオンはオランダをフランスに併合し、さらに十二月にはハンザ同盟都市とエルベ川西岸全域を占領してフランス領とした。

*

こうした一連のナポレオンの強硬策が、イギリスとの密貿易を続けていたロシア皇帝の恐怖を呼び起こしていたのである。

ナポレオンはいずれ大陸封鎖違反を理由にロシアに攻め込んでくるのではないか。だとするなら、いっそ先制攻撃をかけるべきではないか。そのためには、ナポレオンの真の意図を探る必要がある。こうアレクサンドル皇帝は考えたのである。

そこで、パリにいる、最も信頼できる「ロシアの友」と連絡を取るべく、腹心の部下であるネッセルローデをロシア大使館参事官として送り込んだ。

では、アレクサンドル皇帝が信頼に足る「ロシアの友」と見なしたフランス政府高官とはだれなのか？　もちろんタレーランである。

タレーランはエルフルト協約の交渉で、アレクサンドル皇帝の信頼を勝ち得て以来、愛人のクールランド夫人（タレーランの甥の妻であるドロテー・ド・クールランドの母でラトヴィアの大貴族。アレクサンドル皇帝と親しい間柄でもある）を介して、アレクサンドル皇帝と秘密裏に連絡を取ってきたが、ネッセルローデが赴任してからは、直接的にナポレオンに関する情報を授けるようになった。その分析は、ナポレオンの熱狂情念を知り抜いている人だけあって、きわめて正確で、いちいちネッセルローデを驚かせた。たとえば、ロシア征服の意図について、タレーランはネッセルローデにこう語った。

現在のところは、ナポレオンはまだスペインを片付けるのに時間がかかりますが、ロシアはこの危険に対して、今後一年間ぐらいまでの間に、全力を集中できる態勢になっている必要があります。そのためには、できるだけ早くトルコと和解し、オーストリアと接近して、これとの同盟によってナポレオンに平和を押しつけ、ヨーロッパを救わなければなりません。（高木『ナポレオンとタレイラン』に引用）

ネッセルローデを介してタレーランのこの状況分析を受け取ったアレクサンドル皇帝は仰天し、ナポレオンがそのつもりなら、いっそ、スペインで手間取っているうちに背後から襲いかかったほうが得策なのではないかと判断して、大量の軍隊を秘密のうちに国境に集結させた。一八一〇年の十二月のことである。

このロシアの戦争準備のことを最初ナポレオンは知らなかったが、ワルシャワ大公国のポニアトフスキー将軍から情報を渡されると、一八一一年の初めから大急ぎで軍備の増強を命じ、スペインの軍隊を撤退させずとも、戦いの火ぶたが切れるように準備を進めた。

こうして、一八一一年の春には、一触即発《いっしょくそくはつ》の緊張状態が高まっていた。

このときに間に入って、戦争の回避に動いたのがタレーランである。

タレーランはアレクサンドルに対してフランスの戦争準備が整いつつあることを指摘して、奇襲の機会はすでに失われたから、軍事的にも政治的にもロシアは先制攻撃を避け、トルコやオーストリアとの和平努力によってフランスと対抗するようにすべきであると説いた。アレクサンドル皇帝はこの考えを採用し、先制攻撃をとりやめた。

いっぽう、ナポレオンはといえば、外務大臣シャンパニーの無能にいらだち、ふたたび、タレーランの意見に耳を傾けるようになっていた。タレーランの意見とは、大きく要約すれば、フランスがポーランド王国の再建を目指さず、ポーランドへのロシアの影響力を認めさえすれば、ロシアはフランスとの戦争は回避するはずというものだった。つまりロシアとポーランドのどちらかを取るとしたら、断然、ロシアを取るべきだというのである。

この考えは、タレーランと協力して戦争回避に動いていた駐在ロシア大使のコランクールの見解でもあった。コランクールは一八一一年の四月にナポレオンに召還され、大使の職をローリストンに譲ってパリに帰っていたが、そのとき、このタレーラン案に基《もと》づいてロシアとの交渉に入るようにナポレオンに進言した。

コランクールは長年のロシア大使としての経験から、ロシアという国土の広さとアレクサンドル皇帝の性格をよく知りぬいていたので、ナポレオンが戦争に踏み切ったとしても、決定的な勝利は望めないとして、その理由を説明した。

すなわち、ナポレオンが緒戦でロシアを破ればアレクサンドルは腰砕《こしくだ》けになって和平を望むだろうと主張したのに対し、コランクールは、アレクサンドルには頑固なところがあり、またロシアは奥が深いのでフランスが攻め込んでも戦線がいたずらに拡大するだけで、冬の寒さと補給の困難で、フランス軍は前進も後退も不可能になるだろうと予想した。まさに、現実は、コランクールのいう通りになったわけだが、ナポレオンとしても、このときにはコランクールの見方に一理あると認めざるをえなかった。

そこで、ナポレオンは、ロシアとの和平プランの発案者であるタレーランをトリアノン宮殿に呼んで話し合い、ほぼタレーラン案の線でロシアとの交渉を始めることに同意を与えた。その結果、一八一一年の秋には、タレーランの意を受けたネッセルローデがアレクサンドル皇帝のもとに旅立ち、皇帝に交渉を開始するよう勧めることになるのである。

それはそうと、この一八一一年の夏の話し合いの最後で、ナポレオンはタレーランに向かってこういったと伝えられている。

「貴公は、まったく、たちの悪い男だ。私は貴公に政治のことを相談しないわけにはいかない。また、貴公を愛するのをやめることもできないのだから」

このナポレオンの言葉は、タレーランという人物に対してナポレオンが抱いていた矛盾した感情をよく伝えている。ナポレオンはタレーランが臣下の中で最も不道徳漢で誠実さのかけらもない人間であると唾棄《だき》しながら、同時に、タレーランほど有能で、未来を見越したアドヴァイスができる人物はいないとも痛感していたのである。

矛盾した思いを抱いたことについては、はっきりとした理由があった。というのも、ロシアの状況分析に関してはタレーランの理解の深さに感服するいっぽうで、その私生活の乱脈に関しては、ますますタレーランに不信感を募らせていたからである。

ひとつには、この頃に顕在化したタレーランの危機的な財政状態が多分に影響していた。一八一〇年の夏、ブリュッセルのシモン銀行が大陸封鎖の影響を受けて破産し、ここに百五十万フランを預けていたタレーランはとたんに財政危機に陥った。

おまけに、悪いときには悪いことが重なるもので、フランス統合を回避してもらおうとしてタレーランに口利き《くちき》料を支払っていたハンザ同盟都市が、統合を回避できなかった以上は口利き料を返還してくれといってきた。

タレーランは、この金はすでに、彼の私邸であるオテル・ド・モナコの購入と改築に充てていたので手元にはまったく残っていなかった。財政赤字を加速していた原因はもう一つあった。ナポレオンの命令を受けてヴァランセーの城郭でスペインの王子を接待するために経費を費やしていたが、これが大きな負担になっていたのである。

そこで、タレーランはロシアの特使のネッセルローデを介して、アレクサンドル皇帝から外交顧問料として百五十万フランを払ってもらえないかと頼んでみた。ところが、アレクサンドルはそんなことをすればタレーランはスパイとして買収されたことになり、もし露見したら大変なことになるという理由をつけてこの申し出を断ってきた。

金策の当てが尽きたタレーランは、しかたなく、最後の望みの綱《つな》として、ナポレオンに泣きつくことにして、かつて与えられたベネヴェント大公領を買い取ってくれないかと申し出た。

しかし、これはナポレオンから拒否されたので、ならば、贅《ぜい》の限りを尽くして外交接待用に改築したオテル・ド・モナコならどうかといってみた。すると、ナポレオンはこれにあっさりと同意し、思いもかけないような百二十八万フランで邸宅を買い上げてくれた。ナポレオンは、ロシアとの戦争の思惑で、外交交渉にはタレーランの力が絶対に必要と見て、ここで恩を売っておこうと考えたのである。かくして、タレーランはふたたびナポレオンの頭脳として外交の舞台に登場することになる。

ナポレオンはタレーランに「政治のことを相談しないわけにはいかない」し、また、タレーランを「愛するのをやめることも」できなかったのである。

モスクワ——悪魔の誘惑

戦争は政治の一部であるとしたのはクラウゼヴィッツだが、熱狂情念の人ナポレオンにとって、戦争はそれなしには生きていることのできないレーゾン・デートルであった。

ナポレオンの片腕で、ロシア大使だったコランクールは、一八一二年の春、ナポレオンが対露戦争に踏み切ろうとする直前、ナポレオンとこんな会話を交わした。

「君は、私がポーランド再興という薄弱な理由で、大きな犠牲を払うはずがないと考えているのだろう」

「もちろんです。陛下はただポーランドのためだけでロシアとの戦争に入ろうとは思っていらっしゃらない。ヨーロッパには競争者は無用だ、臣下だけで十分だ、というお考えからです」（コランクール『ナポレオン　ロシア大遠征軍潰走の記』小宮正弘訳。以下会話の引用は同書による）

そして、コランクールは最後に、ナポレオンは自分にとって親しい情熱を満足させるために決断をしようとしているのではないかとただした。すると、ナポレオンは「その君のいう情熱とは、何かね」と笑いながらたずねたので、コランクールはこう答えた。

「戦争です、陛下」

そう、ナポレオンの熱狂情念の対象は、戦争それ自体であり、ロシア遠征に理由はなかったのである。そして、ナポレオンがいったん決意した以上、もうだれにも戦争を止めることはできなかった。

とはいえ、ただ一人だけ、戦争回避の秘策をもっている人物がいた。タレーランである。ナポレオンは、ロシア遠征を前にして、チュイルリー宮殿にタレーランを呼び、ワルシャワ大公国に大使として赴くよう要請した。

ナポレオンは、一八〇七年のフリートラントの戦いのとき、タレーランがポーランド人部隊をうまく組織したばかりか、オーストリアの介入を防いだことを高く評価していたので、今回もタレーランをロシア遠征に同行する腹づもりでいたのである。それに、パリにタレーランを残していくと、またぞろ、フーシェと組んで陰謀を企てかねないと思ったのである。

タレーランとしては、この役目を進んで引き受ける気になっていた。ワルシャワに行けば、外交交渉次第では、ギリギリのところで戦争を回避しうるかもしれないと考えたのである。

だが、すんでのところで、タレーランのワルシャワ行きは中止となった。外務大臣だったマレがタレーランに地位を奪われるのではないかと嫉妬して、タレーランが赴任の話をサロンで人に漏らしたという噂を立てさせたのである。

ナポレオンはその噂を知ると激怒し、タレーランのワルシャワ大使赴任を取り消した。あとになって、それはマレの陰謀だったことに気づいたが、引っ込みがつかなくなり、結局、ワルシャワ大使には、プラット神父を任命した。

後に、ナポレオンはこの人事を悔やんで、ロシア戦役に敗れたのは、プラット神父がまったく無能で、ポーランド人のコサック部隊を編成することができなかったからだと決めつけた。コランクールはそうしたナポレオンの繰り言《くりごと》をこう書き付けている。

「皇帝は、つねに繰り返し、プラット公がポーランドをしっかり掌握しておかなかったこと、皇帝の軍事作戦をそれで台なしにしてしまったこと、そして、愚かしい策謀に身を入れて、タレーランの当地派遣を阻むという誤りさえおかしたことなどを、語りつづけるのであった。タレーランなら、かつてフィンケンシュタインでのときと同じように、ここでも立派な働きをしてくれたことだろう」

たしかに、もし、ワルシャワにタレーランがいればというイフは成り立つ。だが、それでも、ナポレオンの敗退は避け得なかったにちがいない。なぜなら、ナポレオンは戦争をしてアレクサンドル皇帝を屈服させなければ気が済まなかったが、ロシアでは戦争らしい戦争をすることができなかったからである。これがロシア遠征の最大の敗因となる。

＊

ナポレオンは一八一二年五月九日、マリー・ルイーズ（マリア・ルイザ）皇妃を伴ってパリを出発してドレスデンに向かった。近衛《このえ》師団をはじめとするフランス大陸軍はすでに出発していた。ドレスデンには、アレクサンドル皇帝との交渉にロシアに赴いていたナルボンヌ公が帰着した。ナルボンヌはアレクサンドル皇帝の次のような言葉をナポレオンに伝えた。

「もしナポレオン皇帝が戦争に踏み切り、同時に運命の女神がわれわれのほうにほほえみかけぬということであれば、ナポレオン皇帝は、平和を求めてどこまでもさまよいつづけねばならないだろう」

この言葉を聞いたとき、ナポレオンの脇にいたコランクールはアレクサンドルの予言は当たるだろうと確信した。コランクールはアレクサンドルの一徹《いってつ》な性格を知っていたのである。

五月二十九日、フランス軍は早くもロシア国境のニーメン河畔《かはん》に達した。渡河《とか》作戦を練るため、河畔を検分していたナポレオンは、あるとき、一匹の野兎《のうさぎ》が馬の足元に飛び出したため、落馬した。コランクールはこれを凶兆ととらえた。そして、ナポレオンも同じことを感じているのに気づいた。

ニーメン河の対岸に送り出したスパイからの情報はなかなか集まってはこなかったが、やがて一人のスパイが戻ってきて、ロシア軍はすでに退却し、コサック騎兵が少し残っているだけだと伝えた。この情報についてナポレオンから意見を求められたのでコランクールはこう答えた。

「私には、両軍戦列を整え対峙《たいじ》する会戦らしい会戦があろうとは考えられない。今までもつねに述べてきたように、ロシアの地はあまりに広く、少々の土地を放棄したところで、彼らには大してひびかない。結局は、皇帝を自陣営から遠く誘い出し、そのぶん戦力の分散を強いる作戦と思われる」

これに対して、ナポレオンは、たとえ相手がその作戦だとしても、長くは続くまいとして、次のように語った。

「二ヵ月もたたないうちに、ロシアは和を請うてくるだろう。まず大地主たちがおびえはじめる。何人かは破産の憂き目をみるだろう。その結果、アレクサンドル皇帝は大いに困惑してしまうはずだ」

ナポレオンは考え違いをしていた。アレクサンドル皇帝は、たとえ大地主たちが破産しようとも、けっして「困惑」することはなかったからである。「和を請う」どころか、たとえ、カムチャツカまで後退しても、戦いをやめようとはしなかったのである。

＊

六月二十三日の夜、フランス大陸軍はついにニーメン河を越えた。しかし、二十八日に、ヴィルナに到着したとき、そこにロシア軍の姿はなかった。それどころか、住民もいなければ、食糧もなかった。短期決戦のつもりで、兵站《へいたん》は現地調達（つまり略奪）で賄《まかな》うつもりでいたフランス軍はとたんに激しい飢えに苦しむようになる。

「ヴィルナではあらゆるものが不足していた。そして、四日もたつうちには、生命の維持に最低限必要なものを探し出すだけでも、かなり遠方にまで出かけていかなければならなくなった。部隊を離脱し単独行動をとる兵士は、もうこの時点で、すでにおびただしい数にのぼっていたのである」

以後、ロシア軍を追ってフランス軍が新しい都市を占領するたびに同じことが繰り返される。だが、それでも、ナポレオンは追撃をあきらめなかった。なぜなら、ナポレオンはロシア軍と正面切って戦い、これを完膚無きまでに叩きのめさなければ、戦争に勝ったことにはならないと考えていたからである。

会戦を待ち望んでいたのはナポレオンだけではなかった。将兵たちにとっても、会戦は切なる願いだった。一刻も早く会戦に大勝利して凱旋帰国する。とにかく、彼らはこれ以上ロシアにはいたくなかったのである。しかし、ロシア軍の主力を捉えたと思ったヴィテプスクでも、その願いはかなえられなかった。

「だが、翌日、あのロシア軍の姿がかき消え、彼らがヴィテプスクを放棄したとわかったとき、曙光《しょこう》のなかに広まっていった澎湃《ほうはい》たる失意、また皇帝の落胆ぶりを、ひとは容易には想像できないだろう」

まったく同じことがスモーレンスクでも繰り返された。いや、たんに同じことが繰り返されたばかりではない。フランス軍がなに一つ戦果をあげないうちに、状況はますます悪化していったのである。いつ果てるともない移動にもかかわらず、期待していた兵站補給がかなわず、飢えと疲労が加速度を増していたからである。

まず馬が倒れた。騎兵の馬、大砲を運ぶ馬、輜重《しちょう》隊の馬、どの馬も餌の不足と疲労で次々に倒れたため、騎兵や砲兵は歩兵となり、大砲や弾薬や食糧は路傍に打ち捨てられた。スモーレンスクに向かう途中で、すでに馬の三分の一が失われていた。

馬に続いて、体が鍛えられていない新兵や老兵が、落伍《らくご》していった。わずかに部隊についてくる者も完全な戦力外となっていた。衛生隊の包帯や薬は行軍中に放棄されていたので、

モスクワの戦い（Louis-François Lejeune Eric Ledru *“NAPOLÉON Le conquérant Prophétique”*）

傷病兵は打ち捨てられ、戻ってきたコサック騎兵や住民に虐殺された。

スモーレンスクではさらなる苛酷な運命がフランス軍を待ち構えていた。ロシア軍が退却時に町に火を放って、撤退していったのである。スモーレンスクに足を踏み入れたフランス兵は、食糧も衣料もなにもかも焼き尽くされていることを知って呆然とした。ロシア軍は組織的に焦土《しょうど》作戦を遂行していったのである。

九月十四日、ナポレオンはついにモスクワ市街を望む丘の上に立った。モスクワを陥落《かんらく》させれば、和平は得られる。ロシアの大貴族は、フランス人がモスクワの主となり、農奴の解放を宣言すれば、彼らの富がすべて失われることを悟るだろう。そうなったら、アレクサンドル皇帝も和議を申し出てくるにちがいない。だが、驚くべきことに、城内に入った先発隊は、ロシア軍がモスクワさえも容易に放棄して、全住民を引き連れて撤退していったことを知る。モスクワは完全な砂漠となっていた。ナポレオンは激しいショックを受けた。

「いつもはものに動ずる気配ひとつないその貌《かお》に、瞬時、落胆の色がはっきり浮かび上がるのを、衝撃を覚えながら私はみた」

だが、本当の衝撃は夜の帳《とばり》が下りたころに襲ってきた。モスクワ市内のいたるところから火の手があがり、強風にあおられて全市が炎につつまれたからである。逮捕したロシア人警官や農夫の自白によって、彼らは全市を夜の間に焼き払えとモスクワ総督から命令を受け、いつでも同時多発的に出火できるよう、導火線を張り巡らして準備を進めていたということが判明した。

翌朝になると、火災はクレムリンにまで迫ってきた。だが、消火作業にあたろうにも、消防ポンプは組織的に破壊されていた。それでも、必死の消火作業でクレムリンとその周辺だけは類焼を免れたが、市の四分の三は完全に火炎になめつくされていた。ロストプチン総督の邸宅は焼け残っていたが、その家の扉には「この土地では、諸君らの見出すものは、ただ灰燼《かいじん》のほかにないであろう」という張り紙がはられていた。

＊

ナポレオンは衝撃から立ち直ると、モスクワに越冬する決意を固めた。大半は灰燼に帰《き》していたが、それでも、他の都市に比べれば、物資が潤沢《じゅんたく》と判断したのである。にもかかわらず、コランクールは、ナポレオンが本当に越冬を覚悟しているのか疑いを抱いていた。ナポレオンは将兵が物資の補給に全力を注ぐよう、あえてポーズを取っているのではないか。というのも、ひそかに和平交渉が始められ、ナポレオンはそれに大きな期待をかけていたからである。

コランクールは、自分の都合のいいように事態を予想するナポレオンのうちに、将としての衰弱が生まれてきていたことを見逃してはいなかった。

モスクワの大火によって、皇帝はきわめて深刻な内省に陥りはしたが、相手方のそれほどまでの覚悟がはらむ重大な意味も、その決断を下した当の政府が和を取り結ぶ見込みのまず薄かろうことも、どういうわけか認めようとしなかったのである。自分の上にはつねによい星が輝いているのだと、皇帝は信じようとしていた。そして、戦争に倦《う》んだロシアは、戦いに終止符をうてるものならどんな機会でも遁《のが》すはずはないと思い込んでいた。(中略)皇帝がその最悪のモスクワ駐留を日一日とながびかせていったのは、以上述べたようなかたちでの、講和への期待に、その理由の大半が求められる。(コランクール 前掲書)

ようするに、最悪の状況のときに、さらに人に過ちを犯させるものは「希望」なのだ。実現するはずもない「希望」こそが、悪魔の繰り出す最も有効な誘惑なのである。

それだけではなかった。悪魔は、ナポレオンにさらなる誘惑をしかけてきた。すでに秋も深まっているというのに、モスクワはこの年、例外的な好天が続いたのである。コランクールがかつて滞在したときのモスクワの厳寒を話してもナポレオンは取り合わなかった。

「まさかこのさき二十四時間で、一挙に猛烈な冬になってしまうなどということもなかろう。（中略）冬の来るまえに、天気のよい日はまだまだいくらもつづくにきまっている」

コランクールは答えた。

「陛下、油断なすってはいけません。冬は、弾丸のようにやってきますぞ。このロシアの冬は、いくら怖れても怖れすぎということはございません」

ナポレオンの判断を一層狂わせたのは、ナポリ王（ミュラ将軍）の景気のいい戦況報告だった。ロシア軍の後衛を追撃していたナポリ王はロシア軍の士気が低く、完全に戦意を喪失していると伝えてきた。ナポレオンは都合のいいこうした報告を鵜呑《うの》みにしていた。しかし、期待した和平交渉受諾の知らせはいつまでたっても届かなかった。

そうしているうちに、コサック騎兵の小部隊がモスクワ近郊に出没し、伝令兵が襲撃される事件があいついだ。パリとの通信は途絶えがちになり、ナポレオンはひそかにモスクワ撤退を決意した。だが、その前になんらかの「成果」が欲しかった。どんなかたちでもいいから勝利者として凱旋したかったのである。

そこでアレクサンドル皇帝に特使を送り、和平交渉への返答を待ったが、すべてお見通しだったアレクサンドルは、返答を一日延ばしにしてナポレオンをモスクワに釘付けにするいっぽう、元帥や将軍に対して、いかなる休戦協定にも同意してはならぬと厳命を下し、最後にこう断言した。

「私の戦いが始まるのはこれからなのだ」

＊

十月十九日、ナポリ王の部隊がロシア軍に急襲されたことを知ったナポレオンは、急遽、全軍にモスクワからの進発を命じた。クトゥーゾフ将軍を撃ち、スモーレンスクを前衛基地にしようというのである。ナポレオンはなんでもいいから会戦での勝利を土産《みやげ》にしたかったのである。

こうして、ナポレオンは、世界最強の敵「ロシアの冬将軍」との戦いに出発することとなるのである。

十一月に入ると、苛烈な冬の寒さが襲ってきた。大地は凍《こお》りつき、氷雪用の蹄鉄《ていてつ》を打たれていなかった馬たちは、脚を取られて横倒れになり、そのまま空しく足掻《あが》いたあと、息絶えた。

「おびただしい数の馬が、氷雪の路上に遺棄されていった。実はこのような事態の到来から、わが軍の潰走《かいそう》の、最大の悲惨が始まったのである。

ほとんどの将兵が徒歩で道を辿《たど》った。皇帝はヌシャテル公とともに車輛《しやりよう》で近衛兵を従えて進んだが、日に二、三度は車輛から降り、しばらく徒歩で行をともにした。あるときはヌシャテル公の腕に倚《よ》り、またあるときは私の、あるいは皇帝付き副官の腕に倚って道を辿った。路上といい路端といい、戦傷兵の死骸でうずまっていた。飢餓と酷寒と、そしてあの悲劇の犠牲者たちであった。いかなる戦場といえども、これ以上に戦慄《せんりつ》すべき相貌《そうぼう》を呈したことはかつてなかっただろう」

それでも、将兵たちはスモーレンスクに着けばすべての困難は終わると考えていた。だが、スモーレンスクの軍政部はまさか行軍がこれほど速いとは知らなかったため食糧調達の準備をほとんどしていなかった。その結果、将兵たちはわずかな食糧をわれ勝ちに奪いあい、ストックはあっという間に尽きた。すでにフランス軍は軍隊の体《てい》をなしていなかったのである。

十一月十四日、ナポレオンはスモーレンスクをあとにして、クラースノエに向かって進発した。

＊

十一月二十七日、フランス軍の最後衛部隊はベレジナ河の左岸にたどりついた。いまだに規律を保持しているのは近衛軍ほか一万人のみ。その後ろに、無秩序な落伍兵たち四万人が従っていた。

後方部隊としてモスクワ遠征に参加していなかったヴィクトール軍とウディノの予備軍二万人をこれに加えても合計七万人にすぎない。四十七万五千人でロシアに進撃したフランス軍は、ほとんどロシアの正規軍との会戦らしい会戦もしないうちに、寒さと飢えと散発的な戦闘で、この時点で七万人に減っていたのである。

ベレジナ河にかかる橋はロシア軍によって破壊されていたので、ナポレオンはエブレの工兵隊に二つの橋の建設を命じていたが、ナポレオンと近衛軍が渡りおわった二十八日の渡河作戦では、フランス軍はヴィトゲンシュタイン将軍率いるロシア＝スウェーデン連合軍に急襲され、多数の死者を出した。その数二万五千人。捕虜となった後に虐殺された者八千人。結局、ベレジナ河を渡りきることができたのは、三万七千人だけだった。その残兵たちも零下三十度を超える凄《すさ》まじい寒さのために、次々に凍死していった。

「ひとは抗しようもなく眠りにおちる。眠りにおちること、それはとりもなおさず、死ぬことだった。（中略）道は、これら不幸な兵士たちの屍《しかばね》で蔽《おお》われてつづいていた」

ニーメン河を渡ったフランス軍は二万五千人に減っていた。ロシア軍が捕虜にしたのは十万人のみ。とすると三十五万人が、ナポレオンの熱狂情念のために、ロシアの凍った大地に横たわった計算になる。アウステルリッツの戦勝記念日にあたる十二月二日、ナポレオンは、大遠征軍公報にこう記すほかなかった。

「私はすべてを伝えようと思う。これらの実情は兵士たち個々別々の手紙を通して知られるより、この私から、直接伝えたほうがいいだろう」

ナポレオンは、この三日後、飢えと寒気で苦しむ将兵たちを放りだして、かつてエジプトでやったように、わずかな随行だけを引き連れて、極秘のうちにパリに帰還したのである。

終わりの始まり

一八一二年十二月十八日の深夜、タレーランの甥の妻であるドロテー・ド・ペリゴール伯爵夫人は、マリー・ルイーズ皇后のもとで勤務中、亡霊のような男が二人、馬車から飛び降りて、チュイルリー宮殿に入るのを目撃した。一人はナポレオンの副官のコランクール、もう一人は皇帝その人であった。

ナポレオンは、コランクールに向かってひとこと「ごくろうであった。君も、休息が必要だろう」とだけいって、マリー・ルイーズの部屋に入っていった。

ドロテーは大急ぎで手紙をしたため、伯父のタレーランに皇帝の帰還を知らせた。タレーランはついに来るべき瞬間が来たことを悟った。前々から避けがたいものと確信していたナポレオンの没落、すなわち「終わりの始まり」が来たことを知ったのである。

タレーランの心はすでに決まっていた。いま、このときに決断を下し、和平交渉のテーブルに着く以外に生き延びる道はないことをナポレオンに直言することである。

事実、ナポレオンは帰還後しばらくして元気を回復すると、一八一三年一月三日、カンバセレスやシャンパニー、マレといった閣僚のほか、タレーランやコランクールも集めて、フランスの取るべき選択について、意見を求めた。

じつは、これに先立つ十二月三十日、メッテルニッヒの特使としてブブナ将軍がパリにあらわれ、オーストリアとしては、中立の立場から、ロシアとの和平交渉の仲介役をつとめる用意があるといってきたのである。

メッテルニッヒは、フランスの大陸軍四十五万人がロシアの凍土《とうど》に消えたことから、ヨーロッパの勢力バランスが崩れ、ロシアの影響力が大きくなりすぎることを恐れたのである。ロシアはいずれ、プロシャと同盟を組み、ポーランドとドイツに残存するナポレオンの兵力を一掃しようとはかるだろう。そうなってしまっては、オーストリアが影響力を行使することは難しい。ならば、ロシアが攻勢に打って出る前にアクションを起こしたほうがいい。しかも、フランス大陸軍が消滅した今なら、オーストリアは、フランスの同盟国としてではなく、中立国として仲介役をつとめることができる。

これに対して、ナポレオンは、仲介は歓迎するが、あくまで同盟国として、と回答した。つまり、ナポレオンは戦いで勝ち取った占領地は何一つ放棄することなく、和平を結びたいと考えたのである。そして、その方針のもとで、この日、閣議を開いたのだ。

意見を求められたタレーランはこう答えた。

閣下はまだ、交渉可能な質草《しちぐさ》を手にしておられます。しかし、より多くの見返りを期待なさるのでしたら、その質草も失うことになられるでしょう。そうなったら、もはや交渉の余地はありません。（タレーラン『回想録』拙訳）

ナポレオンは、その質草とはなにかと重ねてたずねたが、タレーランは明確な言及を避けた。もちろん、ナポレオンとて、その質草が、いまなおフランスの支配下にあるピエモンテやトスカナなどのイタリアの諸邦、オランダ、ベルギー、ハンザ同盟都市、それにワルシャワ大公国であることは明らかだった。

タレーランは、そのすべてを放棄して国境を、一八〇一年のリュネヴィル条約に定めた国境、つまりフランスの自然国境にまで戻すよう提案したのである。そして、そのうえで、ナポレオンは、ヨーロッパの皇帝としてではなく、フランス国王として、国内の政治に専念すればいい。これが、ロシアでの大敗のあと、タレーランがナポレオンのために書き上げたシナリオだった。

＊

だが、これまで戦場での大勝利という栄光を糧《かて》として生きてきたナポレオンにそんな現実的な提案が受け入れられるはずもなかった。それどころか、あとに残してきた大陸軍が完全に壊滅したことも知らないナポレオンは、残存兵力を立て直せば、十五万人の陸軍を再編することは可能だと考えていた。それに、スペインには二十万人のフランス軍が駐屯している。そこで、閣議の席で、ナポレオンはこういった。

「たしかに、私は大きな誤りを犯した。だが、私には、誤りをやり直す方法がある」

ナポレオンがロシアでの大敗北のあともなお、捲土重来が可能と考えていたのは、たとえロシアとプロシャが同盟を組んで立ち向かってこようとも、マリー・ルイーズ皇后の実家であるオーストリア・ハプスブルク家はその同盟には加わらないだろうと楽観していたからである。だから、ロシア＝プロシャ同盟軍との次の戦いに決定的に勝利すれば、今度こそ、ヨーロッパに平和が訪れ、自分の跡継ぎであるローマ王は、ナポレオン帝国の君主として君臨することができるにちがいない。

これは落ち目になった英雄のほとんどが陥る典型的な思考法を示していた。つまり、希望ではなく、希望的観測によって、すべてを自分にとって都合のいいように解釈し、現実を直視せず、さらなる深みに入り込んでしまうのである。

とりわけ、世継ぎができたことが天才ナポレオンの判断力を狂わせた。もはや、彼の眼中にあるのは、フランスでもヨーロッパでもなく、ナポレオン王朝の継続、これだけである。極端なことをいえば、ナポレオン王朝がヨーロッパで繁栄するためなら、フランスなどどうなってもかまわないのである。

そのため、ロシアから単身帰還したナポレオンがまず最初に手をつけたことは、ロシア＝プロシャ連合軍との戦いに備え、新たに成年に達した男子を徴兵して大陸軍を再建することだった。

この時代、フランスはヨーロッパで最も人口上昇カーブの急な国だったので、一八一二年の末に入隊した一八一三年度兵、繰り上げ入隊させる一八一四年度兵、それに一八〇九年から一八一二年までに動員を免れていた新兵を合わせると二十五万人の兵力が確保される予定だった。また、かつてフーシェが緊急措置として手をつけた国民軍の十万人の正規軍編入も決まったから、三十五万人の大陸軍の再建は、少なくとも人数だけでは可能になったのである。

しかし、その実態は、太平洋戦争末期の日本と同じく、ほとんど訓練も受けていない新兵の集まりにすぎず、はたして戦場で役に立つかわからなかった。また、徴兵逃れや脱走兵の激増も大きな誤算となった。

だが、大陸軍にとって最大の痛手は、やはり、数々のナポレオンの勝利を支えた勇猛果敢な歴戦の勇士たちの死だった。人数だけはそろえても、士気の低さは補いようがなかったのである。

また、ロシア戦役で軍馬のほとんどを失ったことも取り返しのつかない損失となった。

これにより、機動力のある騎兵を再建することができず、ナポレオン軍の得意だった正面からの急襲と追撃が不可能になったからである。

しかしながら、一八一三年春のナポレオンにとって、最大の心配事は、ロシア遠征の最中に生じたマレ将軍のクーデター未遂事件のようなものが、今度もまた起こるのではないかということだった。

万一、自分が戦死するような事態が生じたとしたら、はたして、臣下の者たちは、幼いローマ王とマリー・ルイーズ皇后に忠誠を誓うだろうか?

こうした疑心暗鬼に駆られた独裁者がやることは決まっている。自分の死後に、権力を狙いそうな実力者を排斥《はいせき》し、周りをイエスマンだけで固めること、それに、権力委譲の手続きが正式なものであることを広く国民に認めさせておくことである。

ナポレオンも例外ではなかった。タレーランやフーシェなどの、口に苦い良薬の服用を提言する賢臣を遠ざけ、そのいっぽうで、ローマ教皇と和解して、教皇に皇太子の戴冠《たいかん》を行わせようとしたのである。

ローマ教皇とナポレオンの関係は、ナポレオンがジョゼフィーヌとの離婚を教皇庁の許可を得ずに強行したときから、急速に悪化していたが、一八〇九年に行われたローマ教皇領のフランス帝国への併合、及び教皇ピウス七世のサヴォーナ幽閉によって、両者は決定的な対立を見るようになった。さらに教皇がフォンテーヌブローに幽閉されたこともあって、もはや関係の修復は不可能かと見えたが、ナポレオンは、ここに来て態度を一変させた。教皇の叙任権と至上権を認めることで、妥協にこぎつけようと図ったのだ。

皇太子であるローマ王が教皇によって、皇帝の世継ぎと認められることが、ナポレオン王朝の存続に必要不可欠と判断したからである。

ピウス七世は、いったんはこの妥協を受け入れ、一八一三年の一月二十五日にフォンテーヌブローで政教和約に署名したが、三月になると、突然、署名は撤回するとナポレオンに伝えてきた。プロシャが三月十六日にフランスに宣戦布告したのを見た反ナポレオン派の枢機卿たちが、なにも落ち目のナポレオンに譲歩する必要はないと、教皇を突ついたのである。

ナポレオンはこの最初の反乱に腸《はらわた》の煮え繰り返る思いをしたが、連合軍との戦いで勝利すれば、教皇はふたたび屈服するだろうと考えた。このナポレオンの予想はそれほどはずれてはいなかった。大陸軍を立て直したナポレオンは、一八一三年のドイツ戦役の春の陣では、大勝利を収めたからである。

＊

壊滅したナポレオン軍を追撃してプロシャ領内に入ったロシア軍は、第二次世界大戦のときと同じように「解放軍」として振る舞った。すなわち、ナポレオンの桎梏《しっこく》に苦しむドイツ民族を解放し、自由と独立を回復するのを助けると宣言したのである。これに応えるかのように、プロシャの国内でも、ベルリン大学学長フィヒテなどの呼びかけで民族感情が噴出し、プロシャ国王フリードリッヒ＝ヴィルヘルム三世は、軍隊に大動員をかけて、フランスに宣戦布告した。

この勢いはプロシャの隣国のザクセンにも伝わり、ザクセンはフランスとの同盟を解消した。

つまり、いままで嫌々ながらナポレオンに従っていたドイツの国々は、オセロ・ゲームのように次々と反ナポレオンの陣営に加わったのである。

この新たな挑戦を受けて立つナポレオンは、四月十五日、ほとんど新兵からなる二十万人の大陸軍を率いて、サン・クルーの宮殿をあとにした。

フランス軍の新兵たちは、五月二日に、ザーレ川を渡ったリュッツェンでロシア皇帝アレクサンドルの指揮するロシア＝プロシャ連合軍と全面衝突した。初の本格的会戦でパニックを起こした新兵たちも、銃火に身をさらしながら全軍の指揮を取るナポレオンの激励によって態勢を立て直し、敵とほぼ同数の死者を出しながらも、最終的には敵を打ち破った。ネー将軍はナポレオンに「新兵たちは、髭面《ひげづら》の古参《こさん》兵にも負けない」と褒《ほ》めたたえた。

だが、このリュッツェンの戦いは、新しい大陸軍の弱点をさらした戦いでもあった。一つは騎兵の不足によって、敗退した敵を追撃することができず、敵に決定的な打撃を与えることができなかったこと。もう一つは、各軍団の指揮を取る将軍たちに衰えと疲労が見え、ナポレオンの思い通りには、兵士を動かすことができなくなっていたことである。

この弱点は、引き続くバウツェンの戦いとヴェルシェンの戦いにももちこされた。ナポレオン軍は勝つには勝ったが、いずれも、すんでのところで敵の後衛部隊を取り逃がした。とくに、ヴェルシェンの戦いから、かつての大英雄であるネー将軍の判断ミスが目立つようになる。ベシェル、デュロックといった優秀な将軍が戦死したのもナポレオンにとっては痛手だった。

＊

しかしながら、この戦いでナポレオンよりも深く傷ついていた人物がいた。ナポレオンが負けたら調停に乗り出し、オーストリアの失った領土を取り戻そうと、ひそかにタイミングを計っていたメッテルニッヒである。

メッテルニッヒは、フランス軍が最初に敗北したら、その時点で調停を開始し、フランスを自然国境まで縮小しようと考えていた。メッテルニッヒの考えでは、調停に入るのが遅れると、今度は、ロシア＝プロシャ連合軍が勝ちすぎて、ポーランドではロシアの、ドイツではプロシャのそれぞれの影響力が拡大し、オーストリアには不利になる。どちらが大勝ちすることも、ヨーロッパの勢力バランスを崩すから、これは回避しなければならないのである。

ところが、思いがけないフランスの勝利で、メッテルニッヒは目算が狂うのを感じ、今度は、これまでとはちがった意味合いで、調停を買って出ることにしたのである。

つまり、ここで、休戦が成立すれば、ロシア＝プロシャ連合軍は態勢を立て直す時間を与えられ、オーストリアは、参戦に向けて再軍備に着手することができる。この勝利で、どの道、ナポレオンが譲歩する見込みはなくなったから、オーストリアとしては、連合軍側に肩入れする作戦を始めなければならなくなったのである。

ナポレオンは、メッテルニッヒのこの魂胆を見抜いて、調停を拒否したが、側近、とりわけコランクールの意見を容《い》れて、アレクサンドル皇帝の直接交渉には応じることにして、六月四日にプレシヴェッツで七月二十日までの休戦協定に調印した。コランクールがナポレオンに強く休戦を進言したのは、ロシア戦線で、四十五万人を戦死させてもなお戦争をやめようとしないナポレオンに恐怖を感じはじめていたからである。

コランクールは、タレーランとひそかに通じていて、タレーランの出したフランスの自然国境までの撤退という線で終戦にもちこもうとしていた。そのため、ロシア軍首脳との休戦交渉の席では、シュヴァーロフ将軍に向かって、もし、ロシア軍がコサック兵の部隊でフランス軍の後衛を衝《つ》けば、勝敗は決していただろうと、まるで、フランスの敗北を望んでいるような口ぶりで話をした。

限りない悲惨を目撃してきたコランクールは、これ以上、若者たちを無駄死にさせたくはなかったのである。

いっぽう、ナポレオンが休戦交渉に応じたのは別の理由からである。ナポレオンは次の戦いにはオーストリア軍が参加する可能性も出てきたので、騎兵部隊を早急に立て直さなければならないと考えたのである。

このように、休戦の期間中、両陣営とも、相手を出し抜いてやろうと、自軍の増強と、同盟関係の強化に心を砕いた。それは戦争以上の戦いだったが、その最たるものが、六月下旬にドレスデンのフランス軍総司令部を訪れたメッテルニッヒとナポレオンの腹の探り合いだった。

＊

ナポレオンは、みずから血を流すことは何一つせずに、失った領土を回復しようとするメッテルニッヒの要求を頭ごなしに怒鳴《どな》りつけ、それほど戦争がしたいなら、十月にウィーンで会おうときっぱりと答えた。これに対して、メッテルニッヒは「陛下のいう大陸軍には子供しかいないではないですか。陛下は一世代を根絶やしにしておしまいになった。あの子供たちが次に死んだら、どうするのですか」とナポレオンの一番痛いところを衝いた。

この挑戦に、ナポレオンはついに本心をさらけ出し、「あなたは兵隊の魂を知らない。私は戦場で育った。私は百万人が死んでも悔いはない」と答え、最後に「私がオーストリアの大公女と結婚したのは、誤りだったのだろうか」とたずねた。

メッテルニッヒは断言した。

「オーストリア皇帝は、自国の幸福だけを考えております。皇帝は何よりもまず君主であって、自分の娘を犠牲にするとしても、躊躇《ちゅうちょ》しないでしょう」

そして、退出する直前、ナポレオンが「オーストリアは本当に私と戦争をする気なのか」とたずねたことに対し、こう言い放った。

「陛下の運命はこれで終わりです。ここに来るまでは自信がありませんでしたが、いまは確信しております」

メッテルニッヒにこうまでいわれては、自軍の不利を自覚していたナポレオンは譲歩するしかなかった。オーストリアの調停を受け入れ、七月五日から、プラハでロシア、プロシャとの講和会議に入ることを決めたのである。プラハの講和会議は、メッテルニッヒにとって、オーストリアが同盟国側に加わる口実を作るためのものだったのである。

そのため、ナポレオンが八月十三日に、メッテルニッヒ案に近い線で収拾《しゅうしゅう》を図るよう、全権のコランクールに訓令を送ったときには、すでに時遅くオーストリアはフランスに宣戦を布告していたのである。

こうして、ロシア、プロシャ、オーストリアの四十二万人に、元ナポレオンの将軍だったベルナドットが国王となったスウェーデン軍三万人が加わった四十五万人の大同盟軍がナポレオンの総司令部のあるドレスデンに襲いかかった。

ナポレオンの熱狂情念によって引き起こされたヨーロッパの戦乱もこれで、「終わりの始まり」を迎えたのである。

ライプティッヒの悲劇

落日のナポレオンにとどめをさそうと、ロシア、プロシャ、オーストリア、スウェーデンの連合軍が、フランス大陸軍の総司令部のあるザクセンの古都ドレスデンに総攻撃をかけたのは、一八一三年八月二十六日午後四時のことだった。

ナポレオンはこのドレスデンの決戦で、沈もうとする太陽が一瞬、まばゆい残光を放つように、天才の最後のきらめきを見せた。すなわち、周辺に散開していた各方面軍を急遽、ドレスデンに集結させ、その凝縮した力で、襲いかかる敵に立ちむかったのである。しかも、従来のナポレオンの戦術とは異なり、中央突破ではなく、左右両翼を攻撃するという布陣を取った。これは中央がドレスデン要塞で守られているということを勘定に入れての作戦である。

結果は、連合軍の損失が、戦死傷者、捕虜が二万七千人だったのに対し、フランス軍は八千人。久々の大勝利といえる戦果であった。

だが、この勝利は、同時に、ナポレオンの限界をも示していた。なぜなら、ドレスデンから撤退して連合軍を追撃するフランス軍の各部隊は意外なほどに弱体で、敵の退路を断つどころか、逆に撃退されてしまう事態が相次いだのである。クールム渓谷でヴァンダム軍が挟み撃ちにされて降伏、カルバッハ川の戦いでマクドナルド軍がプロシャのブリュッハー軍に敗れ、ウディノ軍はヴィテンベルクでスウェーデンのベルナドット軍の前に敗走。ようするに、ドレスデン攻防戦こそ全面的な勝利であったが、それ以後の追撃戦では、配下の将軍たちがことごとく敗れているのである。

連合軍は明らかに、ナポレオンとの大会戦を避け、部下の将軍率いる軍勢を各個撃破していく作戦を取っていた。

じつは、この作戦、いまはスウェーデン国王カルル十四世として、連合軍に参加しているベルナドット将軍が採用した作戦だった。ベルナドットはジョゼフ・ボナパルトの妻の妹（ナポレオンの昔の恋人デジレ）と結婚することでボナパルト一族の姻戚となった将軍だが、ヴァグラムの戦い以降、ナポレオンと不仲になり、ロシア戦役のあとにスウェーデン国王として迎えられると、一転して、反ナポレオンの急先鋒となって連合軍に加わったのである。ベルナドットはさすがにナポレオンの元部下だけあって、弱点を正確に見抜いていたので、その作戦は的確だった。逆に、ナポレオンは、すべての細部に命令を与え、部下には遵《じゅん》守《しゅ》だけを要求するスーパー・ヒーローがおちいりやすい陥穽《かんせい》に嵌《は》まってしまっていたのである。

連合軍は「ナポレオンとの決戦をさけ、部下元帥たちをたたけ！」を合いことばにしていたので、東のブリュッハーはナポレオンが兵をすすめても、応戦しようとはしなかった。（長塚隆二『ナポレオン』）

九月に入ると戦況はさらに悪化した。ウディノ将軍に代わってベルナドット軍と戦っていたネー将軍の部隊がデンネヴィッツで撃退されたばかりか、この戦いにフランス軍として参加していたザクセン軍とバイエルン軍の一部が敵に寝返ってしまったのである。

このときは、さすがのナポレオンも天を仰いで、こう叫んだ。

「私が直接指揮を執《と》らないところでは、みんな馬鹿なことばかりやっている！」

ナポレオンが下した結論は一つ。これからは、全軍を手元において、みなおれが指揮する、そのためにはさらなる軍隊が必要だ、というものである。ナポレオンはドレスデンで三十万人の大動員を可能にする徴兵令に署名した。フランスの男子を根絶やしにしても戦いを続けようとする熱狂情念はまだ燃え続けていたのだ。

だが、その熱狂情念に終止符を打たざるをえない最後の、決定的な戦い、すなわち、後に「諸国民の戦い」と呼ばれるライプティッヒの会戦が迫っていた。

周囲を敵に囲まれ、徐々に包囲網を狭《せば》められていたナポレオンとしては、打てる手段は、ただ二つ、ドレスデンを出てまっすぐ北上し、敵の首都ベルリンを陥落させるか、あるいは、ライン川まで退却するため、西のライプティッヒに向かうかである。

いずれにしても、三十万人いたフランス軍の兵力はいまでは十八万人にまで減り、さらに多数の寝返りが出そうな状況では、三十五万人を超えてなお増強中の連合軍に会戦を挑むことは無謀な作戦だったが、将軍の力量を当てにできないナポレオンとしては、血路《けつろ》を切り開くには会戦しかなかったのである。

ナポレオンは思い切ってベルリンを衝くことに腹を決め、元帥と将軍たちを集めてその旨を告げた。しかし、このときばかりは、だれもが一斉に反発した。そこで、ナポレオンは、歴戦の勇士オージュロー将軍に向かってこういった。

「オージュローよ、君は、もうカスティリオーネのオージュローではないな」

「お言葉ですが、陛下、私は、いつでもカスティリオーネのオージュローとなります。ただし、イタリア遠征軍の兵士を返していただければの話です」

オージュローの言葉を待つまでもなく、ベルリンに反攻するなど不可能な作戦だった。それどころか、北からはベルナドット軍が、また東からはブリュッハー軍が迫ってきていたから、もし両者がライプティッヒで合流でもしたら、フランス軍は、ライン川への退路を断たれて完全に孤立することになる。ここは、もうライプティッヒに向かって軍を進めるしかない。

＊

こうして、ナポレオンはドレスデンを去り、ライプティッヒに向かったが、そのとき、これまでのナポレオンではありえないような決定的なミスを犯した。ただでさえ劣勢なのに、グーヴィオン・サン・シール元帥率いる三万人の兵力をドレスデンに守備隊として残したうえ、ハンブルクの二万五千人のダヴー軍もその場に釘付けにしてしまったのである。これは、兵力の分散を避けて、大軍団として移動し、敵を正面から撃破するというナポレオン自身が打ち立てた大原則に違反する作戦だった。

このように、運命が傾きはじめた英雄は、不思議な迷いに襲われて、最後に巡ってきたチャンスをみすみす取り逃がしてしまうものなのである。

十月十二日、運命の凋落《ちょうらく》に勢いを加えるかのような知らせが総司令部に届く。バイエルン軍がライン連邦を脱退し、連合軍に加わったという手紙である。これには、ナポレオンも呆《ぼう》然自失《ぜんじしつ》に陥り、その手紙をほうけたように見つめていたが、すぐに気を取り直すと、マクドナルド将軍を呼び付け、作戦を指示しようとした。ところが、マクドナルドは、ナポレオンに向かって、勝利への幻想から覚めるようにこう言い放った。

「陛下、陛下にはもはや軍隊は残されておりません。残っているのは、飢えで死にかけている哀れな連中だけです。陛下はもうすべてを失ってしまわれました。このさい、考えるべきは和平しかございません」

しかし、このマクドナルドの言葉もナポレオンの熱狂情念を冷ますことはできなかった。ナポレオンは、直接指揮している十五万の兵力で最後の大逆転が可能だと信じていたのである。

十月十六日午後八時、ナポレオンが待ち望んだ世紀の大会戦、ライン連邦を含めて全部で十ヵ国が参加したため「諸国民の戦い」と呼ばれることになる大会戦がライプティッヒの郊外で始まった。

迎え撃つナポレオン軍は十五万人だが、その大半は徴集されたばかりの新兵で、打ち続く

ライプティッヒの大会戦（Eric Ledru *“NAPOLÉON Le conquérant Prophétique”*）

行軍《こうぐん》に疲労困憊《ひろうこんぱい》し、食糧の不足と伝染病もあって、戦闘能力をいまなお保持しているのは、半分にも満たなかった。

いっぽう、ライプティッヒに東と北から迫るロシア、プロシャ、オーストリア、スウエーデン、それにバイエルンの連合軍は総勢三十五万人。

ナポレオン軍の劣勢はだれの目にも明らかだったが、今回も一人ナポレオンのみは意気軒昂《いきけんこう》で、司令部の置かれたガルゲンベルクの丘から各方面軍の将軍たちに檄《げき》を飛ばしていた。

＊

一日目は、ボヘミアから迫るシュヴァルツェンベルク率いるオーストリア＝プロシャ連合軍、およびシュレジアから進軍してくるブリュッハー率いるプロシャ＝ロシア連合軍の二つをフランスの主力部隊が迎え撃って、ヴァハウで戦闘が開始された。ナポレオンは両軍の間にクサビを打ち込み、各個撃破するつもりだったが、この作戦は敵に見破られ、逆に包囲される危険が出てきた。それでも、ロシア軍のコサック騎兵の進撃をミュラの騎兵が阻止して互角に戦い、勝敗の行方はなお決せず、ナポレオンは陣地を維持した。

二日目、この日、ナポレオンは、退却するか否かの決断を迫られたが、なお決定を翌日に延ばした。この退却の遅れがナポレオンの運命を決することになる。なぜなら、進軍が遅れていたベルナドット軍十二万人がついに北から到着したからである。

このベルナドット軍の到着が、ナポレオン軍を構成するザクセン人師団とヴュルテンブルク人旅団に動揺を与えた。すなわち、両軍が接触するや否や、彼らは敵に寝返って、砲列を反対方向に向けたのである。

これで、さすがのナポレオンも劣勢を認めざるを得なくなった。この日、一日だけで、二万人を失ったのである。兵力はすでに十万人に減っていた。ナポレオンはついに、ライプティッヒからの退却を決意し、翌朝、エルスター川を渡るよう命じた。

だが、ここで悲劇が起こった。午前九時半、まだライプティッヒ側に、マクドナルド軍、ポニアトフスキー軍、レニエ軍、ローリストン軍、総勢二万人が残っていたにもかかわらず、ポニアトフスキー軍を敵と誤認した工兵隊が橋を爆破してしまったのである。絶望した残兵たちは泳いで川を渡ろうとしたが、ポニアトフスキーをはじめ、ほとんどの将兵が溺死した。川を泳ぎ切ったのは、マクドナルド将軍ほかわずかだった。岸辺にとどまった一万五千の将兵は全員が捕虜となった。

完全に、ロシア戦役におけるベレジナ渡河の悪夢の繰り返しだった。もはや、だれもナポレオンをかばうものはいなかった。二度にわたって、後衛の将兵を見捨て、皇帝だけがわれ先に逃げ帰ったからである。

ナポレオンは残った部隊を引き連れてライン河畔のマインツに向かった。ライプティッヒの激戦で連合軍にも多大な損失が出たので、ブリュッハーもシュヴァルツェンベルクも追撃してはこなかったが、マインツを目前にして、突然、いないはずの敵があらわれた。連合軍に寝返ったバイエルン軍がハーナウで、退却中のナポレオン軍に攻撃を加えたのである。ナポレオンは最後まで残した近衛部隊をハーナウに差し向けてこれを撃破、十一月二日、やっとの思いでマインツにたどり着いた。ドイツ戦役に出発した三十万の将兵のうち、ラインを渡ることができたのは、わずかに六万人。それもほとんどが衰弱しきった敗残の軍隊であった。ナポレオンは十一月七日までマインツにとどまった後、ライン川を渡った。これが、彼がライン川を見た最後となった。

フランス大陸軍の主力はこうして、惨憺《さんたん》たるありさまでフランスの自然国境の内側に戻ったが、ヨーロッパ各地にはまだ守備隊のフランス軍や友軍が残存していた。先にも述べたドレスデンのグーヴィオン・サン・シール軍、ハンブルクのダヴー軍、それに、ダンチッヒのラップ軍である。ナポレオンはこの三軍を加えれば、二十万人の兵力と皮算用をはじいていたが、それは土台、無理な計算で、敵に完全に包囲されたままの彼らが、ドイツを横断してライン川にまでたどり着けるはずはなかった。

二十万人の兵力を割《さ》いていたスペインでも状況は絶望的だった。ポルトガルから上陸したウェリントン率いるイギリス軍はスペイン軍と合流し、全土からフランス軍を駆逐しつつあった。最後に残ったスールト元帥の軍が降伏し、スペイン国王だったジョゼフ・ボナパルトは命からがらフランスに逃げ帰った。同じようにウェストファーレン王となっていたナポレオンの末弟ジェロームも十月の末に玉座を放り出して逃亡していた。

いっぽう、ナポレオンの妹カロリーヌと結婚してナポリ王となっていたミュラは、ライプティッヒの戦いの前にひそかにメッテルニッヒと通じていたが、ナポリ王国保証の確約を得ると、あっさりとオーストリアと条約を結び、連合軍に参加することに決めた。

ナポレオンはこの知らせを受け取ると、「なんという裏切りだ。奴は南のベルナドットか」と叫んだが、身内からも見放されたナポレオンに同情を寄せるものはもういなかった。

＊

友軍と身内の裏切りと反抗で、さしものナポレオンもすっかり弱気になってしまったが、フランス国民は、さらに意気消沈していた。ロシア戦役で四十五万人、ドイツ戦役で二十四万人、合計六十九万人の兵力が失われたのである。この中にはライン連邦などの友軍がまじっていたとしても、フランスの若者の数世代が確実に根絶やしになったのである。ライン川を越えて、フランス国境になだれこもうとしている連合軍に対する敵愾心《てきがいしん》よりも、平和を願う気持ちのほうが国民には強かった。

だから、ナポレオンが来《きた》るべきフランス戦役に備えて三十万人の大陸軍を再建するため、十五万人の新兵を徴集するよう上院で訴えても、だれ一人これに拍手するものはいなかった。上院議員たちは、すでに「戦後」を予想し、ブルボン王朝の王政復古まで視野に入れて行動するようになっていたのである。ここで、下手にナポレオンに与《くみ》したのでは、あとあと命取りになりかねないという打算が国内においてさえ始まっていたのだ。

こうしたフランス国民の動向を、敏感なタレーランが察知しないはずはない。

タレーランは十一月九日にナポレオンがチュイルリー宮殿に到着したのを知ると、翌朝一番でたずねていった。タレーランとしては、今度こそ、ナポレオンが戦争終結に向けて動くだろうと考え、いうべきことを率直にいおうと思っていたのである。

ところが、ナポレオンはタレーランの顔を見たとたん、いきなり怒りを爆発させ、「貴様は自分の退位を想定して、摂政会議の議長になったつもりでいるのだろうが、そうは問屋が卸《おろ》さないぞ」と怒鳴りまくった。タレーランは、例によってこの叱責にも平然として退出したが、古くからの友人のラ・トゥール・デュ・パン夫人に会うと、彼はもう終わった人間だと断言し、こう述べた。

「彼はもうベッドの下に隠れるほかありません。もっている質草を全部なくしてしまったのです」

この認識は、タレーランと連携して講和の落としどころを探っていたオーストリアのメッテルニッヒも共有していた。ドイツ戦役に出発する前と比べて、ナポレオンは取引する材料、すなわち占領地域をなにももってはいない。ゆえに、フランスの国境を自然国境まで戻し、ナポレオンが退位して、皇太子のローマ王が即位し、マリア・ルイザ（マリー・ルイーズ）が摂政となるという線を出してやれば、ナポレオンはこの条件に飛びついてくるだろう。

メッテルニッヒ個人としては、これで十分だった。マリア・ルイザが摂政となれば、父のフランツ一世の影響力は強まるだろうし、また、メッテルニッヒにとって一番に避けたい、権力不在によるフランスの混乱を招くこともない。

もし、これ以上講和が遅れると、フランス国内のみならず、ヨーロッパにも地殻《ちかく》変動が起きて、オーストリアにとって不利な状況が生まれるかもしれない。一つは、旧神聖ローマ帝国内で、プロシャの勢力が強まって、バイエルン、ザクセンなどがプロシャ領土に組み入れられる可能性があること。もう一つは、ポーランドに対するロシアの力が強大となって、ポーランドをロシアが併合する恐れがでてきたこと。つまり、メッテルニッヒは、ロシア、プロシャと連合を組みながら、自国の利益を最優先する道を探って、ついにナポレオン帝国の保全という結論に達したのである。フランスの力が小さくなりすぎ、プロシャとロシアの勢力が拡大したのでは、パワー・バランスが崩れると懸念したのだ。

そこで、メッテルニッヒはフランスの高官で同じ思想の持ち主であるタレーランやコランクールと連携するため、赴任中に捕虜扱いとなっていた在ワイマール公使のコランクールの義兄サン・テニアンに、講和条件の内容をノートしたものをもってナポレオンのもとに交渉に出かけるよう命じた。

ナポレオンはサン・テニアンから講和の条件をメモで知らされると、文書での確認を求め、相手方が求めてきたコランクールの外相就任も認めた。ナポレオンは、今度もまたメッテルニッヒとタレーランの陰謀の匂いを嗅ぎ、簡単には条件に乗らないようにしたのである。

＊

だが、サン・テニアンのもちかえった条件は、たちまちパリの社交界に広まった。なぜこんなに寛大な条件なのに、皇帝は講和しないのだという不満が高まり、非難の声が将軍や元帥たちの間からもあがるようになった。政権を支える高官たち全員もこの意見だった。

もちろん、これはメッテルニッヒの意を汲んで、タレーランとコランクールが意識的に情報操作を行い、講和のための世論をつくりあげようとした結果である。彼ら三人の連携プレイは、今度こそ、ナポレオンを籠絡《ろうらく》したかに見えた。ナポレオンはついにメッテルニッヒの出した条件を受諾すると外相のコランクールを通じて回答したからである。

だが、切れるカードがなにもなくなったナポレオンを、プロシャ、ロシア、イギリスは相手にしようとしなかった。彼らは、メッテルニッヒへの回答がもたらされたのと同じ日に、わざと行きちがうように「フランクフルト宣言」を発し、フランスからナポレオンの影響力が完全に排除されることを要求してきたのである。ヨーロッパの情勢はメッテルニッヒの構想を超えたところで動き始めていたのである。

かくして、ナポレオン最後の戦いが始まるのである。

自滅への道

一八一四年一月一日、ブリュッハー率いるプロシャ＝ロシア連合軍（シュレジア方面軍）八万人はマインツとコブレンツの間でライン川を渡り、フランス国境に怒濤《どとう》のような勢いで攻め込んで、フランス軍の守備隊を蹴散《けち》らし、たちまちロレーヌ地方の首都ナンシーに達した。東からはシュヴァルツェンベルクのオーストリア軍（ボヘミア方面軍）十四万人がスイス国境を越えてショーモンを占領した。この両軍だけでもフランスに侵入した連合軍は二十二万人にものぼったが、さらに、後続部隊二十四万人が満《まん》を持《じ》して国境で待機しているから、最終的には四十六万人に垂《なんな》んとする勢いである。

対するに、ナポレオンが手駒として使いうるフランス大陸軍はわずかに五万人、多く見積もっても六万人にすぎない。さすがのナポレオンも、この圧倒的な彼我《ひが》の差には、悲壮な気持ちにならざるを得なかった。一月二十三日、国民衛兵の将校七百人の前で、まだ三歳にもならぬローマ王を腕に抱いて登場すると、こう演説した。

「諸君、いまやフランスの領土は敵に侵された。私は軍の先頭に立ち、敵を国境の外に追い返すつもりである。敵が首都に近づいたときには、皇后とローマ王を、勇気ある諸君に任せる」

そして、翌々日の早朝、まだベッドで眠るローマ王をしかと見届け、皇后を抱きしめたあと、ナポレオンは馬車に飛び乗って戦場へと旅立った。これが、皇帝が皇后とローマ王の姿を見る最後の機会となったのである。

この日のうちにパリの東百四十キロにあるシャロンに到着し、市役所に陣営を張ったナポレオンは、翌朝、集まった将軍たちを前にして開口一《かいこういち》番《ばん》、こう言い放った。

「今朝をもって攻撃を開始する。我が軍は五万人にすぎない。だが、私を加えれば、兵力は十五万人となる」

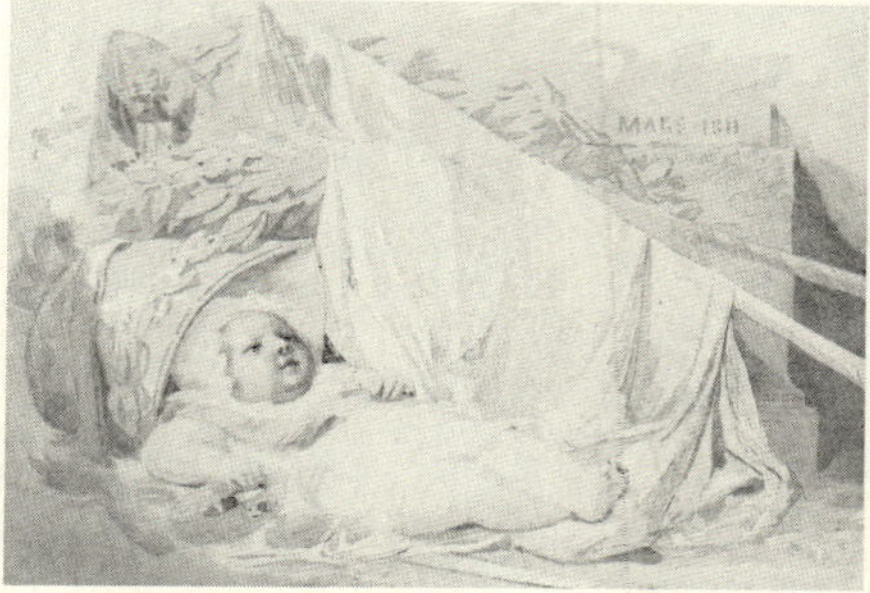

ローマ王（Jean-Baptiste Isabey Eric Ledru *“NAPOLÉON Le conquérant Prophétique”*）

将軍たちにとってこの言葉は強がりにしか聞こえなかった。なぜなら、ナポレオンが五万人といった兵力は実際は三万三千人しかなく、しかもそれは疲労困憊した敗残の兵士ばかりだったからである。だが、みずからを十万人の兵力に見積もったナポレオンの計算はけっして誤りではなかった。なぜなら、ナポレオンに率いられた三万三千人の将兵は、これ以後、その十倍の敵を相手にして、なお二ヵ月間もちこたえるという

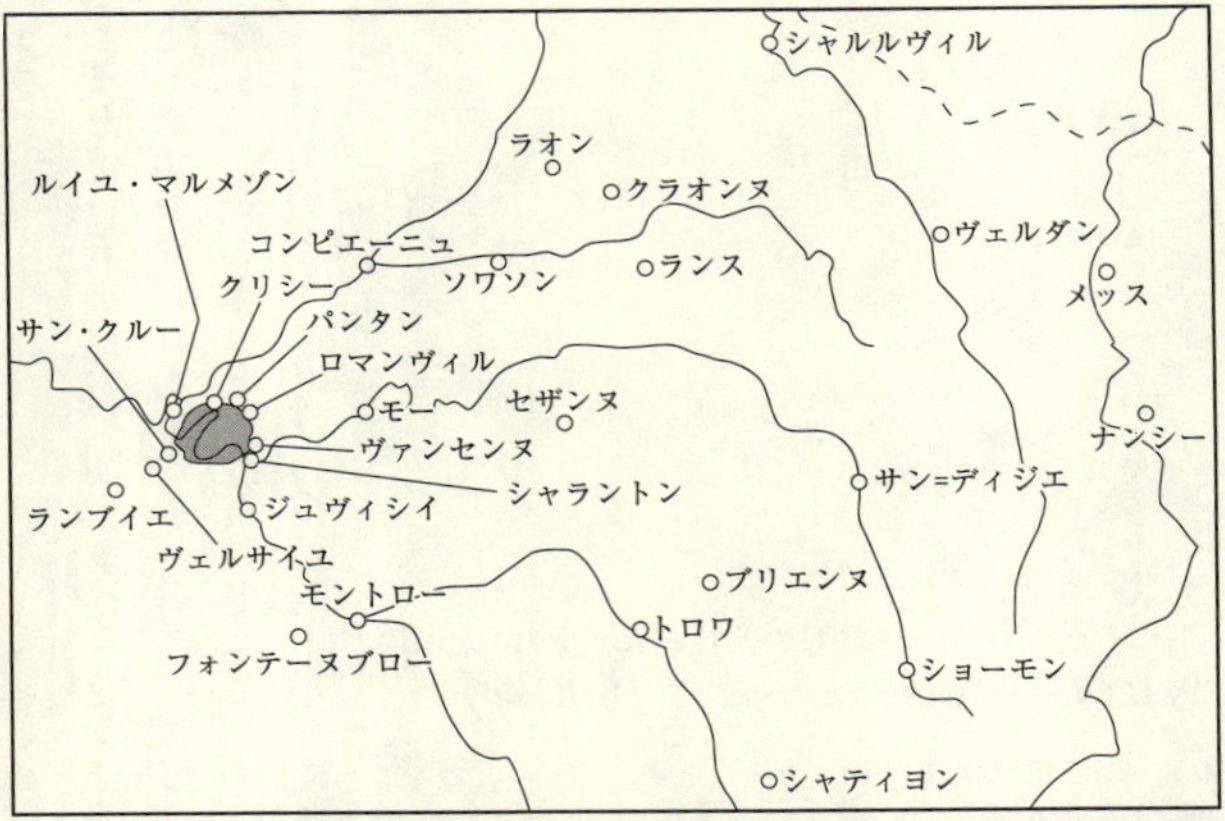

フランス本土決戦（*Les Chronologies de Maurice Griffe Napoléon Bonaparte 1769-1821*を参照）

奇跡を演じたからだ。

だが、このフランス戦役と呼ばれるナポレオン最後の戦いの数度にわたる部分的勝利が、皮肉にも、彼から「手じまい」のチャンスを奪うことになるのである。

*

ナポレオンがわずかな手勢でも勝利はあり得るという信念をもっていたのは、北からマルヌ川沿いに南下してくるブリュッハー軍と、西からセーヌ川沿いに進んでくるシュヴァルツェンベルク軍が合流する前に、どちらかを叩けば、敵の兵力を分断できると考えたからである。ブリュッハー軍の主力がブリエンヌにいると知ったナポレオンは、幼年学校時代を過ごしたこの思い出の地を攻撃するよう命じた。一月二十九日、ブリエンヌの城は陥落したが、ブリュッハーは間一髪《かんいっぱつ》のところで、城を脱出し、ラ・ロディエールに逃れた。ナポレオンはこれを追撃し、二月一日にラ・ロディエールでもブリュッハー軍の一部を撃破した。

このときから、二月十八日のモントゥローの勝利までが、ナポレオンの天才の最後の輝きといえた。実際、ナポレオンの作戦は冴えわたっていた。まず、ラ・ロディエールでは、敵の残存兵力が圧倒的であるとみると、その夜のうちにひそかに大部隊をトロワまで退却させた。ブリュッハー軍が翌日、ラ・ロディエールを包囲したときには、フランス軍はもう影も形もなかった。

このナポレオンの変幻自在《へんげんじざい》の作戦に幻惑されたのか、連合軍は大きなミスを犯した。せっかくブリュッハー軍とシュヴァルツェンベルク軍がラ・ロディエールで合流したにもかかわらず、ふたたび、分かれてナポレオン軍を追撃する作戦を取ったのである。さらにブリュッハーは、自軍を四つの軍団に分けるという愚策に出た。

この相手の作戦上のミスは、ナポレオン軍に起死回生の勝利をもたらした。というのも、ナポレオン率いる三万人の軍団は、まず二月十日、シャンポベールでマルモン将軍率いる部隊と合流し、その勢いを駆って、ブリュッハー軍の増援部隊であるロシア軍十二連隊を急襲撃破すると、翌日にはザッケン将軍率いるロシア軍の前衛をモンミラーユで奇襲して、これを殲滅《せんめつ》、十二日には、プロシャのヨーク軍団をシャトー・ティエリーで撃破するなど、劣勢にもかかわらず目覚《めざ》ましい戦いぶりを見せ、ブリュッハー軍の三分の一を壊滅させたからである。この結果ブリュッハー軍はパリに向かうのをあきらめ、一時的に撤退した。ロシアのコサック騎兵の残虐きわまる暴行略奪に怒ったフランスの農民がゲリラとなって蜂起《ほうき》し、背後から敵を襲ったこともナポレオン軍の勝利の一因だった。

しかし、この間、シュヴァルツェンベルク軍は着実に歩を進め、パリに向かって進撃していた。迎撃に向かったヴィクトール将軍とウディノ将軍の部隊は撃退され、パリからわずか三十五キロのギーニュまで後退を余儀なくされた。これを知ったナポレオンは、モルティエとマルモンにブリュッハーとの戦いを任せ、シュヴァルツェンベルク軍を迎え撃つべく、南に進路を変えた。両軍は十八日にモントゥローで衝突した。ナポレオンはミスが続くヴィクトールから指揮権を取り上げ、みずから戦いの先頭に立って、全軍を奮起させ、シュヴァルツェンベルク軍をトロワまで撃退した。「私を殺す砲弾はまだ鋳造《ちゅうぞう》されていないぞ!」という有名なセリフをナポレオンが吐いたのは、このモントゥローの戦場だった。

だが、こうした部分的勝利は、軍事的にはたしかにナポレオンに幸いしたが、外交的に見ると、むしろマイナスに作用した。なぜなら、二月三日からシャティヨンで開かれた講和会議に出席した外務大臣のコランクールが、七日の夜に、フランスの国境を革命前の線まで戻すという連合軍の最後通告を受諾してよろしいかと訓令を仰いできたのに対し、敵の部隊の分散を知って勝利を確信したナポレオンは、翌朝、この条件を断固拒否するように伝えたからである。これで、講和への道は完全に断たれ、ナポレオンは地獄へと真っ逆さまに落ちていくのである。

しかも、二月七日の夜には、戦況の不利を悟り、いったんはマレとベルティエに対し、調印を認める訓令を出すよう命じていたのだから、この決心の急変は一層、取り返しのつかぬものとなった。実際、この夜のナポレオンの懊悩《おうのう》はすさまじいものがあった。自分が征服した領土を放棄するばかりか、フランス共和国の指揮を委《ゆだ》ねられた時点よりも、国境を戻してしまうことは、名誉にかかわる侮辱と考え、打ちひしがれていたのである。そこで、ナポレオンは夜中にベッドから跳《と》び起きると、兄のジョゼフに宛てて手紙をしたためた。

「戦いに敗れ、私の死の知らせが届くとき、あなたは真っ先にそれを知ることになるでしょう。そのときには、皇后とローマ王をランブイエに向けて出発させてください。（中略）私は、ローマ王がウィーンでオーストリアの皇太子として育てられるのを見るくらいなら、だれかの手によって彼の首がかき切られるほうを望みます」

この手紙を書いたときには、ナポレオンは万策尽きたと悟り、最後通告受諾の訓令にサインするつもりでいた。ところが、マレが書き上げた訓令をもってサインをもらいにあらわれたときには、直前に届いたマルモンの報告で敵の進路を知り、にわかに考えを変えたのである。それはあたかも、賭博者に悪魔が差し出す最後の誘惑のようだった。

＊

二月十八日のモントゥローの勝利は、ナポレオンを俄然《がぜん》強気にさせた。農民たちがゲリラとして立ち上がったことも、このうえない好材料のように見えた。敵をフランス国境から追い払うことも可能なのではないかとさえ思えた。そこで、コランクールに対し、訓令なしに絶対に講和条約に調印しないよう釘を刺すと同時に、もし交渉に入るとしたら、メッテルニッヒが最初に提案した「自然国境での講和」、すなわち、ライン以西とベルギーを含む領土を譲らないように命じた。

こうしたナポレオンの動きに対し、連合国側は、二月十七日にシャティヨンで会議を開き、講和はライン西岸とベルギーを含まぬ旧国境を条件とすることを再度確認し、その旨をコランクールに伝えた。連合国側は、ナポレオン軍は、連続して勝利を収めたが、兵力は確実に減少し、援軍も望み得ないので、いずれ、降伏するだろうと踏んでいたのである。そこで、これ以上ナポレオンが抵抗を続けるなら、旧国境という条件のほかに、ブルボン家の復帰も条件とせざるを得なくなるとコランクールに内密に知らせた。

コランクールは、旧国境のほかにブルボン王家復活という条件が出てきたことに驚き、ナポレオンにいますぐ講和をと訴えたが、勝利の続くナポレオンはいきり立ち、そんな恥ずべき提案なら、自然国境でのブルボン王家復帰のほうを望むと書き送り、決定的勝利を得るまでの陽動作戦として、なお交渉を長引かせるよう命じた。

しかし、そんな駆け引きはとうにお見通しの連合国側は、フランスとの個別交渉には応じないと意思確認をしたうえで、三月九日にイギリス、ロシア、プロシャ、オーストリアの四ヵ国で二十年期限の攻守条約を締結した(日付は三月一日)。これは、ショーモン条約と呼ばれ、ウィーン会議での基礎となる。

この条約は、旧国境の講和条件をフランスが受け入れないか、あるいは承諾後これを破った場合、ロシア、プロシャ、オーストリアの三ヵ国が十五万人ずつ軍隊を派遣し、共同でフランスと戦ういっぽう、イギリスは五百万ポンドの資金を提供するというものだった。

＊

こうして、ナポレオンが、その熱狂情念に駆られて、最後の戦いであるフランス戦役に全存在を賭けて、イル・ド・フランスの地を駆け巡っている間、パリでは、タレーランの移り気情念がいよいよその本領を発揮しつつあった。

ナポレオンはすでにそのことに気づき、先に引用したジョゼフへの手紙の中で、「もし、タイユラン（タレーラン）が皇后をパリに残すべきと主張するなら、それは裏切りということになります。あの男にはくれぐれも注意してください。私は十六年、あの男を使ってきて、好意さえ抱いたことがありますが、私の皇室が幸運から見捨てられてからというもの、あの男は完全に皇室の敵となっています」と述べている。ナポレオンは、裏切るなら、真っ先にタレーランが裏切ると考えていたのである。

では、実際のところはどうなのだろう？　タレーランは、世論がそう信じたように、ナポレオンを真っ先に見放したのだろうか？

少なくとも、タレーラン自身はそう考えてはいなかった。『回想録』の中で、タレーランはこう述べている。

ナポレオンが私に対して不信感を抱き、罵詈《ばり》雑言《ぞうごん》を投げかけたとしても、それが真実を変え得ることはいささかもなかった。私は誇りをもって繰り返すが、ナポレオンに対して

危険な陰謀を企てる陰謀家は、ナポレオン自身しかいなかった。（タレーラン　前掲書）

このタレーランの言葉は、ある程度、真実を衝いていた。というのも、何度も述べてきたように、ライン西岸とベルギーを含む自然国境の保全とナポレオン王朝の維持という有利な条件で講和がメッテルニッヒからもちかけられたときにそれを拒否したのはナポレオン自身だったし、次の旧国境の保全という条件での講和を拒否したのもナポレオン自身だったからである。いずれも、少しでも良い条件での講和を狙って戦いに打って出て、そのあげくに、講和の機会をみすみす潰《つぶ》してしまったのである。

どうやら、タレーランは、とうの昔からこうなることがわかっていたようだ。ナポレオンとの付き合いで皇帝の思考パターンを読み取り、いくら自分が努力して理性ある解決策をもちだしても、ナポレオンが、少しでも逆転の可能性のあるうちは、けっしてそれを受け入れないことを知っていたのである。一八一三年の十二月にナポレオンから外相復帰を慫慂《しょうよう》されたとき、きっぱりとこれを拒絶したのは、そのためである。タレーランは、『回想録』の中で、外相のコランクールが講和会議に出発したあと、外相代理のラ・ベルナディエールに向かってナポレオンが「ああ、タレーランがいてくれたら、この危機から脱出させてくれたのに」と詠嘆《えいたん》したという伝聞を書き留めたあと、こう記している。

ナポレオンはまちがっている。なぜなら、私はどうやっても彼を危機から脱出させることはできなかっただろうから。唯一の可能性としては、敵の条件をすべて呑むことしかなく、外相だったら、私はまさにそうしたにちがいないが、もし、その日、ナポレオンがごくわずかな勝利でも得たなら、私の署名を無効としたことはまちがいない。（同前掲書）

とはいえ、監視を受けていたためにタレーランがまったく身動き一つできなかったかといえば、そんなことはない。タレーランが各方面に張り巡らせた諜報機関は活発に活動して、彼のもとに日々新たな情報を運んできていたからである。

まず、講和会議の進捗《しんちょく》状況については、外相代理のラ・ベルナディエールがコランクールからの知らせを逐一《ちくいち》報告してくれた。また、連合国側の情報については、盟友のメッテルニッヒが在パリのオーストリア参事官フロレ経由で経過を報告してよこした。最後に、最も気になる前線のナポレオン軍の動向については、ナポレオンの副官をつとめたブリエンヌから情報を得ていた。

タレーランは、こうした情報を総合し、なんとか、ナポレオン退位、マリー・ルイーズ皇后摂政という線で収拾を図ろうとしていたのである。

ところで、この頃から、ふたたび活発に活動しはじめたもう一つの情念がある。われわれがすっかり忘れていたフーシェの陰謀情念である。

＊

時間はいささか遡《さかのぼ》り、一八一三年の五月。パリ近郊のフェリエールの館で最愛の妻を亡くして悲嘆にくれているフーシェのもとに突然カンバセレスがあらわれた。ドレスデンに急行せよとのナポレオンからの命令を伝えにきたのだ。ドイツ戦役に出ていたナポレオンは、ロシア戦役のときのマレ将軍クーデター事件のことが念頭を去らず、フーシェのような危険きわまりない人物をパリの近くにおいてきたことが不安でならなかったのだ。そのため、バルカン半島のイリリア総督のジュノーが発狂したから、その代役を命ずるという名目で、フーシェをドレスデンまで呼び寄せ、パリから遠いイリリアに飛ばすことを考えたのだった。

フーシェはこの役割を適当にこなしつつ、次の目を読むのに必死だった。もはや、ナポレオンの没落は明らかで、イリリアの軍隊などいつオーストリア側に寝返るかわからない状況である。事実、オーストリア軍が攻め込んでくると、イリリアはおろか、イタリアまでがあっという間に制圧されてしまった。フーシェはトリエステからヴェネチアへ、ヴェネチアからミラノへと逃れた。そんなところに、ふたたびナポレオンからの命令書が届いた。ナポリ王ミュラのところに出かけて、フランス軍の救援に駆けつけるよう説得しろというのである。

フーシェはすぐにナポレオンの真意を察した。危険人物をパリから遠ざけておくための策略である。そこで、フーシェはミュラの翻意《ほんい》を促すどころか、彼の不安をかきたてて、決定的離反にもっていくように努めた。ローマからミオリス将軍率いるフランス軍を撤退させる協定にフーシェがサインしたのは、翌年二月二十四日のことである。そんなこととは知らないナポレオンは、フーシェにパリに帰還する命令を与えた。

こうして、一八一四年の三月、三つの情念が、フランスの運命を賭けて最後の死闘を繰り広げることになるのである。

タレーラン、動く

将棋《しょうぎ》やチェスでは、当然ながら王《キング》を取られたらおしまいである。しかし、現実の戦いにおいては、キングと見なされている当人が、自分が戦死するか降伏しないかぎり、勝負の決着はつかないと思い込んで戦いを続行していても、実際のキングは別にいて、その実際のキングが敵に取られて、ゲーム・オーバーになることがある。

ナポレオンの場合もまさにこれで、自分はこの通りピンピンしているから、兵士全員が戦死しても、自分が死ぬか降伏しないかぎり、敗北はありえないと決めつけていた。連合軍も同じで、ナポレオンの首を取らないかぎり戦いは終わらないと考え、必死になってナポレオンの跡を追っていた。

ところが、ある瞬間に、連合軍は、フランスのキングは、じつはナポレオンではないことに気づいた。しかも、それを連合軍に教えたのは、警察大臣サヴァリーが前線のナポレオンに宛てた手紙だった。連合軍は、サヴァリーからの伝令兵を捕縛し、パリの民心を報告する次のような内容を読んで、ナポレオンを放っておいて、一路パリに進撃することを決定したのである。

公的金融機関、兵器工廠《こうしょう》、商店には、なにも残っていません。資源は使い尽くされようとしています。民衆は意気消沈し、不満を強めています。彼らは、平和のためならあらゆる犠牲を払うでしょう。民衆の動揺は未《いま》だ表面化しておりませんが、帝政の敵どもはそれを育成し、煽《あお》りたてようとしています。そして、もし皇帝陛下が対仏大同盟軍をパリから遠ざけることに失敗すれば、民衆が、首都の橋を渡って、敵軍のお供《とも》をしに出ていくことを阻止するのは不可能でしょう。（アンドレ・カストゥロ『ナポレオン・ボナパルト』に引用。拙訳）

フランスのキング、それはナポレオンでも、ブルボン王朝のルイ十八世でもなく、パリだったのである。パリを制したものがフランスを制する。この歴然たる事実に気づかなかったのは、自分がキングだと思い込んでいたナポレオンただ一人だった。

＊

一八一四年三月十三日、五万人のロシア軍が占領していたランスの町に、突然、ナポレオン率いる八千人の兵士が突入した。不意を衝《つ》かれたロシア軍は算《さん》を乱して逃亡し、あとには、六千人の死体が残された。

この「幸運の女神の最後の微笑み」（マルモン将軍）が、ナポレオンの判断を決定的に狂わせることになる。ナポレオンは、配下の将軍が強くパリ防衛を主張していたにもかかわらず、フランス東部のアルザス・ロレーヌへの進撃を決定した。シュヴァルツェンベルク軍の兵站《へいたん》線が延びきっていたので、これを断ち切れば、フランス東部に残った守備隊と呼応して、連合軍を挟撃し、壊滅できると踏んだのである。これが、ナポレオンの運命を決する最終的なミスとなる。

判断ミスはそれだけではなかった。ナポレオンは、一刻も早く和平をと懇願してくる摂政会議議長の兄のジョゼフに対して、三月十六日に次のような手紙を送った。

「万一、敵がパリに接近し、もはや、いかなる抵抗も不可能となったときには、摂政と我が息子、および帝国顕官、大臣、元老院議長、国務院議長、宮廷の高官、それにブイユリー男爵と国庫を、ロワール川方面に向かって退却させよ。我が息子を置き去りにすることがあってはならない。我が息子が敵の手に落ちるくらいなら、セーヌ川で溺死させることを望む」

翌日、ナポレオンはランスを発ち、シュヴァルツェンベルク軍をサン・ディディエで捉《とら》えるべく南に下った。このときにはまだ、フランス戦役のキングは自分であると信じ、自分が決定的な敗北を喫しないかぎり、勝負はつかないと思っていたのである。それどころか、自分のほうに敵をひきつけてパリから遠ざけ、そこで、兵站線を断ち切れば、決定的な勝利も不可能ではないと思ったのである。

＊

いっぽう、連合軍はといえば、こちらも、ナポレオンと同じことを考えていた。つまり、ナポレオンを捉えて、これを撃滅しないかぎり、戦いは終わらないと考えていた。しかし、ナポレオンの動きは神出鬼没で、しかも、蜂起した農民軍に背後から脅《おびや》かされ、一部にはかなり弱気な見方も出ていた。というよりも、三月二十三日には、あやうくナポレオンが仕掛けた罠《わな》にはまりそうなところまでいった。

ところが、ここで思わぬアクシデントが生じた。ナポレオンがこの日の朝に皇后マリー・ルイーズに宛てた手紙をもった伝令がコサック騎兵に捕らえられ、連合軍はナポレオンの陽動作戦を知ってしまったのである。

「私は敵をパリから遠ざけるためにマルヌ川に向かって進撃することにした」

ブリュッハー将軍は、この手紙を大急ぎで翻訳させ、その写しをシュヴァルツェンベルク将軍に回送すると、おおいなる感謝の気持ちをこめて、元の手紙に花を一輪添え、これをマリー・ルイーズに送り届けさせた。

さっそく、その日のうちに、ブリュッハーはナポレオンの陽動作戦の裏をかくべく、連合軍首脳にアルシ近郊の村シャロンに集結するよう呼びかけた。こうして、ブリュッハー将軍とアレクサンドル皇帝が率いるロシア＝プロシャ連合軍、シュヴァルツェンベルク将軍率いるオーストリア軍がふたたび合流した。

最初、フランス軍を完全に撃破すべく、サン・ディディエ方面に進軍する作戦だった。が、翌日、先に示したサヴァリーからの手紙が捕獲されたことにより、決定は取り消され、もう一つのオプションであるパリ進撃が検討された。

ソムピュイの村役場で開かれた作戦会議で、アレクサンドル皇帝は、このままナポレオン軍に襲いかかるべきか、それとも、ナポレオンにはいっさいかまわず、一路パリを目指すべきか、両軍の将軍たちの意見を聞いた。

トール将軍が発言した。

「目下の状況では、取るべき道はただ一つしかありません。全軍を挙げ、パリに向かって進軍するべきです。皇帝ナポレオンに対しては、われわれの動きを隠すため、一万人の騎兵を割《さ》いて迎撃するだけで十分でしょう」

この言葉に、アレクサンドル皇帝は深くうなずいた。ブリュッハーも同意見だった。シュヴァルツェンベルクもプロシャ国王も異論はなかった。連合軍首脳は、もはやフランス戦役というチェスのキングはナポレオンではなくパリであることを完全に悟ったのである。

翌三月二十五日、合流して十万人の大軍となったブリュッハー軍とシュヴァルツェンベルク軍は、ナポレオンには見向きもせずに、一路パリを目指して発進した。

＊

しかしながら、意外にも、まだこの時点でさえ、連合軍首脳の間でポスト・ナポレオンの受け皿をどうするかが決まっていなかった。

それは、一九九一年の湾岸戦争でイラク軍を撃破してバグダッドに迫った多国籍軍のためらいに似ていた。つまり、もはや、戦いの趨勢《すうせい》は明らかなのに、独裁者に代わる受け皿が決まっていないのである。そのことは、摂政会議の中のブルボン王朝派からの密命を帯びてトロワに向かい、まずメッテルニッヒ、次《つ》いでアレクサンドル皇帝と会見したヴィトロールの報告からも明らかである。タレーランは『回想録』にそれを記している。ヴィトロールが最初に会ったメッテルニッヒは、ナポレオンは、もはや交渉相手とは考えていないと断言したうえでこう続けた。

フランスには別の君主が必要ですが、ただし、オーストリアとロシアとフランスが大陸において同等の力をもった国となるように事を処理しなければなりません。プロシャはこの三国の半分以下の勢力にとどめるべきです。では、フランスにどのような君主をもってきたらいいかということですが、ブルボン王朝のプリンスたちのことを考えるのは、彼らの人格から見て、およそ不可能です。（タレーラン　前掲書）

つまり、メッテルニッヒは従来通り、ローマ王をナポレオン二世としてマリー・ルイーズ皇后がこれを補佐する摂政政府を考えていたのである。

いっぽう、ロシア皇帝アレクサンドルはというと、こちらも、ブルボン王朝の王政復古には強い疑念を感じていた。タレーランの『回想録』はヴィトロールの報告をこうまとめている。

アレクサンドル皇帝は、メッテルニッヒやネッセルローデたちとほぼ同じことを繰り返した。ただ、アレクサンドルはフランスの君主をだれにするかという問題で、最初はスウエーデン王ベルナドットを考え、次いでウージェーヌ・ド・ボーアルネを予定していたが、さまざまな理由からこのプランをあきらめたと付け加えた。そして、目下のところ、受け皿については、フランス国民自身の望むところに従うべきだと考えていると語り、もし、フランス国民が共和制を望むなら、あえてそれに反対はしないと続けた。ブルボン王朝のプリンスたちに関しては、メッテルニッヒやネッセルローデと同じく、王政復古は不可能だという意見であった。（同前掲書）

ヴィトロールがトロワを発ったのは三月二十日だから、オーストリアを代表するメッテルニッヒも、またロシア皇帝も、ブルボン王朝の王政復古はありえないと考えていたのである。そして、この考えは、彼らがパリを目指して進軍を開始しても変わりなかった。ボルドーには、イギリスのウェリントン将軍に助けられたアングレーム公（ルイ十八世の甥）が入城し、市議会から熱烈な歓迎を受けていたが、これもまた連合軍の考えには影響を及ぼしてはいなかったのである。

＊

では、ナポレオンのいないパリを守る摂政会議は、とりわけ、われらが移り気情念の人タレーランはどう考えていたのだろうか？　というのも、トロワでヴィトロールは、メッテルニッヒやネッセルローデたちから、こう質問されたからである。

「もしブルボン王朝が復古するとして、王家のプリンスたちは、タレーランやフーシェともうまくやっていけるのですか？」

この問いに、ヴィトロールは「タレーランは問題ありません。フーシェも必要とあらば」と答えたといわれるが、この返事から察するに、ブルボン王朝の王政復古に関して、タレーランとヴィトロールとの間に、なにかしらの合意があったのではないかという推測は成り立つ。少なくとも、ヴィトロールをはじめとするブルボン王家側のエージェントは、王政復古について、タレーランの同意は取り付けたと考えていたようである。

ジャン・オリユーの『タレラン伝』によれば、タレーランとブルボン王家の橋渡しをしたのは、王党派のブリュノ・ド・ボワランジュの愛人でタレーランの古くからの友人だったエメ・ド・コワニー夫人だったという。エメ・ド・コワニー夫人は、何度もタレーランをたずね、タレーランの口からブルボン王家という言葉を引き出そうとしたが、タレーランもさるもので自分のほうからはけっしてそのオプションを口に出そうとはしない。しかし、ある日、ようやくタレーランはこういった。

「私としては国王を望んではいるのですが、しかし」

コワニー夫人はこの言葉にようやくタレーランの同意を取り付けたと思ったが、タレーランは引き続いてこういった。

「私はアルトワ伯（後のシャルル十世）とはなんとかやっていけると思うのですが、アルトワ伯の兄上（ルイ十八世）のほうはまったく存じ上げない」

コワニー夫人は、この言葉を聞いて、タレーランはルイ十八世への橋渡しを自分に依頼しているのだなと了解した。そして、その役割を担《にな》ったヴィトロールが、タレーランの友人である駐仏バーデン公使のダルベルク公爵の紹介でタレーランと接触をもつようになるのである。

しかしながら、コワニー夫人やヴィトロールが回想録で主張しているように、タレーランが完全にブルボン王家側に寝返っていたか否かは、にわかには判断がつきかねる。というのも、タレーランは、もし、ナポレオンが連合軍との戦いで戦死するようなことがあれば、ローマ王がナポレオン二世として即位し、マリー・ルイーズが摂政となる可能性が非常に高いと見ていたからである。

つまり、タレーランは、メッテルニッヒやアレクサンドル皇帝など連合軍首脳の意向をかなり正確につかんでいたので、摂政政権の可能性とブルボン王家の復活は五分五分と見て、状況がどちらに転んでもいいように二重の保険をかけていたのだ。

そのタレーランの巧みな策略は、連合軍がパリに迫った三月二十八日に開かれた摂政会議の席で遺憾なく発揮されることとなる。

＊

摂政会議は、マリー・ルイーズ皇后を議長として、二十八日の夜八時から開かれた。冒頭、陸軍大臣のクラルクから戦況についての報告があり、連合軍が北と東からパリに迫っており、四十八時間以内には包囲が完了するが、ナポレオンはまだはるか後方にいて、連合軍には追いつけないだろうとの説明がなされた。

議題はただ一つ、マリー・ルイーズ皇后とローマ王がパリに残って徹底抗戦すべきか、それとも、政府機能とともにパリを立ち去るかの選択だった。

クラルクを除いて、全員がパリ残留を主張した。ローマ王と皇后がパリを退去したりすれば、民衆は戦う意志を失い、パリはたちまちのうちに陥落するだろうというのである。

タレーランも、意見を求められ、パリ残留に賛成した。

投票に移ったとき、ジョゼフは、皆の意見に影響を与えないように棄権したが、結果は、クラルク以外の全員がパリ残留に票を投じた。

これに対し、クラルクが強硬にパリ脱出を主張したため、二回目の投票が行われたが、今回も票数は前回とまったく同じだった。

ところが、ここで大きな逆転が起こった。ジョゼフが、三月十六日付けの例のナポレオンの手紙を読み上げたのである。一同は激しい動揺を隠さなかった。

シャンパニーなどは、たとえナポレオンの命令があろうとも、パリを退去すべきではないと主張した。

議論はふたたび紛糾《ふんきゅう》した。このとき、タレーランが発言を求めた。一同が固唾《かたず》を呑んで見つめる中、タレーランはまたもや、皇后とローマ王の残留を強く言い張った。

三回目の投票が行われた。形勢は逆転し、摂政会議に属する全員がパリを去り、ブロワに首都を移すことが決まった。

タレーランは、後に、この最後の発言について、真意を求められたとき、こう語ったと伝えられている。

「私は皇后から疑いの目をもって見られていることを知っていました。私が出発を主張すれば、皇后は残留されたでしょう。だから、私は反対に残留に賛成したのです。案の定、皇后は出発されました」

とすると、この摂政会議のときには、もう、タレーランの心の中で、ナポレオン王朝からブルボン王朝へと飛び移る決心がついていたことになる。ナポレオンは後方に取り残され、唯一、ナポレオン王朝を残す「戦死」というオプションを失っていたのである。

＊

連合軍がパリを目指して進撃を開始した後も、三日間、ナポレオンはそのことに気づかなかった。三月二十六日に、サン・ディディエでロシア軍を破ったが、このとき微《かす》かな不安を感じた。自分が対峙《たいじ》しているのはブリュッハー軍のはずなのに、捕虜にしたのはシュヴァルツェンベルク軍の騎兵なのである。

疑問は翌日になってようやく明らかになった。捕らえた敵兵から、連合軍はパリに進軍していると教えられたのである。しかし、それでも、ナポレオンはにわかには信じられずにいた。なにかの罠ではないか？

二十八日、ナポレオンが最も信頼する郵便長官のラ・ヴァレットから至急便が届いた。パリは敵に包囲されており、ナポレオンが即刻、帰還しないかぎり、陥落は間近いと伝えてきたのである。

ここにおいて、ナポレオンはようやく考えを変えた。パリを取られたら、自分がキングではなくなることに気づいたのである。急いで、近衛兵からなる親衛隊を集め、二十九日の朝、パリへ出発した。

同じ頃、パリのチュイルリー宮殿前では、マリー・ルイーズ皇后とローマ王をはじめとする摂政会議の面々がベルリン馬車に乗り込み、シャンゼリゼの大通りの果てに建設中の凱旋門に向かって出発しようとしていた。

マリー・ルイーズ皇后は、もし自分が立ち去ったら、パリはたちまち陥落することを知っていたので、できるかぎり出発を引き延ばそうとしていたが、午前十時、陸軍大臣クラルクの命令で、御者の鞭《むち》が振り下ろされ、車輪はゆっくりと動き始めた。

いっぽう、北と東からパリに迫っていた連合軍は、すでに郊外のモンマルトルとシャラントンでパリに向かって砲列を敷いていた。

ただ、連合軍とても、不安がないわけではなかった。急激な進路の変更で、兵站線《へいたん》が延びきっていたため、弾薬・食糧の備蓄は二日分しかなかったのである。もし、パリが徹底抗戦の姿勢を固め、四十八時間以上もちこたえたら、次は自分たちに危険が迫ることは明らかである。おまけに、背後からは、ナポレオンが恐るべき勢いで追ってきている。挟撃されたら、形勢は一気に逆転する可能性が強い。ナポレオンが早いか、それとも、パリ陥落が早いか、運命はこの日と三月三十日の二日間にかかっていた。

だが、そうしたパリ内外の大騒動の中、一人の男が微かな笑みを浮かべながら、摂政会議一行がシャンゼリゼの向こうに消えるのをいつまでも見つめていた。マリー・ルイーズ皇后とローマ王の出発を見送ったタレーランである。タレーランはマリー・ルイーズに翌日にはランブイエで合流すると告げたが、結局、ランブイエにも、ブロワにも姿をあらわさなかった。

時代は、タレーランの移り気情念の爆発を待っていたのである。

パリ陥落

三月二十七日に連合軍がパリに向かったことを知ったとき、ナポレオンはなぜ、すぐにパリに向かわず、なお、敵の背後を衝《つ》いて兵站線を断ち切るという当初の作戦にこだわっていたのだろうか？

一つ考えられることは、ナポレオンが自分の作戦に絶対の自信をもっていたことである。事実、後になって考えてみれば、ナポレオンのプランは現実的だったのである。つまり、ロシア戦役のときにアレクサンドル皇帝がモスクワを放棄して退却し、相手の兵站が延びきるのを待ったときと同じように、パリが占領されようと委細かまわず、敵の背後を衝くという作戦を遂行《すいこう》すれば、いかに連合軍が優勢だとはいえ、奇跡は起こりえたかもしれないのだ。連合軍が一番恐れていたのもそれだった。

だが、皮肉なことに、一介のコルシカ人ナポリオーネ・ブオナパルテから栄光輝くフランス皇帝ナポレオン一世にまで成り上がったナポレオン・ボナパルトには、ロシアは自分のものだからといって何の痛痒《つうよう》も感じずにモスクワを焼き払ったアレクサンドル皇帝のような非情さがなかった。それに、ロシアにとってのモスクワと、フランスにとってのパリとでは、その重さが決定的にちがうのである。ナポレオンはしばしば、将軍たちに向かってこういってはいなかっただろうか？

「もし敵がパリにあらわれたら、もはや希望はない」

「私の目の黒いうちは、絶対にパリを占領させたりしない」

パリが占領されると知ったとき、ナポレオンはあらためてパリの重さを認識したのである。パリを取られたら、いくら自分がキングだと言い張っても、ゲームは終了するかもしれない。この危惧《きぐ》が、せっかく練り上げた作戦を撤回させてしまったのだ。

だが、まだわれわれは、三月二十九日の朝にいる。

ローマ王と皇后マリー・ルイーズはパリを立ち去ろうとしているが、もし、ナポレオン軍が全速力で敵の後を追い、パリの防衛軍が数日間、敵の包囲に屈せずにもちこたえていたとしたら、形勢はどちらに転ぶかわからない。

ナポレオンは急いだ。パリ陥落と自分の到着のどちらが早いか。ドゥールヴァンから近衛兵部隊だけを率いて反転し、驚くべきスピードでパリに向かったが、それでも軍隊を率いての移動は時間がかかる。この日はパリから百六十五キロのトロワで宿泊せざるを得なかった。

＊

翌三十日の早朝、ナポレオンは近衛兵部隊を残し、護衛兵だけを引き連れて、みずから馬にまたがって出発した。同時に、伝令としてドジャン将軍を一足先に早馬で派遣し、翌日には自分がパリに着くことをパリ防衛軍のマルモン元帥に伝えるように命じた。しかし、それでもまだ不安に思ったのか、トロワから四十キロ離れたヴィルヌーヴ・アルシュヴェックの町に着くと、そこで馬を降り、肉屋から借りた二輪のキャブリオレ馬車に副官のコランクールと飛び乗って、グルゴーとルフェーブル将軍を後ろに従えて街道を突っ走った。そして、途中サンスの町で昼食をとり、馬車を乗り換えると、なんとその夜の十一時には、パリからわずか十七キロのラクール・ド・フランスの町まで迫っていた。

いっぽう、パリでは、二十九日、当時まだパリには組み入れられていなかった北のモンマルトルの高台からブリュッハー将軍のロシア＝プロシャ連合軍が大砲を発射し、また東のボンディーやシャラントンではシュヴァルツェンベルク将軍率いるオーストリア軍がマルモン軍の前衛を蹴散らしていた。その数は両軍合わせて十一万人に達する勢いだった。

対するに、パリ防衛を任されたマルモン、モルティエ両元帥の兵力は、モンセー元帥の率いる国民衛兵を入れてもわずか四万二千人。この時代、パリは要塞化されておらず、わずかに貧弱な徴税請負人の壁で囲まれているだけだったから、連合軍の侵入経路と見られる道路にバリケードを築くしか防衛手段はなかった。

三月三十日の夜明けとともに、戦闘は再開された。北では、クリシーに迫るブリュッハー軍に、理工科学校の生徒たちがバリケードから発砲して前進をくい止めていたが、東では、ロマンヴィル、パンタン、ウルク運河に猛然と押し寄せるシュヴァルツェンベルク軍に押され、マルモン軍は退却を余儀なくされていた。

しかし、正午近くになって、防衛軍の本営で意外な動きが起こった。摂政政府を代表してパリに残っていたジョゼフ・ボナパルトが、皇帝代理という名目で、マルモン元帥に、敵と停戦交渉に入ってよろしいという許可を与えたのである。砲弾が飛び交う中、ジョゼフは臆《おく》病風《びょうかぜ》に吹かれて、パリを明け渡し、自分はブロワに脱出することにしたのだ。

午後三時半、マルモン元帥は、徹底抗戦を続けるモルティエ元帥には断りを入れず、ジョゼフの指示に従って、停戦の使者を連合軍の陣地に送り出した。実質的な戦闘数時間で、パリはもろくも陥落したのだ。

使者と入れ違いに、マルモンの自宅にナポレオンから派遣されたドジャン将軍が飛び込んできて、ナポレオンの到着まで停戦交渉の開始を待つようにという指令を伝えた。しかし、マルモン元帥は、もう使者は出てしまった、すべては終わったといって取り合おうとはせず、夕方には停戦協定に合意してしまった。

*

そのころ、タレーランの移り気情念が公然と活動を開始していた。

三十日の夕方、タレーランはジョゼフが他の大臣たちとパリを立ち去るのを確認すると、友人のレミュザ夫人を伴って警視総監パスキエのもとを訪れた。パスキエの従妹《いとこ》に当たるレミュザ夫人は、友人のタレーランがいま義務の板挟みになっているので、ひとつ相談に乗ってもらえないかと、次のように彼の立場を説明した。すなわち、タレーランは帝国顕官としてマリー・ルイーズのあとを追わなければならないが、そのいっぽうでは、もし彼がパリからいなくなったら、連合軍との休戦交渉でフランスの立場を巧みに擁護すべき人間がいなくなる。タレーランはパリの城外まで来ているロシア、プロシャ、オーストリアの元首や大臣とも互角にわたりあえる唯一のフランス人なのだから、なんとしてもパリに残さなければならない、云々《うんぬん》。

これに対して、パスキエは、それはもっともだが、では、いったいこの私に何をしてもらいたいのかとたずねた。

すると、レミュザ夫人は、タレーランがパリを出ようとしても出られないという状況が一番望ましいので、できれば、パスキエの配下の密偵たちに命じて、タレーランがパリを出ようとするところを阻止してもらえないかと答えた。

パスキエは、自分の使命はパリで騒乱を起こすことではないので、さようなことには同意しかねるといいつつ、どうせなら、レミュザ夫人の亭主のレミュザ氏が国民衛兵の隊長としてボンゾムの城門を守護しているのだから、レミュザ氏に頼んだほうがいいのではないかとほのめかした。

タレーランはさっそく、この手で行くことに決め、自宅に引き返して荷物を馬車に積み込むと、ボンゾム門に急行した。隊長のレミュザ氏はあらかじめいい含められていたので、タレーランの通過を拒否した。タレーランはおおげさに不平をいいながら来た道を引き返したが、ふと思いついて、隣の城門まで行って、そこの守備隊長に不満を述べた。ところがなんとしたことか、実直なその守備隊長は、それなら、この私が責任をもって閣下をランブイエまでお連れいたしましょうと申し出たのである。タレーランは一瞬、青くなったが、副大選挙人である自分が規制を破るわけにはいかないと巧みに言い逃れを打って、やっとのことでその守備隊長を振り切り、フロランタン街の自宅に戻った。

フロランタン街の邸宅には、ダルベルク公爵、プラット神父、ブリエンヌなど反ナポレオン派の面々がつめかけ、いまや遅しとタレーランの帰還を待ち受けていた。マルモン元帥が停戦を申し込んだというニュースが知れ渡っていたので、彼らは、いよいよ待ちに待った休戦が訪れ、タレーランを首班とする臨時政府が樹立されることを期待していたのである。

出迎えたブリエンヌから、停戦交渉が夜中にはまとまるだろうと教えられたタレーランは、夜十時、ブリエンヌとともにパラディ街にあるマルモン元帥の自宅に赴いた。そこには、ロシア皇帝の代表であるオルロフがいて停戦交渉をしていたが、タレーランはマルモン元帥を呼ぶと二人きりで話し合った。ジャン・オリユーはそのときの模様を次のように書いている。

彼はブルボン家の名前は言わなかったが正統王位継承権の問題の所在を非常にはっきりとさせたので、彼が十五分後にマルモンと別れたときにはマルモンは自分の心のなかに、フランスはルイ十八世という名の国王を戴《いただ》くことなしにはこの混乱から抜け出すことはできないのだという考え——まったく個人的なものではあるが——がきざしているのを感じた。(中略)タレーランは元首のような威厳をもって辞去したのである。(オリユー　前掲書)

三十一日の午前二時、ロシア皇帝からの承認を待って停戦協定が調印され、フランス軍は午前七時までにパリを撤退することが決まった。

＊

三十日の夜十一時に、パリから南十七キロのラクール・ド・フランスに到着したナポレオンは宿に入っても不吉な予感を覚えた。果たせるかな、三十一日の午前二時半頃になると、パリからの街道をベリアール将軍率いる騎兵部隊が引きあげてきた。

「ベリアール、いったいどうしたんだ。なんで、貴様、騎兵部隊と一緒にいるんだ。敵はどこだ？」

「パリの城門です」

「で、防衛軍は？」

「私の後ろにおります」

「じゃあ、だれがパリを守っているんだ？」

「防衛軍は撤退しております。明日の朝九時には敵がパリに入城するはずです」

パリ攻防戦、クリシー門（Horace Vernet, Eric Ledru *"NAPOLÉON Le conquérant Prophétique"*）

「なんだって！　皇后とローマ王はどうなったんだ？　マルモンはどこだ？　モルティエは？」

「皇后とローマ王、それに宮廷は、昨日パリを発ってランブイエに向かいました。マルモン元帥とモルティエ元帥は停戦手続きのためにまだパリに残っていると思います」

　ナポレオンは怒りを爆発させた。

「なんてこった。あのジョゼフの奴のおかげで、すべてがダメになった。あと四時間早く着いていたら、すべては救われたのに！」

　ナポレオンは自分が撤退命令の手紙をジョゼフに書いたことをすっかり忘れていたのだ。敗軍の将兵たちがナポレオンの前を打ち萎《しお》れて通っていった。だれ一人として皇帝に敬礼しようとはしなかった。

　突然、ナポレオンは元気を取り戻した。

「いや、まだパリの民衆がいる。彼らの勇気と献身があれば、あと数時間でパリを救えるぞ」

　そう叫ぶと、ナポレオンはコランクールに馬車を用意するように命じた。

「さあ、パリに行くぞ。私が国民衛兵たちの先頭に立って戦おう。ベリアール将軍、部隊を反転させろ！」

「陛下、停戦協定はすでに調印されております。もうパリには軍隊はおりません」ベリアールは答えた。

　ナポレオンはそれを遮《さえぎ》って、なおも叫んだ。

「コランクール、馬車を用意しろ。いったい、どんな条件で停戦したんだ。なんの権利があって？」

　突然、ナポレオンはなにかに取り憑《つ》かれたように、宿屋に向かい、そこで地図を広げた。

「くそ、アレクサンドルはパリで得意満面になるだろう。セーヌの両岸に兵隊を集めて閲兵する。ああ、それなのに、私には、一兵も手駒がいない」

「あと、四日もあれば、兵は集まります」ベリアールはいった。

「なに、四日？　いや、あと二日でいい。しかし、パリはなんというざまだ。皇后までが……」といいかけて、急にナポレオンは自分がジョゼフに送った命令書のことを思い出した。

「そうだった。皇后の出発を望んだのはこの私だった。無経験ゆえに、皇后がどこに引きずられていくかわからなかったからだ」

ナポレオンはふたたび地図の上にかがみこんだ。

「そうだぞ！　できる。敵をこの手で捕まえることができる。だが、あと、四日間、時間を稼がなくてはならん。コランクール、四日間、敵との話し合いで引き延ばしてくれ」

そういうと、ナポレオンは憑かれたようにコランクールに口述筆記させた。その内容は、コランクールを全権大使に任命し、連合軍の最高司令官との講和交渉を締結する権利を彼に与えるというものだった。

「さあ、コランクール、すぐにこれをもって出発しろ。行ってフランスと皇帝を救ってくれ」

コランクールは出発した。しかし、それから一時間後、コランクールから停戦協定書の写しが送られてきて、さらに一時間後にコランクール本人が戻ってきた。

ナポレオンは馬車に飛び乗り、命じた。

「フォンテーヌブローへ！」

馬車はフォンテーヌブローに朝の六時に着いた。数時間の睡眠の後、ナポレオンは地図を前に黙考していた。マルモン軍の残兵がエッソンヌに一万一千人。これに、ヨーロッパ各地に点在している兵力を合わせれば六万人の大陸軍が再編できる。この軍隊で、パリ奪回だ。

ナポレオンは、この時点でもまだキングを奪われたとは感じず、ゲームは終わっていないと思い込んでいたのである。

しかし、パリではゲームは完全に終わっていた。摂政政府ばかりか防衛軍までがパリから撤退するのを見たパリの群衆たちは、最初のうちこそいきり立ち、裏切りをなじりながら大騒ぎしていたが、翌朝、コサック騎兵を先頭にしてロシアの近衛軍が軍楽を奏でながらフォーブール・サン＝マルタンの城門から入城し、その後ろに、ロシア皇帝、プロシャ王、シュヴァルツェンベルク将軍が続くのを見るや、いっせいに口をつぐんだ。やがて、王党派の連中が「アレクサンドル皇帝万歳！」と叫んだのに対して、皇帝が「朕《ちん》は諸君に平和をもたらしにやってきた」と答えるのを聞くと、支配者の交代をあっさりと認めた。何人もの男女がアレクサンドルのブーツにキスして、近衛兵の馬に同乗した。

戦争は終わり、平和の時代がやってきたのである。だれ一人これに異議を唱えるものはいなかった。

＊

アレクサンドル皇帝は、この日、予定されていたエリゼ宮殿には泊まらなかった。なぜなら、エリゼ宮殿に爆弾がしかけられているという匿名の手紙が届いたからだ。その知らせを受けたタレーランは、それならエリゼ宮殿を調べ終えるまで、フロランタン街の自宅に泊まってくれるようにアレクサンドルに伝えた。

かくして、ナポレオンと軍隊のいなくなったパリで、フランスの運命を決する受け皿政権についての協議が、アレクサンドルとタレーランの一対一の差し向かいで繰り広げられることになる。

匿名の手紙はタレーランの仕業だといわれている。いや、それどころか、防衛軍が立ち去った後のパリでは、なにもかもがタレーランの描いたシナリオ通りに進行していたのだ。というのも、アレクサンドルがパリに入城する前から、タレーランは邸宅を訪れたロシア外相のネッセルローデと極秘裏に話し合い、連合軍の声明書というかたちで、戦後のプランを確定し終えていたからである。その声明書の重要な箇条は以下の四条である。

一、連合軍諸国の君主は、ナポレオン・ボナパルトもまたその家族も交渉相手とすることはない。

一、連合軍諸国の君主は、かつてフランスの正統な国王のもとにあった国土をすべて尊重する。

一、連合軍諸国の君主は、フランス国民がみずから制定する憲法を承認し、これを保障する。

一、連合軍諸国の君主は、政治の空白を埋めるため、元老院がフランス国民にふさわしい憲法を制定するための臨時政府を指名することを勧告する。

この声明書は当然ながら、タレーランが描いたポスト・ナポレオンの設計図だった。

第一に、ナポレオン一族を排除したうえで、正式な法律に則《のっと》って誕生したフランスの臨時政府が休戦条約を締結するというかたちを取っているので、占領軍の軍政を免れることができる。

第二に、正統性の復活という名目を掲《かか》げることで、ブルボン王朝時代の旧領土を失わずに済ませることができる。

第三に、ブルボン王朝の復古があるとしても、その前に憲法を制定しておけば、彼らの旧態への復古の野望に掣肘《せいちゅう》を加えることができる。

ようするに、対外的には、革命とナポレオン時代のマイナスによってフランスが一切不利益を被《こうむ》ることなく、しかも国内的には、革命によって得た成果をブルボン王家に認めさせるという、フランス国家も民衆も、まったく損をしない、外交術の見本のような声明文だったのである。

タレーランが移り気情念を全開させ、ナポレオンからブルボン王家に飛び移ったことで、フランスは、国土分割という最悪の悲劇を被らずに済んだのである。

帝国の落日

一八一四年三月三十一日、パリに勝者として入城したロシア皇帝アレクサンドルは、コンコルド広場で連合軍兵士を閲兵《えっぺい》したあと、午後五時、フロランタン街のタレーランの邸宅に到着した。プロシャ国王フリードリッヒ＝ヴィルヘルム三世とオーストリアのシュヴァルツエンベルク大公も一緒だった。

タレーランに対するアレクサンドル皇帝の信頼は絶大なものがあった。アレクサンドルは、タレーランほどフランスを知っている者はいないから、自分はなんでもタレーランのいう通りにするとまで断言してみせた。そこで、タレーランはさっそく休戦とフランスの処理を巡る会議を開くことを提案し、午前中にネッセルローデと練り上げていた声明文をもってこさせた。

アレクサンドル皇帝は、偉大な君主として、敗れたフランスに寛大に振る舞おうと心に決めていたこともあり、声明文に次のような言葉を付け加えた。

「連合軍諸国の君主は、前記の事項のほか、ヨーロッパの幸福のため、フランスが大国でありかつ強国であるべきという原則を主張する」

タレーランは声明文を受け取ると、ただちにそれをパリで一軒だけ開いていた印刷屋に大急ぎで印刷させ、インクが乾《かわ》くのを待たずにパリ市内に張り出させた。これによって、フランスは、領土の割譲を狙っていたプロシャやオーストリアの野望から免れ、破滅と分裂の危機を回避したのである。ジャン・オリユーは、こうしたタレーランの振る舞いについて、次のように雄弁に弁護している。

タレーランの敵たちは彼が連合国側からこれ以上のものを獲得しなかったことを非難する。何をしなければならなかったというのだろうか？　連合国に対して国に帰るように頼み、失脚したナポレオンがその息子ないしは彼の兄弟あるいは、メッテルニッヒの玩具となったと思われる皇后でも復帰させてくれるように頼めとでもいうのだろうか？　勝ち誇った元首たちがタレーランの足下にひれ伏していたとでも思っているのだろうか？（中略）タレーランは奇跡を行ったわけではないのだ。彼は比類のない聡明さと力量の勝利をもたらしたのであって、それだけで奇跡的なことなのである。（オリユー　前掲書）

しかし、この三十一日の晩、タレーランにはまだやるべきことが残っていた。それは、アレクサンドルをはじめとする連合国の元首たちに、ブルボン家の復帰を認めさせることだった。というのも、プロシャやオーストリアはいまだにブルボン王朝の復活に疑問を抱いていたからである。彼らが危惧したのは、革命でルイ十六世の首まではねたフランス国民が、はたしてその弟のルイ十八世を国王として認めるかということだった。フランスに不安定な要因が生まれては彼らとしても困るのである。それに、ルイ十八世やその弟のアルトワ伯の人格についても、彼らは不安を感じていた。

これに対して、タレーランは、ブルボン王朝の正統性という概念をもちだして説得に努めた。ルイ十八世やアルトワ伯などの個々の人格が問題なのではない。フランスがフランスでありえたのは、ルイ・カペーから延々と連なるブルボン王朝の正統性が存在していたからだ。それは一つの原則なのである。いまここで、フランス国民に新しい国王を与えようとしても、それは不可能である。反対に、ブルボン王朝であれば、フランスは過去のフランスとつながり、ふたたび、偉大なるフランスに戻ることができる。そして、それはヨーロッパの秩序にもかなうことなのだ。フランスの国民が営々として築いてきた政治、文化といった伝統を一つの作品にたとえれば、ブルボン王朝の正統性は、その著作権のようなものなのである。ただし、その正統性は、国民の合意のうえに立ったものでなければならない。したがって、王政復古が行われる場合には、国民の定めた憲法を国王が承認し、議会に統治を任せることが必要だ。

ようするに、タレーランは、ブルボン王朝の復活しかフランスが取るべき道はないと認めながら、アンシャン・レジームのような絶対主義的体制ではなく、イギリス型の「君臨すれども統治せず」の立憲王政を採用すべきであると主張したのである。

この議論に、アレクサンドル皇帝ばかりではなく、プロシャ国王もシュヴァルツェンベルク大公も説得された。タレーランは、これがフランス国民の総意であることを示すために、現体制の正式な議決機関である元老院において、ナポレオンの廃位と、ルイ十八世の王座復帰を決議すると約束した。

かくして、戦後処理は、たった一日のうちに、すべて、タレーランの描いた筋書き通りに運んだのである。

会議終了後、タレーランは、お雇いの料理人であるカレームが用意した晩餐の席に元首たちを導いた。カレームとは、もちろん、フランス料理の完成者であるあのアントワーヌ・カレームのことである。元首たちが、このとき、タレーランのいうフランスの「正統性」を舌によって実感したことはあらためて指摘するまでもない。

四月一日、かつてナポレオンによって選出された六十四人の元老院議員は、その議場のあるリュクサンブール宮殿において、タレーランが提出した臨時政府樹立の動議を決議した。臨時政府の首班にはタレーランが指名された。

翌二日、臨時政府はフランス軍兵士に対して、皇帝への忠誠の宣誓の解除を布告し、ついで元老院でナポレオンと一族の廃位を決議した。三日には、立法院も同じ決議を行った。こうして、ブルボン王家復帰に向けての体制づくりは、タレーランの音頭《おんど》取りのもとに着々と進行していったのである。

＊

では、この間、フォンテーヌブローに退却したナポレオンはどうしていたのだろうか？

四月一日の朝、フォンテーヌブローの宮殿で目覚めたナポレオンは、まだ敗北したとは思ってもいなかった。あと、三日すれば、各地に散らばった軍隊は再結集するだろう。この六万人にものぼる軍勢をもってすれば、パリの連合軍を逆に包囲することは十分可能である。事実、連合軍のほうでも、それを恐れて、パリから撤収することを検討していたのだ。

四月二日、フォンテーヌブローでは雨が降り、風も吹いていたが、ナポレオンは意気軒昂で、近衛軍の閲兵を行った。そこに、パリに派遣されていたコランクールが帰ってきた。

コランクールは、ナポレオン政権の全権代表として、連合国との講和を結ぶべくアレクサンドルのもとに派遣されていたのである。だが、コランクールが三月三十一日の夕刻、タレーランの邸宅に着いたときには、タレーランはすでにネッセルローデと声明文を書き上げ、アレクサンドル皇帝を迎える支度《したく》をしていたところなので、取り合おうとはしなかった。なおも食い下がるコランクールに、タレーランはいった。

「もう遅すぎます。摂政会議のとき、私は皇后とローマ王を救おうとあらゆる努力をしました。なのに、皇帝はジョゼフに与えた秘密の手紙で、なにもかもダメにした。ナポレオンは、みずから築いた帝国を自分で破滅させてしまったのです」

コランクールはそれでもあきらめず、アレクサンドル皇帝に直訴《じきそ》すべく、会議の終了までタレーラン邸にとどまった。アレクサンドルがあらわれると、コランクールは駆け寄って、ナポレオンとの講和を訴えた。すると、アレクサンドルはこう答えた。

「もうナポレオンと交渉することは不可能です。第一、ここに、ほら、サインをしてしまいました」

コランクールは、アレクサンドルの差し出した声明文を見て、すべてが終わったことを悟ったが、それでも、翌日、もう一回、アレクサンドルとの交渉を試みた。アレクサンドルはいった。

「ナポレオンとの講和など、一時的なまやかしにすぎません」

「では、ナポレオン二世とでは？」

「そんなことをおっしゃっても、ナポレオンはどうするのですか？　息子を承認するのに、父親がとてつもない障害となりますよ」

コランクールはこれ以上の交渉は断念して、フォンテーヌブローに帰った。

＊

四月三日、フォンテーヌブローでナポレオンは近衛兵を前に演説し、パリへ向かって進軍する決意を明らかにした。ところが、いつものように、兵士たちは「皇帝万歳！」とは応えなかった。しかたなく、ナポレオンが「諸君に期待していいのだな」と強く念を押すと、やっと「皇帝万歳、パリへ！」という叫び声があがった。最古参の近衛兵たちの間にも、パリの民衆を敵に回すことへの逡巡《しゅんじゅん》が強まっていたのである。

将軍たちとしても、気持ちはまったく同じだった。すでに彼らは、元老院で、皇帝の廃位と、兵士の忠誠の解除が決議されたというニュースを前日に耳にしていた。将軍たちも、ナポレオンの退位は避けられないと思っていたのである。

だが、ナポレオンは、そんな将兵の気持ちをまったく理解することなく、パリ進攻の作戦を練っていた。エッソンヌには、パリから撤収してきたマルモン元帥率いる第六軍の精鋭一万一千人がいる。これにフォンテーヌブローの軍隊を合わせれば、パリの敵軍を脅かすに十分な軍勢が得られるはずだ。ナポレオンは、エッソンヌまで出向いて、マルモン元帥の兵を閲兵するつもりでいた。

こうしたナポレオンの決意を知って、あわてたのがタレーランである。タレーランは、ナポレオンが完全に戦闘準備を整えないうちに、将兵を切り崩しにかからなければ臨時政府が危ないと考えた。そこで、マルモン元帥の元副官のモンテッシュイを呼ぶと、元老院の廃位決議で将兵たちも皇帝への忠誠の義務から解放された旨の布告を渡し、さらに部隊を急いでノルマンディーに移動させるよう命じるシュヴァルツェンベルクの手紙をもたせ、マルモン元帥のもとに送った。

マルモン元帥は、モンテッシュイの持参した手紙を読むと、ただちに同意を明らかにし、将軍たちに対してノルマンディーへの移動を開始すると宣言した。パリを撤退したとき、マルモン元帥の心はもうナポレオンを離れていたのである。

四月四日、ナポレオンはこの日も、近衛兵の閲兵を行い、いよいよ、パリに進軍する命令を出そうとしていた。近衛兵たちの士気も高まり、「皇帝万歳、パリへ！」の叫びも一段と強くなっていた。

だが、元帥たちは別の考えをしていた。ナポレオンが本気でパリを攻略するつもりであることを知ると、マクドナルド、ネー、モンセー、ウディノ、ルフェーヴルらが、許可も得ずにナポレオンの書斎に入っていった。ナポレオンは、元帥たちが作戦の説明を求めにきたのかと思い、こういった。

「連合軍なんか、パリでひとひねりにしてくれる。一刻も早く、パリに進撃だ！」

「パリをモスクワと同じ運命にさらすことはできません」

うめくようにマクドナルドがいった。

「もう結論は出ています。戦いは終わらせるべきです」

「そうか、おまえたちがだめなら、直接、兵に呼びかける」

「兵は動きません」

とネーが答えた。

「兵は私に従う」

ナポレオンが応じた。

「陛下、兵は将軍に従うものです」

しばしの沈黙の後、ナポレオンが口を開いた。

「で、おまえたちの望みはなんなんだ？」

「陛下のご退位です」

ナポレオンにこの最後通牒《さいごつうちよう》を突き付けたのはウディノとネーだった。ルフェーヴルが場違いな言葉を付け加えた。

「友人として和平をおすすめしたのに、陛下はお聞き届けなさいませんでした。その結果がこれです。私たちも、休息が欲しいんです」

英雄たちも疲れていたのである。

元帥たちは退出し、食堂でナポレオンの決意が固まるのを待った。午前十一時、ナポレオンがあらわれ、コランクールに向かってひとことといった。

「退位する」

そして用意した退位宣言書を渡したが、コランクールがこれでは連合軍に受け入れられないだろうと指摘したので、ナポレオンは、二度、文面を書き換えたあと、コランクールにこれを朗読させた。

「皇帝ナポレオンは、ナポレオン二世と皇后による摂政が連合国に受け入れられ次第、息子のために退位し、その宣言を元老院に渡すことを宣言する。この条件において、皇帝はしかるべき場所にただちに隠退することとする。

一八一四年四月四日、フォンテーヌブロー宮殿にて　ナポレオン」

ナポレオンは、コランクールとネーとマクドナルドを全権代表に任命し、退位宣言書をもってアレクサンドルのもとに交渉に向かうように指示した。

コランクールら三人はナポレオンの気持ちが変わらないうちに、急いで決着をつけようと、その日のうちにパリに向かい、夕刻、タレーランの邸宅に着いた。

全権代表は、タレーランの臨時政府は無視して、直接、アレクサンドルと交渉すると宣言した。アレクサンドルはこの申し込みを受け入れ、本当の意味で、最後の講和会議が始まった。

アレクサンドルは、全権代表のコランクールからナポレオンの退位を知らされると、急に、寛大な気持ちになったのか、意外な言葉を口走った。

「私はいささかもブルボン家の復帰にこだわっていません。第一、彼らをよく知らない。私の同盟者たちに、あなた方の提案を伝えましょう。私はあなた方の案を支持します」

タレーランの策動で、ブルボン王家復帰のほうに傾いていた運命の秤《はかり》は、ここにきて、突然、ナポレオン二世と摂政政府のほうに揺れたのである。コランクールたちは、臨時政府ともう一度協議するというアレクサンドルの言葉を聞いて退出し、ネー元帥の家で、再度の呼び出しを待った。

いっぽう、タレーランは、アレクサンドルのこの約束を聞くと仰天した。ブルボン家の復帰は確定した事実ではなかったのか？　もし、ナポレオン二世の即位を認めたりしたら、一年もたたないうちにナポレオンは完全復活して全権を掌握《しょうあく》し、テロリズムの雨を降らせるだろう。そうなったら、臨時政府の側に付いた者ばかりか、連合国の声明文に従って行動した者までが復讐の犠牲になる。ひどい場合には、すでに南仏から進撃している王党派と内戦になり、連合国が最も望んでいるフランスの安定は失われるにちがいない。

このタレーランの説得に、ふたたび、アレクサンドルの心は揺れた。コランクールたちを呼んで、摂政政府は受け入れがたいことを話したが、それでも、食い下がられると、彼らをきっぱりと見放すことができなくなった。アレクサンドルは、交渉決裂の場合、ナポレオンがパリを攻撃するのではないかという疑念を払拭《ふっしょく》できなかったのである。

結論は翌朝にもちこされた。

ところが、この四日から五日にかけての夜の間に、ナポレオンとフランスの運命を決するとんでもない事件が起こっていたのである。

＊

エッソンヌにいたマルモン元帥が、四月三日の夕方、臨時政府からの布告とシュヴァルツェンベルクの移動命令を受け入れたことはすでに述べた。マルモン元帥は配下の将軍たちに、ナポレオンの廃位と忠誠の解除の元老院決議を伝え、翌日の夕方、ノルマンディーへの移動を宣言したが、まだ、シュヴァルツェンベルクへの返事には署名していなかった。

四月四日の午後、パリに向かう途中のコランクールら全権がエッソンヌに到着した。マルモン元帥がノルマンディーへの移動命令のことを話すと、コランクールは驚き、まだ署名をしていないなら、一緒にパリに行ってノルマンディーへの移動命令には従わぬと回答すべきだといった。マルモン元帥はこれに従い、第六軍の指揮をスーム将軍にゆだね、全権代表の三人とともに、タレーラン邸に出発した。

スーム将軍は、ナポレオンの退位を全軍に伝えたが、そこに、フォンテーヌブローのナポレオンからの伝令が届いた。じつは、それは、この日の朝ナポレオンがまだ意気盛んだったとき、フランス大陸軍のすべてに対して送ったフォンテーヌブローへの集結命令だったのである。そのあと、ナポレオンは退位したのだから、命令は無効だったはずが、そんなことはつゆほども知らぬスーム将軍は、自分たちがシュヴァルツェンベルクの命令を受け入れ、ノルマンディーへの移動を準備していたことがナポレオンに知られ、召喚されると勘違《かんちが》いした。マルモン元帥は、それを承知で、一足先に、敵の陣営に寝返ったにちがいない。スームアは思った。

「奴の身代わりになってたまるものか」

スームアは他の将軍たちと協議したが、結論は一つだった。結果的にナポレオンを裏切った以上、連合軍に寝返るしかない。

こうして、ナポレオンが、交渉の最後の切り札と恃《たの》む精鋭の第六軍は、四月五日の朝には、ロシア軍の戦列に加わってしまったのである。

この知らせは、その日の正午、ネー元帥の邸宅にいるマルモン元帥のもとに届けられた。アレクサンドルとの交渉を控え食事を取っていたコランクールたちの前にマルモン元帥があらわれ、「スームアは敵に寝返った。私は腕を切られてもしかたない」と力なくつぶやいた。ネー元帥が答えた。「腕どころか、首もだろう」。

マルモン元帥は事態を収拾すべく、大急ぎで出ていった。

全権代表がタレーラン邸に着いたとき、ロシア司令官からの伝令が到着し、アレクサンドルにスームアの投降を伝えた。コランクールはロシア語が理解できたので万事休《ばんじきゅう》したことを知った。

アレクサンドルは、コランクールに向かって、摂政政府は認められないこと、退位したナポレオンには地中海のエルバ島の主権を与えることを伝えた。

コランクールたちは、この日のうちに、フォンテーヌブローに戻った。かくして、ナポレオン帝国の落日は地中海の孤島に沈んだのである。

「さらば、古き戦友たち」

四月五日の夜中、アレクサンドル皇帝のもとに交渉に出かけていたコランクール、ネー元帥それにマクドナルド元帥の三人の使者がフォンテーヌブローに戻ってきた。仮眠中だったナポレオンは、すぐに起きあがり、彼らにたずねた。

「どうだ、うまくいったか？」

「残念ですが、遅すぎました。アレクサンドル皇帝は陛下の身の安全は保障するが、それには無条件の退位が必要だとおっしゃっております」

この知らせを聞くと、皇帝ナポレオンの中の熱狂情念が目覚めた。

「なんだと！　私には一緒に死んでくれる兵士がいる。まだ、やり直せる。ロワール川の向こうまで退いてから、陣営を立て直せばいい！」

三人はナポレオンの興奮がおさまるのを控室でじっと待った。一時間後、ナポレオンがコランクールを呼んだ。

「どうしよう？　もし、私が抵抗を続ければ、フランスは内戦になる。私はあまりにフランスを愛しすぎている。この美しき国が私によって荒らされるのはいやだ。皆が私の退位を望んでいるのなら、いいだろう、退位しよう」

だが、夜が明け、太陽が昇ると、ふたたびナポレオンの気持ちは変わった。元帥たちを集め、またもや戦いの続行を主張した。ナポレオンの熱狂情念はまだ死に絶えてはいなかったのだ。

だが、元帥たちはだれ一人、その熱狂情念に応えなかった。すると、ナポレオンは重い沈黙を破った。

「おまえたちは休息が欲しいのだな？　よかろう、休息するがいい」。そういうと、書き物机に向かって、一気に退位宣言を書き上げた。

《連合国が、ヨーロッパの平和の唯一の妨げとなっているのが皇帝ナポレオンであると断言する以上、皇帝ナポレオンは、みずからの誓いに忠実に従い、彼自身および彼の子供たちに対して、フランス帝位とイタリア王位を放棄することを宣言する。さらに、フランスの利益のためとあらば、彼自身の生命を含めて、いかなる犠牲も厭《いと》わないことを誓う》

コランクールと二人の元帥は、この無条件退位宣言をもってパリに旅立った。

この日、四月六日の官報『モニトゥール』には、ルイ十八世に忠誠を誓った将軍や元帥たちの手紙が掲載された。その中には、オージュロー、ケレルマン、ウディノなど、ナポレオンがまだ反攻への期待をつないでいた部隊の指揮官の名前があった。それを読んだナポレオンはうめき声をあげた。「なんてこった。こんな侮辱はない。私が取り立ててやった連中がこれほどの下種《げす》ぞろいだとは！」

そして、ふと思い出したように、タレーランについてこんなことを語った。

「結局のところ、私はタイユランの裏切りに負けたんだ。タイユランはまず宗教を裏切ってから、ルイ十六世、憲法制定国民議会、総裁政府と続けざまに裏切って、最後に私を裏切った。こんなことだったら、奴を銃殺しておけばよかった」

だが、そのあとで、今度は、百八十度評価を変えて、こういった。

いや、なんだかんだといっても、タイユランは私に十分、仕えてくれた。よくやってくれた。仲たがいしたのは、私が少し軽率だったからかもしれない。まったく、私の扱いはひどかった。タイユランが復讐を誓ったのも当然だ。タイユランくらいの男なら、復讐を遂げるにはブルボン家につく以外に道はないことがわかったのだろう。私はまちがっていた。あれほどの侮辱を加えたからには、いっそ、どこかに閉じ込めておくか、さもなければ、いつもそばに置いておくほうがよかった。（カストゥロ　前掲書に引用）

いずれもルフェーヴル元帥が書きとめた皇帝の独白である。

＊

では、退位したナポレオンから、最強の敵にして最強の味方といみじくも評価されたタレーランは、そのときどうしていたのだろうか？

アレクサンドル皇帝の優柔不断で、一時はどうなることかと思えたブルボン家の復帰も、スームア将軍の誤解による投降で、ようやく確定を見た。しかし、その前に、なんとしても済ませておかなければならないことがある。戻ってくるルイ十八世に認めさせるための憲法の作成だ。もし、憲法なしに、ルイ十八世の復帰を許したりしたら、アンシャン・レジームに逆戻りになって、また革命が起きる可能性がある。それだけはなんとしても阻止しなければならない。

つまり、タレーランは、ナポレオンからルイ十八世に寝返っただけではなく、立憲王政主義者として、しっかりと一本スジを通したのである。この意味で、移り気情念の人タレーランは、その根底においては、意外にも、原則論者だったのである。

かくして、四月六日、一七九一年に憲法制定議会が定めた立憲王政の憲法に大幅に修正を加えた立憲憲章が元老院において可決された。その立憲憲章の第二条には、こう記されていた。

「フランス国民は、先代の国王の弟、ルイ・スタニスラス・グザヴィエ・ド・フランスを、自由意志にもとづき、フランスの王座に迎える」

ナポレオンの無条件退位宣言と同じ日に発表されたこの立憲憲章により、王政復古はすでに「体制」として確立された。ナポレオン時代は完全に終わったのである。

それにともなって、新しい体制において、少しでもいい地位に就きたいと願う風見鶏《かざみどり》たちが、大挙してフロランタン街のタレーラン邸に押し寄せてきた。タレーランは、自分のことを変節漢と罵っていた連中の豹変《ひょうへん》ぶりがおかしくてたまらず、茶目《ちゃめ》っ気《け》を発揮していろいろとイタズラを働いた。

たとえば、タレーランは、意気消沈してタレーラン邸に戻ってきたマルモン元帥に「しゃべる前に、取り敢えずは食事を」と勧めて感動させた翌日、古くからの共和主義者で前日帰順してきたジュールダン将軍のことをこんな風に話した。

「ジュールダン将軍もなかなかやりますね。自分の部隊に白い帽章をつけさせていましたよ」。ブルボン王家の象徴は白ユリだから、白い帽章というのは、ルイ十八世への完全なる帰順のしるしである。しかし、ジュールダン云々というのは真っ赤なウソだった。そして、入れ違いにジュールダン将軍があらわれるとこういった。「マルモン元帥も変わり身が早い。部隊に白い帽章をつけさせていましたよ」。ジュールダン将軍とマルモン元帥がおおあわてで、白い帽章を部隊の兵士につけさせたことはいうまでもない。

また、王政復古を決議した元老院議員たちをロシア皇帝に紹介しようと思ったときにも、彼一流のたくらみが功を奏した。元老院議員の中には、ルイ十六世の死刑に賛成投票した者もいたし、征服者の君主に拝跪《はいき》するのを潔《いさぎよ》しとしない者もいた。そこで、タレーランは一計を案じ、大声の出せる元気な連中を四十名ほど駆り集め、彼らに元老院議員の制服を着せると、夜食の席に待機させた。彼らは、アレクサンドル皇帝があらわれると、いっせいに立ち上がり、大きな声で「ルイ十八世万歳！　アレクサンドル皇帝万歳！」と叫んだ。アレクサンドル皇帝はこの歓呼におおいに満足したといわれる。

＊

しかし、タレーランの移り気情念は、こうした、ある意味で微笑ましいエピソードにばかりあらわれているのではない。帝政時代に自分が犯した反ブルボン的行動の記録文書の隠滅《いんめつ》工作も着々と推し進めていたのである。タレーランを肯定的にとらえようとすると、すぐにこういう部分が出てくるから油断がならないのだ。タレーランが気にかけていたのは、帝政最大の汚点といわれるアンギャン公の拉致《らち》・処刑とスペイン戦争に関する文書だった。

タレーランはもしそれがルイ十八世の目に触れたら、自分の立場が脅かされることをだれよりもよく知っていたので、ヴィレールなる人物をチュイルリー宮殿の文書保管室に派遣して、関係書類をすべて廃棄させようとした。ところが、その保管室の係員がナポレオン皇帝に忠実で、断固として廃棄作業を拒否したので、ヴィレールは、しかたなく、係員を即刻解雇し、みずから書類を搬出すると、ふたたび係員を元の職に任命したのである。

証拠隠滅工作は完璧であるように思われた。ところが、秘密は露見する。タレーランがナポレオンに宛てた手紙の一通がたまたま引き出しの後ろに落ちてヴィレールの目にとまらなかったため、これが後にタレーランの政敵シャトーブリアンの手に入ってタレーランの旧悪が暴露されることになるのである。

タレーランの最大の悪癖である金銭的なノン・モラルも、この体制交代の空隙《くうげき》を衝いて活発に動きはじめた。ジャン・オリユーはこう語っている。

タレーランは金を必要としていたしまた金を回収するには有利な地位にいたから自分のサン・ブリスの邸宅を有利に売却した。そのためには首都内にある賭博場の権利所有者を図々しく脅かすことで事足りたのである。タレーランはその者にサン・ブリス邸を八十万フランで購入するかあるいは彼の大きな財源となっている賭博場の営業権が取り消されるのを我慢するかのどちらかを強制したのだった（サン・ブリスの邸宅の価値は二十万フランであった）。（オリユー　前掲書）

しかし、タレーランがこの混乱のさなかに策を巡らした陰謀の中で最も効果のあったものは、ルイ十八世の帰還の先駆けとしてパリに入城した王弟アルトワ伯（後のシャルル十世）の言葉を捏造《ねつぞう》したことだろう。

四月十二日、タレーランと臨時政府と新しい軍隊の幹部たち（その中には猛将ネー元帥とモンセー元帥も含まれていた）は、パリのボンディ市門でアルトワ伯を出迎えた。タレーランは時間を一気に二十五年近く逆行させ、オータンの司教だった自分がマルリーの城館でアルトワ伯と交わした友情を喚起しながら、祝福の言葉を述べた。これに対し、アルトワ伯は「私はあまりに幸せです。前に進みましょう」と、だれの印象にも残らない通り《とお》一遍《いっぺん》の言葉で答えた。群衆は熱狂して、アルトワ伯を迎えた。

その夜、官報の『モニトゥール』の編集室では、このときの記事作りを任された県知事のブーニョが頭を抱えていた。タレーランから、アルトワ伯の答辞をなんとか印象的なものにしろという厳命を受けていたからである。ブーニョが、アルトワ伯がいわなかった言葉を捏造するのはいかがなものかと答えると、タレーランは、「なに、うまい言葉なら、アルトワ伯は自分がいったように思うだろうよ」とうそぶいた。ブーニョは三回書き直して、ようやく、タレーランの了承をもらった。アルトワ伯が語ったことにされた言葉とは、次のようなものだった。

「やっと、元のフランスに再会できました。何一つ変わってはいません。フランス人が一人増えただけです」

この「談話」は、翌朝の『モニトゥール』に発表されるや否や、一つの流行語になった。

そして、タレーランの予言通り、アルトワ伯は、それをいったのは自分だと思い、おおいに得意になったのである。

四月十三日付けの『モニトゥール』の内容について、ナポレオンは前日のうちに知らされていた。なかでも、ネー元帥やモンセー元帥がボンディ市門でルイ十八世を出迎えたというニュースはナポレオンを意気消沈させた。ナポレオンは、コランクールに向かって、何度も低く、つぶやいた。

「生きていくのが耐え難い」

コランクールは、この言葉を耳にして、いいようのない不安に駆られた。ナポレオンの居室から退出したあとも不安は胸を去らなかった。果たせるかな、夜中の三時、コランクールは下僕《げぼく》に叩き起こされた。

「皇帝がお呼びです、大至急、お部屋に！」

コランクールが駆けつけてみると、蠟《ろう》のように蒼白になったナポレオンがベッドに横たわっていた。

「こっちに来てくれ！」

驚いたコランクールに、ナポレオンは自殺を試みたことを告白し、以前ヤン医師がモスクワで処方してくれたアヘン・チンキを服毒したといってから、こう語りはじめた。

「連中は、皇后と息子を私から取り上げるだろう。これから、ありとあらゆる屈辱を受けることになる。いや、私を暗殺しようとするにちがいない。すくなくとも、私を侮辱しようと狙っている。これは死よりも耐え難い。おそらく、エルバ島には着けないだろう。私は自分の置かれた立場をよく考えてみて、それがわかったのだ」

ナポレオンはそういうと、マリー・ルイーズ皇后に宛てた手紙をコランクールに託しながら、医者は呼ばないでくれ、もう長くはないのだからと語った。ナポレオンは必死に歯を食いしばって嘔吐《おうと》に耐え、毒を吐かないようにしていた。コランクールは医者を呼ぼうとしたが、ナポレオンの腕が強く締め付けているので、それもできない。

だが、そのうちに、強烈な吐き気がナポレオンを襲った。ナポレオンは服毒したアヘン・チンキをすべて吐いた。夜が明け始める頃、コランクールに支えられながらナポレオンは立ち上がり、窓辺に寄ると、こう言い切った。

「よし、決心がついたぞ。死が戦場でもベッドでも私を欲していないのだから、もう生きるしかない」

＊

いささか時間を遡って四月七日、ナポレオンの無条件退位の宣言をもったコランクールとネーとマクドナルドの三人は、ナポレオンとその家族の処遇について連合国の君主と交渉を開始していた。

交渉の主たる相手であるアレクサンドル皇帝は、失墜したナポレオンに対して感傷的な気分になっていたのか、きわめて寛大に振る舞い、ナポレオンには地中海の小島エルバ島の君主権と二百万フランの年金を与えるよう主張した。

この案に対しては、タレーランが強く反対した。エルバ島といえば、イタリア半島からわずか十キロしか離れていない。そんなところにナポレオンがいては、ヨーロッパは安心して平和の復興に専念することができないというのである。この主張にイギリスのカースルレー外相も同意したが、アレクサンドルの決意は固く、ナポレオンはエルバ島の永世君主となることが決まった。

さらに、アレクサンドルは、マリー・ルイーズと息子にイタリアのパルマ公国とピアチャンツァ公国とグアスタッラ公国が与えられることも約束した。

コランクールとマクドナルドは、調印したこのフォンテーヌブロー条約をもって十二日の午後にナポレオンのもとに帰還した。ネー元帥は、フランス大陸軍はルイ十八世に忠誠を誓ったのだからと、フォンテーヌブローには帰らず、アルトワ伯の歓迎に向かった。

ナポレオンのもとを離れようとしているのは、ネー元帥だけではなかった。フォンテーヌブローに残っている元帥や将軍、それに高級将校のほとんどが、浮足立っていた。ナポレオンの文書秘書官として一八〇六年からそばに仕えていたファン男爵はこう回想している。

ナポレオンのまわりの者は、先を争ってパリへゆく口実をさがそうとしていた。パリでは新政府が、旧政府を見すてた者をすべて受け入れているからである。（中略）用があるからとパリへゆく者、使いに出されたと称する者、自分の軍ないしは部隊のために身をさかさげる必要があるからという者、金《かね》を工面しにゆくとか妻が病気だからと口実を設ける者

など、じつにさまざまである。適当な理由はいくらでも見つかるものだ。（長塚隆二『ナポレオン』に引用）

エルバ島の君主と二百万フランの年金、それに妻子の処遇には満足していたナポレオンも、こうした部下たちの一斉離反には、激しく意気消沈した。さらに、この日にオルレアンを発ったはずのマリー・ルイーズと息子の行方にもナポレオンは悲観的になっていた。もう、二度と妻子には会えないのではないかという予感が働いたのである。その絶望感が夜中にナポレオンを襲い、服毒自殺へと導いたのである。

＊

四月十三日の昼、アヘン・チンキをすっかり吐き出し、元気を回復したナポレオンのもとに、前日、オルレアンで書いたマリー・ルイーズの手紙が届いた。父であるオーストリア皇帝からの使者を迎えたマリー・ルイーズは、自分はいま、父に会って話せば、きっとエルバ島に息子と一緒に旅立たせてくれるだろうと確信していると手紙を書き、最後をこう結んだ。

「私はあなたの不幸を分かちあいたいと思っています。あなたの世話をし、役に立ち、悲しみを慰めてあげたい。生きるには、この最後の一撃に耐えるには、そのことが是非とも必要だと感じています」

ナポレオンはこの手紙を読むと、急に晴れやかな顔になった。エルバ島に行けば、いままで知らなかったようなしみじみとした幸福を家族とともに感じることができるのではないかと思ったのである。おそらく、地中海を見晴らすテラスの上で妻と息子が戯《たわむ》れ、そのかたわらで自分が回想録をしたためている情景が目に浮かんだにちがいない。

そこで、コランクールを呼んで、フランスにおける自分の仕事はすべて終わったから、一刻も早くエルバ島に旅立てるよう連合国と交渉してくれと伝えた。

講和条約はロンドンでの批准《ひじゅん》が必要だったので、ナポレオンはなお六日間、フォンテーヌブローにとどまらなければならなかった。エルバ島に同行を許されたのは四百名の将兵だけだったが、志願者は六百名を超えた。

四月二十日の朝は曇り空で冷え冷えしていた。八時、フォンテーヌブロー宮殿中庭の馬蹄形の階段に、ナポレオンが姿をあらわした。連合軍から派遣された代表と近衛兵が居並ぶ中、軍楽隊が太鼓《たいこ》を打ち鳴らした。ナポレオンは軽い仕草で、それをとどめると、階段の一番上に立ち、澄んだ声で、のちに「フォンテーヌブローの別れ」として有名になる最後の演説を始めた。

「我が古参近衛部隊の将校、下士官、兵士の諸君、君たちともこれでお別れだ。二十年このかた、名誉と栄光の道には、つねに君たちがいた。君たちのような勇士がいたからこそ、われわれの大義は失われることはなかったのだ。だが、戦争は終わりがなかった。やがて内戦となり、フランスはさらに不幸になるかもしれなかった。それゆえに、私は祖国の利益のために、われらの利益を犠牲にすることを決意した」

フォンテーヌブローの別れ (Henri Savant *"NAPOLÉON"*)

ここまでいうと、ナポレオンは嗚咽《おえつ》した。そして、しばしの沈黙のあと、言葉を続けた。

「私は出発する。諸君は、今後もフランスに献身してほしい。我が運命を嘆くには及ばない。生きながらえることに同意したのは、われらが栄光よりもなお生きながらえるためである。さらば、我が子供たちよ。おまえたち全員を我が胸にだきしめたい。せめて、ここにいる将軍と、諸君らの軍旗を抱擁《ほうよう》させてもらおう」

そういうと、ナポレオンは、涙で顔を濡らしたプティ将軍をしっかりとだきしめた。敵の将軍たちも嗚咽にむせんでいた。

「鷲《エーグル》の軍旗を！」

ナポレオンの声に、第一榴弾《りゅうだん》連隊の軍旗が運ばれた。その軍旗にはマレンゴ、アウステルリッツ、イエナ、アイラウ、フリートラント、ヴァグラム、ウィーン、ベルリン、マドリード、モスコーヴァ、モスクワという栄光の戦場の名前が刺繍《ししゅう》で縫い付けてあった。ナポレオンはその軍旗にキスをしていった。

「栄光の軍旗よ、この最後の接吻の音がすべての将兵の心に鳴り響くことを」

いたるところでむせび泣きが聞こえた。ナポレオンは最後の力を振り絞り、しっかりとした声で叫んだ。

「さらば！　もういちど、我が古き戦友たちに、さらば！　この最後の抱擁が諸君の胸に伝わらんことを！」

ナポレオンの乗ったベルリン馬車がゆっくりと動きだした。この瞬間、敵も味方も、偉大なる一つの時代が終わったことを悟ったのである。

第五章　情念戦争の「大いなる遺産」

ジョゼフィーヌ死す

輝きを失った太陽が地中海の孤島エルバ島に沈まんとしていた一八一四年四月八日、さながら、太陽と入れ替わりに昇る新月のごとく黒ずくめの男が馬車に乗り、だれにも気づかれずにパリの城門をくぐっていった。見る人が見れば、まったく無表情のように見えるこの男の顔に、激しい焦りの感情が浮かんでいることを見抜いたであろう。男は、何度も、こう自問していた。

「遅すぎたか？　いや、まだ、わからんぞ」

男はパリに入ると、まっすぐにタレーラン邸に馬車を走らせた。

元国務大臣が緊急に面会を希望しているという取り次ぎを受けたタレーランが玄関に出てみると、なんと、そこにいたのは、かのオトラント公爵、すなわち、われらが陰謀情念の人フーシェであった。

フーシェはタレーランが王政復古のために果たした偉大なる献身を褒《ほ》めたたえると同時

に、自分たち二人が、ナポレオンの迫害を受けたもの同士であることを盛んに強調した。タレーランは、フーシェが臨時政府の一員として一枚かませてほしいと懇請《こんせい》していると察したので、臨時政府はすでに完全に組閣《そかく》が終わり、もはやフーシェには出番がないことを匂わせた。第一、たとえ、なにか役職が空いたとしても、国民公会でルイ十六世の処刑に賛成投票した元ジャコバン党員を王弟であるアルトワ伯が許すはずはないではないか。

フーシェは納得したのかしないのかわからぬような表情でタレーランの説明を聞いて引き下がったが、タレーランは、フーシェのことだから、かならずや猛烈な巻き返しに出てくるにちがいないと予想した。

タレーランの予想は当たった。四月十四日の朝、臨時政府の閣議は、国王代理のアルトワ伯の名代《みようだい》として臨時政府の閣議に出席したヴィトロール男爵の要求によっておおいに紛糾していた。問題となっていたのは、国王代理というアルトワ伯の称号のことである。ヴィトロールがこれは国王ルイ十八世が弟に与えたものであるとしたのに対し、臨時政府は、アルトワ伯がその称号を勝手に国王から受け取ることはできないと反論したが、ヴィトロールはいささかも譲ろうとはしなかった。タレーランは、不機嫌そうに押し黙っていた。

そのとき、突然、窓際の見えない席にいた男がかん高い声で大きく叫んだ。

「そんな問題で議事進行を遅らせてはいけない」

フーシェだった。フーシェは国務大臣として罷免《ひめん》されたわけではないという理由をつけて、臨時閣議に強引に出席していたのである。

「問題を解決する方法は一つだけ。元老院自身がアルトワ伯に国王代理権を負託することだ」

この発言に、臨時政府の連中は仰天し、ヴィトロールは狂喜した。ヴィトロールはフーシェのそばまで走っていって、フーシェと声をひそめて話しはじめた。フーシェはヴィトロールにアルトワ伯が読み上げるべき宣言の草案を書いた紙を示し、この内容なら、元老院も承認するだろうと請《う》け合った。ヴィトロールはそれをアルトワ伯のところにもっていった。『フーシェ　1759―1820』の中でルイ・マドランは皮肉をこめてこう書いている。

国王処刑賛成投票者であるこの前地方総督が、いまやルイ十六世の弟たちに宣言文を口述しているのである！　なんと愉快な光景であろうか！（ルイ・マドラン『フーシェ　1759―1820』拙訳）

国王処刑賛成投票者であるフーシェが、いつのまにやら、ムッシュー（アルトワ伯）の過激王党派《ユルトラ》の最も強力な擁護者となり、影響力を行使しはじめたのである。といっても、いかにもフーシェらしく、決して王党派の前面に立って行動しようとはしなかった。フーシェは、元老院がアルトワ伯を歓迎する代表団の派遣を決議したときにも、「悪い記憶を蘇らせる人々がアルトワ伯の目に触れるのはよろしくない」といい、代表団には加わらなかった。フーシェは、王党派のご機嫌をうかがいつつも、王党派の間に根強く残る国王処刑賛成投票者に対するアレルギーを十分に意識していたのである。

＊

では、フーシェはどのようにして王党派のアレルギーを取り除き、国王や王弟の信頼を勝ち得ようとしたのだろうか。自分が王党派のために陰になり日向になり、尽くしているという事実を「間接的」に彼らに知らせることである。たとえば、フーシェがナポレオンに宛てて書いた手紙というかたちで。

その手紙は、「私は、フランスとヨーロッパがあなたの足元にひれ伏しているときでも、あえて真実を知らせるように努めました。今日では、あなたは不幸の真っ只中にいらっしゃるのですから、私が腹蔵《ふくぞう》ない言葉で語ったら、あなたをより一層傷つけるかもしれません。しかし、どうしてもそれをしなければならないのは、そのほうがあなたにとって有益かつ必要だからです」という言葉で始まり、ナポレオンに、エルバ島のようなイタリアと目と鼻の先にいるということは、ただでさえ不安定なヨーロッパ情勢に余計不安を与え、疑心暗鬼を起こさせるばかりか、下手をすると、あらぬ疑いを抱かせるかもしれないと警告し、座して逮捕を待つくらいなら、いっそ、アメリカに亡命したほうが得策ではないかと結んでいた。

フーシェはこの手紙を直接ナポレオンに送らず、タレーランに回送を依頼した。もちろん、タレーランがそれを読み、ヴィトロールやアルトワ伯にも見せるのを予想しての行動である。そして、アルトワ伯に対しては、同じく手紙で、ナポレオンがエルバ島にいることはヴェスヴィオス火山がナポリの隣にあるのと同じくらい危険だから、アメリカに送ってしまえと忠告している。こうして、フーシェは、着々と、アルトワ伯と王党派に擦《す》り寄っていったのである。

フーシェの目論見はこうだった。

ナポレオン支持者が軍隊をはじめとしていたるところに潜《ひそ》んでいるばかりか、ジャコバン派の残党もいて、不安定きわまりない王政復古の社会の秩序を無能集団の王党派が維持することはおぼつかないから、いずれフーシェ待望論が起こってくるにちがいない。実際、ヴィトロールなどの側近からは、フーシェを警察大臣に復帰させよという声があがっていたのである。もはや、フーシェの辣腕《らつわん》に頼って秩序を安定させるほかないというわけだ。

後に、ナポレオンが百日天下で復活したときにルイ十八世の関係書類の中に見いだされた手紙は、一人、フーシェのみが警察組織を引き締めることのできる人物だと強く推薦していた。ルイ・マドランは、あるいはこの手紙はフーシェ自身がだれかに書かせたものかもしれないと指摘しているが、いずれにしろ、客観的な証拠から見ても、一八一四年の七月に、政治的にはリアリストだったルイ十八世がフーシェ復活の線で動き出していたことは紛れもない事実である。

ところが、強硬な横槍が入った。処刑されたルイ十六世の娘であるアングレーム公爵夫人が「パパを死刑にしたような奴を政府に入れるなんて！」と騒ぎだしたのである。おかげで、フーシェの復活はお流れになった。

しかたなく、フーシェはフェリエールの領地に引きこもり、まずはお手並み拝見と様子見を決め込むことにした。無能集団の王党派では、何一つうまく運ぶことができずに、社会は自然と崩壊するだろうと踏んだのである。それどころか、このまま行けば、ナポレオン復活の可能性さえ出てくる。ならば、ここは、へんに王党派に肩入れせずに、チャンスが到来するのを待ったほうがいいかもしれない。ツヴァイクはこのときのフーシェについてこう書いている。

野心満々のフーシェも、ふたたび荷物をまとめて、フェリエールの邸に帰るより手がなくなった。彼の妻が亡くなってしまった今となっても、たった一人だけ、彼を助けてくれるものがあった。それは「時」であった。彼はいままでのところでは、いつも「時」の助けに恵まれていた。今度もまた、「時」の助けをかりることになるであろう。（ツヴァイク『ジョゼフ・フーシェ』吉田正己・小野寺和夫訳）

ナポレオンの熱狂情念がエルバ島に消え、フーシェの陰謀情念がいまだ十全なる活動を開始していない一八一四年四月、崩壊しかかったフランスを救うために大車輪の活躍を見せていたのが、タレーランの移り気情念である。

臨時政府の首班としてタレーランのなすべきことは山のようにあったが、そのうちの最大の課題は、まだパリに進駐している連合国軍と一刻も早く講和条約を結び平和と安定を取り戻すこと、それと同時に、フランスに戻ってきたルイ十八世に憲法を認めさせて絶対王政の復活を防ぐこと、この二つであった。前者の課題は、百戦錬磨の外交官タレーランにとっては、さほど難しいものではなかった。四月二十三日に、みずから作成した休戦協定に各国の署名を取り付けると、臨時政府がルイ十八世の即位で正式な政府へと代わった後、その政府の外務大臣として五月三十日に連合国と、パリ条約を締結した。

その内容はというと、フランスの国境を、一七九〇年一月、革命戦争が始まる前の線まで戻すというものであった。タレーランは、連合国軍がルイ十八世の王位の正統性を認めた以上、ルイ十八世が先祖から継承した遺産、つまり国土もまた正統性をもったものであり、戦勝国である連合国軍といえどもそれを侵犯できないという理論で武装して、領土割譲を迫るプロシャなどの要求をすべてはねつけることに成功した。タレーランは、オーストリアがプロシャの強大化を恐れていることを知って、両者をうまく対立させて、領土の損失をくい止めたのである。

しかも、領土確定日時を一七九〇年一月としたことで、フランスは革命の始まる一七八九年七月よりも多くの領土を得ることができた。つまり、この操作により、フランス国境はフリップヴィル、マリャンブール（マルボルク）、ザールブリュッケン、ランダウ、ミュルーズ、モンベリアール、シャンベリ、アヌシ、アヴィニョン、コンタヴネザンなどを加えた分だけ拡大したのである。

それだけではない。タレーランは、連合国軍が戦ったのは王位簒奪《さんだつ》者であるナポレオンであり、ルイ十八世と彼を王位に復帰させたフランス国民は、連合国軍の古くからの友人であるという理屈をつけ、友人には戦争賠償金を要求しないという合意まで取り付けたのである。おまけに、ナポレオンが占領地から奪ってきた美術品や金銀財宝も返還なしで済ませることに成功した。

このように、敗戦国の外交とは、戦勝国も納得せざるを得ない理屈を考えだし、それによって被害を最小限にくい止める技術であることを、タレーランは雄弁に示したのである。まさにタレーラン外交の勝利だった。ジャン・オリユーは、タレーランの裏切りを非難するナポレオン派の歴史家を次のようにいって非難している。

外国の歴史家の大多数が、フランスがこの悲劇的な時期にタレーランのような人物を持ち、彼が勝利者たちの憎しみと敗戦国民との間に割って入ったことの幸運に感嘆するのに対して、一部のフランス人たちがもしナポレオンが勝っていたとすれば獲得しただろうと思われるほどの有利な条件をタレーランが獲得しなかったとして彼を咎めているのは驚くべきことである。（オリユー『タレラン伝』宮澤泰訳）

フランスは、移り気情念の赴くまま、ナポレオンからルイ十八世に乗り換えたタレーランによって、瀬戸際《せとぎわ》で国家滅亡の危機を救われたのである。

＊

ことほどさように、連合国軍はタレーランにとって思いのほか扱いやすい相手だったが、ルイ十八世は、かならずしもそうとはいえなかった。というのも、ロシア皇帝アレクサンドルなどとはちがって、ルイ十八世は、亡命中の二十三年間に、ヨーロッパの情勢と人心がどのように劇的に変化したのかをあまり理解しておらず、また積極的にわかろうともしなかったからだ。タレーランは、四月二十九日にルイ十八世をコンピエーニュに迎えたとき、一目見て、これはとうてい好意を抱きえぬ人物であると見抜いた。同じことは、ルイ十八世にもいえて、彼はタレーランに対し、自分はしかたなく、彼を使ってやるのだという態度をあらわにした。

そこで、ルイ十八世はタレーランに向かって、「貴殿はまず総裁政府を倒して帝政を樹立し、次には帝政を倒して良識に立ち戻るという離《はな》れ業《わざ》をどうやって演ずることができたのか」と皮肉っぽくたずねた。このとき、タレーランはこう答えた。

「そんな、めっそうもございません。私はいっさい、そのようなことはいたしておりません。ただ、私の中にはいわく言い難いなにものかがございまして、私をないがしろにする政府に対しては災いをもたらしてしまうのでございます」

ようするに、タレーランは、もし自分を粗末に扱ったら、王政復古もすぐに瓦解《がかい》するよと、一発脅しをかけたのである。

とはいえ、ルイ十八世は、そのぶざまな外見（病的な肥満で、持病の痛風のため体を動かすこともままならなかった）にもかかわらず、頭のほうはそれほど鈍い男ではなかったので、タレーランの脅しに腹を立てて罷免《ひめん》するようなことはなかった。ルイ十八世は、弟の過激王党主義者のアルトワ伯のようにフランスを絶対王政に引き戻そうとは思ってはおらず、タレーランの提示した憲法の線で妥協してもいいと考えていたのである。

そこで、五月二日、サン・トゥーアンでルイ十八世は宣言文を読み上げた。フーシェが草案を考え、タレーランが起草したその宣言文は、自由主義的な憲法を採用し、フランス革命によって認められた政治的自由、言論の自由、信教の自由、所有権の不可侵などの諸権利を守ることを謳《うた》ったもので、ルイ十八世はかならずしもこれに合意していなかったが、タレーランが強く署名を懇請したので、いくつかの修正の後、これに署名したのである。

宣言文は翌日、パリ市内に張り出され、この日をもってフランスは立憲君主国となったのである。

とはいえ、ルイ十八世は宣言文に署名したものの、元老院と立法院が起草した憲法をそのまま認めることはせず、みずからがこの二つの議会から選び出した三名に憲法起草の作業をゆだねるとし、あくまで国家主権が自分にあることを示した。

六月四日には一八一四年の憲章が公布された。これは欽定《きんてい》憲法として国王により授けられたものだが、二院制のうちの立法院では納税額による制限選挙ながら国民の政治参加が認められた点で大きな進歩を示していた。ただ、そのいっぽうで、議会の承認を経ずに王令を発することができる条文があるという点では反動への途を開く可能性も秘めていた。いずれにしろ、これでひとまず社会は完全に落ち着きを取り戻し、社会が長い間希望していた「常態への復帰」が始まったのである。

社会は急速にナポレオンを忘れようとしていた。

それを象徴するような事件が五月二十九日に起こった。元皇后ジョゼフィーヌの死である。

＊

ジョゼフィーヌは、一八〇九年十二月十五日に元老院令によって離婚を宣言され、翌日、チュイルリー宮殿を去って、引きつづき居住が認められたマルメゾンの館に引きこもった。マリー・ルイーズが皇后となってからは、ナポレオンは、ノルマンディー地方のナヴァールという城を買い与え、マリー・ルイーズがパリにいるときには、この城で過ごすように命じた。というのも、ナポレオンの気持ちがまだジョゼフィーヌにあることを知ったマリー・ルイーズは、自分よりも三十歳ほども年上のこの元皇后に激しく嫉妬し、ナポレオンにジョゼフィーヌを近づけないように厳しくいいつけたからである。

一八一四年に、ナポレオンが没落し、連合国の君主たちがパリにあらわれると、ジョゼフィーヌの周辺はにわかに忙しくなった。君主たちは先を争うようにして、マルメゾンのジョゼフィーヌを訪問し、盛んにお愛想を述べた。なかでも熱心にマルメゾン通いをしたのはロシア皇帝アレクサンドルだった。

マルメゾンをたびたび訪れていたアレクサンドル一世の目当てはオルタンスのようだったが、ジョゼフィーヌは十四歳年下の若い皇帝に対して女の魅力を放棄する気になってはいなかった。アレクサンドルの第一回の訪問後に、出入りの仕立屋ルロワに服を何着か注文し、代金として六千二百九フラン七十五サンチーム払っている。（安達正勝『ジョゼフィーヌ　革命が生んだ皇后』）

ところが、このジョゼフィーヌの女心があだになった。というのも、当時の衣装はほとんど下着のような薄地だったので、五月十四日に、訪れたアレクサンドルをもてなそうと無蓋《むがい》の馬車で付近を散策したとき、ジョゼフィーヌは風邪《かぜ》をひいてしまったのである。

この風邪が命取りとなる。五月二十九日の正午頃、ジョゼフィーヌは娘の元オランダ王妃オルタンスに抱かれて息を引き取った。最後の言葉は「ボナパルト……エルバ島……ローマ王」だったという。

ナポレオンは後に、セント・ヘレナ島に流されたとき、ラス・カーズに向かって、こう述懐した。

結局のところ、ジョゼフィーヌは、夫には幸運をもたらした（中略）。私は、ジョゼフィーヌに対し、このうえない感謝の念と温かい思い出をいまだに感じている。（カーズ『セント・ヘレナ日誌』拙訳）

ナポレオンが本当に愛したのは、やはり、ジョゼフィーヌただ一人だったのである。

エルバ島脱出

ジョゼフィーヌが死んだ翌日の五月三十日、パリ平和条約が締結されたが、その条約は締結から二ヵ月後、関係当事国がすべてウィーンに集まってナポレオン後のヨーロッパ新体制について協議することを定めていた。ようするに、ナポレオンが傀儡《かいらい》政権を打ち立てたり、ナポレオンに協力的な態度を取った国々の処理を決めようというのだ。世にウィーン会議と呼ばれるものがこれである。

ウィーン会議は、開始以前から各国の思惑がぶつかりあい、予定より二ヵ月遅れて九月末から始まった。

ルイ十八世の内閣の外相となっていたタレーランはダールベルクらの全権代表団とともに九月二十四日に、ウィーン入りした。敗戦国が、戦勝国の間にまじって、自分以外の国々の利害を議論しようというのだから、考えてみれば、これはいたって例外的な措置だった。

事実、旧連合国の中には、ウィーン会議にフランスが参加することに異議を唱えるものもあったが、結局、連合国が戦ったのはフランスではなく、フランスを乗っ取ったナポレオンであるとするタレーランの正統主義の論理がオーストリアのメッテルニッヒとロシアのネッセルローデによって認められ、フランスの参加が認められたのである。

ただし、フランスが得たのは会議に参加する権利だけで、発言権はないということになっていた。ロシア、オーストリア、プロシャ、イギリスの四大強国がすべてを取り仕切り、フランスはたんなるオブザーヴァー的な役割を認められていたにすぎなかった。

したがって、ウィーン会議は、タレーランにとって、ナポレオンにとってのアウステルリッツのように、対フランスの大連合を成し遂げた強国を相手にして戦う戦争であった。ジャン・オリユーは書いている。

フランスは依然孤立しており、——タレーランも同様だったということだ。交渉というのは戦争ではないにしても戦争の一つの形態である。それはタレーランが実行した唯一の戦争なのであった。（中略）彼は壁の前に立たされているような状態だったから、どこかに割れ目を見つけてそれを押し広げて入り込まなければならないのであった。（オリユー前掲書）

では、タレーランはこの困難きわまる「戦争」をどう戦ったのか？　敵同士を戦わせることによってである。

＊

タレーランがまず目をつけたのは、四大強国と、スペイン、ポルトガル、スウェーデン、デンマーク、それにドイツの連邦諸国などの弱小国との間の利害が対立していることである。弱小国はナポレオンによって甚大《じんだい》な被害を被《こうむ》りながら、いままた四大強国によって領土併合や割譲などの危機にさらされようとしていた。

そこで、タレーランはフランス全権団が宿舎としたカウニッツ宮殿で連日のように晩餐会を開いて弱小国を招待すると、その全権団の耳元でささやいて、彼らが四大強国に対して主張すべきキーワードを教えてやった。それは主権国家としての「権利」という言葉であった。つまり大国であろうと小国であろうと、会議に出席する以上は、対等の議論を行う「権利」があると教唆《きょうさ》したのである。

タレーランがその穏和で異論をさしはさむ余地のない高次元の権威をもって確認したこの原則は、スペイン代表のラブラドール騎士が大声で宣明するにいたり、無視されていたほかの諸国家をフランス代表の周囲に糾合《きゅうごう》することになった。タレーランは彼らに対して素晴らしい助言を与えたのである。それは彼らがパリ条約の署名国として持っている委員会の議事に参加する権利を行使すればよいではないかというものであった。四大国は、「弱小国」たちが自分たちの会議に参加することを認めざるを得なかった。委員会は拡大されて隙間が見つかったのでタレーランもそこへ他国とともにもぐり込んだのだ。（同前掲書）

これがウィーン会議第一ラウンドにおけるタレーランの勝利である。タレーランはこうして貴重な発言権と、弱小国の利益代表という地位を同時に得たのである。

第二ラウンドは、四大強国のうち、ロシアがワルシャワ大公国を、プロシャがザクセン王国を、それぞれ要求したことから始まった。ワルシャワ大公国とザクセン王国はナポレオンの友邦として連合軍と戦ったので、ロシアとプロシャはこれを戦利品として獲得するのが当然と主張した。じつは、九月二十八日にロシアのアレクサンドル皇帝とプロシャのフリードリッヒ＝ヴィルヘルム国王が相互の要求を認め合う秘密条約を結んでいたのである。

この要求はタレーランにとっては、願ってもないチャンスと映った。なぜなら、これには、オーストリアとイギリスが、とりわけオーストリアが猛烈に反対したからである。

タレーランはメッテルニッヒと二人だけで長い間話し合い、ロシアとプロシャの要求が通った場合の新ヨーロッパ地図を示して、それがオーストリアにとってどれほど危険であるかを説いた。そのことは、メッテルニッヒも先刻承知していた。もし、ワルシャワ大公国がロシアに、ザクセン王国がプロシャにそれぞれ併合されることになれば、オーストリアは緩衝国なしで直接この二大国と国境を接することになる。これだけはなんとしても避けなければならない。

かくして、オーストリアの敵はもはやフランスではなくなり、プロシャとロシアになった。そして、このフランス＝オーストリア連合に、バルト海沿岸に大きな商域をもつイギリスも加わって、一八一五年一月三日、防衛同盟条約が締結された。すなわち、ロシアとプロシャが要求を引っ込めないならば、三国がそれぞれ十五万人ずつの兵力を出して、ロシアとプロシャの連合と戦うと約束したのである。この条約にはプロシャの拡大主義に不安を感じたドイツ連邦諸国も加わり、併合断固阻止に立ち上がった。

その結果、ウィーンでは、この二大ブロックが激しく対立し、連日のように舞踏会や晩餐会が各国主催で開かれるにもかかわらず、議事はいっこうに進展しないという事態が生まれた。後に映画『会議は踊る』に描かれた「会議は踊る、されど進まず」の状況である。

ここに至っては、ついにロシアとプロシャも折れるほかなかった。ロシアはワルシャワ大公国をポーランド王国として独立させたうえで、アレクサンドル皇帝がその国王を兼ねるという線で妥協し、プロシャもザクセン王国の一部を得るにとどまった。


こうして一八一五年の二月には、ウィーン会議がはじまって五ヵ月の間に、戦勝国四ヵ国の支配的な影響力はなくなり、フランスとイギリスとオーストリアの三国の影響力が支配的になって、アレクサンドル皇帝がプロイセンとの秘密条約によって発揮していた主導的な立場は、タレーランの主張する王朝と国民の正統性の原則を認める立場に取って代わられてしまった。(高木良男『ナポレオンとタレイラン』)

ひとことでいえば、敗戦国の代表としてオブザーヴァーの資格でウィーン会議に参加したタレーランは、最終的には、フランスをヨーロッパの五大強国の一つとしてふたたび認知させるという離れ業に成功したのである。

＊

ところで、ウィーンにおけるこのタレーランの奇跡を可能にしたのは、彼の弁舌の巧みさばかりではなかった。タレーランは食欲と性欲という人間の二大欲望も外交戦術の一部に組み入れていたのである。

ウィーンにおいて、フランス全権団の主催する舞踏会や晩餐会が各国から称賛の的となり、最も多くの賓客を引き寄せた理由の一つに、美食があった。タレーランは、パリの私邸で雇っていたシェフのカレームをウィーンにまで連れていって、存分に腕をふるわせたのである。フランス料理が全ヨーロッパを、ひいては全世界を制覇したのは、このウィーン会議におけるカレーム料理の勝利が原因であったとする説さえあるほどである。

もう一つのタレーランのたくらみは、二十二歳になる自分の姪のドロテとその妹サガン公爵夫人を同行したことである。タレーランの姪であると同時に腹心であり愛人でもあるというドロテは、その美貌と若さが絶頂を極めていたときであり、ホステスとして、各国の首脳のほとんどを魅了し、対フランス世論の好転におおいに貢献した。これなど、ヨーロッパ社交界におけるホステスの重要さをあらためて認識させてくれる。

しかし、女性の魅力で外交に変更をもたらしたという点では、妹のサガン公爵夫人のほうが一枚上手かもしれない。なぜなら、彼女はロシア皇帝アレクサンドルとオーストリアの宰相メッテルニッヒを恋敵《こいがたき》にすることで、両国の関係に決定的なクサビを打ち込んだからである。

このように、ウィーン会議は、すべてを巧みに操るタレーランの掌《てのひら》の上で、わけも知らずに踊りつづけていたのだが、その踊りが終わりに近づいたころ、突如、ウィーンの空が一天にわかにかき曇り、とてつもない雷鳴が鳴り響いたのである。

二月二十六日にナポレオンが六百人の親衛隊とともにエルバ島を脱出したというニュースである。

＊

生まれ故郷のコルシカ島から東四十五キロの海上に浮かぶエルバ島の国王として余生を送ることを連合国から強《し》いられたとき、ナポレオンは意外にもこの提案を喜んだ。イギリス軍艦アンダウンティッド号に乗りこむときも、フォンテーヌブロー宮殿の書庫から『エルバ島に関する覚書』という本をもっていって、この小島の統治に思いを馳せた。

そして、島に到着すると、さっそく、ベルトランやドルオーなどの副官を担当大臣に任命し、行政機構を整え、「エルバ王」としての政治を始めた。カンブロンヌ将軍率いる六百人の近衛部隊が到着すると、軍制を定め、小規模ながらも海軍を設置した。

もちろん、そのすべては、全ヨーロッパを支配した皇帝のそれに比べたら、おままごとのようなものにすぎなかったが、「統治する人」であることをやめられないナポレオンにとって、なくてはならない仕事だったのである。

実際、エルバ島の様相は、ナポレオンが統治した十ヵ月の間にも著《いちじる》しく変容していた。道路、橋、灌漑《かんがい》、衛生設備、舗装、それに新しく導入された耕作作物（オリーヴと桑《くわ》）など。

歴史家はしばしば、こうしたナポレオンの驚くべき活動の背後に、脱出の陰謀が隠されていたのではないかと疑うが、しかし、その精力的な活動を調べてみる限り、エルバ島を理想の島として統治しようという彼の欲望は本物だったのではないかという気もする。アンドレ・カストゥロは『ナポレオン・ボナパルト』で次のように問うている。

もし、フォンテーヌブロー条約の通りにルイ十八世が二百万フランの年金を払い、マリー・ルイーズと息子のローマ王がエルバ島に合流していたら、ナポレオンはおそらく、この流刑の身を受け入れていたのではなかろうか？（アンドレ・カストゥロ『ナポレオン・ボナパルト』拙訳）

二百万フランの年金はさておき、マリー・ルイーズとローマ王の合流は、ナポレオンがなによりも待ち望んでいたものだから、こちらの条件さえ満たされれば、脱出はありえなかったかもしれない。だが、マリー・ルイーズとローマ王はエルバ島には来なかった。その代り、ナポレオンにとって、きわめて大きな意味をもつ二人の人物がエルバ島を訪れていた。

一人はナポレオンの母レティツィアである。

レティツィアは一八一四年八月三日にエルバ島にやってきて、ナポレオンのいる「宮殿」に落ち着いた。レティツィアの持参した年金は、ナポレオンがエルバ島を統治するうえで大きな助けとなった。

もう一人は、ナポレオンがワルシャワ大公国で知り合い、愛人としたマリア・ヴァレウスカである。

＊

九月一日、ナポレオンは、極秘のうちにエルバ島に上陸したマリア・ヴァレウスカとその息子のアレクサンドル（ナポレオンとの間の庶子《しょし》）に、このために設けた断崖の上の隠れ家で面会した。

ナポレオンは息子のアレクサンドルにたずねた。

「大きくなったらなにになりたい？」

「ナポレオンのように戦争をするんだ」

「皇帝が好きかね？」

「う、うん……」

「どうして、好きなんだね？」

「だって、ぼくのパパだし、ママがパパのことを好きになれっていったから」

しかし、マリア・ヴァレウスカとその息子はたった一泊しただけでエルバ島を離れた。マリア・ヴァレウスカの訪問がマリー・ルイーズに知られることをナポレオンが極端に恐れたからである。

では、マリー・ルイーズはどうしていたかというと、スイスの保養地エクス・レ・バンにローマ王と滞在していた。ただし、そのわきには、つねにオーストリアの将軍ナイベルク伯爵が付き添っていた。ナイベルク伯爵はメッテルニッヒから、マリー・ルイーズがエルバ島に向かわないように、ありとあらゆる努力をするよう内命を受けていた。もちろん、その努力の中には色仕掛けも含まれていたのである。

そんなこととはつゆ知らぬナポレオンはラクザンスキ大佐をマリー・ルイーズのもとに送り、一刻も早くエルバ島に来るように懇請した。

それでも色よい返事がないのを見ると、ユロー大佐を派遣して手紙を手渡させた。

だが、そのときにはもう、マリー・ルイーズは、ナイベルク伯爵の罠に落ちていた。

八月三十一日、マリー・ルイーズは父に宛ててこんな手紙を書いている。

三日前、皇帝の手紙を携えた将校がやってまいりました。その手紙で、皇帝は私一人でもいいから、一刻も早くエルバ島にやってくるように命じております。愛で身をこがしながら私を待っているのだそうです。でも、親愛なるお父様、ご安心ください。もう、私は前ほどにはエルバ島に行きたいとは思わなくなっております。お父様のお許しなく、エルバ島に行くなどということは絶対にないと固くお誓いもうしあげます。（カストゥロ　前掲書）

かくして、マリー・ルイーズとローマ王と三人でエルバ島で幸せな晩年を送るというナポレオンの希望も潰《つい》えた。

そして、時を同じくするように、この頃からナポレオンのもとに王政復古に対する民衆の不満の声が届きはじめたのである。

*

王政復古で行われたさまざまな措置の中で、最も大きな不満をもたらしたのは、栄光ある大陸軍に対して振るわれた大ナタである。ルイ十八世とその腹心たちは、ナポレオン派の巣窟《そうくつ》を解体することが先決とばかり、大陸軍を四分の一に削減し、剰余人員を予備役《よびえき》に組み入れ、給料を半額支給とした。ナポレオンにいまだに忠誠心を抱く将校が狙い撃ちされた。多くの軍人はしかたなく郷里に帰ったが、そこには彼らの居場所はなく、カフェや居酒屋にたむろして不満をかこつという風景がフランスのいたるところで見られた。

それだけではない。王政復古に対する論功から、国王近衛部隊六千人が新たに編成され、旧王党派の軍人やふくろう党の残党が将軍や将校として取り立てられたことが、旧軍人たちの憤慨を呼んだのである。彼らは、祖国のために命をかけた自分たちの給料が半減されたのは、フランスに弓を引いていた連中にいい思いをさせるためなのかと、怒り狂った。

不満は、政府と役所の重要なポストが、戻ってきた亡命貴族に与えられたことから、政府部内にも高まった。

だが、社会に大きな不安を投げかけたのは、王弟のアルトワ伯の周りに集まった過激王党派の亡命貴族たちが、自分たちの没収された財産を完全に返還するように主張したことである。この要求はようやく自分の土地を手に入れた農民たちを疑心暗鬼にさせ、国王好きのはずの彼らの心を離反させる結果となった。

聖職者たちもナポレオンとローマ教皇が交わした政教和約を無効にして、聖職者の地位と権利・財産をもとのようにせよと迫った。聖職者の要求を容《い》れた警察大臣のブーニョがキリスト教の定める安息日の日曜日を完全に休日とするため、カフェやレストランの営業を禁止した措置は、民衆の不満に油を注ぐかたちとなった。

このように、「亡命貴族たちは、なにも学ばず、なにひとつ忘れなかった」といわれるが、一八一四年九月十三日に、未売却の国有財産を亡命貴族に返還する法案が作成されるに及んで、左右対立が激化し、治安も乱れて、社会に混乱が広がった。軍隊内部では反乱の陰謀が始まった。王政復古の社会は成立一年にも達しないうちに、早くも大きなきしみ音をたてはじめていたのである。

ナポレオンは、フランス国内に相当数のスパイを残してきたので、エルバ島にいながら、当のルイ十八世やその取り巻きよりもはるかに正確にフランスの状況を把握していた。

また、ウィーン会議で各国の利害が対立して議事が進行しないこと、また自分をエルバ島からもっと遠方の孤島に移そうという議論が出てきていることも承知していた。

それればかりではない。ナポレオンはエルバ島の監視態勢もひそかに観察していたのである。なかでも、ナポレオンの監視を任されていたイギリスのキャンベル大佐の行動についてはその行動を詳細にノートにつけ、大佐が定期的に島を離れる事実を摑《つか》んでいた。キャンベル大佐は愛人のミニアッチ伯爵夫人との逢瀬《おうせ》を楽しむため、毎月、一週間くらいはフィレンツェやリヴォルノに出かけていたのである。

＊

一八一五年二月十四日、キャンベル大佐のフリゲート艦がリヴォルノに向かうのを見届けたナポレオンは、ドルオーに対して、みずからが所有していた唯一の戦闘艦アンコンスタン号をイギリス海軍の色に塗るように指示した。ついで、兵器や食糧の積み込みも命じた。

二月二十五日、ナポレオンは母のレティツィアをムリニ宮殿の庭に連れ出すと、ひそかに決意を語った。

「お母さん、これはだれにも公言してはいけません。明日の朝、私は出発します」

「どこへ」

「パリです。どうお考えですか？」

「どうせ死ぬものなら、毒殺されるよりは剣を手にしているほうがいいでしょう」

二十六日の早朝、近衛部隊の隊長カンブロンヌは部隊に出発を命じた。

ニュースはたちまち全島に広がり、島民は全員が港に集まって、ナポレオンの乗船を見守った。

「エヴヴィヴァ・ナポレオーネ！」

島民たちは島の言葉で「ナポレオン万歳」を叫び、艦隊の出帆《しゅっぱん》を熱狂しながら見送った。

こうして、ナポレオンの熱狂情念はエルバ島を離れ、ふたたび一路、パリを目指して進みはじめたのである。

三度目の警察大臣

一八一五年三月一日早朝、夜明けとともに、カンヌとニースの中間に位置するアンティーブ岬を回って一隻の軍艦がジュアン湾に入ってきた。アンコンスタン号と艦名の記されたその軍艦の甲板《かんぱん》の上には、二角帽に三色の帽章をつけたナポレオンが立っていた。

昨夜、ナポレオンはまるで帯電でもしたように興奮して、フランス国民とフランス軍兵士に向けて、次のような檄文《げきぶん》をしたためていた。

「フランス人よ！　流謫《るたく》の地で私は諸君の嘆きと願いを聞いた。諸君は、自分たちの手で選ぶ、唯一の正統なる政府を要求している。諸君は私が長い間眠っていたことを非難している。私が国家の偉大なる利益を犠牲にして休息を取っていたと責めている。そこで、私はありとあらゆる危険を顧みず、こうして海を渡ってきた。私は、いま、諸君のものである私の権利を取り戻すために、この地にやってきたのである。（中略）兵士たちよ！　流謫地で私は諸君の声を聞いた！　私はいま、あらゆる障害とあらゆる危険を乗り越えてここに到着した！　勝利は突撃とともに歩んでいく。三色旗をまとった鷲は鐘楼《しょうろう》から鐘楼へと飛翔《ひしょう》し、ついにはノートル・ダムの尖塔《せんとう》にまで至るであろう！　ジュアン湾にて。

三月一日　ナポレオン」

檄文にある「鷲」とはもちろんナポレオンのことで、まさに予言通り、ジュアン湾に始まったその「飛翔」は、町から町へと続いていって、最後は本当にノートル・ダムの尖塔へと至ってしまうのである。とはいえ、このときには、ナポレオン自身ですら、この檄文のように事が運ぶとは思っていなかった。

だが、ナポレオンがアンコンスタン号を降りて、ジュアン湾の港に一歩を印《しる》した瞬間から、その奇跡は始まることになる。

＊

ナポレオンは全艦艇から兵士が下船したのを確認すると、近衛部隊長のカンブロンヌ将軍を呼び、糧秣《りょうまつ》と軍馬の徴発を命じたあと、こう付け加えた。

「カンブロンヌ、君に、私の最も素晴らしい戦役の先遣隊を託する。ただし、君は一発たりとも銃弾を放ってはならない。いいか、よく心にこのことを刻んでおいてくれ。私は一滴も血を流すことなく、帝冠を取り戻したいのだ」

カンブロンヌは命令に忠実に従った。もちろん、徴発はナポレオンの指示により、「有料」で行われた。これなども、捲土重来《けんどじゅうらい》を期するナポレオンが、民心というものをどれほど慮《おもんぱか》っていたかを示すエピソードである。

ナポレオンは、カンブロンヌが徴発に出かけている間、ジュアン湾の港の市民と対話していた。その中に一人、隣村の村長だと称する男がいて、つかつかとナポレオンの近くに寄っ

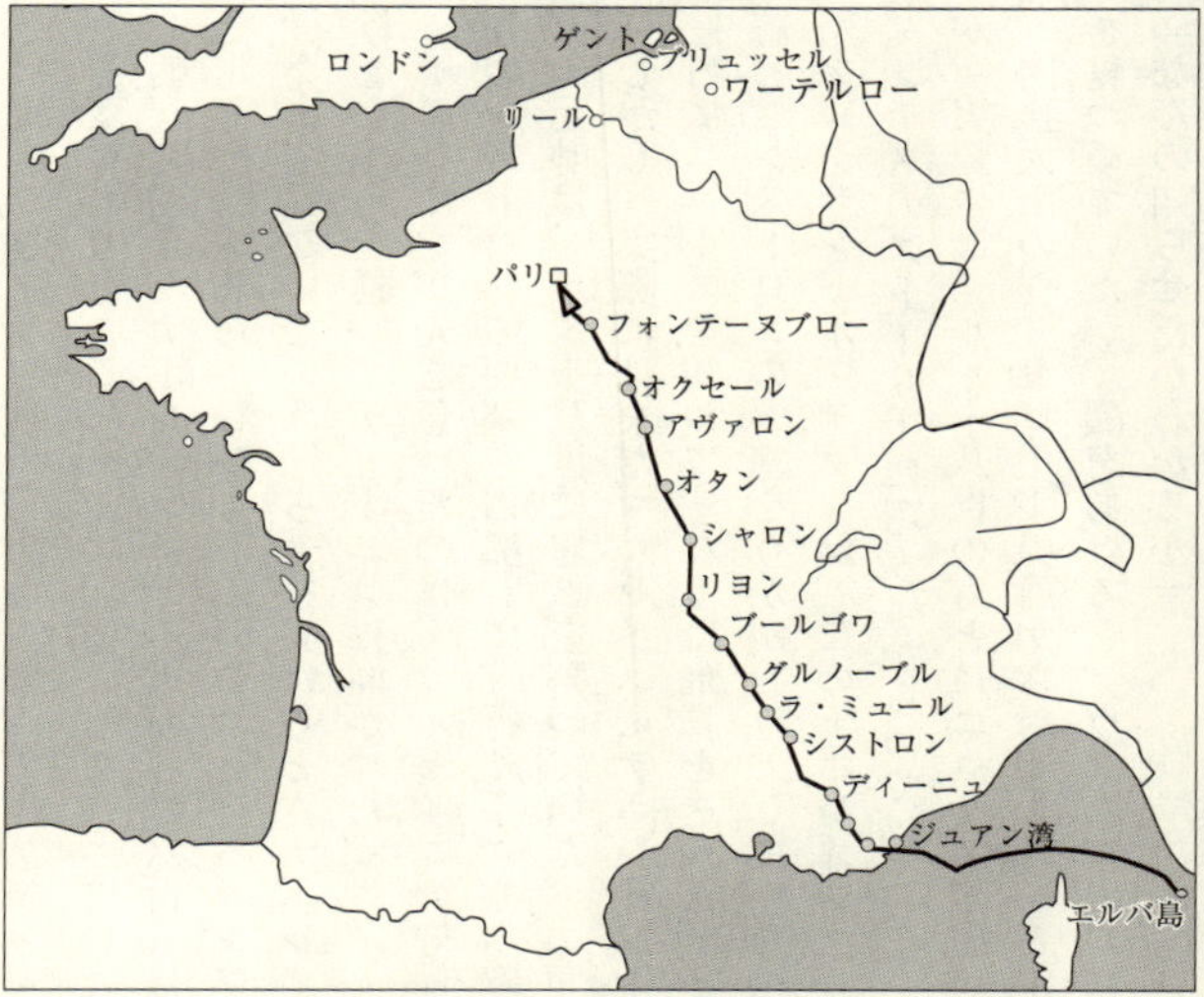

エルバ島からパリ入城へ（*Les Chronologies de Maurice Griffe Napoléon Bonaparte 1769-1821* を参照）

てきて、こう言い放った。

「私たちは、ようやく落ち着いて、幸せになれると思っていました。なのに、あなたはなにもかも台なしにしようとしている」

のちにナポレオンは『セント・ヘレナ日誌』の中で、このときに受けた衝撃のことを「この言葉がどれほど私を動揺させたか、言葉では言い尽くせないほどだ」（ラス・カーズ　拙訳）と語っている。

おそらく、村長の言葉が心にかかっていたのだろう。ナポレオンは、リヨンへのルートとして、マルセイユやモンペリエを通っていく街道ではなく、ディーニュからグルノーブルを通るルートを選んだ。前年の退位のさい、王党派の強いプロヴァンス地方で罵《のの》りの言葉を浴びせられたり、投石を受けたりしたことも苦《にが》い記憶として残っていたのである。

朝五時過ぎ、ナポレオン率いる近衛部隊六百人は、香水で知られるグラースの町に向かって北上を開始した。しかし、前衛をつとめるカンブロンヌから、グラースの町長が王党派で徴発に応じないという知らせを受けると、ナポレオンはグラースに入るのを避け、そのまま険しい山道を通ってディーニュに向かった。

ナポレオンが先を急いだのは、マルセイユの守備隊を率いるマッセナ元帥がディーニュの先のシストロンの要塞を占拠して、行く手に立ち塞がるのではないかと恐れたからだ。マッセナ元帥は、ルイ十八世に忠誠を誓っていた。

しかし、実際にはまだマルセイユにナポレオン上陸の知らせは届いておらず、マッセナが三日にニュースを知って、パリに飛脚《ひきやく》を送ったときには、もうナポレオンはディーニュに到着し、シストロンの要塞をうかがおうとしていたのである。

アレクサンドル・デュマは、このナポレオン上陸の知らせをもった飛脚の話をエドモン・ダンテスのストーリーに巧みにからめて『モンテ・クリスト伯』の冒頭部分を書き上げたが、実際には、ルイ十八世のもとにニュースが届いたのは三月五日のことだった。

内務大臣のヴィトロール男爵から封印してある手紙を受け取ったルイ十八世は長い間文面を見つめていたが、顔をあげると、ヴィトロールにたずねた。

「なんの知らせだかわかるか」

「わかりません」

「ボナパルトがプロヴァンスの海岸に上陸したそうだ。この速達を陸軍大臣のところにもっていきなさい。彼ならどうにかするだろう」

　陸軍大臣はスールトだった。しかし、ナポレオンの配下で元帥にまで上りつめたこの男は、このニュースにさして驚くこともなく、ただひとこと「狂気の沙汰《さた》だ。田園監視員でもさしむけておけばそれで十分だろう」としかいわなかった。

　しかし、ヴィトロールは不安でならなかった。そこで、ルイ十八世の弟で、過激王党派の頭《かしら》であるアルトワ伯に相談に行った。

　すると、アルトワ伯は、まったくどうでもいい事件を話題にするようにこういった。

「上陸の知らせだね。君はどう思うかね？」

　ヴィトロールはその無頓着さに驚いて、これはえらいことになるかもしれませんよ、と翻意を促した。

「では、ブーツは磨かせておいたほうがいいかな？」

「ブーツなど磨かずにいますぐ出発なさるべきです」

　アルトワ伯はその日のうちにリヨンに向けて出発した。スールト元帥の軍勢三万人がこれを追った。

　翌日、パリの新聞はいっせいにナポレオンの上陸を報じたが、その調子はいずれもナポレオンをあざ笑うものだった。『ジュルナル・デ・デバ』紙は「数世代の血にまみれたこの男」には、「裏切り者の死こそふさわしい」と結び、他の新聞も「コルシカの鬼」という常套句《じょうとうく》を繰り返していた。しかし、これら新聞がその見出しのトーンを一変させるには、それほど多くの日数はかからないだろう。

＊

三月七日朝、コール山の旅籠《はたご》で休息をとっていたナポレオンのもとに、先遣隊のカンブロンヌから一報が届いた。

グルノーブルに接近した先遣隊の前に、マルシャン将軍麾下《きか》の部隊が立ち塞がり、行く手を阻んでいるというのである。ナポレオンは考えた。いまや国王の兵士となっているかつての大陸軍の勇者たちは、皇帝に対して発砲するだろうか？

ラ・ミュール村からほど近い高地で偵察を続けていた第五戦列部隊の守備隊のドゥレセール少佐は、はるか遠くに無蓋《むがい》のカレーシュ馬車に乗っている灰色のフロックコート姿のナポレオンを発見した。ナポレオンは馬車から降りると、平地を守っている敵のほうに望遠鏡を向け、なにやら観察しているようだった。

ナポレオンの陣地から一人の伝令（ラウール大佐）が抜け出し、ドゥレセールのほうに歩んできた。

「いま、皇帝陛下が先頭に立ってこちらに向かわれている。もし、発砲したら、最初の銃弾は陛下に当たるだろう。諸君は、フランスに対して重大な責任を負うているのだぞ」

王党派のドゥレセールは、毅然《きぜん》として答えた。

「私は義務を果たすまでだ。すぐに退却しなければ、腕ずくで阻止する」

「発砲する気か？」

「義務は果たす」

第五戦列部隊の兵士たちはこのやりとりを黙って聞いていた。しかし、ナポレオンの近衛部隊がこちらに向かってくるのを見ると、彼らの間にパニックが広がった。それを察したのか、ドゥレセールは、第五戦列部隊に向かって断固たる口調で叫んだ。

「全隊、前へ出ろ！」

ルイ十八世の兵士たちは、顔面蒼白になりながら、歯を食いしばり、命令に従った。この様子を見て、ドゥレセールはマルシャン将軍の副官をつとめているランドン大佐につぶやいた。

「だめだ、連中はワナワナと震えている。死人のように真っ青じゃないか」

第五戦列部隊が前進したので、それに応えるように、ナポレオンの近衛部隊も前に出た。

このとき、ナポレオンが近衛部隊に命じた。

「兵士に捧げ銃《つつ》をさせ、軍旗を掲げろ」

同時に、近衛部隊の軍楽隊がラ・マルセイエーズを奏でた。

ナポレオンはゆっくりと一人、進んでいった。後ろには、ドルオー、カンブロンヌ、ベルトランが従っていた。

「奴だ！　撃て！」ランドン大佐が命じた。

だが、兵士たちはぶるぶると手足を震わせるばかりで、銃を構えることもできない。ナポレオンは立ち止まると、よく響く声で呼びかけた。

「第五戦列部隊の兵士諸君、私は諸君の皇帝だ。しかと見よ」

そうしてさらに二、三歩進んでから、フロックコートの前を開け、こう言い放った。

「諸君の中に、皇帝を殺したいと思う者がいるなら、私はここにいる」

突然、「皇帝万歳！」という声があがったと思うと、戦列がいっせいに乱れ、第五戦列部隊の兵士たちはわれ先にナポレオンのほうに駆けつけた。そして、皇帝の前で跪き、そのブーツやサーベルやフロックコートの裾《すそ》に接吻した。

マルシャン将軍は、この知らせを聞くと、今度はシャンベリにいる第七戦列部隊を投入することにした。この部隊の隊長はラ・ベドワイエール少佐だった。

このラ・ベドワイエール少佐は、ナポレオンの姿を認めるや否や、サーベルを抜き、部隊に向かってこう叫んだ。

「いいか、私のいうことをよく聞け。これから、諸君に進むべき道を教えてやる。後についてこい！」

兵士たちはラ・ベドワイエールとともに「皇帝万歳！」を叫びながら、ナポレオンの陣営に馳せ参じた。こうして、ナポレオンはグルノーブルに進軍する間に、千八百人の増援部隊を獲得したのである。

グルノーブルの守備隊を指揮していたマルシャン将軍は、ナポレオン軍が無数の農民や市民に取り囲まれて城門に到着するのを見ると、歩兵部隊と砲兵部隊に発砲を命じたが、だれ一人として従わなかった。数分後、城門が「皇帝万歳！」の叫びとともに押し開かれたとき、マルシャン将軍は二百人の部下とともに別の城門から逃げ出していた。

ナポレオンはのちに『セント・ヘレナ日誌』を書いたラス・カーズにこう語ったという。

「グルノーブルまで、私は山師《やまし》にすぎなかった。グルノーブルで私はもう皇太子《プリンス》になっていた」

皇太子が皇帝になるまで、あと一歩である。

＊

だが、この一歩はなかなか困難のように思われた。というのも、グルノーブルからパリに至る街道には、リヨンというフランス第二の都市があり、大部隊の守備隊がここを守っていたからだ。しかも、リヨンには王党派の総大将であるアルトワ伯も到着していた。

ベルクール広場に整列した部隊の前でアルトワ伯は閲兵した。だが、期待を裏切って、部隊のだれ一人として「国王万歳！」を叫ばなかった。ローヌ川沿いには、民衆がずらりと並んでいたが、それはナポレオンの到着をいまや遅しと待ちわびる群衆だった。アルトワ伯はたまらず宿舎の大司教館を逃げ出し、パリへと逃れた。

こうなったら、ルイ十八世の最後の頼みの綱は、猛将ネー元帥だった。ネー元帥は、国王に向かって、つねづね、「ご心配はご無用です。ボナパルトを鉄の牢に入れて連れてまいりましょう」と豪語していたからである。

三月十一日、ネー元帥のもとにナポレオンから、ジュアン湾で発した檄文が届いた。ネーはこれを読んでおおいに動揺した。

「なんて、すばらしい檄文なんだ。こんな檄文を飛ばされたら兵士はひとたまりもない」

しかし、それでもネーはナポレオンと戦うつもりでいた。そこにまた、ナポレオンからの手紙が届けられた。

「シャロンで会おう。私はモスコーヴァの翌日のように君を迎えるだろう」

動揺はさらに深まった。ルイ十八世がすでにパリを脱出したとか、メッテルニッヒが裏で糸を引いているといった噂も耳に届いてきた。ネーは、自分が最初にナポレオンに対して弓を引くのかと思うと、全身に震えが走った。

「こうなったら、どうしようもない。手で海の水を押し返すことはできないからな」

三月十四日、兵を集めて閲兵していたネーは、兵士たちの青ざめた顔を見ているうちに、突如、逆上したように叫んだ。

「将兵諸君、ブルボン家の大義はいまや失われた」

兵士たちの間から、「皇帝万歳！」の声がいっせいにあがり、ネーは狂ったように部隊の中を駆け巡り、将兵たちと抱き合った。

＊

二日後、パリのヴァンドームの円柱の鉄柵にこんな悪戯《いたずら》のプラカードがかかっていた。

「ナポレオンからルイ十八世に。親愛なる兄へ。これ以上兵士を送ってくる必要はない。もう十分だ」

三月十九日の晩、冷たい雨が降りしきる闇の中に、国王用の馬車がしつらえられ、護衛の馬車とともにチュイルリー宮殿の中庭にとまった。間もなく、側近にガードされたルイ十八世が姿をあらわしたかと思うと、そのまま馬車の中に消えた。馬車はサン・マルタンの市門からヴァレンヌ方面へと立ち去った。

翌日、パリ中が朝から大騒ぎしていた。白ユリの旗は引き下ろされ、三色旗がいたるところに掲げられた。二週間前には「コルシカの鬼」と罵っていた新聞は「皇帝陛下、本日、パリに御到着」という大きな見出しを掲げていた。

チュイルリー宮殿には、ナポレオンの部下だった軍人や忠臣、それに宮廷の女性たちが続々と集まり始め、まるで、しばらく静養に出かけていた皇帝を出迎えるかのような慣れた手つきで歓迎の準備をしていた。彼らは全員が帝政時代の礼服を着用していた。

フォンテーヌブローで待機していたナポレオンのもとに先発隊のエグゼルマンから報告が入った。

「パリへの道はいまや完全に開かれております」

夜の九時、ナポレオンの馬車がチュイルリー宮殿の中庭に到着した。

「皇帝万歳」の歓呼の声とともに、地鳴りのようなどよめきが聞こえた。皆、感激のあまり嗚咽《おえつ》していた。軍人たちはまるで胴上げでもするようにナポレオンの体をもちあげると宮殿の皇帝の間に運びこんだ。テツィエボー男爵はのちにこう証言している。

エルバ島からパリまで一跨ぎ（Henri Savant *"NAPOLÉON"*）

「大爆発が起こったようだった。私は、イエスの復活に立ち会っているのではないかとさえ感じた」

＊

ナポレオンはその夜から休息も睡眠も取ることなく、ただちに仕事を開始した。とりあえず、新政権を発足させるには組閣をしなければならない。だが、なんたることか！　適当な人材がいない。チュイルリー宮殿に押しかけてきていた連中は、忠義者というよりも、無能ゆえに復古王政には雇われなかった人間ばかりだった。まともな人材はブルボン王家に寝返っていたため、ここにはやってきていないのだ。

だが、ひとりだけ例外がいた。

フーシェである。

フーシェは、ナポレオンのエルバ島脱出を知ってあわてふためくルイ十八世の政府を冷ややかにながめていた。アルトワ伯からじきじきに警察大臣就任を要請してきたのを、なにをいまさらとばかりに、きっぱり断り、自宅でだんまりを決め込んでいた。こんなときに下手に動いたりしたら、命取りになりかねないことを先刻承知していたからだ。

するとなんとしたことか、ルイ十八世は三月十六日に、フーシェに対して逮捕状を出した。その逮捕状を執行するのは、かつてのナポレオンの副官ブリエンヌ。

ところが、フーシェは逮捕にやってきた警官隊をまんまと撒《ま》いて、窓から脱出し、身をくらませていたのである。

そのフーシェが三月二十日の夜、突然、チュイルリーの中庭にあらわれたのである。ツヴァイクはこの瞬間をこう描写している。

一台の馬車が玄関先に止った。わざとやや遅れてやって来たのだ。（中略）その馬車から下り立ったのは、やせて顔色の悪い、だれも知らぬもののないオトラント公爵の姿だった。ゆっくりと、無表情のまま、底の知れないような目を冷ややかに伏せて、彼は、かくべつ会釈をするでもなく、人波のあいだにあけられた通路を歩んだ。（ツヴァイク　前掲書）

一時間後、ナポレオンの部屋を出たとき、フーシェは、ナポレオンのもとで、三度目の警察大臣になっていた。

ワーテルロー前夜

パリに帰還した翌朝、ナポレオンは近衛兵を前にして初の閲兵を行い、演説した。

「兵士たちよ、私は六百人の部下とともにフランスに戻って来た。必ずや、民衆の愛と帝国古参兵の思い出に出会えると期待していたからだ。期待は裏切られることはなかった」

しかし、フランス中に散っていた帝国の古参兵たちは、たしかにナポレオンのもとに馳せ参じてきたが、かつて大陸軍の栄光を担っていた元帥・将軍の中にはルイ十八世とともに国外に逃れたものも少なくなかった。マルモン、オージュロー、ベルティエ、ヴィクトール、ウディノなどの名将・猛将がナポレオンのもとを離れた。

いっぽう、ネー、スールトなどルイ十八世の軍隊の中核を担っていた元帥たちはふたたびナポレオンに忠誠を誓った。エルバ島から付き従ってきたナポレオンの側近たちは、一度裏切った者は必ずもう一度裏切るという諺《ことわざ》を信じて、彼らを疑いの目で見ていたが、ナポレオンは大陸軍の再建には彼らの名声が欠かせないと判断して、復帰を許したのである。

ナポレオンには似つかわしくないこうした寛容の精神は、政治の面でも発揮された。

とりわけ、ナポレオンが気を遣《つか》っていたのは自由派のブルジョワたちである。

帝政時代、自由派のブルジョワたちは、大陸封鎖で商業の自由が失われたばかりか、言論の自由まで封じられ、反ナポレオン感情を抱いていた。しかし、ルイ十八世が王座に返り咲くと、今度は、亡命貴族と僧侶を優遇する反動政策ばかりなので、ブルジョワたちは、これまた強い不満を抱えることとなったのである。

ナポレオンは、国内を安定させるためには、この自由派のブルジョワたちと手を組むほかないと考え、その旗頭《はたがしら》であるバンジャマン・コンスタンに、自由帝政のための憲法を起草するよう依頼した。心理小説の傑作『アドルフ』で知られるバンジャマン・コンスタンは、スタール夫人の愛人でもあり、帝政期には、ナポレオンの弾圧を受け、スイスに亡命していた人物だったが、ナポレオン帰還後は、ルイ十八世よりはナポレオンのほうがましと考え、ナポレオンに歩み寄る姿勢を示していたのである。

ルイ十八世の憲章に新たな条項を付け加えた帝国憲法附加法は、起草者のバンジャマン・コンスタンの名前にちなんで「バンジャミーヌ」と呼ばれた。この憲法附加法は、はっきりと国民主権を謳《うた》い、二院制の議会の権限を増大させ、皇帝の権力に縛りを加えたところに特徴があった。ナポレオンは内心不満だったが、四月二十二日にこれを発布した。

ナポレオンは宣言した。

「私の統治方法は変わった。もはや、戦争もなければ、征服もない。私は平和のうちに統治を行いたい。人民を幸福にしたいのだ」

この言葉に偽りはなかったのだろう。復帰後のナポレオンは切実に平和を欲していた。なぜなら、彼は、帝国を無傷のままに保って、帝位をローマ王（ナポレオン二世）に引き渡すことだけを願っていたからだ。

そのためには、是非とも連合国との和平が必要となる。ナポレオンは各国元首に手紙を送り、戦争の意図がないことを強調した。とりわけ、ローマ王の祖父であるオーストリア皇帝フランツに対して、自分が帝位を強固なものにしようとしているのは、一刻も早くローマ王に譲位したいがためである、ゆえに一家水入らずの生活が送れるよう、后妃とローマ王を返してほしいと懇願した。コルシカ人で家族的な絆《きずな》の強いナポレオンは、他人も自分と同じように考えるだろうと、肉親の情というものを当てにしたのである。

だが、相手は政略結婚の専門家であるハプスブルク家の当主である。こんな肉親の情に訴える手紙にほだされるほど甘い人間ではない。第一、娘と孫が敵の手にあるならまだしも、いまや、すっかり二人を自分の国の中に囲い込んでいるのだから、ヨーロッパ共通の敵であるナポレオンの訴えに耳を貸すわけがなかった。

この点では、すでにナイベルク伯爵の愛人となっていたマリー・ルイーズも同じだった。フランス人のマリー・ルイーズからオーストリア人のマリア・ルイザに戻っていた彼女は、父親に宛てて手紙を送り、〝エルバ島を脱出した人物〟のおかげで、自分たち親子はひどい迷惑を被《こうむ》っている、父親が命じるなら、息子を警護のしやすい場所に移してもかまわないと書いた。この同意はただちに実行に移され、ローマ王はシェーンブルン宮殿に幽閉された。オーストリア皇帝は、ナポレオンがフランスを奪還したからといって、一歩も譲る気持ちはなかったのである。

実際、オーストリア皇帝ばかりでなく、ロシア皇帝も、プロシャ国王も、イギリス首相も、ナポレオン帝国の復活は認めない方針で一致していた。ウィーン会議では戦争でも始めかねないほど険悪な関係に陥っていた連合国も、ナポレオンが帰還したというニュースが届くや否や、わだかまりを捨て、反ナポレオンで足並みを揃えたのである。

＊

その中心にいたのがタレーランである。タレーランは、三月八日にナポレオンのエルバ島脱出を知ると、ただちに行動を起こし、十三日には、パリ条約に調印した八ヵ国に呼びかけ、ナポレオンをフランスから追放し、ルイ十八世を帰還させるために必要な措置を取るという共同宣言に署名させた。タレーランは巧みに文言《もんごん》を操り、連合国が戦うのはフランスではなく、あくまでナポレオンであり、フランスの領土は保全されるという項目を共同宣言の中に入れるのに成功した。ナポレオン再登場という危機を利用して、タレーランは、ウィーン会議の難問を一気に解決してしまったのである。

この宣言を受けて、イギリス、ロシア、オーストリア、プロシャの四ヵ国はそれぞれ十万人以上の兵力をフランス国境に集結させることにした。

タレーランは、いまや、ウィーン会議に集まったすべての国を率いてナポレオンと戦う態勢を築き上げつつあったのである。

ところで、このとき、タレーランがあまりにも沈着で、水際立《みずぎわだ》った統率ぶりを見せたことが、後に、歴史家たちにある種の疑惑を抱かせる結果になる。

すなわち、タレーランは暗礁に乗り上げたウィーン会議を立て直し、それと同時に、自分のいうことを聞かずに反動政治を続けている復古王政に一撃を加えるため、イギリス外相のカースルレーと組んで、ナポレオンがエルバ島から脱走するように仕向け、頭の固い連中にショック療法を施《ほどこ》そうとしたというのである。この計画には、エルバ島を脱出したナポレオンを適当に泳がせておいてから捕縛すれば、今度こそ、帰還が不可能な絶海の孤島に流すことができるという利点もある。

ジャン・オリユーもそう考える歴史家の一人である。

人も知るとおり、一つの判決を変更するには新しい事実が必要なのだ。ナポレオンが何かまた間違った行為をする必要があるのだ。彼が手に負えないとか誓約違反をするとか、要するに彼自身でまた新たに有罪の宣告を受けるような行いをすることが必要なのである。そこからカースルレーやタレーランの計画が生まれたのである。（オリユー　前掲書）

といっても、タレーランとカースルレーが積極的に脱出の手引きをしたというのではない。タレーランは人を遣わしてヨーロッパの危機的状況とナポレオン待望の雰囲気を伝えさせる役割、カースルレーはイギリス海軍にナポレオン脱出を見て見ないふりをするよう命じる役割、これらのパートをそれぞれが分担して演じていたというのである。

彼［ナポレオン］の敵たちの方が彼の支持者ども以上に彼の逃走の便宜をはかっていたのである。ウィーンではカースルレーとタレーランが、一日一日とエルバ島で起こっていることを承知していたのだ。（同前掲書）

まったくあり得ない説ではない。しかし、たとえその通りだとしても、彼らでさえ、まさかナポレオンがなんの抵抗も受けることなく皇帝の座に返り咲こうとは予測していなかったにちがいない。つまり、脱出は演出されたものであっても、皇帝復帰は大誤算だったのである。ただ、タレーランにとっては、そうした誤算も含めて、大局的には、ナポレオンの行動はすべて、あらかじめ織り込み済みだったようだ。

タレーランとカースルレーは、ボナパルトの熱狂的な支持者たちが彼らの偶像を迎えに走り寄り、彼に勝利をもたらす幻想を抱きながら実際には猛烈な勢いで彼を破滅に駆り立てている有り様を、なんと冷たい軽蔑的なまなざしで眺めていたことだろう。タレーランは平然として言ったものだ。「何週間かの問題だ。彼はじきにくたばるだろう」と。（同前掲書）

いっぽう、ナポレオンはというと、タレーランに対してなお幻想を抱いていた。つまり、自分がフランス皇帝に返り咲き、いまこそヨーロッパの平和のためにタレーランの手腕を必要としていると説得したら、フーシェと同じようにタレーランもまた自分のもとに戻ってくるのではないかと期待していたのである。

事実、ナポレオンにとって、いま一番欲しいのは、戦争ではなく外交によって和平をもたらしてくれるタレーランの手腕だった。復帰したナポレオンのもとで大蔵大臣をつとめたモリアンは次のように書いている。

百日天下のとき、ナポレオンがそばに置いておきたいと切実に望んだのは、まちがいなくタレーランである。ナポレオンは口を開くと、タレーランのことを口にし、しばしば、彼と別れたことを後悔していた。（モリアン『大蔵大臣の回想』拙訳）

後悔したばかりではない。ナポレオンはなんとかしてタレーランを呼び戻そうとして、三回も使者をウィーンに送ったのだ。

最初の使者は、タレーランが若き日にフラオー伯爵夫人との間にもうけた実子のフラオー伯爵だが、シュツットガルトまで行きはしたもののヴュルテンブルク国境で捕まり、送還されてしまった。

二人目はタレーランの友人のモントロン伯爵で、こちらは成功報酬として二十万フランをナポレオンから約束されてウィーンまで来たが、タレーランはまったく取り合わず、モントロンは空しく帰国した。

最後の使者は、タレーランの領地であるベネヴェント公国の管理人デュフレーヌ・ド・サン・レオンで、この使者にもたせた手紙の中で、ナポレオンは、もし外相に復帰する気があるなら、没収したタレーランの財産を全額返還することを約束したが、タレーランの決意はいささかも揺るがなかった。

タレーランはナポレオンに財産を返してもらわなくても、連合国の軍隊を使ってすぐにそれを取り戻すつもりになっていたのである。

＊

オーストリア、ロシア、プロシャ、イギリスの四ヵ国が軍隊をフランス国境に移動し始めたのを知ったナポレオンは、早晩、大会戦は避けがたいと見て、全力をあげて軍隊の再編に取りかかった。

かつての大陸軍はルイ十八世によって解体され、現役兵はわずかに八万五千人を数えるのみだったが、幸いなことに、歴戦の古参兵や、栄光の時代に遅れて来たと思っていた新兵の士気は高く、王党派の強い南部と西部を除くと、戦闘意欲に燃えた兵士たちが集められた。あるイギリスのスパイはウェリントンにこう報告している。

軍隊の士気の高さがどれほどのものであるかをお伝えするのに、九二年と現在とは完全に同一であると指摘するだけでいいでしょう。均衡はふたたびボナパルトのほうに大きく傾いています。もはや、熱狂というのを通り越して、狂乱に近づいています。戦闘は血み

どろで激烈なものになりそうです。(カストゥロ　前掲書に引用)

しかし、憲法附加法に対する人民投票の結果を発表する式典「シャン・ド・メ」が、その名(五月の祭典)とは裏腹に六月一日に行われたとき、その式典に閲兵のために参加した古参兵は失望を味わうことになる。皇帝の演説はいたずらに民衆の権利を謳うだけで、戦闘意欲をかき立てるにはほど遠かったからだ。ナポレオンの熱烈な支持者たちの間には、「皇帝は昔の皇帝ならず」の嘆きが広がっていった。

そんな空気を察知したのか、ナポレオンは鬱《うつ》の発作で落ち込み気味の気分を立て直し、敵がフランス領内に侵入する前に、これをベルギーで撃破する作戦に出ることにした。

いよいよ、天下分け目のワーテルローの戦いの火ぶたが切られることになったのである。

*

ワーテルロー前夜の状況は、一八一四年のフランス戦役とよく似ていた。すなわち、オーストリア、ロシア、プロシャ、イギリスの四ヵ国がそれぞれの軍隊を率いてフランスに迫り、同時に国境を突破して包囲網を縮めようとしていたのである。

ただ、それにしては、各軍の進攻スピードがまちまちだった。ウェリントン率いるイギリス軍(オランダ軍も参加)とブリュッハーが指揮するプロシャ軍は進撃が速く、どちらもベルギーまで歩を進めていたが、ウィーン会議の紛糾のせいでポーランドで対峙《たいじ》を強いられていたロシア軍とオーストリア軍はフランスに向かうのに手間取っていた。そのため、イギリス軍とプロシャ軍はフランス国境を前にして、合流することもなく、それぞれ、ブリュッセルとナミュールに駐屯し、発進命令を待っていた。

ナポレオンはこの敵の動きを見て、ロシア軍とオーストリア軍が国境に侵入するよりも先にイギリス軍とプロシャ軍を各個撃破し、そのあとで、軍隊を東と北に差し向けようと考えたのである。そこで、新規徴兵の新兵と予備役召集でかきあつめた古参兵の合計三十万人の軍隊のうち、まず十三万人の北部方面軍をもってイギリス軍とプロシャ軍を叩くことにした。この軍隊は、ウェリントンの九万五千人、ブリュッハーの十一万七千人と比べても遜色《そんしょく》なく、両軍が合流しない限り、互角以上に戦える戦力だった。

＊

六月十二日、ナポレオンは北部方面軍十三万人の指揮をみずから執《と》るために、パリを去って、前線に赴いた。このとき、ナポレオンは、随行を希望する外務大臣のコランクールに向かって、「首都を託すのは君しかいない」と語ったが、その言葉は、たとえ戦いに勝っても、留守の間にフーシェによって寝首を掻《か》かれるのではないかという恐怖を如実に語っていた。

実際、百日天下におけるフーシェは、力の衰えたナポレオンを小馬鹿にするような大胆きわまりない振る舞いに打って出ていた。

たとえば、警察大臣ではなく、外務大臣を望んでいたのに容《い》れられなかったことに不満を抱き、外務大臣のコランクールをさしおいて、「自主外交」を展開しようと、盛んに陰謀を巡らした。J・P・ベルトの『ナポレオン年代記』は、ナポレオン贔屓《びいき》の気味があるので多少は割り引いて考えなければならないが、次のようにフーシェの行動を描いている。

四月二十八日（中略）列強との和平の道を探るというたてまえの陰で、フーシェは自分の私的利益を追求する駆け引きを始めた。彼は、ナポレオン二世のためという名目での摂政政治だの、かつての革命戦争ではヴァルミーの勝利の戦列に加わっており、今はオルレアン公となっている国王の従兄弟《いとこ》に玉座を委ねるだの、そういう線で動いていた。これに気づいたナポレオンは、フーシェをののしり、絞首刑にしてやると脅した。警察大臣は、かろうじて皇帝をなだめることに成功した。（J・P・ベルト『ナポレオン年代記』瓜生洋一他訳）

フーシェは、あらゆるところにスパイ網を張り巡らしていたので、ナポレオンの侍医から、ナポレオンが躁鬱病を患《わずら》っていること、また、もしかすると癌《がん》の疑いもあることを聞き出していた。ここでナポレオンが連合国を打ち破ったとしても、長く帝位にとどまることはできないと考え、ポスト・ナポレオンを想定して策を巡らせていたのである。とはいえ、できるなら、自分を毛嫌いしている王党派ではない受け皿が欲しい。

フーシェにとって一番いいのは、ローマ王がナポレオン二世となって、自分が摂政の地位に昇り、好きなように政治を動かすことである。しかし、この選択肢は、ナポレオンが戦いに勝つことを前提にしているので、敗れた場合のことを考えておく必要がある。

ここで出てきたのが、ブルボン家の分家で、革命のときには、ルイ十六世処刑に賛成票を投じたオルレアン家の平等公フィリップの子ルイ＝フィリップというオプションである。これなら、自由派の受けはいいし、王党派もなだめられる。そこで、フーシェはロンドンにいるルイ＝フィリップに密使を送り、ナポレオン没落後のことを相談したいと申し入れた。

それればかりではない。フーシェは、自分と同じマキャヴェリストであるオーストリアのメッテルニッヒに密使を派遣し、ルイ＝フィリップを王座に据えるという線で交渉を始めていたのである。ナポレオンからの使者は国境で捕縛したり、追い返したりしていたメッテルニッヒも、フーシェからの使者であると聞けば、これを通さざるをえなかった。いや、オーストリアに限らない。ロシアもイギリスも、またタレーランも、フーシェをフランスの事実上の外務大臣として扱った。


ウェリントンも、メッテルニッヒも、タレーランも、オルレアン［ルイ＝フィリップ］も、ロシア皇帝も、諸国の王たちも、すべてフーシェの密使をいそいそと迎え、いんぎんにもてなした。こうして、いままであらゆる人をだましてきた男が、世界を賭けた大ばくちにおける唯一の信頼すべき勝負師としていっぺんに通用するようになった。（ツヴァイク　前掲書）

ナポレオンは、メッテルニッヒからフーシェに対して送られた密使を捕縛し、フーシェの計画を知ったが、平然としてシラを切りとおすフーシェをクビにすることはできなかった。ツヴァイクは書いている。

いまとなっては、フーシェの手をのがれたいと思ってもむりなのだ。独裁時代はもう過ぎてしまったからだ。（同前掲書）

ワーテルローの戦いに敗れる前に、ナポレオンはフーシェとの情念戦争に負けていたのである。

「大文字A」の戦い

一八一五年六月十五日の払暁《ふつぎょう》、ナポレオンは十三万人の兵を率いて、サンブセル川を渡河し、シャルルロワに進撃した。

ナポレオン最後の戦いの開始である。

前日の十四日、ナポレオンは全軍に檄《げき》を飛ばし、この戦いでは敵を完膚無きまでに撃滅する必要があると訴えて、最後にこう結んだ。

「いまや、心あるフランス人にとって、勝利か破滅か、このいずれかあるのみ」

十五日の時点でのフランス軍と連合軍の地理関係を頭に入れるには、ナポレオンのいるシャルルロワを角A（90度）とする直角三角形（ABC）を描くとわかりやすい。すなわち長いほうの辺（左辺AB）の端の角B（30度）がブリュッセルで、ここにはウェリントン将軍率いる十万人弱のイギリス軍がいる。このイギリス軍には、連合軍に加わったハノーヴァー、オランダ、ベルギーの兵士も加わっていた。ブリュッセルのウェリントンはまだナポレオンの動きには気づいておらず、ナポレオンの動きは見事な不意打ちであるといえた。

いっぽう、短いほうの辺（右辺AC）の端の角C（60度）がブリュッハー将軍麾下《きか》の十二万のプロシャ軍が控えるナミュールである。ブリュッハーはここから、ナポレオンの前進を阻止すべくツィーテン率いる前衛部隊を送り込んできていた。

ナポレオンは、まず右辺ACでプロシャ軍を叩き、次いで左辺ABでイギリス軍を破るという作戦を取った。ナポレオン得意の各個撃破の戦法である。

この作戦が成功するには、右辺のプロシャ軍と左辺のイギリス軍が合流する暇を与えぬうちに、左辺ABの中点にある要衝《ようしょう》カトル・ブラを占領して、両軍の間にクサビを打ち込むことがなんとしても必要だった。いいかえれば、ワーテルローの決戦は時間との戦いだったのである。

しかし、この時間との戦いは、作戦開始直後に最初の齟齬《そご》をきたすようになる。フランス軍の本隊を構成する五つの軍団のうち、右辺の攻撃を任されていた第四軍の師団長ブールモ

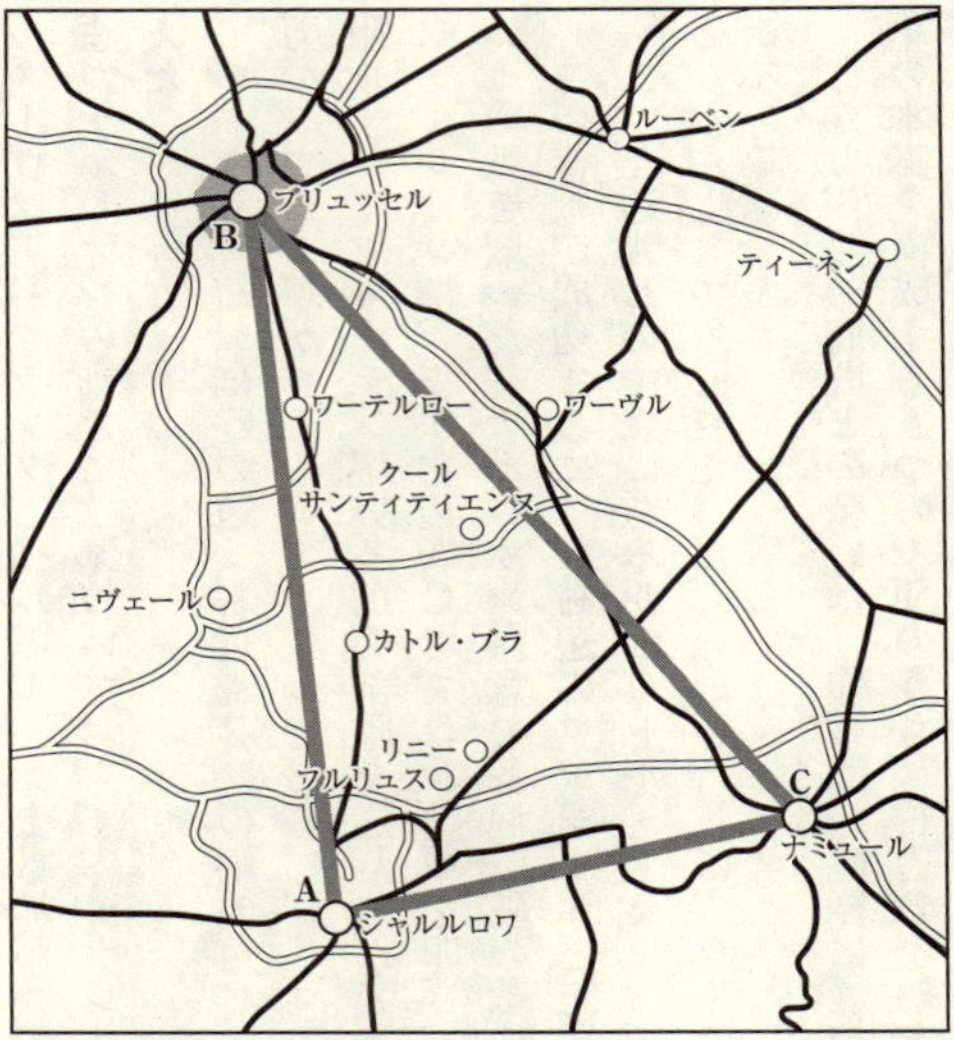

ナポレオン最後の戦い

ン将軍が数名の部下とともにプロシャ軍に寝返ったのである。

このため、第四軍は指揮系統が乱れ、司令官のジェラール元帥は態勢を立て直すのに、いらぬ時間を使ってしまった。その結果、午後からただちにツィーテン率いるプロシャ軍の前衛部隊を叩こうとしたナポレオンの作戦は数時間の遅れを取った。

だが、ワーテルローの結果を知っている後世の目から見ると、こうした裏切りと遅れは、ナポレオンにとってはまだそれほどの痛手とはなっていない。

ナポレオンの最大のミスは、むしろこの後、十五日の午後四時に発生する。シャルルロワの陣地に馳せ参じたネー元帥を、ナポレオンは大感激して迎え、彼に、ブリュッセル街道（左辺ＡＢ）でのイギリス軍攻撃の指揮をゆだねたことである。

ナポレオンは命じた。

「第一・第二軍団の指揮を任せる。近衛部隊の軽装騎兵も一緒につけてやる。明日になれば、ケレルマンの胸甲騎兵も加わるだろう。さあ、行け、ブリュッセル街道の敵を押し返し、カトル・ブラを奪取せよ」

ナポレオンは、右辺ACでブリュッハー軍を撃滅するため、ウェリントンが左から攻めてこないように、ネーをブリュッセル街道に派遣し、カトル・ブラを占拠せよと命じたのだ。

ネーに対するこのナポレオンの信頼があだになった。というのも、ネーはもはや「勇者の中の勇者」ではなく、ただの臆病な指揮官にすぎなかったからだ。

その証拠に、ネーは大軍を率いてカトル・ブラに迫ったにもかかわらず、カトル・ブラがイギリス軍によって占拠されているのを見ると、一戦も交えずにシャルルロワに退却してしまう。実際には、カトル・ブラにはわずか四千人の前衛部隊が、しかも軽装備の部隊がいただけなのだ。

しかも悪いことに、ネーの接近でナポレオンがシャルルロワまで来ていることを知ったウェリントンは主力部隊にカトル・ブラに移動するよう命じた。

といっても、ウェリントン自身は、十五日の夜十時からブリュッセルでリッチモンド公爵夫人が開催した舞踏会に将校たちを引き連れて出席し、優雅にダンスを踊った。ナポレオンのスパイを欺《あざむ》くためである。ウェリントンは、午前三時に出撃を命じたあと数時間睡眠を取り、七時には馬上の人となった。将校たちは軍服に着替える暇もなく、舞踏会用の服で軍馬に飛び乗った。

いっぽう、ナポレオンはというと、十五日の夕刻、カトル・ブラに派遣したネー軍からの情報を待ちながら、シャルルロワの西にいるブリュッハー軍の前衛部隊と対峙《たいじ》していた。攻撃を任せたグルーシー元帥では埒《らち》があかないと見たナポレオンは、夜の六時半、みずから指揮に立った。三十分後、ブリュッハー軍の前衛は撃破され、フルリュス方面へと退却した。夜になり、戦闘が不可能になったので、フランス軍は追撃をあきらめ、シャルルロワ付近でそのまま野営した。四十キロ近い距離を行軍し、疲労困憊していたからである。ナポレオンもシャルルロワの民家で睡眠を取った。

＊

翌朝早く目覚めたナポレオンは、ネーからの報告がないのを知ると、再度カトル・ブラを攻撃するように命令を発した。

命令を受け取ったネーはしぶしぶ進撃を開始したが、その熱意のなさが部下にも伝わったのか、部隊の歩みはいたって遅かった。そのため、ウェリントンは、オランダのオレンジ公に命じて、ネーより一足先にカトル・ブラを占拠させることに成功した。それを知ったネーは、ナポレオンの再三にわたる命令を無視して、本格的な攻撃をしかけなかった。

その間、十六日の午後三時から、右辺ＡＣ辺の上のリニーの平原では、ジェラール将軍率いる第四軍およびヴァンダム将軍の第三軍が、ブリュッハーの主力部隊と激突し、血で血を洗う白兵戦《はくへいせん》を展開していた。アンドレ・カストゥロはその様子を次のように活写している。

どちらの陣営でも、最大限の憎しみを込めて敵の喉をかき切りあった。まるで、兵士の一人一人が、個人的な怨恨でも晴らすかのように、情け容赦《ようしゃ》なく、無慈悲に戦いあった。「それはもはや会戦ではなかった。狩猟だった」とコワニエは報告している。（カストゥロ前掲書）

フルリュスに司令部をおいたナポレオンは、ネーの部隊がカトル・ブラから迂回《うかい》してリニーの戦場にあらわれ、プロシャ軍の右側面から急襲するものと期待していたが、いつまで待ってもその気配がないので、ついに午後七時、近衛部隊の投入を決意した。精鋭の近衛古参歩兵によってブリュッハー軍の中央を突破しようというのである。騎兵部隊が側面を援助し、砲兵部隊が雨あられと砲弾を敵陣に降らせた。

これに対し、ブリュッハーも陣頭指揮に立ち、敵を押し戻そうと試みたが、騎乗していた馬が被弾して落馬、あやうく馬の下敷きになりそうになった。駆けつけた味方の下士官が馬の下から体を引きずりだしたおかげで、なんとか一命はとりとめたものの、総大将がこの調子では、プロシャ軍の劣勢はいかんともしがたく、ついに退却をせざるをえなかった。戦場にはプロシャ兵の死骸が累々《るいるい》と残されていた。捕虜・行方不明を含めると、プロシャ軍の損傷は二万五千人、これに対してフランス軍の損傷は九千人にとどまった。緒戦はナポレオンの勝利に終わったといえる。

とはいえ、プロシャ軍にとっては、退却が組織的に行われ、手付かずに九万五千人の主力部隊が残ったことは、大きなプラス・ポイントだった。そして、この残存兵力の大きさが、ナポレオンにとって大きな脅威《きょうい》となるのである。

＊

ナポレオンは、後にセント・ヘレナでリニーの戦いを回顧し、ワーテルローの敗戦の原因の一つとして、ここでプロシャ軍を包囲殲滅《せんめつ》することができなかったことをあげている。では、その包囲殲滅作戦の失敗はどこに起因しているかといえば、それはネー元帥の優柔不断、右往左往に尽きる。

前日に続いて、カトル・ブラを占領せよという命令を早朝にナポレオンから受け取ったにもかかわらず、ネー元帥はこの日もカトル・ブラの攻撃に熱意を示さなかった。それはまるでサボタージュのようだった。業を煮やしたナポレオンは二度、三度と命令を発したがそれでもネーはもたもたしていた。

午後三時、プロシャ軍の主力がリニーの平原に集結しているのを見たナポレオンは、今がプロシャ軍を殲滅する千載一遇のチャンスと判断し、ネー元帥に対して、カトル・ブラの攻撃を一時中断し、リニーの戦場に駆けつけるよう命じた。フルリュスの司令部から参謀総長のスールト元帥がネー元帥に発した命令書には、こう書かれている。

いまや、決戦のときである。陛下は貴君に伝えるよう、以下の命令書を私に託された。

貴君は、戦場を作戦移動し、敵の右翼を包囲してから、その背後を痛撃せよ。貴君が勇敢に戦えば、敵はかならずや敗北する。フランスの運命は貴君の手の中にある。（同前掲書）

もちろん、この敵とはプロシャ軍のことである。ナポレオンはネーがカトル・ブラを攻めないのなら、リニーの戦場に援軍に駆けつけ、右翼からの攻撃に加われと命じているのである。

ところがネーは、なにを勘違いしたのか、自身では「作戦移動」せず、ドゥルエ・デルロン将軍の第一軍をリニー方面に差し向けただけにとどまった。

それだけではない。ネーはなんと、ナポレオンの命令を無視してカトル・ブラの攻撃を決め、そのために、リニー方面に向かった第一軍を呼び戻したのである。しかも、第一軍が到着するのを待たずに、第二軍に攻撃を命じたため、ウェリントン軍に撃退され、大きな損害を受けた。第一軍は結局、リニーにもカトル・ブラにも行けず、戦場の間をさまよい歩いた。

このネーのほとんど「妨害工作」ともいえる命令無視によって、ナポレオンはブリュッハー軍の包囲殲滅に失敗し、その結果、ワーテルローの戦場に彼らが馳せ参じることを許してしまうのである。

＊

だが、ナポレオンが犯したより大きな過《あやま》ちは、この日の夜と翌日の十七日の決定にあった。

一つは、将兵に休息を与えるため、その夜と翌日の午前中を完全休養としたことである。ナポレオン自身もフルリュスの城郭でぐっすりと眠った。このことが、ブリュッハー軍に退却の時間を与えたばかりか、ウェリントン軍にもモン・サンジャンの高地まで後退する作戦を許してしまう。ウェリントンはブリュッハーの敗退と退却を知ると、連絡線を維持し、合流を可能にするため、カトル・ブラを放棄して、モン・サンジャンの高地の尾根に陣地を敷いたのである。

ナポレオンは後に、このときの時間の浪費を悔いてこう語ったと伝えられる。

私が犯した過ち、それはフルリュスで熟睡してしまったことである。ワーテルローの戦いは二十四時間早く始まっていたことだろう。そうしたら、ウェリントンとブリュッハーが合流することもなかったにちがいない。(同前掲書に引用)

だが、一日早く兵を動かすのは、兵士の疲労から見て、やはり無理だったろう。それよりも、ナポレオンにとって致命的だったのは、すでにかなり遠くまで退却しているはずのブリュッハー軍を追跡するように、午前十一時になってからグルーシー元帥に命令を出したことである。

ナポレオンがグルーシーに与えた兵力は、リニーの戦いの主力だった精鋭部隊のジェラール将軍の第四軍およびヴァンダム将軍の第三軍、それにピュジョル将軍の騎兵隊、それにエグゼルマン将軍の砲兵隊の合計三万三千人である。この大部隊がワーテルローの戦場に欠けることになるのだから、これはまたとない痛手というほかない。

だが、ナポレオンは、まだそのことに気づいていない。というよりも、もし、本当にナポレオンの指示通りに、グルーシー元帥が迅速に行動し、ブリュッハー軍を捕縛するか、あるいは少なくとも足止めにしていたら、ワーテルローの帰趨《きすう》はどちらに転んだかわからないのである。

とはいえ、ブリュッハー軍追撃という作戦を認めたとしても、部隊編制にはなお大きな疑問が残る。すなわち、大会戦には必要不可欠な騎兵部隊をなぜグルーシーに与えたのかということである。

おそらく、ナポレオンは、ブリュッハー軍を捉えたとき、グルーシーが騎兵部隊を出撃させたら、敵は大恐慌《だいきょうこう》をきたすにちがいないと考えたのだろう。だが、前日からすでに半日以上が経過していたことを考えれば、グルーシーがブリュッハーに追いつくのは容易なことではないのはわかったはずである。この意味で、虎の子《とらのこ》の騎兵部隊は、完全な無駄駒《むだごま》と化してしまったのである。ワーテルローの攻防で、モン・サンジャンの高地に位置したウェリントン軍を叩くのに騎兵部隊が必要になったとき、ナポレオンはこの部隊編制を深く悔やむことになる。

しかし、ブリュッハー追撃という作戦における最大の誤算は、グルーシー元帥その人にあった。というのも、グルーシーはおよそ大部隊の指揮官としては不適格な優柔不断な性格で、大切な別動隊を任せられるような器《うつわ》ではなかったからである。案の定、グルーシーはおよそ見当違いの方角に追跡隊を向かわせ、貴重な時間を無駄にすることになる。また、ワーテルローの雌雄《しゆう》を決する重要な局面でも、ナポレオンの命令を無視して、ワーテルローに駆けつけようとはしなかった。ネーの場合と同じく、別動隊の指揮官に不適格な人間を配してしまったナポレオンのミスは取り返しがつかなかったのである。

*

十七日の午後一時半、ナポレオンは残りの部隊を引き連れて、カトル・ブラの手前でネーの部隊と合流した。捕らえられたイギリス兵の話から、ウェリントン軍がモン・サンジャンまで退却したことを知ると、ただちに騎兵隊に命じて、ウェリントン軍の後衛を追撃させた。

だが、このとき、朝から降り続いていた雨が激しくなり、嵐のような豪雨となってきた。ナポレオン軍の前衛は、すでに敵軍によって散々にかき回された泥道を行くので前進は一層困難だった。兵士も軍馬も泥濘《でいねい》に脚《あし》を取られた。ウェリントン軍の後衛も退却の速度がにぶったが、ナポ

結局、この日は、ウェリントン軍に追いつけぬまま、日が暮れた。ナポレオンは、ラ・ベ・ラリアンス村に六時半に到着したが、前衛部隊をつとめるミヨー将軍の胸甲騎兵の部隊

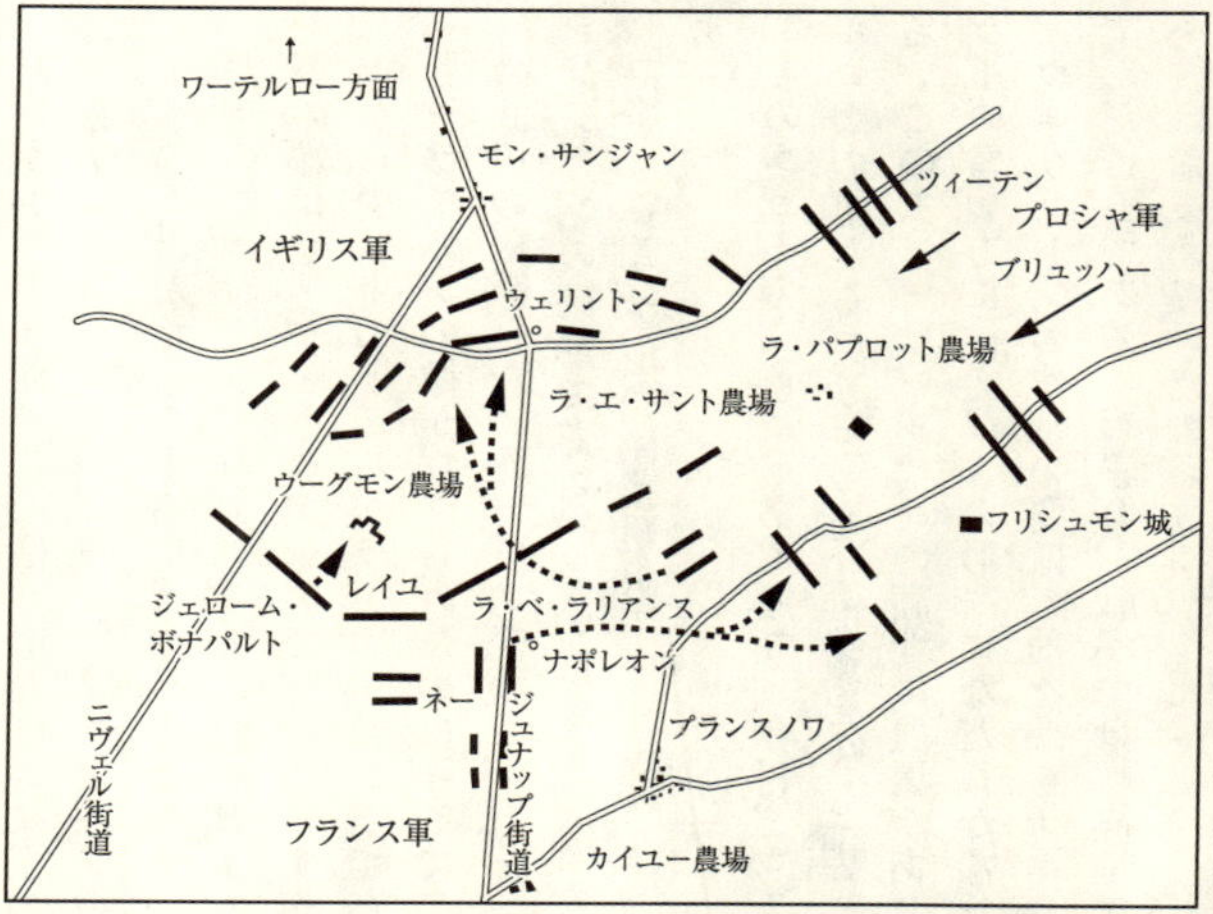

大文字Aの衝突（*Les Chronologies de Maurice Griffe Napoléon Bonaparte 1769-1821* を参照）

がラ・エ・サント農場の付近から激しい砲撃を浴びせられたのを知り、イギリス軍がモン・サンジャンの高地に陣地を敷いていることを悟った。明日は、ワーテルローの町に通じるこの場所が会戦の場となるだろう。

そこで、ナポレオンは、ラ・ベ・ラリアンスからその南にあるカイユー農場に戻って、その農家を司令部とし、ほとんど寝ずに作戦を練った。

司令部でナポレオンが机の上に広げた地図に関して、ヴィクトル・ユゴーが『レ・ミゼラブル』の中で、きわめてわかりやすい解説を加えているので、ここではユゴーの筆を藉《か》りることにしよう。

ワーテルローの戦いをはっきりと

思いうかべようとする人は、地面に大文字のAを横たえたと想像するだけでいい。Aの左の足はニヴェル街道、右の足はジュナップ街道、Aの横線はオーアンからブレーヌ・ラルーへのくぼんだ道である。Aの頂上はモン・サンジャンで、そこにウェリントンがいる。右左下の端はウーグモンで、そこにジェローム・ボナパルトといっしょにレイユがいる。右下の端はラ・ベ・ラリアンスで、そこにナポレオンがいる。Aの横線が右足と接している点から少し下のところがラ・エ・サントである。この横線の中央が勝敗の決した地点である。ライオンの像が立てられたのはそこであって、それは思いがけなくも、近衛隊の最高の武勇の象徴となった。Aの頂点と、二本の足と横線とにはさまれた三角形は、モン・サンジャンの高地である。この高地の争奪が戦いのすべてだった。(ヴィクトル・ユゴー『レ・ミゼラブル』佐藤朔訳)

このユゴーの文章にもある通り、今日、ワーテルローの戦いと呼ばれているのは、ワーテルローの町からブリュッセル街道を少し南に下ったモン・サンジャンの高地での戦いである。このモン・サンジャンの高地に農場があり、ここを中心にして、南側の斜面に扇形《おうぎがた》(ユゴーの言い方に従えばAの形)になだらかな丘陵が広がっている。

ウェリントンの作戦の要《かなめ》は、前々からナポレオンとの決戦を予想して、この高地を陣地に選んだことである。つまり、戦場では、高地に位置しているほうが防御しやすいという鉄則を彼は踏まえていたのだ。

ただ、ウェリントンにも不安はあった。それは、モン・サンジャンの高地の後ろにはソワーニュの森が広がり、もし、戦いに敗れた場合には、退却すべき道としては、森の中の隘路《あいろ》しかないということだ。この意味では、ウェリントンが戦場にモン・サンジャンを選んだのはかなり危険な賭けだったといえる。

しかし、これは、例の背水《はいすい》の陣《じん》というやつで、それだけウェリントンは作戦に自信があったにちがいない。

いっぽう、ナポレオンはというと、夜中に敵陣の配置を検討しながら、これなら勝てるという確信を深めていた。リニーでもその威力を発揮した中央突破作戦が功を奏しそうに思えたからだ。

ただ、一つ気掛かりなのは、あいかわらず強さを増していく雨脚《あまあし》だった。これだと、中央突破作戦に欠かせない砲兵部隊が動かせるかどうか？

ナポレオンは窓辺に寄って空模様を不安げに見つめていた。

六月十八日

運命の六月十八日の朝は豪雨のうちに明けた。徐々に雨脚は弱まってきていたが、陽が昇っても、まだ大地はぬかるんだままだった。

朝霧が晴れ、モン・サンジャンの高地に集結したウェリントン軍の陣地が目に入ったとき、下から敵を見上げる格好になっていたフランス軍の将兵の一部に不安などよめきが走った。スペイン戦役に参加した将兵の脳裏に、ウェリントン軍にさんざんに悩まされた記憶が蘇ってきたからである。

いっぽう、二時間半寝ただけで六時には目を覚ましていたナポレオンはいたって意気軒昂で、八時に参謀たちと作戦会議を兼ねた朝食をとったときも、ウェリントンの老獪《ろうかい》さに注意を呼びかけるスールト参謀総長に対して、こう活《かつ》を入《い》れた。

「ウェリントンなんてのはヘッポコ将軍で、イギリス軍はヘボ軍隊だ。今日の戦いは、いってみればピクニックのようなもんだ」

実際、ナポレオンには絶対の自信があった。ウェリントンが敷いた陣形から作戦を読み切ったつもりだったのである。

Aの頂点に位置するウェリントンの作戦の要《かなめ》を成すのは、左辺下のウーグモン農場と、右辺が横線と接する点から少し下のラ・エ・サント農場に築かれた堅固《けんご》な陣地だった。

ワーテルローの戦場に実際に足を運んでみると、この二つの農場はごく普通の農家で、とうてい要塞になる家屋のようには見えない。だが、ここに守備隊として配置されたイギリス軍部隊の超人的な奮闘によって、二つの農場、とりわけウーグモン農場は、どんな要塞にも勝《まさ》る難攻不落の陣地となったのである。

ナポレオンはこの二つの陣地を、ラ・ベ・ラリアンス村の南にあるロソムの丘から望遠鏡で観察し、ウェリントンの作戦を探った。ウェリントンは、ナポレオンが歩兵部隊による中央突破作戦をしてくるものと予想し、この二つの陣地から一斉射撃して前進を阻止するつもりだろう。ならば、まず、左辺のウーグモン農場に攻撃を集中するように見せかける。こうすれば、ウェリントン軍はここに増援を繰り出さざるをえないから、中央が手薄になる。その隙を衝くのだ。すなわち、ウーグモン農場への攻撃は陽動作戦で、狙いはあくまで敵陣の中央突破にある。

しかし、この作戦には、絶対に欠かせない要素があった。八十門の砲列による中央への一斉射撃である。これによって敵陣中央に穴を穿《うが》ち、そこに騎兵部隊と歩兵部隊を突入させるのである。ところが、戦場を偵察に出た将校から、前夜の雨で大地がぬかるみ、砲列を移動させるのはきわめて困難という報告が届いた。

ナポレオンは思案した。前夜、逃走したブリュッハー軍の追尾《ついび》に向かわせたグルーシー元帥からはなんの連絡もない。ということは、まだ捕縛できていない可能性が強いから、戦闘が長引けば、最悪、ウェリントン軍とブリュッハー軍が合流してしまう恐れもある。ゆえに、戦闘はできる限り早く開始したほうがいいが、大地がこの状態では砲兵部隊を活用することは困難だ。となると、砲兵の援護なしで歩兵部隊を突撃させるしかないが、それはあまりに危険だ。どうすべきか。

こうしてナポレオンが考えあぐんでいると、ふたたび偵察将校からの報告が入った。困難はあるものの、あと一時間もあれば、大地は大砲を移動できる程度には乾くだろうというのである。

これで、ナポレオンの腹は決まった。作戦開始命令の発令は午前十一時。ウーグモン農場をジェローム・ボナパルト率いる軍団が攻撃するのに呼応して、砲撃を開始するというものだった。

しかし、現実には、ナポレオンの決断はこれでも遅《おそ》きに失《しっ》していたのである。歴史に「たら」はないが、大地が乾くのがもう少し早く、作戦開始があと一時間繰り上がっていたら、ブリュッハー軍が到着するまでに、勝負はついていたかもしれないのだ。以後、ナポレオンの作戦は、ことごとく、歴史のオルターナティブで「×」のオプションを選ぶことになる。

＊

午前十一時半、皇帝親衛隊の砲兵隊が、ジェローム師団のウーグモン攻撃を援護するために、砲撃を開始。ワーテルローの決戦の火ぶたが切られた。

ウーグモン農場に立てこもったのは近衛連隊とスコットランド・ハイランダーズの軽歩兵四中隊と騎馬砲兵一中隊だけで、その外側の果樹園や森をナッサウ公国軍とハノーヴァー公国軍が守備していた。ジェローム師団の攻撃で、果樹園と森の守備隊は簡単に撃破された。農場の陥落も時間の問題かと思われた。

ところが、ここで奇跡が起こった。ジェローム師団は石の外壁のところで敵の猛烈な銃撃を浴びてその場に釘付けになり、戦死者が続出したのである。

この最初の衝突がその後の展開に大きな影響を与えることとなる。というのも、ジェロームは、ウーグモン農場はあくまで陽動作戦であるということを忘れ、なんとしても農場を陥落させようと、むきになって攻撃をしかけたからである。そのたびに増援部隊が要請され、ついにレイユ軍団のほとんどがこのウーグモン農場に投入された。

やがて、フランス軍の突撃隊百名が果樹園を通り抜け、補給路として開けられていた正門から突入に成功した。イギリス軍の抵抗ももはやこれまでかと思われた。だが、その瞬間、文字通りのドンデン返しが起こった。近衛歩兵の連隊長マグダネル大佐がその強力《ごうりき》によって門扉《もんぴ》を閉め、フランス軍を閉じ込めて皆殺しにしてしまったのである。ウェリントンは、後に、この門扉の閉鎖がワーテルローの勝利につながったと語った。それもそのはず、ウーグモンの要塞は、その後、七時間にわたってもちこたえ、ついに降伏しなかったからである。

＊

モン・サンジャンの高地から戦況を見守っていたウェリントンは、陽動作戦にしてはウーグモン攻撃があまりに本格的なのに動揺を感じていた。もしかすると、フランス軍は右翼を突破して、一気にブリュッセルを衝く作戦ではないかと思ったのである。ウェリントンはこの可能性も考慮に入れていて、一万五千人の分遣隊《ぶんけんたい》をブリュッセル街道に送って道を閉鎖させていたが、しかし、万一、右翼を突破されたら、モン・サンジャンに背水の陣を敷いた意味がなくなる。思い切ってウーグモンに増援を派遣したほうがいいのではないか？

だが、そう思った瞬間、望遠鏡の中に、戦闘に加わっていない敵の大部隊が映った。まさに中央の正面である。ウェリントンはすんでのところでウーグモンへの増援を思いとどまった。やはりナポレオンは中央突破を狙っているのだ。ここは、たとえウーグモンの守備隊が全滅しようとも、来《きた》るべき戦闘のために兵力を温存しておくべきではなかろうか？

いっぽう、ロソムの丘に立つナポレオンもまた迷っていた。ブリュッハーを追撃しているグルーシーをワーテルローの戦場に呼び寄せるために伝令を送ろうかと考えたのである。ナポレオンは、ウーグモン攻略が手間取っているのを見て、戦闘が長引いて兵力が足りなくなるのではないかと危惧《きぐ》しはじめていたのだ。

そんなナポレオンのかたわらで、さながら、パドックの中の競走馬のように、ネー元帥が血気にはやりながら出撃命令を待っていた。ネーの再三にわたる攻撃許可願いに折れたナポレオンが八十門の大砲に砲撃準備を命じたとき、北東の方向に長い砂煙のようなものが見えた。ナポレオンは、グルーシー軍団が戦場に駆けつけてきたと思い、狂喜した。彼らが敵の左翼を衝けば、一気に勝負を決することができる。

だが、北東から迫ってくる大軍はグルーシーの部隊ではなかったのである。

＊

前夜からグルーシーの率いる三万人の大部隊は、ブリュッハーを追ってワーヴルに向かっていた。十八日の正午頃、雷が落ちたような地響きが聞こえた。大地に耳を押しつけて方向を探っていた兵士が、音はワーテルローの方向から響いてくる、それも大砲の音だと断言した。これを聞いたジェラール元帥がグルーシーにただちにワーテルローに向かうべきだと進言した。イギリスの戦史家ジョン・ストローソンは、このときのグルーシーの判断がワーテルローの勝敗を決したとして、次のように断定している。

グルーシーはその優柔不断な態度にもかかわらず、部下から指揮上の注意をされて逆上した。激しい口論のすえ、グルーシーはナポレオンの命令を実行するためにワーヴルに向かうのが自分の義務だと断言した。こうして彼は皇帝の命運を定めた戦闘に背を向けたのである。(ジョン・ストローソン『公爵《ウエリントン》と皇帝《ナポレオン》』城山三郎訳)

そう、北東からの大軍は、グルーシーが捕縛しそこなったブリュッハー軍の前衛ビューロー軍三万人だったのである。

驚愕したナポレオンは、この方面に四個師団を派遣すると同時に、グルーシーに対して即座に戦場に駆けつけるよう命令を発した。いまのところ、距離から見て、ビューロー軍が戦場に到達するには二時間はかかる。その前に、なんとしても、ウェリントン軍を撃破しておかなければならない。さもないと、ビューロー軍に側面を衝かれることになる。

ナポレオンは中央突破のための総攻撃を命じた。

＊

まず、最大の野砲十二ポンド砲二十四門を含む大砲列が一斉に火を噴《ふ》き、モン・サンジャンの高地に雨あられと砲弾を浴びせた。しかし、冷静なウェリントンは、すでに自軍を射程外の斜面にまで後退させていたので、砲弾はいたずらに丘の地面に穴をあけただけだった。

午後一時半、ドゥルエ・デルロン軍団の四個師団が突撃ラッパの音とともに前進を開始した。彼らは密集隊形を組み、モン・サンジャンの高地をはい上がっていった。ドロンズ師団は中央のラ・エ・サント農場を包囲し、デュリュット師団はラ・パプロット農場を攻撃した。

午後二時半、ナポレオンは、モン・サンジャンの尾根の中央を占領したと喜んだが、それもつかのま、ウェリントン軍が各所で猛反撃に出た。ラ・エ・サントでは、近衛騎兵部隊がフランス軍の胸甲騎兵と歩兵に襲いかかり、ついで、ポンソンビー指揮の竜騎兵部隊が中央のドロンズの歩兵部隊に殺到した。しかし、竜騎兵部隊は血気にはやりすぎて、ナポレオンの本陣にまで進んだため、包囲されて壊滅した。

午後三時半、ウェリントンは、フランス軍の砲兵部隊が激しい砲撃を再開し、死傷者が増えたため、モン・サンジャンの頂《いただき》の背後の防御陣地まで引き下がるよう命じた。

これを見たネー元帥は、なんとしたことか、敵が退却したものと思い込み、砲兵の援護もなく、歩兵の支援も受けぬまま、独断で騎兵隊五千人を引き連れて突撃を敢行した。前日から、相次ぐヘマでナポレオンの信頼を失っていると感じていたネーは、名誉挽回のチャンス到来とばかり、ナポレオンの命令を受けぬままに突っ走ったのである。

ウェリントンは驚いた。まさか、ネーが砲兵と歩兵の援護もなく、騎兵隊だけで突っ込んでくるとは信じられなかったのだ。しかし、げんに、面前で、その「まさか」が起こっている。そこで、急遽、歩兵部隊に方陣を作るように命じた。

きらびやかなフランスの騎兵隊が頂上までたどりついた時、彼らは眼前に身の毛もよだつ光景を見た。歩兵の方陣が全部で二十並び、各方陣とも片ひざをついた前列の兵が光り輝く長い銃剣の槍ぶすまを作り、その後ろの二列の兵は立ったままマスケット銃を構えていた。（ジョン・マクドナルド『戦場の歴史　コンピュータ・マップによる戦術の研究』松村赳監訳）

ヴィクトル・ユゴーは『レ・ミゼラブル』の中で、このとき、フランス騎兵の先頭が、彼らとイギリスの方陣の間に穿《うが》たれていた窪道に突っ込み、その上に次の騎兵隊が折り重なって倒れたため、大惨事が起こったとしているが、最近の研究では、少しちがうようだ。

立ち止まった騎兵は、背後から押し寄せる仲間に前方に押し出されてしまった。一方、駆け足で突進した騎兵は馬をうまく操ることができず、方陣と方陣の間に、右に左にと分かれてしまった。あわてふためいて右往左往するうちに、彼らは熟練したイギリス軍歩兵の格好の標的になった。（ユゴー　前掲書）

まあ、こんなところが真相だろう。いずれにしろ、なんの援護もなく方陣に向かって突進したネーの騎兵隊は小銃の一斉射撃を受け、方陣を解き崩せぬままに、いたずらに戦力を消《しょう》耗《もう》していったのである。

このネーの無謀な突撃を見ていたナポレオンは、思わずこう叫んだ。

「いかん、早まったことをしてくれたな。今日はろくな結果にならんぞ」

そして、つぶやいた。

「あの大馬鹿者めが。奴のおかげで、フランスは、おとといから、もうこれで二回も危機を迎えている」

しかし、少し考えたあと、こう言い放った。

「しかたない。突撃したからには、支援してやらんといかん」

かくして、ネーに続いて、ケレルマン騎兵隊三千七百人が投入されたが、同じようにモン・サンジャンの尾根に達するや、イギリス軍の方陣からの一斉射撃を浴び、押し返された。

午後四時半、ブリュッハー軍の前衛であるビューロー軍三万人が戦場に到達した。ムートン将軍率いる予備師団がこれに応戦したが、多勢《たぜい》に無勢《ぶぜい》で、ビューロー軍はフランス軍の右翼を脅かし始めた。ナポレオンは新鋭近衛軍《ジューヌ・ガルド》を増援に向かわせ、プランスノワでなんとかプロシャ軍の前進を阻止した。

午後五時半、歩兵と砲兵の援護を受けたネー元帥はラ・エ・サント農場をついに陥落させた。これによって、フランス軍は砲兵の活躍する道が開け、ウェリントン軍の中央に激しい砲撃を浴びせかけた。ウェリントンもこのときは危ないと感じた。プロシャ軍の到着はまだである。ここで中央を突破されたら、全軍が総崩れになる。

このチャンスに、ネー元帥はふたたびいきり立った。ナポレオンに予備の歩兵部隊の増援を要請したのである。

ところがナポレオンはこれを拒否した。手許には最後の切り札である古参近衛軍《ヴィエーユ・ガルド》の部隊が残っていたが、それはプロシャ軍の進撃阻止に使うためのものである。だが、しばらくしてナポレオンは考えを変えた。ブリュッハー軍よりもウェリントン軍を叩くほうが先決と決断し、虎の子の古参近衛軍六千五百人の投入を決めたのである。

＊

午後七時。ネー元帥が全軍の先頭に立ち、古参近衛軍の大部隊を率いてウェリントン軍の中央目指して進撃を開始したちょうどそのとき、右翼の方角から、銃声が聞こえた。ナポレオンは今度こそ、グルーシー軍が到着したものと思った。だが、今度もまた期待は絶望に変わった。到着したのはツィーテン率いるプロシャ軍の先遣部隊だったのである。

援軍の到着で左翼（ナポレオン軍から見れば右翼）を固める必要がなくなったウェリントンは、兵力を中央に集め、最後の決戦に備えた。勇気百倍となった兵士たちは丘の斜面に身を潜《ひそ》めて、敵が来るのを待った。

いまだかつて負けたことのない古参近衛軍の第一陣、二千人が隊列を整えたまま、中央突破目指して、どんどん近づいてくる。

「あと、少しだ」

メイトランド率いる近衛旅団とともに麦畑に伏せていたウェリントンはつぶやいた。待つ

ワーテルローの戦い（Eric Ledru *“NAPOLÉON Le conquérant Prophétique”*）

こと数分、尾根の先に古参近衛軍の赤い羽根飾りが見えた。

「いまだ。メイトランド、突撃だ」

ウェリントンの命令で、メイトランド旅団の精鋭が一気に斜面を駆け登り、尾根の頂上に達したフランス軍に至近距離からの一斉射撃を浴びせた。

この不意打ちで、負け知らずの古参近衛軍が恐慌状態に陥り、ナポレオン軍始まって以来の退却を開始したのである。

不敗伝説に包まれた古参近衛軍が算を乱して退却してくるのを見た後続部隊の間にパニックが広がった。「皇帝万歳」の雄叫《おたけ》びが、いつしか「逃げろ！」「裏切り者！」の阿鼻叫喚《あびきょうかん》へと変わった。

これを見たウェリントンは、午後七時四十五分、全軍に総攻撃を命じた。すさまじいばかりの殺戮《さつりく》がワーテルローの原野のいたるところで繰り広げられた。

そんな中で、エルバ島からナポレオンに付き従ってきた最後の古参近衛軍の大隊は、三つの方陣を組んで、敵の猛攻に耐え、敗れた皇帝に退路を確保した。ウェリントン軍は至近距離から方陣になんども一斉射撃を浴びせたが、ついに彼らは降伏しなかった。

最後に一つ残った方陣の中に、酒保《しゅほ》係の女性マリ、通称「石頭のマリ」がまじっていた。マリは、方陣を指揮する近衛猟歩兵部隊隊長のカンブロンヌ将軍が投降の呼びかけに対して、「メルド（クソ食らえ）！」と、歴史に残るその言葉を吐いた瞬間、敵に向かってフランス軍最後の一撃を放った。

時計の針はすでに九時を回っていた。ワーテルローの戦場には三万人のフランス軍と二万八千人のウェリントン軍の死骸が横たわっていた。

午後九時半、ようやく戦場に到着したブリュッハーは、ナポレオンがさっきまで司令部を置いていたラ・ベ・ラリアンスでウェリントンと抱き合って会見を果たした。ラ・ベ・ラリアンスとは、「美しき同盟」という意味だから、両者の歴史的会見の場として、これほどにふさわしい場所はなかったのである。

陰謀情念の勝利

ワーテルローの会戦から一夜明けた一八一五年六月十九日の午後遅く、「ナポレオン敗れる」の一報はどこよりも早くフーシェのもとに届いた。

この瞬間から、フーシェの人生において、短いが、最も輝ける日々が始まる。

「歴史」という演出家によって表舞台から退けられたナポレオンに代わり、これまで裏方に甘んじていたフーシェがついにタイトル・ロールを演じるときがやってきたのである。

実際、この日のフーシェの動きは、あらかじめこうなることを予測していたかのように迅速だった。フーシェがまず働きかけたのは、代表議会（下院）だった。

というのも、フーシェは、六月三日に代表議会の選挙が行われたとき、これを巧みに誘導して、反ナポレオン感情の強い自由主義者《リベロー》が多数当選するように仕組んでいたので、議会を自分の思惑通りの方向に引っ張っていくのは、造作《ぞうさ》もなかったからである。

フーシェは、例によって議員一人一人の耳元でこうささやいた。

「ナポレオンはパリに戻ってきたら、ただちに議会に独裁権を要求し、拒否されれば、議会を解散してしまうでしょう。そうなったら、フランスは破滅ですよ。それに、こちらから先に手を打っておかなければ、ダヴー元帥の率いる守備隊がナポレオンのもとに馳せ参じるはずですから、パリが連合軍の砲火を浴びて、火の海になることは明らかです」

かつて、ロベスピエールによって死刑を予告されたフーシェが、その持ち前の二枚腰《にまいごし》を発揮して、たった一夜で国民公会の趨勢《すうせい》を逆転してロベスピエールをギロチン送りにしたときと同じように、フーシェは、その暗躍によって、一夜にして代表議会を反ナポレオン一本にまとめ上げてしまったのである。

フーシェのささやき戦術は議会ばかりか内閣に対しても功を奏していた。フーシェが内閣の成員に夜を徹して強力な働きかけを行った結果、ナポレオンの帰還前の二十日の夜に開かれた閣議でも、ナポレオンの独裁体制を要求する大臣はダヴーとカルノーのみ。態度を決めかねている大臣には、フーシェが仲間に引き入れたルニョ・ド・サン＝ジャン＝ダンジェリが退位を主張して揺さぶりをかけた。

ツヴァイクは、この獅子《しし》奮迅《ふんじん》のフーシェの活躍をこう活写している。

すでにその晩のうちに議会は開かれ、閣議は皇帝反対派の勝利に帰したので、ふたたび政権を手中に収めようとする最後の可能性も、ナポレオンの手から奪いとられてしまった。しかも、これら一切の段どりは、ナポレオンがパリに向けて第一歩を踏み出す以前に、ちゃんと整えられてしまったのだ。時の支配者は、もはやナポレオン・ボナパルトではなくて、ついに、ここについに、ジョゼフ・フーシェがそれになったのである。（ツヴァイク　前掲書）

ナポレオン自身も、二十一日の朝パリに戻ってエリゼ宮で緊急閣議を招集したとき、この事実を悟らざるを得なかった。すなわち、ナポレオンが大臣たちを前にして、もし独裁権が与えられれば、あらたに十万人の兵士を徴募して二十万人の軍で連合軍を撃破してみせると熱に浮かされたように雄弁をふるっても、積極的賛意を表したのはカルノーとダヴーだけで、他の大臣たちはひたすら押し黙っている。

フーシェはというと、決して自分からは意見をいわず、まるで、精神を病んだ患者を観察する臨床医のような態度でナポレオンの最後のあがきを見つめていた。ふたたび、ツヴァイクの筆を藉《か》りよう。

彼［フーシェ］は考えている。ここにいるのは、死にかかっている人間さ、と。敗残者だ。見放された人間だ。こんな男がやけになって、何をしゃべりちらそうと、ものの数ではないのだ！ 皇帝がここで、むりやり空想をおしつけて、他人を陶酔させようとして、自分の方が陶酔してしまっているあいだに、ここから千歩ほど離れたチュイルリー宮殿では、すでに議会の総会が、ついにさまたげられることもなくなったフーシェの命令と意志に従って、えんりょえしゃくなく、論理的に筋の通った決議を行っていることを、フーシェはちゃんと知っているからだ。（同前掲書）

まさに、ナポレオンの熱狂情念に対するフーシェの陰謀情念の勝利である。

実際、ツヴァイクが書いているように、代表議会では、フーシェの根回しによってナポレオンの独裁要求を拒否し、議会を開催しつづけることが決議されていた。

その先頭に立っていたのは、さながら亡霊のように過去から蘇ったラファイエット将軍であった。ラファイエットは、アメリカ独立戦争にフランス義勇軍の指揮官として参加し、フランス革命の初期においては最も国民に人気のある英雄だったが、ナポレオンがクーデターで全権を掌握してからは自分の領地に引きこもって十数年も暮らしていたのである。それが、一八一五年の代表議会の選挙で自由派として返り咲き、積年の恨みを晴らすべく、反ナポレオン陣営の旗頭となっていたのである。

フーシェは、ラファイエットの無能さをよく知っていたが、担ぐには格好の神輿《みこし》と考えて、ラファイエットに議会の指揮を任せていたのだ。

ラファイエットは議会で久々の熱弁をふるった。いまや「自由」の時代がやってきたと力説し、議会解散を目論《もくろ》む者は、何人《なんぴと》たりといえども、国家に対する反逆者と見なすという決議を通してしまったのである。

こうした議会の後押しを感じたのか、閣議では、ついに、ルニョ・ド・サン＝ジャン＝ダンジェリが重い口を開いた。

「議会が陛下の独裁要求を認めるとは思えません。この期《ご》に及んでは、偉大な犠牲的精神が必要なのではないかと愚考いたします」

「ルニョ、はっきりいってみろ。議会が要求しているのは私の退位なのか？」

「まことに申し上げにくいのですが、その通りであります。もし、陛下が退位に同意なさらぬ場合は、議会がそれを要求することとなると思います」

このとき、リュシアン・ボナパルトが驚いて割って入った。

「皇帝には議会など必要ない、ただちに独裁を宣言し、議会を解散してしまえばいいのだ」

ナポレオンの眼が一瞬輝いた。

「リュシアンのいう通りだ」ナポレオンはいった。

「議会は私が退位したあと、フランスがどうなるかわかっているのか？　軍隊は私がいるから秩序を保っている。私がいなくなったら、大混乱が起きるぞ」

大臣たちは、なんと答えたらいいかわからず、あいかわらず押し黙っていた。

そのとき、閣議室のドアが勢いよく開き、伝令が議会からの決議案をもってきた。ナポレオンは決議案を読むと激しく怒り出し、あんな連中のところには、ブリュメール十八日のときと同じように擲弾兵《てきだんへい》を送ってやればいいのだと言い放ったが、またすぐに弱気になり、リュシアンを議会に派遣して説得を試みさせることにした。

このためらいがナポレオンから最後のチャンスを奪った。というのも、議会に派遣されたリュシアンは激しくナポレオンの罪状を言い立てるラファイエットの見幕《けんまく》の前にたじたじとなり、反論する術《すべ》をもたなかったからである。ラファイエットはいった。

「あなたはお忘れか、アフリカやスペインやロシアの大地に、三百万人のフランス兵士の遺骸が横たわっているのですぞ。これ以上の犠牲はたくさんだ。われわれの義務は祖国を救うことです」

議会は圧倒的な拍手喝采《はくしゅかっさい》で、ラファイエットの演説を支持した。リュシアンはすごすごと議会から退散するほかはなかった。

しかし、リュシアンからこの一報を受けてもナポレオンは退位の意志を明らかにしなかった。こうして、二十一日は暮れた。

フーシェはいらだった。これだけいっても退位に同意しないなら、もう方法は一つしかない。議会から皇帝に退位要求を突き付けるのだ。

明けて二十二日、フーシェが夜のうちに万全の根回しを行ったおかげで、議会では、ついに退位要求決議案が可決された。ラファイエットはリュシアンにいった。

「あなたの兄さんにお伝えください。退位書に署名した文書を送るようにと。さもなければ、われわれが廃位決議を送ります」

ラファイエットは皇帝が名誉ある退位書に同意するよう一時間の猶予を与えた。

一時間後、ついにナポレオンは屈服した。ここで退位すれば、息子のローマ王がナポレオン二世となる可能性が残されていると考えたすえの決断だった。

ナポレオンはリュシアンに書き取らせた退位宣言をフーシェに渡した。この場面をツヴァイクはこんな風に描いている。


　ひとことも口をきかずに、皇帝はそれをフーシェに渡した。フーシェも、ひとことも口をきかずに、苦闘のすえ勝ちとったといってよいこの書面を受けとると、腰をかがめた。しかしこれが、ナポレオンの前でフーシェが腰をかがめた最後になった。(同前掲書)

熱狂情念が陰謀情念に膝《ひざ》を屈した歴史的な瞬間である。

＊

十五分後、フーシェはチュイルリー宮殿の代表議会の演壇に登り、淡々とした口調でナポレオンの退位宣言を読み上げると、皇帝が退位した以上、ただちに臨時政府を選出しなければばならないと続けた。ナポレオンが退位の条件としたナポレオン二世などは問題外としてはじめから議事として取りあげず、臨時政府は五人の委員からなるものとした。そして、選出のための投票の前に、休憩を取ることを提案し、了承を得た。

テルミドールの国民公会のときもそうだが、議会におけるこの休憩時間というものほど、フーシェの陰謀にとって好都合なものはない。例の耳元ささやき戦術が劇的な効果を発揮するのはこのときである。

希代の陰謀家がまず目論んだのは、臨時政府の総裁になりそうなラファイエットを追い落とすことである。フーシェはルイ十八世寄りの議員に対してはラファイエットはあまりに自由派すぎるとジャコバン派への恐怖をかきたて、自由派に対してはあまりに王党派寄りだと非難した。

このラファイエット追い落とし作戦は見事に功を奏した。ラファイエットは五人目の委員にも選出されなかった。

だが、ここでフーシェにとって、大いなる誤算が生じた。第一回目の投票で第一位の投票数を得たのは、なんとフーシェではなく、カルノーだったのである。カルノーの三百二十四票に対し、フーシェは二百九十三票で第二位。このまま行けば、臨時政府の総裁にはカルノーが選出されてしまう。他の三人はコランクール、グルニエ、キネットだった。

フーシェは焦った。ナポレオンを退位させ、ラファイエットも追い落とし、ついに念願の権力の座を手にしたと思った瞬間、カルノーのごとき凡骨《ぼんこつ》にしてやられるとは!

だが、ここでふたたび、フーシェの陰謀情念は全開となる。二十三日の朝、カルノーが臨時政府の五人の委員を内務省に招集したが、フーシェは召喚状を受け取らなかった風を装って、チュイルリーに他の三人の委員を集め、逆にカルノーを呼びつけた。

カルノーが不機嫌な顔つきでチュイルリーにあらわれ、なぜ、ここに集まっているのかとたずねると、フーシェは涼しい顔でこう答えた。

「とりあえず、委員会の構成を決める必要がありますからね」

カルノーがなんのことかわからずにいると、フーシェは付け加えた。

「委員の互選で、総裁を決めるのですよ。私はもちろんあなたに投票します」

「なるほど、それでは私はあなたに入れましょう」

ところが、残りの三人の委員のうち、グルニエとキネットの二人はフーシェに買収されていたので、三対二でフーシェが総裁に選出されてしまったのである。フーシェは、陰謀の力によって、一番人気のカルノーも蹴落とすことに成功した。ツヴァイクはこのときのフーシェの気持ちを次のように描写している。


もはや臣下ではなくなり、はじめてフランスの絶対君主になり、自由に、神々のごとく自由に、自分の大好きな、ややこしい世界政治の賭けに手を出すことができた。（同前掲書）

とはいえ、臨時政府総裁のフーシェの前には問題が山積みされていた。

さしあたっての最大の懸案は、国家元首をだれにするかという問題である。というのも、二十三日の午後、自由派が多数を占める代表議会では、フーシェの策謀にもかかわらず、ナポレオン二世の即位が宣誓されそうな気配が漂ってきたからである。自由派の間ではブルボン王朝への反発が強く、ルイ十八世の復帰よりは、ナポレオン二世の即位のほうがましという気分が強かった。

事実、デュフェルモンという議員が帝国憲法に従って、ナポレオン二世が国家元首となるべきだという動議を提出し、圧倒的多数がこれに「ウイ」と答えるという事態が生じたのである。

あわてたフーシェは配下のマニュエルを演壇に送り、ナポレオン二世の即位の動議に関しては、いったんこれを棚上《たなあ》げにして、問題を先送りする道を選んだ。つまり、新しい皇帝は、即位が「承認」されたのではなく、憲法解釈によって、「事実上、存在する」とされたのである。フーシェは、オーストリアに引っ込んでしまったマリー・ルイーズ皇后が摂政を引き受ける可能性はゼロに近く、メッテルニッヒもこれに反対していることを知っていたので、議会での動議が採択され、「ナポレオン二世は事実上、存在する」とされても、ほとんど影響はないと判断したのだ。

*

実際、ナポレオン二世即位のニュースは、パリの民衆になんの興奮も与えなかった。

それよりも、フーシェの心にかかっていたのはナポレオンの処遇である。退位したとはいえ、ナポレオンのような巨大な人物にパリにいられては、フーシェとしても不気味である。なんとしても、遠方に、できるなら海の向こうに退去させなければならない。第一、もし決定を遅らせようものなら、迫りくる連合軍と戦うためと称して、ナポレオンがもう一度立ち上がる可能性がある。

フーシェの腹は決まった。どんなことがあっても、ナポレオンをパリから追い払わなくてはならない。それに、パリでは民衆たちが「皇帝万歳！」を叫んで、エリゼ宮殿を取り囲んでいる。

二十四日、フーシェは、ナポレオンがパリにとどまると暴動が起こる恐れがあるという口実を設け、ダヴー元帥を通じて、パリから退去するように求めた。ナポレオンはしかたなく、翌二十五日、マルメゾンの城郭に移った。

しかし、マルメゾンにいられても、フーシェとしては同じように気分が悪い。そこで、今度は、アメリカへ亡命してはどうかと餌《えさ》をまいた。もちろん、連合軍がパリを占領するのは明らかなので、そうなったら命は保証できないという脅《おど》しをつけてのことである。

ナポレオンはロシュフォールの軍港に快速のフリゲート艦二隻を用意するという条件と交換に、この餌を呑み込んだ。

六月二十九日、ナポレオンの決意は、パリ近郊のコンピエーニュに連合軍が到達したのを知ると揺らぎはじめた。ふたたび戦いたいという熱狂情念が戻ってきたのである。ナポレオンは臨時政府に、自分は将軍として軍を指揮したいという手紙を書いた。フーシェはこれをニべもなく拒絶した。ジョゼフィーヌが息を引き取った居室で最後の日を過ごしたナポレオンは、母親のレティツィアに別れを告げると、少数の護衛とともにロシュフォールに向かった。

かくして、ナポレオンとフーシェの情念戦争は陰謀情念の全面的な勝利に終わったのである。

＊

七月三日にロシュフォールに到着したナポレオンは、沖合に目をやって驚愕した。たしかに、フリゲート艦は二隻用意されてはいるのだが、港の出口はイギリス海軍の十一隻の軍艦によって完全に塞がれていたからである。

ナポレオンはしかたなく一隻のフリゲート艦に乗船して、沖合に浮かぶエクス島に移ったが、とうてい、封鎖を破ることはできないと悟ると、七月十四日にはイギリスの摂政皇太子（後のジョージ四世）に手紙を送り、政治亡命者としての保護を求め、翌日には、随員とともにイギリスのフリゲート艦ベレロフォン号に乗り込んだ。ベレロフォン号はロシュフォールを出港し、七月二十七日にイギリスのプリマスに着いた。

しかし、イギリス亡命の許可はついに下りなかった。

これは考えてみれば当然のことである。六月の末にパリを占領したプロシャのブリュッハーはナポレオンの処刑を要求していたし、七月八日には、ルイ十八世がパリに戻って、タレーランを首班とする内閣が成立していたのだから、フランスとわずかにドーヴァー海峡を隔てただけのイギリスに、連合国とフランスの共同の敵であるナポレオンを「保護」しておくことは不可能だったのである。

七月三十一日、イギリス政府は、ナポレオンに対して、亡命申請は認めず、戦時捕虜として取り扱うことを通告し、住居として大西洋の孤島セント・ヘレナ島が選ばれたことを告げた。ナポレオンは、イギリスは歓待のそぶりを示すふりをして裏切ったと抗議の手紙を政府に送ったが空しかった。

八月十日、ナポレオンと随員を乗せたイギリスのフリゲート艦ノーサンバーランド号はプリマスをあとに、一路、大西洋に浮かぶセント・ヘレナ島に向かったのである。

鼠取りの悲劇

時間を少し遡って、一八一五年六月十日。

ナポレオンがウェリントンとブリュッハーの連合軍を迎え撃つためにワーテルローの戦場に出発しようとしていたちょうどその頃、タレーランはウィーン会議で外交的勝利を得たあと、ベルギーのゲント（ガン）に逃げ延びているルイ十八世のもとに赴くべく、ウィーンをあとにした。

といっても、タレーランはナポレオンに駆逐《くちく》されたルイ十八世をもう一度積極的に支えようと思っていたのではない。そのことはウィーンを発つ前に、ルイ十八世宛てにしたためた手紙を読めばよくわかる。その中で、タレーランは、なぜルイ十八世の王政復古が失敗し、ふたたびナポレオンに追われたか、その理由を驚くほど素直に列挙している。

すなわち、ルイ十八世とその取り巻きは、ブルボン王朝の正統性による統治という概念を絶対王政の復活と取りちがえ、フランス革命で獲得された自由をことごとく否定しようとしたとタレーランは指摘する。とりわけ、過激王党派《ユルトラ》の王弟アルトワ伯爵やその息子の影響力を排除できなかったことが最大の原因だと国王に強く反省を促している。

そのせいか、タレーランは道中を急がず、ワーテルローでの敗戦を知ったルイ十八世がモンスに移動していることを教えられても、すぐにそこには駆けつけなかった。それればかりか、六月二十三日の夜にモンスに着いても、ルイ十八世に会いに行こうとはしなかったのである。

これを聞いたルイ十八世は激怒したが、そのとき国王の側近をつとめていた『アタラ』『ルネ』の作者シャトーブリアンがとりなして、宿までタレーランを迎えに出かけた。ところがタレーランは、なおも会見は明日でいい、と言い張ったので、シャトーブリアンがその旨を伝えると、ルイ十八世は朝の三時に出発するといいだし、本当に馬車を用意させてしまった。

これを知らされたタレーランはさすがに驚き、あわてて国王の宿舎に駆けつけた。馬車は出発する寸前だったが、タレーランが行く手を塞いで拝謁《はいえつ》を願い出ると、ようやく国王も馬車から降りて宿舎に戻った。そこでタレーランが手紙を手渡して、国王ともあろうものが外国の軍隊の尻尾《しりお》についてパリに入城してはいけないと忠告すると、ルイ十八世は渋《しぶ》い顔をして、ひとこと、

「貴公には温泉がいいでしょう。また便りをください」

といったきり、また馬車に乗り込んでしまったのである。

タレーランは解任されたことを知って愕然となったが、翌日、カンブレーに移動していたルイ十八世からすぐに会いに来るようにという知らせを受け取った。ルイ十八世は、カンブレーの町にいたイギリス軍のウェリントンに説得され、タレーランの解任を考え直したのである。

タレーランが六月二十八日にカンブレーに着くと、国王は「温泉云々《うんぬん》」のことはおくびにも出さずに彼を出迎えた。

ただちに御前会議が開かれたが、ここでタレーランは骨のあるところを見せた。国王が二度目の王政復古にあたって国民に告げるべき布告の草案をあらかじめ用意し、その中に、国王は第一次王政復古のさいに犯した誤りを認め、それを二度と繰り返さないという文案をあえて盛り込んだのである。草案をブーニョ伯爵が読みあげ、その箇所にさしかかったとき、王弟のアルトワ伯が烈火のごとく怒りだした。

「貴殿がここでほのめかしておられるのは私のことか？」

「さようでございます。殿下はいろいろと害悪を流された」

「お言葉をつつしみなされい！」

「事実は事実でございます」

これを聞いてアルトワ伯の息子のベリー公がいきり立ち、激しい罵倒の言葉を浴びせたが、ルイ十八世は甥を制し、別の議題に話題を転じた。

驚いたことに、ルイ十八世は草案にほとんど修正を加えることなく署名し、この日、カンブレーの布告として発表させたのである。

二十三年間も亡命生活に明け暮れたルイ十八世は、思いのほか聡明なところがあり、タレーランの言い分にも理があることを認めていたのだ。

こうして、結局、タレーランは第二次王政復古における内閣を任されることになったのである。

＊

同じ日、パリではフーシェがナポレオンをマルメゾンから立ち退《の》かせ、アメリカに亡命させようと躍起《やっき》になっていた。とにかく、ナポレオンにフランスにいられたのでは、安心して眠ることもできないからだ。

だが、翌日、ついにナポレオンは重い腰をあげ、ロシュフォールに旅立った。

この日から国王のパリ帰還の七月八日まで、臨時政府総裁フーシェの「十日天下」ともいうべき輝かしい日々が始まる。

ツヴァイクは、このフーシェの得意絶頂の日々をこう描写している。

> いまでは、内閣も元老院も議会も、彼の老練な手腕にかかると、蠟のように、思い通り曲げられてしまう。これまではあんなにおうへいだった将軍たちも、恩給が気になっておどおどしながら、新総裁には羊のようにおとなしくいうことをきくし、全国中のブルジョアと民衆は、彼がどういう決定を下すかを待ちこがれている。ルイ十八世は彼に使者を送ったし、タレーランは挨拶をよこしたし、ワーテルローの戦勝将軍ウェリントンは、内輪の情報を伝えてきた。世界の運命をあやつる糸は、いまはじめて公然と自由に彼の手にたぐられているのだ。（ツヴァイク　前掲書）

さしあたり、フーシェにとって、いま自分が自由裁量権を握っている臨時政府をルイ十八世にどれくらい高く売り付けられるか、それだけが問題である。

　この点に探りを入れるため、フーシェは国王の側近の一人で、百日天下のさいに反乱を企てたかどで陸軍刑務所に入れられていたヴィトロール男爵を釈放し、彼を窓口として、条件交渉に入った。

　フーシェはヴィトロールに、いまのところパリで検討されている体制は、「**①議会が承認したナポレオン二世による帝政　②フランス国民を主権者とする共和政　③オルレアン公による新王政**」の三つのオプションだとしたうえで、パリの民衆と軍隊はルイ十八世による王政復古をいささかも望んでいないことを盛んに強調した。

といっても、当然、フーシェは、こうしたオプションはいずれも実現性が薄いことを十分に承知していた。フーシェにとっては③の選択が一番都合はいいが、これもウェリントンに打診したところ、「連合軍はルイ十八世の王座復帰を望んでいる」という回答が来たので、もはや、選択肢はブルボン王朝の王政復古以外にありえないとわかった。

しかし、だからこそ、自分の気持ち次第で、ルイ十八世の無血入城も難しくなると強調するのが得策と判断したのである。たとえ、王政復古が成ったとしても、治安の回復には時間がかかるにちがいない。こうしてフーシェは、手に握っている臨時政府の価値をルイ十八世に対して競《せ》り上げようと試みたのである。

このフーシェのやり方はなかなか理にかなったものだった。なぜなら、彼の手には、反ブルボンのパリの民衆と軍隊という強力なカードがしっかりと握られていたからである。弑逆《しいぎゃく》者である自分を受け入れさせるには、このカードだけが唯一有効なものである。

フーシェは、こうしてヴィトロールを通じてタレーランにパイプを通す一方、自分が新内閣の一員として迎えられない限り、無血入城はありえないとウェリントンに対しても念を押すのを忘れなかった。ルイ十八世帰還の露払いをつとめるウェリントンにしてみれば、当然、リスクが少ないほうがいいので、この方面からルイ十八世に圧力をかけるだろうとフーシェは期待したのである。

＊

フーシェが描いた見取り図は、タレーランとしても受け入れざるをえないものだった。ルイ十八世がパリに帰還するときに、戦闘でも起きて第二次王政復古が血塗《ちぬ》られたものとして始まったら、前途はほぼ絶望である。フーシェ一人を入閣させることで無血入城が可能なら、この提案は即、受諾すべきである。

そう考えたタレーランが、七月四日にロアイユでルイ十八世にフーシェ入閣をほのめかしたところ、国王は、「絶対にだめだ」と激しい口調でこれを否定した。

しかし、タレーランはあきらめなかった。かつて、プロテスタントの首領だったアンリ・ド・ナヴァールが、「パリは一回のミサにあたいする」といってカトリックとなり、アンリ四世として即位した事例があるのだから、国王の「絶対だめだ」は翌日になればすぐに撤回される可能性があることを承知していたのである。

かくして七月五日の夜、情念戦争にとっては最後の決戦とも呼ぶべき蝶々情念と陰謀情念のぶつかり合いがパリ郊外のヌイイで演じられることになる。両者の仲を取りもったのはウエリントンである。この頂上会談の模様をジャン・オリユーは次のように描いている。

彼［タレーラン］はヌイイのウェリントンの食卓でフーシエに会った。実のところ、第二王政復古を始動させるための内閣の編成を一緒に準備していたのはこのワーテルローの勝利者である将軍とその友人のタレーランなのであった。アレクサンドル一世の目でも耳でもあるポッツオ・ディ・ボルゴも同じくそこに同席していた。その場の話し合いはアルトワ伯爵が加わった場合よりも良識のあるものとなっていた。情勢は重大でパリでは暴動の準備が行われているということがわかっていた。もし見当違いの心配性によってフーシェを反対側に追いやりでもしようものなら事態は破局的なものとなったであろう。それは、外国占領下の内乱という事態である。というのは暴動を鎮圧する力のあるフーシェは同時にまたそれを扇動する力も持っているからである。タレーランはもしフーシェが警察大臣であればパリは安穏《あんのん》であろうと確信してその会談の場から出てきたのであった。警察省は健在のままに保たれ従来の機構がまた元通りに作動することだろう。(オリユー 前掲書)

タレーランから会談の結果の報告を受けたルイ十八世は、ひとことだけ「貴殿が有効だと思うことはすべて実行してよろしい」と述べた。国王は、フーシェという「一回のミサ」を受けることを承知したのだ。

七月七日、かつて国民公会において国王処刑に賛成投票を行った弑逆者、革命時におけるリヨンの恐怖の虐殺者は、タレーランに先導されるようにルイ十八世の前にまかり出た。その場に居合わせたシャトーブリアンは、この陰謀情念と蝶々情念のうるわしき結合を「犯罪[フーシェ]の腕に支えられた悪徳[タレーラン]が入ってきた」と形容している。まさに、この瞬間、フランスは二つの情念によって、その針路を決定したのである。

翌日、ルイ十八世はまったく抵抗を受けずにサン・ドニ門からパリに入り、チュイルリー宮殿に落ち着いた。フーシェが万全の警備態勢を命じていたからである。

そして、この日、フーシェを警察大臣とするタレーラン内閣が発足した。カルノーをはじめ、臨時政府の連中は初めて、自分たちがルイ十八世に売り渡されたことを知ったが、すでに後《あと》の祭りだった。

しかしながら、この二つの情念にとって情勢はかならずしも好ましい方向には向かわなかった。

まずフーシェを試練が襲った。ルイ十八世は、フーシェに対し、百日天下でナポレオンに協力し、ブルボン王朝に反逆した者のリストを提出せよと厳命したのである。リストに載った者は即刻、追放が命じられる。これは、さすがの鉄面皮フーシェにとっても、やりきれない仕事だった。ダフ・クーパーは『タレイラン評伝』の中で、こう書いている。

これは、まことに奇怪を極めた文書だった。なぜならば、名簿に載せられた人々の中で、それを起草したフーシェ自身よりも深い罪を重ねたといえる人たちはほとんどなかったからである。「彼は自分の朋輩《ほうばい》を一人も除外しなかったという点で、まずまず感心だったといってやらなければなるまい」と、タレーランは述べている。（ダフ・クーパー『タレイラン評伝』曽村保信訳）

とはいえ、フーシェにとって、この仕事がこのうえなく辛いものに感じられたのは、カルノーをはじめとするかつての仲間を全員リストに加えたからではない。そんなことなら、フーシェはこれまでにも何度も体験してきている。
フーシェがリスト作成を恐れたのは、もし、リストが完成して全員が追放されたなら、自分の切るべきカードがなくなってしまうからである。ジャコバン派やナポレオンの残党など恐れるものがなくなったときには、フーシェがルイ十八世にかけるべき圧力も同時に消滅するのである。ダフ・クーパーはこのフーシェの立場を、鼠《ねずみ》を取り尽くしてしまった鼠取りにたとえている。
　鼠取りの作業は終った。すなわち、フーシェの使命は、ここで完成されたのである。
(同前掲書)

　しかし、まことに不思議なことに、あの老獪《ろうかい》なフーシェが、この厳然たる事実に気づかなかった。

　なぜだろう?

　それは、フーシェが、みずからの人生でいまだかつてないようなことを体験していたからである。

　数年前に最愛の妻を失ったフーシェは、この年、大貴族カステラーヌ伯爵令嬢に激しく恋して、再婚をルイ十八世に認めてもらおうと考えていたのである。そのために、自分にとって命取りになるような追放者リストの作成をあえて行ったのだ。

八月一日、無神論者フーシェはカステラーヌ伯爵令嬢と華燭《かしよく》の典《てん》を挙げた。ツヴァイクはこう書いている。

結婚契約書には、宮廷ならびに華冑界《かちゆうかい》の名門をすぐって、連署がしたためられる。証人の筆頭者ルイ十八世は、このおそらく世界史に類のない文書に親筆をとり、自分の兄の虐殺者のために、もっとも権威があり、かつ、もっとも権威を失墜した証人として、署名する。（ツヴァイク　前掲書）

フーシェはこれによって、ついに自分は勝ったと思ったことだろう。ようやく自分もルイ十八世の宮廷に迎えられるのだ。事実、最大の難物《なんぶつ》であるアルトワ伯とその取り巻きの過激《ユルトラ》王党派たちも、フーシェをなんとか受け入れたのである。

だが、一人だけ、フーシェが見逃していた人物がいた。ルイ十六世とマリー・アントワネットの娘で、あの暗黒のギロチン時代の生き証人であるアングレーム公爵夫人である。彼女が涙ながらになんとしてもフーシェだけは許せない、フーシェがいる限り自分は宮廷に伺候《しこう》しないとルイ十八世に訴えたのである。

やがて、この反発は全宮廷に共有されるまでになった。アルトワ伯とユルトラたちも同調した。ルイ十八世としても、こうなってはフーシェの追放に同意せざるをえない。そして、その役割は、タレーランに任されたのである。

口を開いた。

八月末のある日、タレーランは自宅で開いた閣議が終わりに近づいた頃、おもむろにこう

「さて私はこれから、国王の親任官の中で、最高によい任務に当たる外交官を一人決めなければなりません。それはアメリカ大使です。アメリカだけは、連合軍とちがって面倒なことはなにもありません。それにアメリカは実に美しい国だ。私は昔旅行したことがあるのでよく知っています」

一同は、なんの話だかわからず狐につままれたような表情をしていたが、一人だけ、言葉の意味を即座に理解した者がいた。

フーシェである。フーシェはこのとき、自分が追放されたことを知ったのである。

もっとも、タレーランの発した非公式なアメリカ大使辞令は、官報では、ドレスデン駐在公使と書き換えられて発表された。協力者全員を追放したフーシェもまた、ついにリストの最後にみずからの名前を書き込むはめになったのである。

＊

しかし、鼠を取り終えた鼠取りの悲劇は、今度は、フーシェという鼠を追い払ったタレーランを襲うこととなる。

八月十五日に行われた下院の選挙で、おおかたの予想を完全に裏切り、王党派が圧倒的勝利を収めたため、タレーランはおのれの拠《よ》り所とする支えを失っていたのである。議会という思ってもみない牙城《がじょう》を手に入れたユルトラたちは嵩《かさ》にかかってタレーランを責め立てた。

噂が流れた。

九月に入ると、フーシェのときと同じようにタレーランをアメリカ大使に任命するという噂が流れた。

タレーランはそこで九月二十四日に、議会の信任を得られない以上もはや内閣を総辞職するほかないと国王に訴えた。タレーランとしては、連合国との交渉が片付いたわけではなかったので、状況は不利でもまだ自分は慰留《いりゅう》されるのではないかという思惑があった。

しかし、ルイ十八世は、タレーランの申し出を聞くと、しばし間を置いてからこういった。

「そうか、ならば別の内閣をつくろう」

陰謀情念に続いて、ついに蝶々情念にも落日が訪れたのである。

セント・ヘレナの落日

三つの情念のうち、最初に終焉《しゅうえん》を迎えたのはフーシェの陰謀情念だった。

一八一五年九月十五日、ザクセン王国のドレスデン駐在公使に任命するという勅令《ちょくれい》を受けたフーシェは、ルイ十八世に対して「かたじけなくも陛下がお与えくださった公使の職務を、ありがたく拝命させていただくことにいたします」と手紙を出し、新妻と子供たちを連れて任地に向かった。

すでにフランスでも一、二を争うほどの大富豪となっていた警察大臣がドレスデン駐在公使などという閑職を甘んじて受けたのは、第一次王政復古のときと同様、無能な人間の集まりである王党派では、早晩、社会の秩序を保ちきれなくなることは明らかなので、いずれ、自分が呼び戻されるにちがいないと高をくくっていたからである。

いまでこそ、議会の多数派となった過激王党派が勢力を握っているが、奴らの強引な復古政策がうまくいくはずがない。民衆の不満が高まれば、ボナパルト派や自由派が陰謀を企て、社会に不穏《ふおん》な空気が漂いはじめるだろう。そうなったら、否《いや》が応《おう》でも自分の出番になる。そう思って、これまでと同様、秘密のエージェント組織はフランスに残してきたのである。

その点、ドレスデンは様子見を決め込むには格好の場所だった。ザクセン国王は、フーシェが臨時政府の首班だったときにフランス国王への担ぎ出しを図ったこともあって、居心地のいい滞在を保証してくれたからだ。だが、今回は、これまでとは様相がちがった。時代の空気は、陰謀情念の炎を吹き消すような烈風となってパリから届いたのである。

フーシェがドレスデンに着任してから三ヵ月もたたない一八一六年一月九日、パリの議会は、百日天下のさいにナポレオンに与《くみ》した国王死刑賛成投票者《レジシード》は、フランス王国から永遠に追放するという、フーシェを狙い撃ちにした決議案を圧倒的多数の賛成によって可決した。国外追放となれば公使は自動的に解任となる。フーシェは一切の保護と権利を失った一介の亡命者として、ヨーロッパをさまようほかなかったのである。

最初、フーシェはロシアやイギリスも亡命先として検討したが、どうせなら快適に余生を過ごせる環境ということで、イタリアのトスカナ地方を選ぶことにした。何よりも寒さが苦手だったこともあるが、当時、イタリアはオーストリアの支配下にあったので、旧知のメッテルニッヒの好意にすがれるものと期待したのである。

しかし、いくら相手がかつての大物とはいえ、権力を失った人間に対して、オーストリアの外相は冷ややかだった。オーストリアへの亡命は認めたものの、滞在先としてプラハ（当時はオーストリア領）を指定してきた。

そこで、フーシェは家族を連れてプラハに赴いたが、この地では、まことに厄介な人間関係が彼を待ち構えていた。

それは、かつての部下で友人でもあったティボドーである。フーシェは、第二次王政復古で追放者リストを作ったさい、ルイ十八世に忠誠心を示すため、この友人をリストに加えたのだった。フーシェがプラハに姿を見せたとき、ティボドーは歓迎するそぶりは見せたものの、二人の間のわだかまりは解けるはずがなかった。

そんなことがあったせいなのだろうか、フーシェはプラハの社交界にはあまり顔を見せず、もっぱら夫人のエルネスティーヌを代理として出席させたが、まだ二十六歳で若さをもてあますエルネスティーヌは、ティボドーの息子とすっかり意気投合し、恋に落ちた。

このフーシェ夫人の道ならぬ恋は、スキャンダル・ジャーナリズムに格好の材料を提供することとなる。「コキュ（妻を寝取られた夫）となった元臨時政府首班」はみんなの嘲笑《ちょうしょう》の的《まと》となった。

往年の流言の大家、饒舌《じょうぜつ》と醜聞を貪婪《どんらん》に追い求めたフーシェも、わが身にてらして、意地悪い中傷の血まつりに上げられるのが、どれほどおもしろくないことかを、しみじみと感じる。また、この種の誹謗《ひぼう》は、とうてい太刀打ちできるものでなく、逃げるほかに賢明な手がないことも悟ったのだ。(同前掲書)

かくして、フーシェ一家はオーストリア領内の小都市リンツへと逃れた。しかし、噂はこの町にも追いかけてきた。フーシェ夫妻は社交界に出ても冷たい視線を浴びるだけだったからである。ドナウの冷たい川風も老年のフーシェにはこたえた。

そこで、メッテルニッヒにアドリア海に面した暖かいトリエステ（現、イタリア領）に移住を願い出たが、メッテルニッヒはフーシェが病《やまい》に冒されていることを秘密警察から知らされていたので、最後の武士の情けとして、この願いを許可した。

風光明媚《ふうこうめいび》なトリエステには、ナポレオンの弟のジェロームや妹のエリザとカロリーヌが住んでいて、温かくフーシェ一家を迎えてくれたこともあり、家族思いのフーシェはようやく心の平和を見いだすことができた。

やがて、トリエステの人々は、噂に聞く国王弑逆者《しいぎゃくしゃ》（レジシード）が教会に足を運び、祭壇の前で跪《ひざまず》く姿を目撃するようになった。

一八二〇年十二月二十五日、フーシェはカトリック教徒として最後の秘蹟《ひせき》を受けたのち、最愛の妻と娘に看取られながら世を去った。葬儀は翌々日に行われたが、この日は激しい吹雪《ふぶき》が吹きまくり、フーシェの遺骸を乗せた霊柩車《れいきゆうしや》が雪の中で横転したと伝えられる。陰謀情念の最期にいかにもふさわしい、往生際《おうじようぎわ》の悪い幕切れであったというほかはない。

＊

フーシェが流謫《るたく》の地トリエステで臨終を迎えようとしていた頃、遠く、南大西洋に浮かぶ絶海の孤島セント・ヘレナでは、総督ハドソン・ロウのもとに、ナポレオンが重い病を患っているという知らせが、随員のモントロン侯爵から届いたが、ハドソン・ロウは容易にこの情報を信じなかった。というのも、小心者で狭量なイギリス人総督は、ナポレオンが病気だと皆を欺《あざむ》き、ひそかに脱出を計画しているのではないかと疑ってかかっていたからである。

もっとも、そんなロウでも十一月に馬車に乗ったナポレオンの姿を目にしたときには顔色が病人のように蒼白だったことには気づいていた。ただ、ナポレオンはもとから顔色が優《すぐ》れなかったので、よもや体調不全が命にかかわるほどのものとは思わなかったのである。

実際、一八一五年の十月十五日に、アフリカ海岸から千九百キロ、ブラジル海岸からは三千五百キロも離れたセント・ヘレナ島に上陸して以来、ナポレオンは高温多湿で天候不順なこの島の気候に悩まされていた。水質が悪いうえに、鼠も多かったので、ナポレオンの住居が設営されたロングウッドの高台でも、生活環境はけっして好ましいとはいえなかったからなだ。

しかし、それでも一八一八年頃までは、ナポレオンは同行してきた数人の随員たちからなる小宮廷をロングウッドでかたちづくり、セント・ヘレナ島を訪れる客を前にして、皇帝としての威厳を保つように心掛けていた。

小宮廷のメンバーとなったのは、イタリア遠征以来の副官である内大臣のベルトラン伯爵とその夫人のファニー。ナポレオンの最期を看取ることになる侍従のモントロン侯爵とその夫人のアルビーヌ。砲兵あがりの将軍で、モスクワ戦役、フランス戦役でナポレオンの命を救ったことが自慢の副官グルゴー男爵。ここまでが正式な随員で、これに員数外《いんずうがい》として、後に『セント・ヘレナ日誌』を著すことになる枢密顧問官のラス・カーズとその息子が加わっていた。

そのほかに、ナポレオンの身の回りの世話をする従僕マルシャンとアイルランド人の医師オメラがナポレオンの周辺に出入りを許されていたメンバーである。

ナポレオンは彼らにチュイルリー宮殿にいたときと同じような儀典を課し、朝の騎馬散歩から晩餐まで、従来通りの礼儀作法を要求した。随員たちは晩餐には軍装やデコルテなどの正装で出席し、訪問客を応対しなければならなかった。

*

スエズ運河が開通していなかった当時、大西洋に浮かぶセント・ヘレナ島はアフリカと南アメリカを結ぶ海上交通の要衝で、年間に千二百隻もの船が寄港していたから、幽閉されている皇帝に謁見《えっけん》して、旅の土産にしようという客が引きも切らずに訪れたのである。

『大琉球島航海記』を著したバジル・ホールもそんなひとりで、アマースト卿を全権大使とするイギリスの中国派遣使節団の一員として琉球、中国を巡回した後、一八一七年の八月にセント・ヘレナ島に寄港してナポレオンと会見している。

ナポレオンは最初、会見を渋ったが、バジル・ホールの父がブリエンヌの陸軍幼年学校で一緒に学んだことのあるイギリス人であることを知ると、にわかに愛想がよくなり、ホールが歴訪してきた国々についてさまざまな質問を浴びせた。なかでも、ホールが琉球の人々は武器というものをもったことがないと聞いたときのナポレオンの驚きは大きく、「大砲も小銃も、槍も、刀ももっていないのか？　しかし、武器がなくてどうやって戦うのか」と質問した。ホールが彼らは一度も戦争をしたことがないと答えると、「この太陽の下で戦争を知らない人間がいるとは、どうにも信じられないことである」と大いに心を動かされた様子だったという。ナポレオンが日本と琉球に言及した数少ない証言のひとつである。

とはいえ、絶海の孤島の、それもロングウッドに幽閉され、陰湿な獄吏そのものであるハドソン・ロウの監視を絶えず受けている身にとって、永遠に続くかと思われる単調な日常を決まりきった顔触れの随員たちと過ごすことは必ずしも愉快なことではなかった。

そこで、勢い、ナポレオンの思いは過去に向かい、あまたの激戦を振り返っては、これに講評を加えることが習いとなった。

こうして生まれたのが随員のラス・カーズの口述筆記になる『セント・ヘレナ日誌』である。そこで、ナポレオンは驚くべき記憶力を発揮して過去を生き生きと蘇らせ、ときどきの自分の行動や心理を、小説の主人公のそれのように冷静に見据え、細かく分析した。

『セント・ヘレナ落日　ナポレオン遠島始末』で両角良彦《もろずみよしひこ》氏は、そうしたナポレオンをこう表現している。

語るナポレオンは戦争を、政治を、人物を、自己を縦横《じゅうおう》に評論し、分析し、回想の世界で栄光の残照に浸った。尨大《ぼうだい》なラス・カーズの『セント・ヘレナ日誌』の殆《ほとん》どは、フランス革命の理念の実践者、自由の旗手としての自信に支えられた皇帝の誇り高き自分史である。（両角良彦『セント・ヘレナ落日』）

この「語るナポレオン」は、まさに熱狂情念そのものだった。熱に浮かされたように、みずからが陣頭指揮した数々の会戦を語るとき、消えかけていた熱狂情念は突然、激しい蘇りを見せ、ナポレオンの口からは、どんなロマン主義作家も太刀打ちできない華麗にして荘重な言葉がほとばしり出た。『セント・ヘレナ日誌』のナポレオンこそは、シャトーブリアンでも、ヴィクトル・ユゴーでも、ラマルチーヌでも絶対に太刀打ちすることのできぬ完璧なロマン主義文学者なのである。

その結果、ナポレオンの死後に、『セント・ヘレナ日誌』を読んだ世代は、完全にナポレオンと自己を同一視するに至った。

自身もナポレオン崇拝者だったスタンダールの『赤と黒』には、こうしたナポレオンの熱狂情念に乗り移られた青年ジュリアン・ソレルが『セント・ヘレナ日誌』を読んで興奮し、自分も「愛」という戦場で雄々《おお》しく戦うことを決意する場面が出てくる。

＊

しかしながら、『セント・ヘレナ日誌』の中で熱狂情念が燃え盛るのと反比例するように、ナポレオンの肉体は徐々にエネルギーを失い、生命の炎はどんどん細っていった。

その主たる原因は、逆説的なことだが、あまりに巨大なその熱狂情念にあった。すなわち、ヨーロッパの戦場を駆け巡っているときにだけ発散できた熱狂情念は、ひとたび絶海の孤島に閉じ込められるや、完全に自家中毒を起こしたのである。

すなわち出口を完全に封鎖された熱狂情念は、唯一の出口であるセックスに向かわざるを得なかったが、これが随員たちの間に相互不信の種をまき、嫉妬と疑念と憎しみを増幅させる原因となったのである。

セント・ヘレナ島に着いたナポレオンが最初に愛人としたのはモントロン侯爵の妻アルビーヌである。じつは、モントロンは初めからそのつもりで妻を同行させ、もしナポレオンが復活するようなことがあったら、たっぷりと報酬をせしめようと目論んでいたのである。一説には、モントロンはナポレオンがインポだと思い込んで、安心して妻をベッドに送り込んだといわれる。だが、案に相違してナポレオンの男性能力は健在で、その結果、女児が二人の間に誕生することとなった。子供はジョゼフィーヌと命名されたが、翌年には死亡した。

このアルビーヌの存在が、他の二人の宮臣、すなわちベルトランとグルゴーの嫉妬を呼び、小宮廷は崩壊の危機に見舞われることになる。アルビーヌの振る舞いに腹を立てたグルゴー（どうやらホモセクシュアルだったらしい）はモントロンに決闘を申し込み、それでもナポレオンの寵愛《ちょうあい》がモントロン夫妻を去らないと見るや、ハドソン・ロウに帰国を申請してセント・ヘレナを離れたのである。ラス・カーズ親子は手紙をもちだした一件をハドソン・ロウに問われて追放処分になっていたので、これで小宮廷からは三人が抜けたことになる。

いっぽう、ベルトラン夫妻もまた、ナポレオンがモントロン夫妻ばかり贔屓《ひいき》するのに不満を隠し切れないでいた。とりわけ、王党派のベルトラン夫人はナポレオンとそりが合わず、最後まで感情的な対立を続けた。そのため、夫妻はロングウッドには住まず、少し離れた場所に住居を構えていた。

では、肝心のモントロン夫妻はナポレオンの寵愛に満足していたのかというと、これがまったくの逆で、遊び人の二人は、単調な島の暮らしに倦んで、強く帰国を希望するようになっていたのである。しかし、ナポレオンとしては、彼らに去られては困るので一八一九年に夫人の帰国だけを認めた。

ところが、これが結局、ナポレオンの命取りとなる。なぜなら、一刻も早く妻のあとを追ってフランスに帰国したい一心のモントロンは、セント・ヘレナを去るには、ナポレオンの健康を害させて、病気治療の名目でイギリスに送還させるほかないと判断し、ナポレオンに砒素《ひそ》を盛ることを決意したのである。モントロンはナポレオンの毒味係だったので、ワインに砒素を混入させることは簡単だったのだ。モントロンはハドソン・ロウにナポレオンの病気を知らせたが、ロウがこれを疑って送還許可を与えなかったため、ナポレオンはついに、

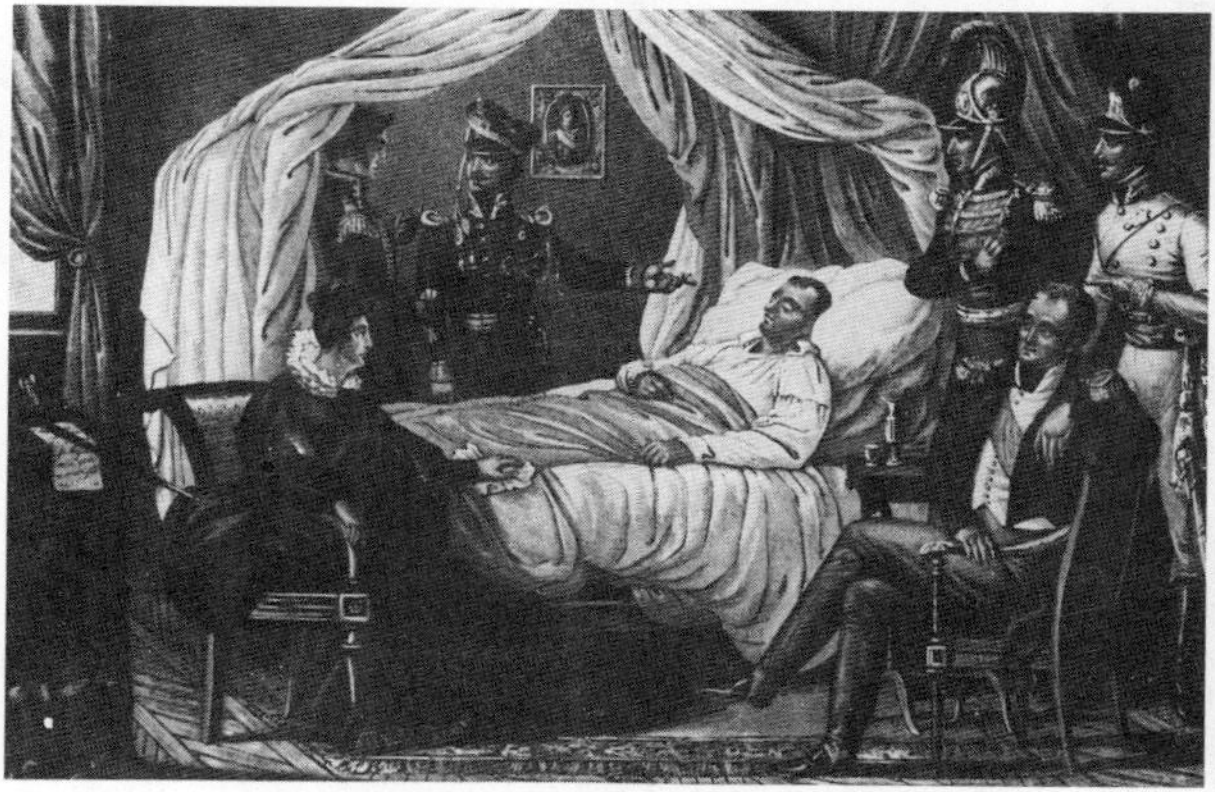

セント・ヘレナに没す（Henri Savant *"NAPOLÉON"*）

一八二一年五月五日夕刻、息を引き取ることになったのである。

　このナポレオン毒殺という衝撃的事実は、二〇〇〇年に、モントロンの六代目の子孫であるフランソワ・ド・コンデ・モントロンが、自宅の城館の屋根裏部屋で発見したモントロン夫妻の往復書簡とアルビーヌの日記を、ナポレオン毒殺説の提唱者ルネ・モーリ教授と共著で刊行した『ナポレオンの謎は解けた』で明らかにされ、全世界に衝撃を与えた。

　ナポレオンは、モントロンに口述した遺書で、自分の遺骸は、深く愛したフランス人民の真ん中であるセーヌ河岸に安置してほしいと希望した。だが、遺骸は、暗殺犯人と疑われることを恐れたハドソン・ロウの命令で解剖され、胃癌と診断されたあと、島内のプランテーション・ハウス墓地に埋葬された。

しかし、それから十九年後、セント・ヘレナに埋没させられたかに見えたナポレオンの熱狂情念は思わぬかたちでフランスを襲い、ナポレオンの遺骸は遺言通り、セーヌ河岸に葬《ほうむ》られることになるのである。

そして情念は死なず

一八二一年七月五日、パリ社交界の中心となっていたイギリス人クロフォード夫人の居間で大きなどよめきが起こった。ナポレオンがセント・ヘレナ島で五月五日に死去したという知らせが二ヵ月遅れで届いたのである。

その場にはウェリントンも居合わせていたが、やがてしばし沈黙があった後、クロフォード夫人が「これは大事件ね！」と叫んだ。それは、その場にいた者たちの感情を代弁したものだった。ところが、このとき、居間の奥のほうに座っていたタレーランが荘重な声で、こう言い放った。

「いや、いまとなってはもう大事件ではありません。たんなるニュースにすぎません」

ウェリントンがその『回想録』に書き留めているエピソードである。しかし、ナポレオンを切り捨てたタレーラン自身も、すでに歴史の表舞台からは退きつつあった。一八一五年の九月に首相を辞任して以来、政界復帰の機会はついに訪れなかったからである。

タレーランの政権復帰を妨げていたもの、それは皮肉にも、タレーランの跡を継いで首相となったリシュリュー公爵の取った穏健政策だった。つまり、もし、過激王党派《ユルトラ》が政権を握って過激な反動政策に出たとしたら、それへの反動でタレーラン待望の声があがっていただろうが、リシュリュー内閣は大革命の原則を認め、議会制を尊重する姿勢を示していたので、タレーランの出番はなかったのである。

そこで、タレーランは奇妙なマキャヴェリズムを発揮して、ユルトラに接近を図った。蝶々情念はまだ死に絶えてはいなかったのである。この敵の敵は味方というマキャヴェリズムは、一八二一年の暮れのリシュリュー内閣が総辞職したときには、見事、功を奏するかに見えた。ユルトラから強い後押しがあったからである。

だが、ルイ十八世は、よほどタレーランを嫌っていたのか、このオプションを捨てて、なんとユルトラの若手のホープ、ヴィレールに白羽の矢を立てた。これで、タレーランの政権復帰の可能性は完全に消えたことになる。こうした政治状況に関して、ダフ・クーパーは、その評伝の中でこう指摘している。

ヴィレールの任命によって、今や王政復活時代の歴史はその転換点に到達した。それは過激王党派の最後の勝利を意味するものであると同時に、立憲的政府に対する絶縁状みたいなものだったのである。また一方、タレーランの立場から見れば、これによって彼の現王朝下における復活の望みが断たれると同時に、さらに大きな歴史的な視野からすれば、ここから自由主義的な反対派《オポジション》の活動が本格的に出発することになる。いずれにせよ、これまでの彼は、権力の途に到達する必要上、王党派中の過激分子と提携しようとして失敗を重ねて来たのである。が、たとい彼がこの手段によって目的を達成したとしても、恐らく彼が反動の目的に権力を濫用しなかったことは確実である。（クーパー　前掲書）

たしかに、ダフ・クーパーのいうように、われわれは、タレーランの蝶々情念を、権力亡《もう》者《じゃ》の日和見《ひよりみ》主義と同一視しないようにしたほうがいい。なぜなら、タレーランは政権を狙ってさまざまな陰謀を巡らすのだが、だからといって、政権に就いたときに打ち出す政策が、彼みずからが課している二つの原則「正統主義の原則」と「合理的な限界内での自由」を大きく逸脱することはないからである。

いいかえれば、タレーランの政治というのは、体操競技における規定演技の名手のようなもので、どんな手《て》枷足枷《かせあしかせ》があろうと、それらをすべて満たしたうえでの妙技が光るのである。したがって、一八二一年にルイ十八世がタレーランに政権を託していたら、「ユルトラという拘束の中での自由主義」という難度の高い演技をわれわれは鑑賞することができたかもしれない。そして、ブルボン王朝はなお命脈を保ちえたはずである。

＊

だが、ヴィレール内閣の登場でその可能性も断たれた。さらに、これに追い打ちをかけるようにルイ十八世が一八二四年に没して、「ユルトラの王」シャルル十世が玉座に座り、内閣は反動の色彩をますます強めていく。一八二九年に、超反動的なポリニャック内閣が成立すると、もはや、状況は引き返しがきかないところまできていた。

ここに至っては、さすがのタレーランもブルボン王朝に代わるオプションを検討せざるを得なくなる。そして、ナポレオンを見限ったときにしたように、水面下で進行する陰謀に、最初はひそかに、ついで公然と加担する。

すなわち、一八二九年の暮れ、共和派の二人の若き闘士、アドルフ・ティエールとアルマン・カレルがヴァランセーに隠遁《いんとん》するタレーランのもとを訪れ、反政府新聞『ナシオナル』創刊のための軍資金援助を願い出ると、タレーランは銀行家のラフィットとともにこれに応じたばかりか、同時に、ブルボン王朝の傍系であるオルレアン家のルイ＝フィリップに連絡を取りはじめたのである。蝶々情念が久しぶりに全開になったのだ。

一八三〇年七月末、ポリニャック内閣が厳しい新聞条例を施行して、仇敵《きゅうてき》『ナシオナル』の発刊を停止しようとすると、『ナシオナル』の編集部に集まった各紙の編集員は共同で号外の抗議文を発行し、徹底抗戦を呼びかけた。パリ民衆はただちにこれに呼応して各所でバリケードを築きはじめた。七月革命の勃発である。

このときのタレーランの様子をダフ・クーパーはこう描写している。

市の中心にあたるフロランタン街では、タレーランがホイストの遊びをやっていたが、同時に周囲のあらゆる情報に目を光らせ、耳をかたむけていたことはいうまでもない。さて、いよいよ市街戦の音が聞こえ、鐘が鳴り、喊声《かんせい》が窓をこえて室内に飛び込んできたとき、タレーランは声を挙げて、「ほう、そろそろわれわれが勝ってきた」と叫んだ。それで、他の連中が、「何、われわれ、われわれとはいったい誰のことです」とたずねると、「まあ、お待ちなさい、静かに。明日お話をしましょう」と返事をされた。（同前掲書）

これは「栄光の三日間」と呼ばれる七月二十七日から三日間の二日目のことである。翌二十九日、タレーランは、秘書のコルマッシュを、オルレアン公フィリップの住むヌイイに派遣し、ただちにパリを出て、革命派の先頭に立つよう厳命した。オルレアン公がためらっているのを知っていたので、この機会を逃したら、革命は行くところまで行って無政府状態が出現するだろうと脅しをかけるのを忘れなかった。

七月三十日、シャルル十世はサン・クルーを発って、ランブイエに逃れた。このときタレーランは「私が国王を見捨てたわけではない。国王が勝手にわれわれを見捨てて、行ってしまったのだ」と述べたという。しかし、オルレアン公はパリに出てきて、居城のパレ・ロワイヤルに戻ったものの、市庁舎には入らず、なお躊躇していた。本家から王冠を奪ったと非難されるのではないかと恐れていたのだ。

三十一日、革命派のパリ市委員会はパレ・ロワイヤルまで赴いて、ルイ＝フィリップに政権の受け皿となってほしいと要求した。それでも、ルイ＝フィリップは決断できず、使者を遣わしてタレーランの判断を仰いだ。

「すぐに受諾されるべきです」

タレーランは答えた。ルイ＝フィリップはこれでようやく決心が固まり、市庁舎に赴いて三色旗を高く掲げてバルコニーに姿をあらわした。「フランス王」ではなく三色旗に忠誠を誓う「フランス人の王」がこうして誕生したのである。その夜、疲れ果ててパレ・ロワイヤルに戻ったルイ＝フィリップのもとに大型馬車に乗った一人の訪問者が姿をあらわした。


彼は大貴族としてのあらゆる優雅さと威厳を具え、かすかな皮肉と、ことによるとまた恩着《おんき》せがましさのひらめきをも浮かべて来訪したのであり、先任の国王たちと同様、タレーランに王座を世話してもらったこの新たな国王のもとに最初のフランス人として表敬にあらわれたのであった。（オリユー　前掲書）

七月王政は、「正統主義の原則」と「合理的な限界内での自由」というタレーランが掲げる二つの原則にかなう、理想的な体制であった。タレーランはこれまでバラスの総裁政府、ナポレオンの執政政府、同じくナポレオンの帝政、そしてルイ十八世の王政復古と、じつに、四つの体制の生みの親となり、二つの原則を一致させようと試みたが、努力はそのたびに水泡に帰した。それゆえ、今度こそは、絶対に失敗は許されないと感じていた。

では、七月王政を長続きさせるにはどうすればいいのか？

すべては外交にかかっているというのがタレーランの考えであった。それというのも、革命によって成立したこの政権に、神聖同盟諸国をはじめとするヨーロッパの国すべてが脅威を感じていたからである。大革命のときと同じように、今回も革命の「輸出」が始まるのではないかと各国が危惧していたのだ。

事実、フランスが望んでいなかったにもかかわらず、革命は輸出された。七月革命からわずか一ヵ月後の八月末、オランダの支配からの独立を目指す、カトリック教徒のフランス語系住民がブリュッセルで蜂起し、ベルギーの分離独立を宣言したのである。

この問題は、ふたたびヨーロッパ中を戦火に巻き込みかねない危険をはらんでいた。プロシャとロシアは神聖同盟の盟約によって、オランダを助けて反乱を鎮圧しようとし、イギリスも同じプロテスタントということでオランダに加担しかけていた。いっぽう、フランスではフランス語を話すカトリック教徒を救うのはフランスの義務だと考えるボナパルティストや自由派が、ベルギー併合を主張していた。下手をすれば、対仏同盟の再来さえ予想される事態だったのである。

タレーランは、ルイ＝フィリップに会見を申し込み、このベルギー問題を解決する方策を協議した。タレーランの考えでは、解決策はただ一つ、イギリスとの強力なパイプをつくって、イギリス政府から七月王政の承認を得ると同時に、ベルギーに対する不干渉の約束を取り付けることである。もし、この試みが成功すれば、神聖同盟諸国もイギリスに追随するであろう。

しかし、そのためには、イギリスのトーリー党政権と対等に話し合える大使が必要である。そして、それができるのはタレーランしかいなかった。

かくして、新政権樹立から二ヵ月もたたない九月二十二日、タレーランはパリを発ってロンドンに向かった。思えば、タレーランが最初にドーヴァー海峡を渡ってから三十八年が経過している。あのときは、ダントンからパスポートを発行してもらったにもかかわらず、亡命者と変わらぬ気持ちでイギリスの土を踏んだが、今回はちがう。

長い間、英仏の、そして全世界の幸福の最も確実な保証と信じていた英仏の同盟を締結するという希望によって、いやそうしたいという欲求によって突き動かされて、私はいま彼の地に赴こうとしているのである。（タレーラン『回想録』拙訳）

ロンドンに着くと、タレーランはただちに活動を開始し、首相のウェリントン、外務大臣のアバディーンと協議して、ベルギー問題の解決を図った。ウェリントンとはウィーン会議以来の旧知の仲で、戦争回避という線で思惑は完全に一致していたので、結論はすぐに出た。ウィーン会議のさいにオランダ独立に賛成した五大国（イギリス、フランス、プロシャ、オーストリア、ロシア）でふたたび会議を開き、ベルギー問題を話し合うというのである。タレーラン外交の勝利の第一歩であった。高木良男氏は、『ナポレオンとタレイラン』で、このタレーランの業績について、次のように指摘している。

ベルギー問題についてフランスの新政権を加える五ヵ国の会議を開くことは、それ自体がベルギーの独立を国際的に認め、同時にフランスの新政権の国際的な調停役を認めることになる。これはタレーランの外交にとって、一石二鳥の成功であった。これをタレーランはさらにすすめて、イギリスの朝野《ちょうや》の意見を集めて主導権をとらせ、イギリスとフランスの完全な協調を実現しようと考えた。（高木良男『ナポレオンとタレイラン』）

これなど、自分のしてもらいたいことを最初に相手からいわせるタレーラン的外交術の見本である。会議はロンドンで開かれ、結局、ベルギーの独立が認められたばかりか、ベルギーの永世中立を五ヵ国が保障する決議がなされた。

あとは、どうやって英仏協調を確かなものにするかという問題が残っているだけである。タレーランは、ベルギー問題をこれに利用しようと考えた。すなわち、ルイ＝フィリップの次男のヌムール公を国王に迎えようというベルギー国民会議の決定がなされると、ルイ＝フィリップに書簡を送ってこれを断らせたうえで、代案として、ザクセン王国のレオポルト大公を国王に推《お》すことを提案した。イギリス国王ジョージ四世の王女のシャルロットと結婚したレオポルト大公は、妻に先立たれて独身だったが、一応、イギリス王室と姻戚関係にあるので、もし、彼がルイ＝フィリップの王女と結婚してベルギー国王夫妻となれば、まさに英仏の融和がなるとタレーランは考えたのである。

タレーランのこのアイディアはイギリス側からも歓迎され、ベルギー問題は、英仏融和という大きな成果をもたらして決着した。この後も、タレーランは英仏同盟を基礎にしてヨーロッパの安定を図るという線で外交努力を重ね、一八三四年には、それを、英仏にスペイン、ポルトガルを加えた四ヵ国条約というかたちでまとめ上げることに成功する。このとき、一七五四年生まれのタレーランはすでに八十歳になっていた。

ここから、タレーランはさらに四年生き、一八三八年にパリのフロランタン通りの自宅で死去した。享年八十四。死の二年前、タレーランはみずからの波瀾に満ちた人生を回顧して、公的な遺言書ともいえる宣言文をしたためていた。ダフ・クーパーがそれを引用しているので、われわれも、孫引きさせてもらうことにしよう。

一、これまでに私が参加した諸政府の中で、私が与えた以上のものを私に与えてくれたものは、結局ただの一つもなかった。

一、私は、どんな政府であっても、それがみずからを見捨てる以前に、私の方から見捨てたおぼえはない。

一、また私は、一党一派や、自分ないしは自分の同族の利害をもってフランス全体の利害よりも重しとしたことがない。そして、さらにいうならば、フランスの利害は、決してヨーロッパの真正な利害と対立するものではないと、考えている次第である。

以上、この私の過去の行為に対する私自身の判断が、今後公正無比な人々によって確証されることを、私は期待している。そして、かりにもし私の死後にこの期待が満たされな

いとしても、現在この私に責任があることを自覚して、余生を安らかに送るつもりである。（クーパー　前掲書）

いかにも、タレーランらしい、自信とシニシズムと皮肉に満ちた遺言書である。

しかし、タレーランの期待した公正無比な評価は、その後、百年以上を経過してもなかなかあらわれなかった。なぜなら、彼のライヴァルであるナポレオンの遺言「埋葬場所は、愛するフランス人民の真ん中、セーヌのほとりを希望する」を実現しようという気運がこのころから燃え上がり、一八四〇年には、ついにルイ＝フィリップの三男であるジョワンヴィル公を代表とする引き取り団がセント・ヘレナ島から遺骸をパリに運ぶという一大イベントが挙行され、空前のナポレオン・ブームが起こったからである。

すなわち、ナポレオンの事績がすべて「善」と称賛されたのに対し、ナポレオンに反対したタレーランは完全に悪役に回ってしまったのだ。

＊

ナポレオンの熱狂情念は、以後、人々を一世紀以上にわたって、熱狂に巻き込み、タレーランの蝶々情念を粉砕することになる。ナポレオン神話から生まれたナショナリズムとロマンティシズムが、二十世紀末のソ連崩壊とＥＵの成立というかたちでその終末を迎えるまで、タレーラン再評価の気運が盛り上がることはなかった。しかし、二十一世紀に入って、歴史の審判は、ようやくタレーランのほうに傾きつつあるように見える。とはいえ、情念戦

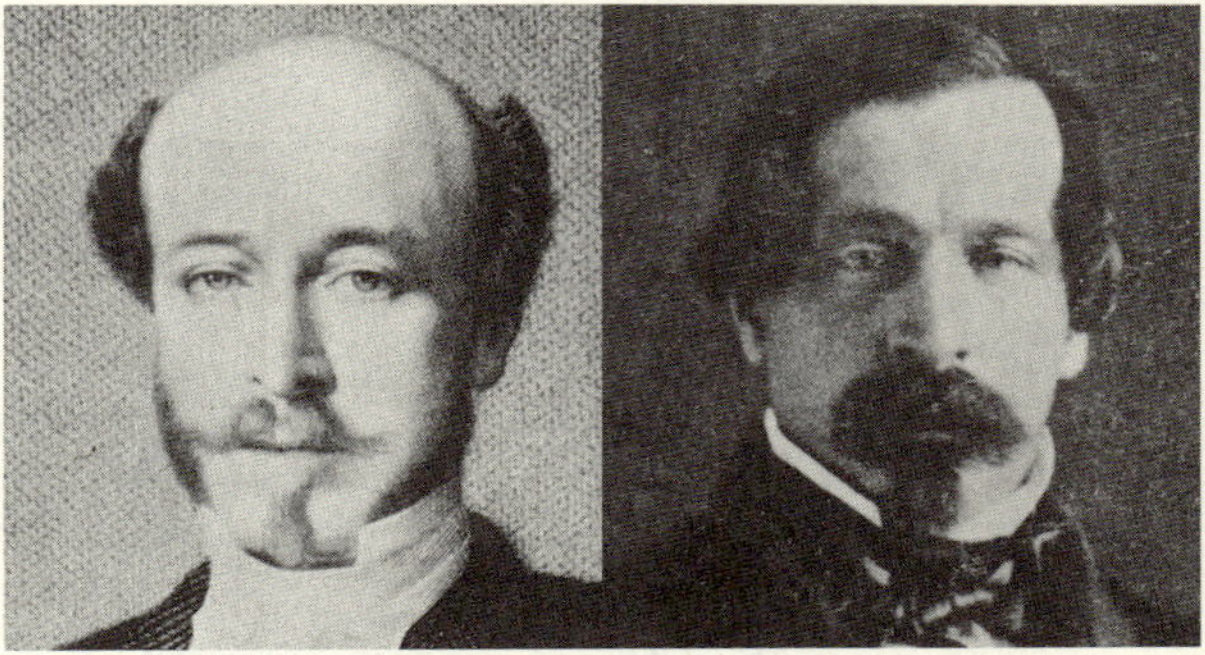

ルイ・ナポレオン【右】とモルニー（Henri Savant *“NAPOLÉON”*）

争の真の勝者が最終的に決定するには、まだ数世紀はかかりそうである。

ところで、これは完全な後日譚《ごじつたん》、というか余談なのだが、死後においても対立していたナポレオンとタレーランの情念が、歴史上、一度だけ、奇妙なかたちで融合を遂げたことがある。

第二帝政成立のきっかけとなったルイ・ナポレオン・ボナパルトのクーデターである。ナポレオンのアウステルリッツの戦勝記念日である一八五一年十二月二日、ナポレオンの甥である共和国大統領ルイ・ナポレオン・ボナパルトは、その異父弟のモルニー伯（後に公爵）を内務大臣に据えて一挙にクーデターを決行したが、この二人はその血筋において、ナポレオンとタレーランの宿縁を不思議なかたちで反映した存在だった。

すなわち、ルイ・ナポレオンがナポレオンの弟でオランダ王だったルイと、ジョゼフィーヌの連れ子のオルタンス・ド・ボーアルネの間にできた嫡子であるのに対し、モルニーは、同じくオルタンス・ド・ボーアルネを母としながらナポレオンの副官フラオー将軍を父とする非嫡子だったが、じつはこのフラオー将軍というのはタレーランの隠し子だったのである。つまり、一八五一年のクーデターというのは、ナポレオンの甥（母方から見れば義理の孫）とタレーランの孫の共同作業による帝政復活の試みだったということができる。

そして、意外にもこれは、先ほど引用した宣言文の後に、タレーランが甥たちに宛てて書いた次のような私的な遺言の実現にほかならなかったのである。

私は人生の最後においても、ボナパルトが私の大恩人であったことを想起せざるを得ない。同じように、私が甥たちに遺贈する財産のほとんどは、皇帝によって与えられたものであることを思いだす必要がある。甥たちはそのことをゆめゆめ忘れてはならず、子供たちにも教えこまなければならない。そして、この思い出が我が家の末代まで伝えられるように努めるべきである。ゆえに、もしボナパルトの名を有する者があらわれ、その運命によって援助と救援の必要が生まれたならば、私の相続人やその子孫たちは、できるかぎりの手助けをしなければならない。私の子孫が私に感謝し、私の思い出を大切にしたいならば、他のどんな方法よりもこの方法によるほかはないのである。（ジャン・オリユー　前掲書に引用）

モルニーは、知ってか知らずか、この祖父の遺言を忠実に実行に移したのである。

あとがき

四年半前の一九九九年三月末、『情念戦争』を連載するに先だって、私は月刊『PLAYBOY』編集長（当時）の鬼木真人氏とともに、ナポレオンゆかりの地への駆け足旅行を企《くわだ》て、フォンテーヌブロー、マルメゾン、それにワーテルローと忙しく動きまわった。

なかでも記憶に残るのは、メルセデス六〇〇を運転手付きで借り切り、フランスとベルギーの整備された高速道路を二〇〇キロでぶっ飛ばして出掛けたワーテルローへの日帰り旅行である。

このとき、ワーテルローのガイドブックとして役に立ったのがヴィクトル・ユゴーの『レ・ミゼラブル』だった。われわれは、モン・サンジャンの戦場跡を自分の足で歩いたヴィクトル・ユゴーのひそみにならって、激戦のあったウーグモンの農家を訪ねてみた。そして、あらためてユゴーの筆の正確さを知った。文中、「旅行者」とあるのはユゴー自身のことである。

門の前の野原には、馬鍬《まぐわ》が三本ころがっていて、その間から、五月のさまざまな花が咲き乱れていた。門はしまっていた。それは、古いこわれかかったひらき戸で、錆びた古い鉄の槌《つち》がついていた。うららかな日だった。木々の枝は、風のためというよりは、小鳥の巣からくるように思われる、あのさわやかな五月のおののきで揺れていた。きれいな一羽の小鳥が、たぶん恋をしているのであろう、一本の大きな木で、夢中でさえずっていた。

旅行者は身をかがめ、左側の門柱の下の石に、丸石の凹《へこ》みに似たかなり大きな丸い穴があいているのをながめた。そのとき、戸があいて、一人の百姓女が出て来た。

彼女は旅行者を見、彼がながめているものに気がついた。

「それはフランスの弾《たま》丸のあとだ」と彼女は彼に言った。（中略）

「ここいらはなんというところですか？」と旅行者は尋ねた。

「ウーグモン」と百姓女が言った。

旅行者は立ち上がった。二、三歩歩いて、垣根越しにのぞきに行った。木立を通して、地平線に小さな丘が見え、その丘の上に、遠くから見ると、ライオンのような形をしたものが見えた。

彼はワーテルローの戦場に来ていたのだ。（ユゴー『レ・ミゼラブル』佐藤朔訳）

ユゴーの描写にもあるように、ウーグモンの農場はうららかな春の日差しを浴びて憩っている普通の農家にしか見えなかった。また、われわれが農場の周りをうろついていると、中からいかにも農民らしい主婦が出てきて、いろいろと解説を加えたのも同じである。

さらに木立の向こうを透かすと、ユゴーの言うように、たしかにモン・サンジャンの「小さな丘」が見えた。モン・サンジャンの高地にあとから建てられたウェリントンのライオン像である。われわれは農場を出て小丘に登り、頂上に据えられたライオン像から、ナポレオンが本陣を置いたラ・ベ・ラリアンスの農場あたりを眺めわたした。

するとそのとき、旅行前に仕入れたグラフィックな資料の戦場場面が眼前に彷彿《ほうふつ》とし、あたかも、自分がウェリントンになって、坂を一気に駆け上がってくるネー元帥率いるフランス騎兵隊の大軍と対峙《たいじ》しているような錯覚に襲われた。幻視者ユゴーはわれわれが一瞬垣間見た幻影を次のようにいきいきと描きだしている。

全騎兵隊は、サーベルをあげ、軍旗をひるがえし、ラッパを吹き鳴らし、師団ごとに縦列をつくり、ただ一人の人間のように足並みを揃《そろ》えて、突破口を突き破るブロンズの撞角《とうかく》のようにまっしぐらに、ラ・ベ・ラリアンスの丘を駆けおり、すでに多くの兵隊が倒れている恐ろしい凹地に飛び込み、硝煙の中に消え、やがてその影から出て、依然として密集したまま、谷間の向うにあらわれ、頭上で破裂する散弾の雲を突き抜けて、モン・サンジャン高地の、恐ろしい泥濘の坂を、一気に駆けのぼった。いかにも堂々と、しかも冷静に駆けのぼった。小銃や大砲の合間に、その巨大な蹄《ひづめ》の音が聞き取れた。二個師団なので、二列縦隊をなしていた。ワチエ師団は右、ドロール師団は左だった。遠くからながめると、高地の頂の方へと、二匹の鋼鉄の大蛇《だいじや》が這《は》い上がって行くようであった。それは奇蹟《きせき》

のように戦場を横断した。（ユゴー　前掲書）

かの有名なネー元帥の無謀な突撃である。もし、このとき、ネーが度重なる失敗を一気に取り戻そうと騎兵隊単独で突撃するようなことがなかったら、ワーテルローの勝敗は……。

こうして、われわれは、ウェリントンの丘に立って、いつのまにか、盛んに歴史のイフを連発していたが、ユゴーもその点では同じだったらしく、こんなふうに自らに問いかけている。

「ナポレオンはこの戦いに勝つ可能性があったのだろうか？」

ユゴーの答えはノンである。

「私は否と答える。なぜか？　ウェリントンのためにか？　ブリュッヘルのためにか？　そうではない。神のためにである。ワーテルローの勝利者ボナパルト、そのようなことは、もはや十九世紀の法則にはなかったのだ。ナポレオンが入り込む余地のない、全く別の一連の事実が生れかかっていた。もうずっと前から、不運な雲行きが生じていたのだ。この偉人の倒れる時期がきていたのだ。（中略）

ナポレオンは無限の中で告発され、その破滅は決定的なものだった。彼は神を妨げていたのである。

ワーテルローは、単なる戦いではない。それは世界の方向転換である」

まさにユゴーの言うとおりだろう。だが、私は、もう一つこれに付け加えたい。

ナポレオンが、全力を傾けて戦い、そして敗れたのは戦場での戦いだけではなかった。情念戦争という見えざる戦争においても、すでにナポレオンは敗れていたのだと。

そう、ナポレオンはおのれの熱狂情念を、さながらサイキックウォーズのように、タレーランの移り気情念とフーシェの陰謀情念と真っ向からぶつけて戦い、一見、彼らを排除したように見えながら、その実、見事にしてやられたのである。

しかし、後々の影響を考えれば、この情念戦争に最終的決着がついたとはとうてい、いいがたい。ナポレオンの熱狂情念は後に多くの若者たちを、たとえば、ユゴー、デュマ、バルザックのようなポスト・ナポレオンの世代を別種の情念戦争へと駆りたてることによって、幾度となく蘇ったのだから。そのことをユゴー自身も自覚していたのかワーテルローの戦場の描写をこう締めくくっている。

今日ワーテルローの平野は、人間の無感動な足場ともいうべき大地に、特有の静けさを持っている他のあらゆる平野と変わったところはない。

けれども夜には幻のような靄《もや》が立ちのぼる。もしどこかの旅行者がそこを歩き、ながめ、耳をすまし、フィリッピのいたましい平原におけるウェルギリウスのように物思いにふけるとしたら、あの破局の幻覚にとらわれるであろう。恐ろしい六月十八日がよみがえってくる。(中略)人工の記念の丘は消え、あのライオンの像も消え、戦場がまざまざとせまってくる。(中略)この骸骨《がいこつ》はナポレオン、あの骸骨はウェリントン。すべては今はないのに、まだぶつかり合い、戦っている。

人間は死んでも、情念は遺伝子のように受け継がれ、あいもかわらず、人々を戦いへと駆りたてている。ナポレオン、フーシェ、タレーランの情念戦争に終わりはないのである。

月刊『PLAYBOY』連載に当たっては、前編集長の鬼木真人氏と現編集長の田中伊織氏、同編集部の斉藤智美氏、それに集英社インターナショナル代表取締役の島地勝彦氏にお力添えをいただいた。また、単行本化にさいしては、佐藤眞氏にお世話いただいた。ともに、この場を借りて心からの感謝を伝えたい。

奇しくもナポレオン・ボナパルトの誕生日である二〇〇三年八月十五日に

鹿島《かしま》　茂《しげる》

年表

西暦	月	フランス
一七五四年	二月	タレーラン誕生
一七五九年	五月	フーシェ誕生
一七六八年	八月	フランス、コルシカ島を併合
		フーシェ、オラトリオ会神学校に入学
一七六九年	八月	ナポレオン誕生
		タレーラン、サン・シュルピス神学校入学
一七七四年	五月	ルイ十六世即位
一七八二年		フーシェ、物理・数学教師となる
一七八四年	十月	ナポレオン、パリ陸軍士官学校入学
一七八五年	十一月	ナポレオン、ラ・フェール砲兵連隊に着任
一七八八年		フーシェ、「ロザティの会」でロベスピエールと出会う
		タレーラン、オータン司教に任命される
一七八九年	五月	三部会召集
	七月	バスチーユ牢獄襲撃（フランス革命勃発）
	八月	人権宣言

周辺国	
一七六〇年代～	イギリス産業革命
一七七二年	第一次ポーランド分割
一七七三年	ボストン茶会事件
一七七六年	アメリカ独立宣言
一七八九年	アメリカ合衆国初代大統領ワシントン就任

一七九二年	六月	チュイルリー宮殿襲撃	一七九二年	第一次対仏同盟
	八月	王権停止		
	九月	フーシェ、国民公会議員に当選		
一七九三年	一月	ルイ十六世処刑	一七九三年	第二次ポーランド分割
	六月	対立するパオリ派の弾圧により、ナポレオン一家コルシカ島脱出		
	十一月	フーシェ、リヨンの大虐殺を行う		
一七九四年	七月	テルミドールの反動、ロベスピエール処刑		
一七九五年	十月	ヴァンデミエールの王党派暴動	一七九五年	第三次ポーランド分割
一七九六年	三月	ナポレオン、イタリア方面軍最高司令官となる ジョゼフィーヌ・ド・ボーアルネと結婚		
	五月	ミラノ入城		
一七九七年	七月	タレーラン、外務大臣に就任	一七九七年	プロシャ国王フリードリッヒ＝ヴィルヘルム三世即位
	九月	フリュクティドールのクーデター		
	十月	カンポ・フォルミオ講和条約締結		
一七九八年	五月	ナポレオン、エジプト遠征		
	七月	カイロ入城		
	八月	アブキール大海戦		
一七九九年	七月	フーシェ、警察大臣に就任	一七九九年	第二次対仏同盟
	十一月	ブリュメール十八日のクーデター		
	十二月	ナポレオン第一執政となる		
一八〇〇年	六月	マレンゴの大会戦		
	十二月	オペラ座のナポレオン暗殺未遂事件		

西暦	月	フランス
一八〇一年	二月	オーストリアとリュネヴィル条約締結
	七月	ローマ教皇と政教和約
一八〇二年	三月	イギリスとアミアン条約締結
	八月	ナポレオン終身執政となる
一八〇三年	五月	アミアン条約破棄
一八〇四年	三月	カドゥーダルの陰謀
		アンギャン公処刑
	五月	フランス共和制廃止、ナポレオン帝政開始
一八〇五年	三月	ナポレオン、イタリア国王を兼ねる
	十月	トラファルガーの海戦
	十一月	ナポレオン、ウィーン入城
	十二月	アウステルリッツの戦い（三帝会戦）
一八〇六年	十月	イエナ・アウエルシュタットの戦い
		ナポレオン、ベルリン入城
	十一月	ナポレオン大陸封鎖令
一八〇七年	二月	アイラウの戦い
	六月	フリートラントの戦い
	七月	ティルジットの和約
一八〇八年	三月	王位継承問題にともない、スペインに出兵
	九月	エルフルト会談

周辺国	
一八〇一年	ロシア、アレクサンドル一世即位
一八〇三年	アメリカがフランスよりルイジアナを買収
一八〇五年	第三次対仏同盟
一八〇六年	ライン連邦成立
	神聖ローマ帝国滅亡
	第四次対仏同盟
一八〇七年	フィヒテの「ドイツ国民に告ぐ」の連続講演（〜〇八年）

一八〇九年	七月	ワグラムの会戦
	十二月	ナポレオン、ジョゼフィーヌと離婚
一八一〇年	四月	ナポレオン、オーストリア大公女マリア・ルイザと結婚
一八一二年	六月	ナポレオン、ロシア遠征
	九月	モスクワの大火
一八一三年	十月	ライプティッヒの会戦（諸国民の戦い）
一八一四年	三月	連合国パリ入城
	五月	ナポレオン、エルバ島に配流
		ルイ十八世王政復古
		パリ条約締結
	九月	ウィーン会議
一八一五年	二月	ナポレオン、エルバ島脱出
	六月	ワーテルローの戦い
	九月	フーシェ追放
	十月	ナポレオン、セント・ヘレナ島に配流
一八二〇年	十二月	オーストリア領トリエステにてフーシェ死去
一八二一年	五月	セント・ヘレナ島でナポレオン死去
一八三八年	五月	タレーラン死去

一八〇九年
第五次対仏同盟
メッテルニッヒ、オーストリア外相に就任
一八一二年
英米戦争開始
一八一三年
第六次対仏同盟
一八一五年
第七次対仏同盟
神聖同盟
一八一六年
フランクフルト連邦議会開会

参考／引用文献一覧

Jacques Bainville: NAPOLÉON, Paris, Balland, 1995

Vicomte de Barras: MÉMOIRES DE BARRAS, Paris, Hachette, 1895-1896, 4 vol.

André Castelot: NAPOLÉON BONAPARTE, Paris, Perrin, 1997

____: JOSÉPHINE, Paris, Perrin, 1964

____: FOUCHÉ, Paris, Perrin, 1990

Marquis de Caulaincourt: MÉMOIRE DE GÉNÉRAL DE CAULAINCOURT. DUC DE VICENCE, GRAND ÉCUYER DE L'EMPEREUR, Paris, Plon, 1933, 3 vol.

François René de Chateaubriand: NAPOLÉON, Paris, La Table Ronde, 1998

Bernard Chevallier, Christophe Pincemaille, L'IMPÉRATRICE JOSÉPHINE, Paris, Payot, 1996

Alfred Fierrot, André Palluel-Guillard, Jean Tulard, HISTOIRE ET DICTIONNAIRE DU CONSULAT ET DE L'EMPIRE, Paris, Robert Laffont, 1995

Alfred Fierrot, LES FRANÇAIS VUS PAR EUX-MÊMES LE CONSULAT ET L'EMPIRE, Paris, Robert Laffont, 1998

Joseph Fouché: MÉMOIRES COMPLETS ET AUTHENTIQUES DE JOSEPH FOUCHÉ DUC D'OTRANTE MINISTRE DE LA POLICE GÉNÉRALE, Paris, Jean de Bonnot, 1967

Max Gallo: LE CHANT DU DÉPART (1769-1799), Paris, Robert Laffont, 1997

____: LE SOLEIL D'AUSTERLITZ (1799-1805), Paris, Robert Laffont, 1997

____: L'EMPEREUR DES ROIS (1806-1812), Paris, Robert Laffont, 1997

____: L'IMMORTEL DE SAINTE-HÉLÈNE (1812-1821), Paris, Robert Laffont, 1997

Maurice Griffe: NAPOLÉON BONAPARTE 1769-1821 CHRONOLOGIE 1768-1841, Connet, Edition T.S.H, 1997
Henry Houssaye: WATERLOO 1815, Étrépily, Christian de Bartillat, 1987
Laure Junot, Duchesse d'Abrantès: MÉMOIRES COMPLETS ET AUTHENTIQUES DE LAURE JUNOT, DUCHESSE D'ABRANTÈS, Paris, Jean de Bonnot, 1967-1968, 16 vol.
Las-Cases: MÉMORIAL DE SAINTE-HÉLÈNE, Paris, Éditions du Seuil, 1968
Jacque Logie: NAPOLÉON LA DERNIÈRE BATAILLE, Bruxelles (Belgique), Racine, 1998
Louis Madelin: FOUCHÉ 1759-1820, Paris, Librairie Plon, 1903, 2 vol.
Comte de Mollien: MÉMOIRE D'UN MINISTRE DU TRÉSOR PUBLIC, Paris, Guillaumin, 1893, 3 vol.
Georges-Albert Morlot: TALLEYRAND UNE MYSTIFICATION HISTORIQUE, Paris, Henri Veyrier, 1991
Jean Orieux: TALLEYRAND OU LE SPHINX INCOMPRIS, Paris, Flammarion, 1970
Michel Poniatowski: TALLEYRAND AUX ÉTATS-UNIS 1794-1796, Paris, Perrin, 1976
____: TALLEYRAND ET LE DIRECTOIRE 1796-1800, Paris, Perrin, 1976
____: TALLEYRAND ET LE CONSULAT, Paris, Perrin, 1986
____: TALLEYRAND ET L'ANCIENNE FRANCE 1754-1789, Paris, Perrin, 1988
____: TALLEYRAND ET LES ANNÉES OCCULTÉES 1789-1792, Paris, Perrin, 1995
Sainte-Beuve: MONSIEUR DE TALLEYRAND, Monaco, Editions du Rocher, 1958
Chalres-Maurice de Talleyrand: MÉMOIRE DU PRINCE DE TALLEYRAND publiés avec une préface et des notes par LE DUC DE BROGLIE de l'Académie française, Philippe de

Maubuisson, éditeur à l'enseigne de Saint-Louis-en-l'Isle (réimpression, Edition Idégraf, Genève, 1981, 8 vol.)

Jean Tulard: NAPOLÉON OU LE MYTHE DU SAUVEUR, Paris, Fayard, 1987

——: LE GRAND EMPIRE, Paris, Albin Michel, 1982

Luc de Vos: LES 4 JOURS DE WATERLOO 15-16-17-18 JUIN 1815, Brain-l'Aleud (Belgique), J. M. Collet, 1996

ヴィゴ＝ルション、Ｆ『ナポレオン戦線従軍記』瀧川好庸訳、中央公論社

オブリ、Ｏ編『ナポレオン言行録』大塚幸男訳、岩波文庫

オリユー、Ｊ『タレラン伝』宮澤泰訳、藤原書店

クーパー、Ｄ『タレイラン評伝』曽村保信訳、中公文庫

ゴデショ、Ｊ『フランス革命年代記』瓜生洋一他訳、日本評論社

コレンクール、Ａ『ナポレオン　ロシア大遠征軍潰走の記』小宮正弘訳、時事通信社

ゴンクール兄弟『ゴンクール兄弟の見た十八世紀の女性』鈴木豊訳、平凡社

ジャンサン、Ｊ『恋するジョゼフィーヌ　ナポレオンとの愛』瀧川好庸訳、中央公論社

ストローソン、Ｊ『公爵と皇帝』城山三郎訳、新潮社

ツヴァイク、Ｓ『ジョゼフ・フーシェ』吉田正己・小野寺和夫訳、みすず書房

ドゥコー、Ａ『ナポレオンの母』小宮正弘訳、潮出版社

ニコルソン、Ｎ『ナポレオン一八一二年』白須英子訳、中央公論社

バルザック『暗黒事件』小西茂也訳、新潮文庫

パーマー、Ａ『ナポレオン　もう一人の皇妃』岸本完司訳、中央公論新社

フーリエ、C『産業的協同社会的新世界』田中正人訳、中央公論社（「世界の名著」続8巻）
同　『四運動の理論』巖谷國士訳、現代思潮新社
フォアマン、L&フィリップス、E・B『ナイルの海戦　ナポレオンとネルソン』山本史郎訳、原書房
フュレ、F＋オズーフ、M編『フランス革命事典』河野健二他訳、みすず書房
フリッシャウアー、P『世界風俗史』関楠生訳、河出書房新社
ブルトン、G『フランスの歴史をつくった女たち』田代葆他訳、中央公論新社
ベルト、J・P『ナポレオン年代記』瓜生洋一他訳、日本評論社
マキアヴェリ『君主論』池田廉訳、中央公論新社
マクドナルド、J『戦場の歴史　コンピュータ・マップによる戦術の研究』松村赳監訳、河出書房新社
メッテルニヒ、K『メッテルニヒの回想録』安斎和雄監訳、恒文社
モーリ、R『ナポレオン暗殺　セント＝ヘレナのミステリー』石川宏訳、大修館書店
ルノートル、G『ナポレオン秘話』大塚幸男訳、白水社
レンツ、T『ナポレオンの生涯』福井憲彦監修、遠藤ゆかり訳、創元社
安達正勝『ジョゼフィーヌ　革命が生んだ皇后』白水社
同　『フランス革命と四人の女』新潮社
井上幸治編『フランス史』山川出版社
倉田保雄『ナポレオン・ミステリー』文藝春秋
高木良男『ナポレオンとタレイラン』中央公論社

鶴見祐輔『ナポレオン』潮出版社
長塚隆二『政治のカメレオン　ジョゼフ・フーシェ』読売新聞社
同　『ナポレオン』文春文庫
同　『悪の天才　タレイラン』読売新聞社
両角良彦『セント・ヘレナ落日　ナポレオン遠島始末』朝日新聞社
同　『一八一二年の雪　モスクワからの敗走』朝日新聞社
同　『反ナポレオン考』朝日新聞社

※本書中、参考文献の引用に当たっては、読者の便を考え、固有名詞などの表記を一部改変した（著者）。

KODANSHA

本書の原本『情念戦争』は、二〇〇三年集英社インターナショナルより刊行されました。

なお、文庫化にあたり、一部改変し、図版を追加しました。

鹿島　茂（かしま　しげる）

1949年神奈川県横浜市生まれ。東京大学仏文科卒業。同大学大学院人文科学研究科博士課程修了。明治大学名誉教授。19世紀フランスの社会・小説が専門。代表作に『馬車が買いたい！』（サントリー学芸賞）、『子供より古書が大事と思いたい』（講談社エッセイ賞）、『愛書狂』（ゲスナー賞）、『職業別パリ風俗』（読売文学賞評論・伝記賞）、『成功する読書日記』（毎日書評賞）などがある。

講談社学術文庫

定価はカバーに表示してあります。

ナポレオン　フーシェ　タレーラン
情念戦争《じょうねんせんそう》 1789-1815

鹿島《かしま》　茂《しげる》

2009年８月10日　第１刷発行
2023年10月６日　第９刷発行

発行者　髙橋明男
発行所　株式会社講談社
東京都文京区音羽2-12-21 〒112-8001
電話　編集（03）5395-3512
販売（03）5395-5817
業務（03）5395-3615

装　幀　蟹江征治
印　刷　株式会社広済堂ネクスト
製　本　株式会社国宝社
本文データ制作　講談社デジタル製作

ISBN978-4-06-291959-3

「講談社学術文庫」の刊行に当たって

これは、学術をポケットに入れることをモットーとして生まれた文庫である。学術は少年の心を養い、成年の心を満たす。その学術がポケットにはいる形で、万人のものになることは、生涯教育をうたう現代の理想である。

こうした考え方は、学術を巨大な城のように見る世間の常識に反するかもしれない。また、一部の人たちからは、学術の権威をおとすものと非難されるかもしれない。しかし、それはいずれも学術の新しい在り方を解しないものといわざるをえない。

学術は、まず魔術への挑戦から始まった。やがて、いわゆる常識をつぎつぎに改めていった。学術の権威は、幾百年、幾千年にわたる、苦しい戦いの成果である。こうしてきずきあげられた城が、一見して近づきがたいものにうつるのは、そのためである。しかし、学術の権威を、その形の上だけで判断してはならない。その生成のあとをかえりみれば、その根は常に人々の生活の中にあった。学術が大きな力たりうるのはそのためであって、生活をはなれた学術は、どこにもない。

開かれた社会といわれる現代にとって、これはまったく自明である。生活と学術との間に、もし距離があるとすれば、何をおいてもこれを埋めねばならない。もしこの距離が形の上の迷信からきているとすれば、その迷信をうち破らねばならぬ。

学術文庫は、内外の迷信を打破し、学術のために新しい天地をひらく意図をもって生まれた。文庫という小さい形と、学術という壮大な城とが、完全に両立するためには、なおいくらかの時を必要とするであろう。しかし、学術をポケットにした社会が、人間の生活にとってより豊かな社会であることは、たしかである。そうした社会の実現のために、文庫の世界に新しいジャンルを加えることができれば幸いである。

一九七六年六月

野間省一